5-7, rue de l'École polytechnique, 75005 Paris

www.harmattan.fr

ISBN : 978-2-14-026052-0
EAN : 9782140260520

EXIGENCES
DU DÉVELOPPEMENT

Ahmed Sékou Touré

EXIGENCES DU DÉVELOPPEMENT

L'Harmattan

PREFACE

Nous avons toujours affirmé que la Révolution Populaire déclenchée en Guinée n'est pas une expérience, mais bien une **entreprise historique** *qui s'édifie sur la base des conquêtes du Peuple Guinéen dont les aspirations progressistes orientent et motivent le combat global et multiforme que mènent les couches laborieuses sans discontinuité en vue du bonheur croissant tant de l'individu que de la société.*

Notre Peuple, après trente années d'éducation, de formation et de surformation idéologiques, de mobilisation et d'organisation sur des bases démocratiques, a engendré de profondes mutations qualitatives qui lui permettent désormais d'aborder et de résoudre efficacement les problèmes complexes du développement économique et social. A cet effet, il a été mis en œuvre toutes les structures opérationnelles dont la souplesse permet une adaptation efficace aux exigences de chaque phase de développement et à celles de la qualification des exécutants du programme économique.

La difficile mais exaltante lutte de notre Parti-Etat pour l'acquisition et la consolidation de la **conscience du développement** *au niveau de toutes les composantes sociales de notre pays, traduit nos objectifs stratégiques qui visent non seulement à soustraire nos populations à l'insuffisance, à la médiocrité en vue de satisfaire leurs besoins fondamentaux, mais aussi à intégrer toutes les couches sociales au processus de conception, d'analyse et de décision, le but final étant leur libération de toute forme d'oppression et d'exploitation, l'émancipation totale du Peuple et l'épanouissement intégral de l'individu, lequel est devenu objet et sujet de l'exercice du pouvoir Populaire.*

Une telle politique suppose la responsabilité entière du Peuple dans l'administration de ses biens et toute la latitude pour lui de contrôler rigoureusement et l'exécution des tâches arrêtées d'un commun accord, et la répartition équitable du fruit du travail.

L'on comprend ainsi le contenu émancipateur de notre option fondamentale en matière de développement :

— Développement des collectivités locales au plan du travail créateur, de la science et de la technique ;

— Promotion paysanne et développement du bien-être à la campagne où vivent plus de 70 % du Peuple ;

— Equipement des Centres ruraux dont les Fermes Agro-Pastorales d'Arrondissement (FAPA) constituent les points d'appui privilégiés, et les villages des centres fondamentaux d'actualisation.

Ainsi, pour la Révolution Populaire Guinéenne, le concept de développement traduit une vision globale des activités d'un Peuple en tant qu'entité homogène dont les dimensions doivent sans cesse s'accroître sans porter la moindre atteinte aux intérêts universels, aux intérêts des autres Peuples. Pour résoudre convenablement le problème du sous-développement, le Peuple doit donc nécessairement déterminer en toute liberté et lucidité, les bases et les moyens de son développement indépendant, global et continu et avoir le courage de l'affronter. La réussite d'une telle action est conditionnée, en grande partie, par le choix judicieux des priorités et des points d'appui dont l'essentiel s'articule autour des points suivants :

— Le Peuple considéré comme sujet et objet du développement ;

— Un cadre institutionnel et structurel approprié, c'est-à-dire adapté aux impératifs du développement par et pour le Peuple ;

— La valorisation de toutes les ressources dont dispose le pays ;

— La conquête de la science, de la technique et de la technologie par tout le Peuple.

Les différents chapitres traités dans le présent ouvrage s'inscrivent ainsi dans la logique de cette orientation pour un développement harmonieux et équilibré du Peuple et par le

Peuple ; développement harmonieux parce qu'il s'agit essentiellement de venir à bout des insuffisances grâce à la démocratisation et à la consolidation des rapports socio-économiques basés sur la justice sociale et l'égalité entre les citoyens, sans discrimination aucune ; développement équilibré parce que la Révolution bannit la simple croissance qui appelle une politique de valorisation de certains secteurs au détriment d'autres, politique différente du choix des priorités ou des points d'appui économiques.

Le présent ouvrage aborde, pour le contexte guinéen, une analyse pertinente des exigences du développement global et multiforme d'un Peuple qui a choisi de forger sa propre histoire en comptant d'abord sur ses propres forces. Il montre également que le choix d'une ligne politique conforme aux intérêts du Peuple, à la fidélité des hommes chargés de la noble mission de conduire le destin du Peuple, au programme économique et social démocratiquement arrêté, l'adoption des principes et méthodes de travail appropriés aux différentes phases de l'évolution de l'homme et du Peuple, sont des préalables indispensables à la solution adéquate et efficace des problèmes du développement.

Le présent ouvrage a un contenu dont l'inspiration fondamentale relève de cette vérité, désormais attestée dans l'évolution de maintes sociétés, que le développement, pour être véritable, intégral et continu, doit nécessairement partir de l'homme, son acteur principal, et aboutir à l'homme, son objet principal.

Nous voulons dire là que si le capital à constituer et à investir n'est pas d'abord social, humain, la valorisation des moyens et ressources matériels devient aléatoire, si puissants soient-ils.

C'est l'homme qui est porteur de besoins qu'il sent, ressent ou perçoit ; c'est l'homme qui est porteur d'aspirations à une échelle de bonheur ambitionné par lui. C'est l'homme qui agit sur lui-même, sur la société, autour de lui et sur la nature en vue de nouvelles conquêtes matérielles et immatérielles indispensables à l'épanouissement de sa personne, au progrès de la société et à l'humanisation de son environnement.

Cet ouvrage intitulé « **Exigences du Développement** *», ne traite certes pas de tous les éléments liés à un développement socio-humain, centré qu'il est sur le cadre institutionnel, politique et socio-culturel d'un développement en liaison intime avec la situation du Peuple, le nombre et la qualité des moyens dont-il dispose.*

C'est dire que le bonheur social est le but final qui doit orienter toutes les énergies physiques et intellectuelles des masses populaires suffisamment motivées pour se réaliser d'elles-mêmes en vue de dominer leur environnement et de vivre consciemment l'histoire.

Si tout doit se développer, et tout doit être développé, c'est exclusivement au profit de l'homme, au profit du Peuple qui conçoivent, décident et agissent de façon constante pour des mutations qualitatives constantes.

Ahmed Sékou Touré

ABREVIATIONS UTILISEES

1. PDG : Parti Démocratique de Guinée
2. BPN : Bureau Politique National
3. CC : Comité Central
4. APN : Assemblée Populaire Nationale
5. CNJRDA : Comité National de la Jeunesse de la Révolution Démocratique Africaine.
6. URFG : Union Révolutionnaire des Femmes de Guinée
7. CNTG : Confédération Nationale des Travailleurs de Guinée
8. CNR : Conseil National de la Révolution
9. CRR : Conseil Régional de la Révolution
10. PRL : Pouvoir Révolutionnaire Local
11. PRA : Pouvoir Révolutionnaire d'Arrondissement
12. PRR : Pouvoir Révolutionnaire Régional
13. PRC : Pouvoir Révolutionnaire Central
14. CGR : Commissariat Général de la Révolution
15. CUP : Comité d'Unité de Production
16. CAT : Comité d'Arrondissement des Travailleurs.
17. CRT : Comité Régional des Travailleurs
18. CER : Centre d'Education Révolutionnaire
19. FAC : Ferme Agro-Communale
20. FAPA : Ferme Agro-Pastorale d'Arrondissement
21. CEDEAO : Communauté Economique des Etats de l'Afrique de l'Ouest
22. OUA : Organisation de l'Unité Africaine.

DU PROCESSUS DE L'EVOLUTION HISTORIQUE DE LA SOCIETE HUMAINE

Des théories générales, nées de la conception de la sociologie au XIXe siècle, mettent l'accent tantôt sur la suprématie de l'individu sur la société, tantôt l'inverse. Schématisons donc quelques-unes de ces théories :

Les unes affirment que « Tout relève de la société, car tout vient d'elle ».

La société est la réalité fondamentale, et l'individu n'est rien en dehors d'elle.

L'individu se comprend, s'explique, se justifie, s'affirme et se réalise par la société qui l'engendre, le pétrit et le modèle en fonction d'elle-même.

Les autres théories, au contraire, soutiennent que :

« L'individu écarté, le social n'est rien ».

La société, selon ces théories, n'est que la somme, au mieux, la synthèse de l'ensemble des qualités et vertus des individus la composant et sans lesquels elle n'est qu'une fiction. Seul l'individu est concret, tangible, alors que la société est abstraite.

Nous ne voudrions pas prolonger cette querelle, au demeurant académique, aujourd'hui, si elle ne traduit pas une certaine divergence contemporaine vivace sur les rapports entre l'homme et la société. A notre avis, faire ressortir la complémentarité entre la société et l'homme, ou démontrer comment ils sont intimement imbriqués, est une démarche sociologique scientifiquement fondée. En effet, l'homme et la société, l'individu et la collectivité constituent les deux faces d'une même réalité, l'un existant par et en l'autre, et réciproquement. La question éternellement posée de savoir, de l'œuf et de la poule, qui a engendré l'autre, ne saurait concerner les rapports homme et société pour tous les esprits adhérant à la conception de l'une des trois religions révélées.

Il ne faut pas se hasarder à démontrer que l'individu et la société sauraient exister l'un sans l'autre, car la société est un produit historique dont la raison d'être est l'existence d'individus qui en forment la trame depuis la société primitive jusqu'aux sociétés modernes.

Aussi, pour le Parti Démocratique de Guinée, le problème posé est de savoir comment les intérêts de la société peuvent-ils être sauvegardés, satisfaits au maximum, respectés toujours davantage, sans que ses composants, que sont les individus, les hommes, soient sacrifiés sur l'autel de l'uniformisation intellectuelle et morale.

Les rapports sont ici de nature dialectique et non de simple complémentarité. Prouver le contraire, c'est démontrer que l'homme-individu a existé avant la société ! C'est un mythe. Mais, prouver aussi que la société a existé avant l'homme, c'est finalement poser un cadre sans son contenu objectif.

L'homme coupé de ses semblables ? Depuis l'apparition des classes, l'homme obéit à une ligne particulière pratique. Ce n'est qu'au bout de l'acquisition d'une conscience sociale, de l'expérience de la praxis sociale correspondante qu'il renonce à l'étroitesse historique de la classe exploiteuse pour choisir la cause de l'ensemble de la société, la cause du Peuple.

La société qui l'engendre est bien la source de toute légitimité et le fondement du droit. Mais, il ne saurait s'agir d'une société avec « S » majuscule de nos jours. En effet, quand les structures socio-économiques connaissent la suprématie de certains hommes sur d'autres et brisent les aspirations de ceux-ci vers la démocratie et le progrès, le sens de l'obéissance à la société est à revoir.

L'individualité et la sociabilité sont deux aspects de la nature humaine.

L'homme est à la fois un être de nature, un être géographique, comme faisant partie de l'espace, et un être de raison, un être historique, c'est-à-dire partie du temps. En tant qu'être de nature, il est certes, d'abord, un être biologique, un individu qui ne saurait être limité à son existence physique. Aucun homme n'est capable de satisfaire tout seul tous ses besoins vitaux. Il est condamné à s'associer avec ses semblables qui contribuent à la formation de sa compréhension, de son intelligence, de sa conscience et de sa volonté et qui développent et orientent celles-ci dans un sens ou dans un autre.

Chaque homme, par ses actes, peut infléchir dans un sens ou dans un autre la marche de l'histoire. Mais, l'homme ne peut assumer avec lucidité son rôle d'homme de progrès qu'en prenant pleinement conscience qu'il cesse d'être homme s'il s'isole totalement des aspirations de ses semblables à la justice sociale et démocratique, car il se détruit dans sa conscience d'abord, dans son existence ensuite.

Les rôles dévolus à un seul individu sont multiples. Pourtant, laissé à lui seul, il ne peut les assumer toutes de manière efficace. Il ne peut être en même temps tisserand, boulanger, cultivateur, etc. L'accomplissement de ces fonctions sociales exige que l'homme prenne conscience du fait qu'il est inséparable des couches laborieuses au sein desquelles il vit.

Si le rôle de l'homme est circonscrit dans l'action collective, sa capacité d'action est également limitée par rapport à celle de la société.

L'individu à lui seul ne peut transformer l'humanité. C'est là un idéalisme suicidaire qui a fait perdre à l'humanité tant de fils de talent. Au-delà de l'homme, c'est la société qui est à la base de toute transformation. L'individu est limité dans ses activités, contrairement à la société dont le champ d'activités est illimité.

Nous voulons préciser que nous entendons par société, non une société métaphysique, mais une entité historique avec sa personnalité, son identité propre, mais avec aussi ses contradictions socio-économiques internes et externes. Une société dont le champ d'activités est illimité et qui est, de ce fait, engagée dans la voie de la suppression des entraves à son progrès continu et de l'affermissement de ses valeurs morales.

L'homme seul ne peut subvenir à tous ses besoins. Il ne peut à lui seul satisfaire ses besoins de nourriture, de logement, d'habillement, d'instruction, etc.

L'homme ne peut être saisi, tout comme la société ne peut être définie une fois pour toutes. L'un et l'autre sont en perpétuel devenir, en continuelle transformation et en constante interaction.

L'existence de l'individu est limitée, elle s'écoule dans une durée qui vá de zéro à un terme relativement proche, alors que la durée de la société est infinie, lorsque ses bases ne sont pas minées par le comportement négatif de classes exploiteuses toujours prêtes à tout sacrifier pour leurs intérêts égoïstes. Malgré tout, l'homme contient en lui l'universel, tout en étant une composante de celui-ci.

Il a hérité des générations passées, il lèguera ce patrimoine aux générations futures. En effet, l'individu détient de grandes facultés — conscience, raison, volonté — en vertu de son appartenance à la nature humaine. C'est encore la société qui suscite, favorise ces attributs, pourvu que des préoccupations idéologiques et politiques négatives ne l'orientent pas vers l'étroitesse de classe dont nous avons parlé plus haut.

Toute évolution normale, s'inscrivant dans une vision globale de l'évolution universelle à travers l'espace et le temps, de telle sorte que la société se trouve dans l'individu et l'individu dans la société, l'un et l'autre se confondant dans une unité dialectique, se réduit à une vision de l'homme exempt de toute entrave aliénatrice.

L'homme alors peut survivre à sa disparition physique grâce à son action dans la société, à son identification consciente à chaque homme et à chaque femme.

L'homme, cellule de base de la société, est en même temps sa cellule motrice. Il est l'élément de conception et d'exécution de l'édifice social.

Nous voulons, quant à nous, que la société aide l'homme à développer la qualité humaine, la qualité du sujet pensant, car sans la société, rien ne distingue l'homme de l'animal. Mais, il s'agit de la société qui humanise l'homme et non de celle qui cultive en lui l'instinct, l'égoïsme.

C'est fort d'une telle vérité que chaque homme, consciemment, doit se mettre au service du Peuple qui est supérieur à chacun de nous. Les capacités créatrices du Peuple comme l'ensemble de ses pouvoirs physiques et intellectuels engagés dans l'action collective ne sont pas statiques, elles s'accroissent et s'améliorent continuellement. Le Peuple est le moteur de l'histoire. C'est essentiellement lui qui possède, grâce à ses facultés intellectuelles et à ses capacités infinies, la force de création d'une Nation. Au-delà du Peuple et à travers lui, nous sommes intégrés à toute l'humanité, cette dernière, à son tour, à l'univers.

La société n'est pas réductible à la somme des corps et des esprits qui la composent, tout comme la conscience collective ne saurait provenir d'une addition automatique des consciences individuelles. La conscience collective est l'attribut par lequel s'exprime et se manifeste l'existence sociale du groupe. C'est une réalité qui élargit indéfiniment la dimension de l'homme, accroît son pouvoir et décuple ses capacités. En tant que produit et instrument de l'histoire, la conscience collective dépasse infiniment, dans sa réalité permanente, les contingences et les servitudes de la vie d'un individu nécessairement limitée dans le temps et dans l'espace.

Une conception de la société, fondée sur l'addition automatique des intérêts individuels, fige la société et l'asservit au présent. Telle est l'attitude de certaines démocraties parlementaires dont les méthodes de compromis permanents sont l'apanage du libéralisme de mauvais aloi.

L'individu et la société ne peuvent se substituer, ni s'opposer l'un à l'autre, sinon l'équilibre qu'ensemble ils constituent s'écroulerait. La société est en chacun de nous et chacun de nous est en la société. C'est donc un faux problème que d'envisager les rapports de l'homme et de la société dans le sens d'une opposition, car c'est grâce aux autres hommes que l'individu est ce qu'il est, et la société comprend précisément ces autres hommes et nous-mêmes.

Le Peuple, en tant que groupement social, est supérieur à chacun des individus qui le composent. Au-delà de l'homme, ne peut se situer un autre homme, mais seulement le groupe social concerné par l'action de l'homme. C'est le caractère social de l'homme qui lui confère sa qualité humaine. Son action est circonscrite dans celle de la société dont il doit être un composant dynamique et non une table de cire.

Il n'y a rien de plus instruit que le Peuple ; il n'y a rien de plus digne que le Peuple ; il n'y a rien de plus savant que le Peuple. Tant qu'il n'aura pas assimilé cette vérité fondamentale, l'homme ne saurait se considérer comme révolutionnaire. S'il l'assimile, alors sa conscience révolutionnaire crée en lui tous les jours des doutes vis-à-vis de lui-même. C'est la conscience qui lui dira : « si tu es sûr que tu es le produit du Peuple, que tu passeras et qu'il restera, que tout ce que tu réalises, que l'instruction que tu as reçue, sont de lui, que c'est lui qui a fait de toi ce que tu es, que tu n'aurais jamais été ce que tu es, s'il ne l'avait voulu, à ton tour qu'as-tu fait aujourd'hui pour lui » ? Si l'homme se pose tous les jours cette question, eh bien ! Il évitera les errements et se mettra définitivement à l'abri du découragement. Jamais, il ne faut confondre l'arbre avec la forêt. Face à celui qui l'insultera, il sera encore heureux de savoir qu'il a par là encore un effort à faire pour instruire cet homme et l'aider à s'élever contribuant ainsi à la qualification de son comportement. Il n'aura jamais en lui ni le fruit, ni la semence de la haine, jamais en lui la volonté de l'arbitraire, jamais en lui la pratique de la discrimination pour quelque raison que ce soit.

L'homme, produit social

Chaque individu porte en lui la mère et le père qui lui ont transmis la vie. Mais, chaque individu est différent de sa mère et de son père. Cet individu, dans la société, commencera par contracter des dettes ; et, durant toute son existence, il contractera encore des dettes vis-à-vis de la société. D'abord, de la conception à la naissance de l'enfant, si la mère ne veut pas d'enfant, elle peut, pendant les mois biologiques de gestation, mettre fin à sa grossesse. Qui peut l'en empêcher en dehors de sa conscience ? Cette conscience de mère provient de l'éducation reçue de la société. Ainsi, cette future maman acceptera les souffrances de la grossesse, pour que l'enfant vienne au monde et dès ses premiers cris, premiers signes qui indiquent que l'enfant vit, les parents sont heureux. Alors que le nouveau-né pleure, la société rit de joie. Mais, s'il est mort-né, c'est par des pleurs qu'est reçu le corps fragile, inerte ! Le premier contact de tout être humain avec la société se traduit par l'une de ses manifestations, la joie ou la tristesse.

L'homme utile à la société naît dans cette contradiction : quand le nouveau-né pleure, les parents rient de joie, et quand, adulte et utile, il meurt, il part dans la joie, pendant que ses parents pleurent. Les adeptes de cheytane et les habitants de l'enfer, eux, pleurent aussi bien à la naissance qu'à la mort.

L'homme social ou tout simplement l'être humain est toujours tenaillé par des situations contradictoires, conflictuelles. Il est toujours victime ou bénéficiaire, à la fois, de l'unité dialectique qui régit la nature, qui régit la vie.

Quand le nouveau-né paraît, quand il émerge à cette vie éphémère, pour exprimer la douleur du déchirement, de la rupture, il pousse des cris, des pleurs. Sont-ce des cris de victoire, de triomphe ou des cris de regret ? Les parents, pour leur part, répondent par des manifestations de joie, par des rires. Est-ce là une réelle expression de joie ou un rire complice et ironique ? Quoi qu'il en soit, aux pleurs de l'enfant qui naît répondent les rires de joie des parents.

Par contre, l'être humain meurt, il franchit le seuil du monde de la vérité et accède à la vie éternelle ; lui qui va, et qui a accompli une vie laborieuse et utile, il est joyeux. Mais, ceux qui restent encore attachés à cette vie illusoire et éphémère pleurent.

Ainsi, celui qui vient au monde pleure, et celui qui le quitte après la mission bien accomplie part en riant, d'une part, et, d'autre part, ceux qui accueillent le nouveau-né sont joyeux, ceux que quitte un être qui meurt pleurent. Joie et tristesse, qui se trouvent, à la fois et en même temps, au début et à la fin de la vie de l'homme, sont dialectisées.

La naissance qui est rupture, déchirement pour le nouveau-né est ressentie par la société comme un événement heureux.

La mort qui est aussi rupture, déchirement est ressentie par la société comme un événement malheureux.

Dans le premier cas, il y a augmentation, émergence, addition. Dans le second cas, il y a amputation, soustraction, disparition, diminution. Aussi la société met-elle ainsi en relief, par la signification qu'elle confère aux deux événements, le sens profond de solidarité qui unit ses membres.

L'homme contracte des dettes envers la société

Toujours est-il que vis-à-vis de sa mère qui a accepté de supporter toutes les souffrances de la gestation pendant des mois pour préserver la vie de l'enfant, celui-ci a une dette inestimable. S'il n'en tient pas compte, il ne sera ni un croyant, ni un révolutionnaire ; il trahira toujours et ne sera jamais fidèle à un serment. Les rapports entre l'enfant et sa mère sont sacrés, tissés d'obligations réciproques.

De la naissance jusqu'au jour où il pourra subvenir totalement à ses besoins, dans tous les domaines, tout ce dont il aura bénéficié, constituera des dettes vis-à-vis de la société.

De la naissance à la mort, tout ce dont l'individu bénéficie de la part des autres en nourriture, en vêtement, en logement, en instruction, en soins, en un mot, tout ce qui lui permet de résoudre les différents problèmes de la vie, constitue des dettes.

Tant que l'homme bénéficie de l'apport des autres, il contracte des dettes vis-à-vis de la société. Les ascendants, les éducateurs d'une personne sont en elle, en potentialités humaines. C'est bien grâce à l'éducation reçue d'eux que beaucoup d'hommes sont devenus des fidèles croyants, des êtres justes, honnêtes et socialement utiles. Un homme peut recevoir en héritage de grandes richesses, mais s'il ne travaille pas lui-même pour payer ses dettes, il aura vécu sans s'être rendu utile à la société. C'est pourquoi, le travail est une obligation ; il est le salut de l'homme dans la société et dans l'au-delà.

La dette envers Dieu est importante, mais puisque personne ne peut le rendre heureux ou malheureux, cette dette devient moins importante que la dette de l'homme vis-à-vis de la société. Parce que cette dette de l'homme vis-à-vis du Peuple est importante, Dieu invite l'homme à vivre harmonieusement, honnêtement au sein du Peuple, à éviter l'injustice et à travailler pour contribuer au progrès de la société.

Quand l'homme veut faire à Dieu une offrande, Dieu lui dit : « donne-le au Peuple, je n'ai pas besoin de tes dons, ceux qui ont besoin de ton sacrifice, ce sont les hommes humbles ». La dette vis-à-vis de Dieu, on la paie encore en faisant œuvre utile pour que le Peuple bénéficie de la santé de l'homme, puisque jusqu'à un certain âge, l'homme ne vivait que du travail des autres. Il a bénéficié de la santé, de l'instruction. Il faut aussi qu'il travaille à son tour pour payer ses dettes au Peuple.

Tout ce que l'homme conçoit d'utile provient du travail et se réalise par le travail. Prier, c'est travailler ; jeûner, c'est travailler, puisqu'il faut accepter les souffrances de la privation.

Rendre grâce à Dieu, c'est travailler. **Ne dire que la vérité, c'est du travail ; être juste, c'est du travail.**

L'homme ne peut se libérer de ses dettes sociales qu'en ayant un comportement utile vis-à-vis du Peuple. Pour vivre, il a consommé des biens appartenant à la société, produits par d'autres. Il faut, avant sa mort, que lui aussi crée à son tour des biens matériels et immatériels pour maintenir l'équilibre de la société et la conduire vers un bonheur plus grand. L'homme naît et meurt. Le Peuple, quant à lui, demeure. L'homme dépend du Peuple ; le Peuple ne dépend pas de l'homme, parce qu'aucun homme, fut-il le plus instruit, ne s'est instruit de lui-même ; d'autres lui ont communiqué cette instruction.

L'homme, à sa naissance, n'est ni Foulah, ni Malinké, ni Soussou, ni Guerzé, ni Yorouba, ni Haoussa, etc. Les mêmes graines de riz semées à Koundara, à Faranah ou à Siguiri, selon la fertilité de la terre, donneront au Peuple de Guinée les mêmes graines de riz. De même, les mêmes boutures de manioc, ou les mêmes semences d'igname, ou les mêmes rejets de banane, enfouis à Kanô, à Zaria, à Enugu, selon la fertilité de la terre, donneront au Peuple nigérian les mêmes tubercules ou les mêmes fruits. Si la terre est très fertile, la récolte sera bonne, mais ce sera toujours le même riz, le même manioc, la même igname, la même banane. Les différences de langage, de coutumes, c'est la société qui les crée. Par exemple, pourquoi tel camarade Peulh parle-t-il mieux pular que nous ? Pourquoi parlons-nous le soussou mieux que lui ? C'est le fait de la société au sein de laquelle nous avons chacun vécu.

Par exemple, tel musulman nigérian peut me confier un nouveau-né aujourd'hui. Si j'envoie cet enfant grandir dans un pays de féticheurs, il sera animiste. C'est pourquoi, tout ce que l'homme fait, provient généralement des autres hommes. Tout le savoir de l'homme lui a été transmis par d'autres hommes. Aussi, chacun de nous a-t-il beaucoup de dettes à payer au Peuple. Et, quand on souhaite qu'un homme ait longue vie, il faut en même temps souhaiter qu'il soit dans la voie de Dieu, qu'il puisse suivre un bon chemin. Si on souhaite longue vie à un menteur, à un trafiquant, à un voleur, à un contre-révolutionnaire, c'est un malheur qu'on lui souhaite, parce qu'il commettra encore beaucoup de mal avant de mourir.

Quand la religion recommande l'utilité sociale et l'efficacité de l'homme, cheytane, quant à lui, conseille l'exploitation et l'oppression du Peuple. C'est dire que toute l'existence de l'homme et du Peuple exprime une lutte permanente. L'homme lutte contre lui-même, cheytane étant en lui, il lutte au sein de la société contre tout ce qui est contraire à la volonté et au bonheur de la société, il lutte contre ses propres défauts et insuffisances en vue d'affermir en lui les qualités sociales et les vertus humaines. Il lutte contre les pratiques, les idées, les comportements portant atteinte aux droits, aux intérêts et aux aspirations légitimes de la société humaine ; il lutte enfin pour le triomphe de la liberté, de la justice, du progrès social dans la solidarité et la paix.

A — L'ETHNIE ET LA NATION

Le début de la vie de notre monde remonte à des milliers d'années. A travers le temps, l'homme, unité de base de l'humanité, et chaque société humaine n'ont cessé de se transformer. L'évolution de l'homme et celle de la société ont invariablement résulté des rapports caractérisés par l'interaction permanente entre eux et la nature. L'homme, pour se soustraire aux contraintes de la nature et à ses exigences biophysiques et socio-culturelles, a constamment agi sur la nature en vue de la transformer pour la satisfaction de ses besoins matériels et immatériels, besoins sentis et ressentis. La plus importante des premières conquêtes des hommes fut la création de la famille par association de sexes différents. La reproduction humaine s'en est trouvée favorisée et la communauté sociale que constitue la famille s'est donnée plusieurs dimensions.

L'action de l'homme sur la nature n'est rien d'autre que la production ou la destruction, et la production apparaît toujours comme une action sociale parce que l'homme, à la différence des animaux, ne peut satisfaire l'ensemble de ses besoins matériels et immatériels qu'en tant qu'être social. Le travail humain et la division sociale du travail apparaissent comme quelques-unes des déterminations qui définissent l'homme en tant qu'être social. La détermination essentielle de l'homme est donc qu'il est un être social et qu'il est défini en tant qu'être social, dès qu'est défini l'ensemble des rapports de la société au sein de laquelle il vit. Voilà pourquoi, l'individu ou l'homme-individu est une abstraction qui ne doit pas faire illusion. La première forme d'organisation sociale qui s'est imposée à l'homme fut la famille, parce que c'est grâce à elle qu'il put assurer sa propre reproduction en tant qu'être biologique pour la survie de l'espèce. Schématiquement, on peut dire que la famille, en effet, à travers le temps et l'unité d'action de ses membres, a acquis une dimension économique, une dimension culturelle, une dimension historique. De ce premier stade de l'organisation des hommes, un second stade fut atteint, imposé par des besoins divers que la famille ne peut résoudre, celui de l'organisation de plusieurs familles en groupe social appelé clan, tribu, ethnie, etc.

A ce second stade, les familles groupées élaborèrent des règles de vie en commun et adoptèrent des valeurs qu'elles ne cesseront d'enrichir au fur et à mesure que leurs acquis économiques, intellectuels et moraux se développent et s'affermissent. A partir de la structure sociale et économique de base personnifiant la tribu ou l'ethnie, une superstructure est née et s'est développée sans cesse, fondée sur des rapports donnés devant régir les individus entre eux, les familles entre elles. A ces stades de groupement social, a correspondu une ethnie avec une forme de hiérarchie, une discipline, des obligations et des devoirs. Ici, il convient de souligner que la ligne universelle de l'évolution de la société humaine est partie du simple vers le complexe, de l'homme isolé à la société familiale, de la société familiale à la société tribale, de la société tribale à la société nationale. Ce processus d'évolution a engendré des formes d'organisation utilisant des rapports de fait ou des rapports institutionnels entre des Nations d'un même continent, entre toutes les Nations du monde. La dialectique du simple au complexe, du particulier au général, continuera à régir l'évolution historique de la société humaine.

Dans leur évolution historique, l'homme, le Peuple et l'humanité ont toujours été porteurs d'un certain nombre d'aspirations qui ont un caractère universel et permanent ; celui de l'ambition d'être et de devenir, l'ambition de jouir des biens matériels qu'offrent la nature et le génie créateur de l'homme, l'ambition de jouir de la liberté, de la dignité, du respect, de l'amour, de la sécurité et de la paix. Le caractère social conféré à l'évolution de l'homme, par son association à d'autres hommes aux différents stades de cette organisation, a toujours exigé la cohésion interne fondée sur la fraternité, la solidarité ou l'interdépendance et la complémentarité.

L'individu a besoin d'un équilibre interne et externe pour la qualification de ses rapports de toutes sortes avec les autres hommes.

Il en est de même pour la famille par rapport aux autres familles, pour la tribu par rapport aux autres tribus et pour la Nation par rapport aux autres Nations. A chaque stade de l'organisation sociale, s'exprime le besoin permanent de cohésion interne, d'unité de pensées et d'action, de communauté de destin, de respect de son identité et de sa personnalité. L'identité et la personnalité d'une famille, d'une tribu, d'une Nation ou d'un groupe de Nations sont des produits de l'histoire, parce qu'engendrées et développées de façon consciente par les hommes regroupés ou organisés. A chaque stade supérieur, l'identité et la personnalité de l'organisation sociale concernée ont été le fait d'un dépassement des composantes, d'une intégration de ces mêmes composantes à l'entité considérée, tout comme l'acceptation et le respect d'une superstructure, d'une discipline et de toutes les règles de comportement que contient une organisation, résultent d'un dépassement de la part de chaque individu, de chaque unité sociale. Nous reviendrons, du reste, sur les notions d'identité et de personnalité.

En s'imposant des principes et des méthodes de comportement, les hommes, à tous les stades de leur développement historique et de leur organisation en collectivités individualisées, ont fait montre de conscience dans leurs comportements et de volonté dans leur évolution, ce qui confère ainsi à leurs acquis un caractère ascensionnel. C'est pourquoi, la solidarité, au niveau des membres d'une famille, au niveau des familles composant le village, l'arrondissement, la région et la Nation, a toujours été un acquis collectif, expression de l'affermissement de l'unité d'action et de la communauté de destin des hommes concernés. En effet, la solidarité, à tous les échelons de l'organisation sociale, est tout à la fois esprit, conception et pratique, et, par conséquent, obligation volontaire et aspiration consciente. Pour que s'accélère le processus de qualification de l'homme et de la société, à chaque stade du développement historique des hommes, il est envisagé des objectifs nouveaux, des phases de progrès qui polarisent les individus concernés et permettent la convergence de leurs activités, si diverses soient-elles. La créativité individuelle et collective des hommes reste ici l'élément déterminant du rythme de l'évolution sociale en développement harmonieux. Nous soulignons souvent la singularité de l'évolution des Peuples africains, à la phase post-coloniale, par rapport à celle de l'Europe, à la phase pré-capitaliste.

L'Europe est partie de ses Nations pour construire ses Etats, c'est-à-dire pour édifier les bases structurelles et institutionnelles servant à la gestion, à l'organisation et au développement du patrimoine national.

L'Afrique, quant à elle, a subi une perturbation de son processus de développement propre par le fait de la domination étrangère qui a découpé d'anciennes Nations et juxtaposé des morceaux d'anciennes et différentes Nations pour en faire des territoires coloniaux. Elle doit, héritant de ces territoires aux réalités socio-culturelles hétérogènes et hétéroclites, partir d'Etats indépendants pour édifier des Nations au sens véritable du mot. Ces Nations, outre la communauté historique, la communauté socio-culturelle, la communauté territoriale et la communauté économique qu'elles recouvrent , devront, sur le plan idéologique, adopter un langage propre à leurs Peuples et œuvrer inlassablement à leur perfectionnement ainsi qu'au renforcement constant des bases matérielles de la communauté nationale.

Mais, cette singularité de l'évolution des Peuples africains est surtout saisissante quand on tente d'établir un parallèle entre l'Europe médiévale et l'Afrique en général, à travers le Soudan Occidental en particulier, à l'époque du développement de ses institutions au Moyen-Age.

C'est aux IXe et Xe siècles que l'Europe subit ses dernières invasions extérieures destructrices. Ces invasions cessèrent de troubler l'Europe médiévale et ne se renouvelèrent plus jamais, sinon à la périphérie.

Un grand historien de cette époque médiévale de l'Europe Occidentale résume bien la question, et il est bon de le citer pour mieux comprendre à quel point l'Europe Occidentale et l'Afrique en général ont connu des fortunes diverses dans leur évolution à partir du Xe siècle :

« *Quelque riche en enseignements que soit l'étude des dernières invasions de l'Europe médiévale, il ne faudrait pas cependant laisser ses leçons nous masquer un fait plus considérable encore : l'arrêt des invasions elles-mêmes. Jusque-là, ces ravages par des hordes venues du dehors et ces grands remue-*

ments des Peuples avaient véritablement donné sa trame à l'histoire de l'Occident. (...) Dorénavant, l'Occident en sera exempt, à la différence, ou peu s'en faut, du reste du monde. Ni les Mongols, ni les Turcs ne devaient faire plus tard autre chose qu'effleurer ses frontières. Il aura certes ses querelles ; mais en vase clos. D'où la possiblité d'une évolution culturelle et sociale beaucoup plus régulière, sans la brisure d'aucune attaque extérieure ni d'aucun afflux humain, étranger. (...) Il n'est pas interdit de penser que cette extraordinaire immunité (...) fut un des facteurs fondamentaux de la civilisation européenne... »

C'est donc ce facteur fondamental, cette « immunité » contre les invasions extérieures qui fit défaut le plus à l'Afrique en général. On peut illustrer ce blocage historique, à partir du Xe siècle, des Peuples africains dans leur évolution en Nations, par le fait des invasions extérieures et d'autres facteurs historiques dissolvants en rappelant ce qui se passa au Soudan Occidental, ce Soudan qui fut pendant des siècles le berceau des brillantes civilisations de la grande boucle du Niger où se développèrent et se succédèrent quatre Etats magnifiques, solidement centralisés et organisés. Ce fut grâce à ces quatre Etats que le Soudan médiéval n'eut pas à redouter de comparaison avec la civilisation de l'Europe médiévale. Le plus ancien est le Ghana qui était déjà un Etat centralisé quand les Arabes le mentionnent pour la première fois en l'an 800 ; le second est le Mali qui prit son essor au XIIIe siècle et dura jusqu'au XVIIe ; le troisième est le Kanem qui devint plus tard le Bornou ; enfin le quatrième est le Songhay dont la puissance et la renommée couvrirent les XVe et XVIe siècles.

Une succession de faits historiques majeurs changea le destin de ce Soudan Occidental. Le changement est rigoureusement daté. Alors qu'en Europe médiévale les IXe et Xe siècles correspondent à la fin des invasions extérieures destructrices d'Etats et marquent le début d'une ère pendant laquelle les Nations européennes en formation vont jouir d'une extraordinaire et remarquable immunité contre les invasions extérieures, au Soudan Occidental, au contraire , les IXe et Xe siècles sont le point de départ des désordres et des bouleversements dont les causes sont toutes d'ordre extérieur. En effet, l'époque de la pénétration et de la conquête almoravides date déjà des IXe et Xe siècles.

Puis, à la fin du XVIe siècle, les armées d'El Mansour surgirent du Sahara, s'emparèrent de Gao et de Tombouctou, dispersèrent les Armées du Roi Songhay et ruinèrent l'Etat. Quoiqu'aussi brève que l'invasion almoravide, cinq cents ans plus tôt, cette épreuve fut à peine moins destructrice. La décadence s'établit. Tombouctou et Djénné conservèrent leur tradition et leur pratique d'érudition, mais dans des limites plus étroites. En 1 600, les grandes heures du Soudan Occidental étaient révolues. Tels sont quelques exemples de chocs historiques objectifs qui président à la formation des Peuples.

La découverte des Indes Occidentales et Orientales par Christophe Colomb et Bartholomeu Dias, était aussi un facteur qui fit détrôner le Soudan Occidental dans l'opinion de l'Europe médiévale qui avait appris des chroniques du géographe et historien Léon l'Africain à quel point le Soudan Occidental regorgeait de richesses. Comparée au butin de l'Amérique et de l'Inde, la richesse de l'Afrique devait vite apparaître faible et les investissements européens allaient de plus en plus s'orienter vers d'autres terrains d'expéditions.

Tout cela aurait pu tourner autrement si un facteur important n'était intervenu. Ce fut le développement frénétique et l'extension criminelle de la traite des esclaves dont les séquelles marquent encore l'Afrique et ses Peuples.

La traite des esclaves outre-mer dura quatre siècles. Les exigences européennes en esclaves africains furent satisfaites pour la première fois dès 1 444, quand une cargaison prise au Nord de l'estuaire du Sénégal fut débarquée à Lisbonne. Mais, la demande d'esclaves pour les Caraïbes et le Brésil était infiniment plus grande encore. Des millions d'êtres humains furent enlevés ou périrent dans les guerres que l'esclavage outre-mer provoqua et dont l'Europe vivait. Le drame de ces Africains est rappelé dans les romans célèbres « Mandingus » et « Bug Jargal » de l'écrivain français Victor Hugo.

Quels furent réellement ses pleins effets ? C' est difficile à dire. Ils aboutirent à la ruine destructrice de la société et de la civilisation. On peut, sans risque de se tromper, affirmer que la traite des Noirs a porté le coup le plus mortel au processus de formation des Nations africaines. Nos chercheurs devraient se pencher sur cette question, car une meilleure connaissance des effets de la traite des Noirs, dans les pays de l'Afrique de l'Ouest en particulier, contribuerait grandement à promouvoir la formation de nos Nations.

Mais, revenons au processus de constitution des Nations en Afrique :

Si, par rapport aux familles isolées, l'avènement de la tribu a été un véritable progrès, nous devons comprendre que la tribu a tiré sa puissance matérielle et immatérielle de la fusion dialectique des intérêts et des volontés des familles qui l'ont composée. Les familles ont accepté les lois de l'intégration pour aboutir à la cohésion, à l'unité de la tribu.

Nous devons également comprendre et accepter que si les territoires coloniaux, organisés en différents Etats africains, doivent devenir de véritables Nations, il sera indispensable que les ethnies, les tribus, enfin tous les groupes sociaux organisés au sein de la Nation, acceptent comme une nécessité leur intégration dialectique, leur dépassement pour pouvoir fonder sur des bases solides, l'unité de la nouvelle Nation. Dans ces conditions, le particularisme propre à chaque groupe social, les différences qui distinguent les groupes ethniques entre eux, devront s'estomper progressivement, afin que leur unité d'action, leurs responsabilités collectives dans la conception, dans la décision, dans la réalisation de tous les objectifs de leur développement, dans tous les domaines, soient facilitées.

Certes, nous devons accepter la décentralisation afin de permettre à chaque entité — village, arrondissement, région, département, etc — de pouvoir agir avec efficacité et tenir compte des conditions particulières, des réalités spécifiques propres à chacune de ces entités, mais dans le cadre d'une unité nationale exigeant la convergence de toutes les activités vers des buts centraux recouvrant l'intérêt général. La déconcentration peut également permettre à chaque entité interne à l'Etat d'exercer des attributs de la souveraineté nationale afin de permettre à toutes les entités de contribuer activement et concrètement au progrès général de la Nation.

Au stade actuel de l'évolution du continent africain, le tribalisme doit nécessairement disparaître pour permettre l'intégration de toutes les ethnies et leur fusion dialectique en une unité nationale cohérente, homogène, démocratique et dynamique. Le tribalisme qui est nocif, devient un facteur de paralysie et une source de contradictions que les forces du mal utiliseront toujours pour maintenir le Peuple dans un état de sous-développement permettant et facilitant son exploitation. Dans la lutte contre le tribalisme, la valeur des structures, le contenu des institutions, les principes et les méthodes pratiqués par l'Etat et les Partis politiques jouent un rôle déterminant.

Il est évident que dans ce processus d'intégration, la démocratie nationale doit prendre en compte l'homme, sans considération de sa couleur, de son sexe, de sa tribu, de sa religion et de son état social. En libérant toutes les initiatives créatrices dans chaque homme et dans tous les hommes, en consacrant l'égalité des hommes et en œuvrant à conférer une chance égale à tous dans le cadre de l'évolution de la Nation, l'Etat et la Nation en création, trouveront des sources de vitalité et de créativité susceptibles de les conduire à tous les progrès possibles. Le cadre de l'évolution sociale doit obligatoirement être démocratique et n'admettre aucune discrimination, aucun arbitraire, aucune injustice. Ce cadre ne doit pas être fermé, il doit rester ouvert sur le continent et, au-delà de celui-ci, sur l'humanité tout entière. Et c'est bien là que résident les exigences de bonheur dont sont porteurs tous les Peuples du monde.

Nous avons donc le devoir impérieux et urgent de créer en Afrique de véritables Nations. Le succès à ce niveau devient tout à la fois la semence et le point d'appui de la véritable unité africaine. Nous ne devons jamais oublier que pour asseoir et consolider son pouvoir arbitraire, le colonialisme a œuvré pour que les tribus ou les ethnies vivent en groupes sociaux séparés, subissant, chacune, l'ostracisme des autres. Des faveurs spéciales étaient accordées à telle ou telle ethnie, pour que, idéologiquement noyautée, elle se dresse contre une ou d'autres ethnies.

Les étrangers, les envahisseurs ouvrirent même les portes de l'instruction à certaines ethnies pour que celles-ci considèrent les autres ethnies sans instruction comme des entités sauvages.

Pour nous dominer, on utilisa systématiquement la vieille politique de « diviser pour régner ». Rien d'étonnant que, maintenant, la base ethnique de l'organisation d'un pays africain soit un frein à l'émancipation de l'ensemble de la communauté nationale. Il est clair que tant que des discriminations à caractère ethnique ou tribal existeront, persistera également une véritable politique d'auto-déstabilisation. Les clivages tribalistes, claniques, régionalistes ou ethniques furent des armes privilégiées du colonialisme. Ils le demeurent partout où les dirigeants n'ont pas pris soin d'engager une politique radicale de fusion et de cohésion nationales.

Il ne s'agit pas de dénoncer l'étroitesse, le particularisme des conceptions ethniques ou régionales, mais plutôt de faire en sorte que les diverses ressources culturelles contribuent à la formation et à la consolidation d'une Nation libérée du diktat de l'extérieur. L'existence d'un grand nombre de tribus, d'ethnies ou de langues n'est pas en soi un obstacle ; au contraire, elle constitue un moyen d'enrichissement dans la constitution d'une Nation homogène et ce, dans la mesure où, en toute conscience du danger de perturbation dû à leur existence en cloisons étanches, les responsables de l'Etat et des organisations socio-politiques du pays n'ont en vue que l'Unité nationale, l'intégration de tous les groupements sociaux sans pour autant nier leur originalité, leur particularisme, leurs valeurs spécifiques.

Prenons l'exemple de notre Parti, le Parti Démocratique de Guinée (PDG), qui a réalisé très tôt la fragilité d'une organisation fondée sur des critères ethniques.

La Révolution Nationale Guinéenne n'a pas exercé une politique « jusqu'au-boutiste ». Au contraire, elle a fait en sorte que la personnalité de toutes les ethnies s'épanouisse librement. Une tribu ou une ethnie dans notre philosophie politique est une réalité sociologique globale. Elle est basée sur un réel qui explique son existence ; tant qu'un autre réel ne lui est pas substitué, il est vain et même dangereux d'engager une politique d'extinction. Et quel est le réel à lui substituer ? C'est un réel qui, réunissant en une gerbe, les consciences particulières, assure aux masses une vie nationale, communautaire excluant tout particularisme égoïste ou stérilisant, assure aux populations la possibilité de valoriser leurs ressources culturelles. Donc un réel qui ne tue pas les richesses historiques mais garantit leur contribution à la création d'une Nation homogène. Il n'est pas question d'uniformisation artificielle ayant une forme fasciste. Il est question, dans notre entendement, d'agir de telle manière que les activités ethniques ou tribales, au-delà de leurs particularités, forment une trame sociale aboutissant à la création d'une conscience nationale suffisamment assise pour être la superstructure culturelle animant la nouvelle Nation. Une intégration sociologique s'impose pour permettre à toute entité sociale d'intégrer harmonieusement tous les maillons de son organisation.

La politique permettant de réaliser cette intégration doit être fondée sur la loi de la dialectique du général et du particulier. Autrement dit, chaque étape de l'organisation sociale, en dépit des singularités qui la caractérisent, doit reprendre, en les sélectionnant et les qualifiant, les valeurs de l'étape antérieure afin que, forte de ses nouvelles valeurs, sa pérennité soit assurée, parce qu'elle aura puisé aux sources qui faisaient vivre la société. Dialectique du général et du particulier, dialectique de l'unité et du multiple : l'unité comporte le multiple et le multiple n'est pas sans ses composantes que sont les unités.

Toute société, à quelque stade de développement qu'elle soit, connaît des agencements multiples qui sont précisément la raison de sa dynamique. Ces agencements sont les faits de l'homme, mais ce dernier en a-t-il toujours conscience ? Non ! En fait, il en est l'objet, et pour qu'il en soit l'agent, il est absolument nécessaire qu'il réalise que toute forme d'organisation doit tendre aux résultats du travail sur lui-même, comme finalité de son propre destin, comme objectif de sa libération de tout déterminisme physique ou moral de nature à le réduire, a priori, à anéantir la propriété qui le privilégie dans la vie, à savoir la conscience de son identité avec ses semblables.

On pourrait dire que nous passons sous silence la conscience de classe, que nous fermons les yeux sur la lutte des classes. Pourtant, il n'en est rien. Car, cette lutte est le moteur de l'histoire humaine. Mais y voir, aussi systématiquement, un principe historique manichéen, c'est témoigner d'un pessimisme qui tue tout espoir en l'avenir d'une société formée de multiplicités ou de diversités aux propriétés permettant d'évoluer vers l'unité qui, dialectiquement, comporte les mêmes multiples.

Eliminer le tribalisme ou les citadelles ethniques, ce n'est pas détruire des sentiments comme l'amitié, la fraternité et la solidarité entre les hommes. C'est, au contraire, œuvrer dans le sens d'un partage de ces sentiments entre les hommes d'une même communauté. Il faut donc que partout en Afrique, chaque homme transcende les particularismes tribaux qui ferment à nos pays toute perspective d'évolution moderne.

Tous les dirigeants africains doivent réaliser que la tribu ou le cadre ethnique est un corset, un frein à la modification des réalités sociales dans le sens du progrès démocratique et économique, un facteur majeur de blocage de l'évolution socioculturelle du Peuple. Nous devons savoir que le tribalisme ou le culte de l'ethnie n'est pas propre à la seule Afrique. Ils sont des produits historiques qui, dépassés ailleurs par d'autres Peuples, ont contribué à la formation de Nations solides, fruits de la transformation de matériaux primitifs.

Prenons le cas des Français qui forment aujourd'hui une Nation moderne. En chaque Français, se retrouvent le Romain, le Germain, le Celte, le Basque. Le Français existe aujourd'hui à partir de ces matériaux, mais où sont aujourd'hui en France le Romain, le Celte, le Basque et le Germain ? Ils se sont confondus et ne se distinguent désormais que par certaines particularités culturelles.

Le cadre qui a conscience de sa responsabilité devant l'histoire, parce qu'il a été choisi par les masses, doit être honnête vis-à-vis de celles-ci. Dans certains pays, on parle de minorités ethniques ou nationales à protéger en promulguant des lois qui, en fin de compte, en font des îlots dans le pays, de véritables kystes socio-économiques et culturels. On va jusqu'à procéder à des équilibrages ethniques pour former la Direction de l'Etat. Une telle pratique, prétendue réaliste, n'a rien de commun avec la démocratie. Elle est une juxtaposition d'intérêts en passe à tout moment d'entrer en conflits. Ou la démocratie est intégrale, indivisible, ou elle n'est pas. Une ethnie peut être minoritaire, mais la défendre avec des dispositions juridiques qui accentuent ses particularités et en font des particularismes, c'est la condamner à être aveugle devant toute action sociale devant aboutir à la création d'une Patrie. Un autre exemple édifiant sur la plaie que constituent le tribalisme, l'ethnocentrisme et le régionalisme dans nos Etats, a trait au problème très souvent évoqué de la violation des droits de l'homme, de la discrimination raciale ou religieuse.

Un régime démocratique ne combat pas les hommes en soi,parce qu'ils sont opposés à ses objectifs. Il combat la rebellion des hommes qui s'opposent à l'anéantissement de l'arbitraire, de la discrimination, de l'injustice.

Tant que les responsables africains n'auront pas saisi la gravité de cette lutte, ils connaîtront des déboires et, pour vouloir conserver une attitude tribaliste, ils seront nécessairement condamnés par les générations montantes qui voudront d'une société nouvelle qui respecte leurs familles, leurs races, leurs tribus, au-delà de toutes considérations irrationnelles. Ne pas y réfléchir, pour trouver des solutions, est une énorme responsabilité devant l'histoire.

Pour parvenir à ce résultat, il faut éduquer le Peuple, se rebeller contre l'arbitraire, créer et respecter la démocratie, faire en sorte que tous les esprits convergent vers un seul objectif : l'Unité nationale. Nous faisons des conférences sur les manœuvres impérialistes de déstabilisation de nos Etats. Nous en arrivons à oublier que nous élevons et entretenons nous-mêmes les serpents vénimeux que sont le tribalisme, l'esprit de clan, le régionalisme, tous les comportements mûs par des considérations irrationnelles, toutes les attitudes discriminatoires, toutes les oppressions raciales ou religieuses.

Alors, œuvrons à l'instauration de principes démocratiques ; recourons aux méthodes justes pour que chaque homme puisse se dépasser sans que sa personnalité soit éteinte ; transcendons le cadre tribal, racial, religieux où ethnique pour devenir un citoyen tout court, un homme à l'esprit polarisé sur le progrès démocratique et social de l'ensemble de ses prochains.

B — IDENTITE CULTURELLE ET PERSONNALITE AFRICAINE

La culture d'un Peuple, c'est la conception qu'a ce Peuple de l'Univers, de la vie et de la société. C'est l'ensemble des activités déployées pour réaliser ou actualiser cette conception ; dans ce processus, c'est, de la part du Peuple concerné, la façon de sentir, d'agir, de s'exprimer, qui lui est propre, en somme la manière de se comporter face au monde. De ce point de vue, chaque Peuple a sa culture, c'est-à-dire sa façon spécifique de se comporter et c'est cela son identité culturelle. L'Afrique, malgré ce qu'en a dit le colonisateur, a toujours eu une conception du monde, un système cohérent d'appréhension du monde. Elle a toujours agi sur la nature qu'elle a toujours sentie et pensée. Du seul fait qu'il est homme et qu'il agit, l'Africain est un créateur d'œuvres matérielles et immatérielles, il est donc un producteur de culture. La culture est, elle-même, création de valeurs qui font une société. La façon de penser, de sentir et d'agir de l'Africain, en raison des conditions spécifiques dans lesquelles il évolue, et en raison même de l'environnement qui l'enserre, lui est propre, et c'est cela son identité, c'est ce qui tisse les fils indéchirables de sa personnalité que le dominateur s'est évertué à lui faire perdre, en le dépersonnalisant, en le déracinant pour en faire un être sans passé, donc sans histoire, un être sans avenir, donc sans objectif.

Mais ici, nous sommes obligés de considérer les choses d'un peu plus près. Chacun sait que culture et civilisation s'engendrent dialectiquement. Or, toute une philosophie considère la civilisation, dans le sens globaliste et non différencié, comme unique et commune à tous les hommes, et se développant de façon linéaire de l'état d'animalité à un état d'humanité de plus en plus perfectionné.

Les cultures caractérisent les sociétés, les Peuples. Elles distinguent les sociétés les unes des autres.

Chaque société ou chaque Peuple est ainsi authentifié par sa culture au sens large qui exprime la somme des acquis, des connaissances, des modes d'action, permettant au groupe humain de régler son comportement propre, ses rapports avec les autres sociétés et ses rapports avec la nature.

La différence de traditions, de coutumes et de pratiques politiques, économiques, sociales et culturelles que l'on observe en comparant les Nations entre elles, explique une différence de processus d'évolution suivi par les diverses collectivités sociales considérées.

La diversité des langues, des arts et des modes d'organisation sociale résulte de la même différence des conditions naturelles et sociales dans lesquelles les Peuples se forment, agissent et se développent.

Jamais deux Peuples ne sauraient donc se trouver dans des conditions absolument identiques. En effet, chaque Peuple a sa spécificité, ses particularités, ses conditions naturelles et historiques propres qui le distinguent des autres.

Et, la dignité, qui est respect de soi et respect des valeurs sociales, implique que l'on sache assumer et affirmer en tout lieu, en tout temps et en toutes circonstances sa personnalité, c'est-à-dire ses caractéristiques culturelles propres.

Il devient dès lors clair que la culture est à la fois la conscience sociale en action dans tous les domaines, le résultat de cette action multiforme, vivante et permanente. Chaque société a sa culture, qui est son caractère distinctif et son facteur d'humanisation.

La culture crée la personnalité de chaque société. Et chaque société exprime sa propre culture par sa personnalité, c'est-à-dire par ses caractéristiques propres, distinctives et spécifiques.

La colonisation exige qu'un Peuple se renie, se méprise et ignore son histoire pour devenir le prolongement d'une autre société.

Il faut noter également qu'outre la domination coloniale classique, tout impérialisme s'accompagne toujours d'une agression culturelle, d'une entreprise d'acculturation, d'une action d'aliénation culturelle aux fins d'un conditionnement intégral, propice à l'asservissement politique et économique. Et c'est pourquoi, pour les Peuples émergeant de l'asservissement colonial, la tâche de désaliénation culturelle pour le retour à la culture nationale s'impose comme impératif de consolidation de l'indépendance nationale et de la souveraineté concrète, c'est-à-dire du plein exercice de la volonté populaire dans tous les domaines.

Au regard de la doctrine du Parti Démocratique de Guinée (PDG), l'affirmation dynamique de l'authenticité africaine se confond avec une lutte plus âpre pour l'édification de la civilisation de masse, une lutte plus âpre pour la libération totale et profonde de l'Afrique, totale et profonde parce que s'étendant à toutes les parties du continent et transformant intimement tous les domaines de son existence.

Le retour à l'authenticité africaine, c'est le retour à l'Afrique dans toute sa plénitude, non pour nous y isoler ou nous y complaire, mais bien pour en extraire la féconde substance qui permettra à la culture nationale ainsi totalement recouvrée de nous servir de point d'appui et en même temps de guide pour la conquête et la maîtrise des éléments culturels externes, nécessaires au développement continu de nos Peuples, et devant être assimilés conformément à nos normes de culture et à nos besoins vitaux.

C'est le lieu de préciser le concept d'identité africaine que chérit chacun de nous : il ne s'agit nullement d'un retour au caduc, au vécu, car s'il en était ainsi, de retour en retour, nous aboutirions au mode de vie et de pensée de nos aïeux de la proto-histoire africaine. Il ne s'agit pas davantage de comportements de parade recouvrant une aliénation profonde. Les Peuples de la République Populaire de Chine, du Japon, de la République Populaire Démocratique de Corée sont restés et restent profondément authentiques, et pourtant quelles transformations et quels progrès ont-ils opérés sur eux-mêmes et sur la nature !

En réalité, notre authenticité africaine, c'est le développement sans limite du génie de nos Peuples.

Le retour à l'authenticité africaine, c'est le retour à l'authentique dignité africaine.

Or, la dignité est l'un des principaux droits et attributs de chaque homme et de chaque Peuple.

Pour faire respecter sa dignité, un Peuple doit construire et assumer consciemment son histoire et non la subir.

Dès lors, pour une ancienne colonie, toute renaissance historique suppose une renaissance culturelle, c'est-à-dire un retour aux sources.

Les valeurs africaines sont nombreuses et profondes et sont toutes fondées non sur le négoce, mais sur la considération due à l'homme, cet être social irremplaçable.

En effet, un Peuple dépendant et irresponsable ne peut se sentir et se dire libre et digne.

La dignité implique donc le courage politique, civique et moral de se redécouvrir, de se retrouver, d'être soi. La dignité est donc, de ce fait, déchirement, rupture d'avec le fait colonial.

L'évolution historique d'un Peuple obéït à des nécessités matérielles et morales.

Ainsi, l'Etat se confond-il avec le Peuple qui est le seul souverain. L'on peut proclamer l'égalité des hommes, mais si l'on n'en crée pas les conditions pratiques d'exercice et de jouissance, les hommes ne seront jamais égaux. Naturellement, il y a l'égalité théorique et abstraite et l'égalité réelle, pratique et concrète.

La conquête de soi, de sa personnalité, donc de son authenticité est la première affirmation véritable de notre présence au monde. C'est dire que la personnalité, l'authenticité débouchent sur l'universel puisque la partie est liée au tout et que le destin humain est total, global.

Nous devons assumer notre culture, parce que dans la mesure où nous sommes notre culture, et parce que nous sommes notre culture, notre culture nous fait et nous identifie en nous différenciant.

Nous savons que toute idéologie est en fait un système scientifique de rationalisation de l'ensemble des langages et des démarches pratiques d'une classe ou d'une société.

L'Afrique, sur la base de son identité culturelle, de son fonds culturel commun, de ses aspirations communes et de son triste passé colonial commun, doit essentiellement défendre et développer sa personnalité dont la consolidation effective et l'affermissement se trouvent dans la nécessaire unité africaine.

C — LA NATION ET LE CONTINENT OU LA NECESSAIRE UNITE AFRICAINE

Dans la généralité des cas, il y a près d'un quart de siècle que chacun de nos Etats Africains a conquis son indépendance nationale.

Il y a donc plus de 20 ans que chacun de nos Gouvernements se bat pour assurer à chacun de nos Peuples la nourriture, le logement, le vêtement, la santé, l'éducation, etc, auxquels ils ont droit.

Et depuis tout le temps que nous menons ce combat, aucun de nos Etats, absolument aucun, ne peut, sans se laisser aller à la contre-vérité, dire qu'il a satisfait à tous les besoins fondamentaux de son Peuple. Les quelques émergences individuelles, bâties, il faut s'en convaincre, le plus souvent sur un tas de misères, qui leur sert d'engrais, ne contredisent nullement notre affirmation.

Mais, nous retenons que cet épisode du combat contre le sous-développement a été une bataille perdue, parce que nous n'avions pas conscience de la force de notre solidarité sur le front de la lutte, la guerre pour le progrès de nos Peuples est, quant à elle, loin d'être perdue. Et, c'est pourquoi, il nous faut aujourd'hui nous armer de courage et diagnostiquer en profondeur le mal dont nous souffrons, non pour nous lamenter ou nous complaire dans une quelconque situation d'abandon ou de défaitisme ou même pour nous répandre en invectives contre l'impérialisme, mais pour situer courageusement les responsabilités, identifier les remèdes et les administrer dans la pleine mesure qu'exige le mal.

Aussi, devons-nous d'abord constater que nos échecs, comme s'ils nous faisaient perdre la raison, à nous responsables de nos Peuples, nous amènent trop souvent à nous enfermer dans un égocentrisme national chauvin et foncièrement anti-africain que nous camouflons pudiquement sous des proclamations sonores mais mensongères de fraternité africaine, d'identité africaine, de solidarité africaine et d'unité africaine.

Car au vrai, et nous devons le reconnaître, l'ouverture sur l'Afrique de chacune de nos Nations est plus illusoire que réelle. En fait, chacun de nos Etats croit, en dépit de toute évidence, à une rédemption singulière. Tout se passe comme si, perdant toute confiance en l'Afrique, nous adoptions une politique de « sauve-qui-peut » et pensions trouver refuge en allant nous blottir dans le giron supposé hospitalier de quelque super-Métropole extra-africaine réputée généreuse.

Mais, la véritable voie, celle de l'honneur, de l'avenir, celle que nous imposent nos Peuples, passe par **la nécessaire Unité Africaine,** dont la réalisation repose sur au moins deux préalables :

— combler les insuffisances de notre continent ;

— engager le processus de l'intégration dynamique des Etats Africains.

Les Peuples d'Afrique, dans leur globalité, vivent aujourd'hui dans un état de pénurie alimentaire, de difficultés en matière de logement dans les centres urbains, de précarité en matière de santé, d'insuffisance au plan d'équipements scientifiques et techniques, toutes propres à créer les conditions d'une indigence matérielle et d'une misère psycho-sociologique des plus redoutables.

Dans plusieurs régions de notre continent, de larges populations meurent de faim, alors que de nombreux pays africains présentent un potentiel agro-pastoral dont la mise en valeur par des efforts solidaires, permettrait au Continent, non seulement de résoudre le problème de chacun de ses Peuples sans aide extra-continentale, mais nous mettrait au premier rang de l'exportation de denrées alimentaires et de maints autres produits agricoles et animaux indispensables à l'industrie moderne.

La réalisation d'un tel objectif de développement requiert,de chacun de nos Etats, une vision africaine de la solution de la faim. Or, à ce jour, tout semble indiquer que nous sommes loin de nous engager dans cette perspective du développement solidaire, à tel point que même ceux de nos pays, qui sont comblés de ce potentiel d'abondantes ressources agro-pastorales, n'arrivent pas à se suffire au plan de l'alimentation.

Comment comprendre que nos Peuples, chacun à l'intérieur de ses frontières étriquées, souffrent du manque de logements dans les agglomérations, alors qu'une conjugaison de nos efforts dans l'utilisation des matériaux de construction locaux, ou localement élaborés, et l'application des styles architecturaux les plus économiques et les plus fonctionnels, parce que conformes à nos réalités et possibilités propres à notre culture, nous auraient permis de résoudre ce problème et de consolider par la même occasion notre identité culturelle, au lieu de nous livrer à un folklore mystificateur, un folklore de camouflage qui soit une parodie du vrai folklore qui, lui, tient de l'art populaire.

Et que dire de la santé publique, des grandes endémies, des mesures prophylactiques qui ne suffisent jamais à l'intérieur d'un seul pays pour protéger efficacement le Peuple, du coût prohibitif des médicaments ? Tout cela ne demande-t-il pas une action solidaire ? Mais, au lieu de conjuguer nos efforts, nous les dispersons, et, ce qui est encore plus tragique, une fois les invectives anti-impérialistes proférées, nous nous réconfortons béatement au sein d'un regroupement conçu et créé pour nous par quelque Société philanthropique internationale, avec pour but d'enrayer un mal régional ou sous-régional, mais dont la réalité vise à nous embrigader dans une situation d'irresponsabilité coupable, face à nos obligations vis-à-vis de nos Peuples et devant l'Histoire.

Un exemple, entre mille :

L'on parle de l'onchocercose et de la bilharziose, et l'on reconnaît que l'Afrique est le continent le plus affecté. Mais, où et quand, nous Africains, nous sommes-nous réunis, de nous-mêmes, pour nous concerter, réunir les moyens et engager la lutte à l'échelle des Peuples, contre des maux qui affectent un grand nombre de nos populations et qui ne peuvent être vaincus qu'à l'échelle du Peuple pour que partout à la fois, la victoire soit totale et définitive ?

En raison tant de l'insuffisance des soins sanitaires et des mesures prophylactiques que de la sous-alimentation et de la malnutrition, la santé de nos Peuples est très précaire et rend insuffisant tout effort de travail, aussi bien physique qu'intellectuel, ce qui, non seulement nous handicape aujourd'hui, face aux autres continents dans la confrontation économique et scientifique à l'échelle internationale, mais encore, puisque nos enfants sont également concernés, compromet notre devenir.

Et s'agissant de la confrontation internationale aux plans économique, scientifique et technique, la faiblesse de nos équipements scolaires et universitaires, le développement inadéquat de nos laboratoires et de nos ateliers, ne nous permettent guère d'accéder aux connaissances scientifiques et techniques qui modèlent aujourd'hui et préfigurent demain ! Même nos Etats les plus nantis, tel que le Nigéria, souffrent de pénibles insuffisances. Or, si nous pouvions surmonter nos nationalismes chauvins pour être ouverts sur l'Afrique et, subséquemment, sur un devenir de progrès, nous pourrions créer, là où il le faut, des Instituts de classe internationale qui, de surcroît, assureraient à nos cadres en formation ou déjà dans la production, les meilleurs moules d'une africanité qui cesserait d'être de parade.

Poussons plus loin le diagnostic des maux dont souffre notre continent. Qui ne conviendrait que l'immensité de nos ressources naturelles tient du scandale ? Quelque partie de notre continent que l'on considère, le Nord, l'Ouest, l'Est, le Centre ou le Sud, c'est à des scandales géologiques que l'on aboutit. Et s'il y a des déserts dans certains endroits, des déserts en surface et des opulences cachées dans le sous-sol, ailleurs, le potentiel hydraulique tient lui aussi du scandale, un scandale qui reflète la réalité d'une flore et d'une faune infiniment riches et extrêmement variées. Mais le scandale, c'est notre dénuement au milieu de tant d'abondance potentielle.

Aujourd'hui, dans la longue chaîne du processus mondial de production, qui va des matières premières et agricoles aux produits finis et à la consommation, notre participation à la marche continue de cette chaîne se limite presque totalement au niveau de la production des matières premières et, à l'autre bout, dans une proportion marginale, à celui de la consommation des produits finis.

Le transport des matières premières nous échappe.

Les cycles successifs de transformation des matières premières et les technologies qui y président nous échappent totalement.

Alors, collectivement, accablés de tant de faiblesses et voués au rôle des personnages les plus pitoyables d'une tragédie à l'échelle mondiale, nous nous asseyons sur la scène internationale, face à l'autre camp, le camp des sur-développés pour ne pas dire des sur-exploiteurs, pour engager un dialogue dramatique qu'on a coutume d'appeler le « Dialogue Nord-Sud » !

Appelons les choses par leurs noms, c'est d'une association du cheval et du cavalier qu'il s'agit. Les temps sont arrivés de reconnaître avec courage qu'une issue juste et féconde du « Dialogue Nord-Sud » demeurera une utopie si ce dialogue continue à se dérouler entre un « Nord » à composantes technologiquement très avancées, économiquement performantes et fortement intégrées, et un « Sud » à composantes techniquement faibles et économiquement inopérantes, désarticulées et dispersées.

Mais, nous restons les seuls responsables de notre pauvreté ! Nous, responsables des Etats africains, nous devons désormais assumer notre responsabilité. Nous n'avons pas fait tout ce qu'il fallait faire pour que nos Peuples cessent d'être terriblement pauvres au milieu de richesses naturelles infiniment abondantes. Nous ne nous sommes pas engagés à fond dans la voie d'un changement radical. Cessons d'être des compléments des autres ou des suivistes aveugles.

Le « Dialogue Nord-Sud », pour ne pas être une formule creuse ou une conception utopique dans son issue, présuppose, en ce qui nous concerne, nous Afrique, un « Dialogue Afrique-Afrique » fortement opérationnel, une coopération tous azimuts entre pays africains.

On se moque de notre intelligence, quand des conclusions d'analyses économiques malicieusement suscitées affirment que nos économies africaines ne sont pas complémentaires et que les seuls flux économiques naturellement concevables sont ceux « Nord-Sud ».

Les économies des Etats-Unis d'Amérique et de l'Europe sont-elles complémentaires ? Les économies de l'Europe et du

Japon sont-elles complémentaires ? Or, quelle n'est pas la densité du flux des échanges économiques entre ces pays !

Le mal est que nous ne sommes pas encore convaincus de cette évidence que chacun de nos Etats africains ne pourra maîtriser totalement ses ressources naturelles que si nous nous engageons tous dans un mouvement solidaire de mise en commun de nos ressources physiques principales (minières, énergétiques, végétales et animales) et humaines, et de coordination des actions de leur mise en valeur localement, à un rythme réaliste dans une perspective et avec la sagacité requises, en vue de nous assurer une issue de progrès réel dans le « Dialogue Nord-Sud ».

Mais, ne nous leurrons pas. Aujourd'hui, la tendance prédominante est celle de nous inféoder à la « généreuse » Métropole extra-africaine, prête à réaliser de « bonnes » études de faisabilité et à nous consentir des prêts « généreux »,assortis d'intérêts finement calculés, pour une « bonne » exploitation de nos matières premières, uniquement pour voler à notre secours, comme s'il ne s'agissait pas d'une tragédie dont les victimes sont nos Peuples et tout le devenir de notre continent.

C'est dramatique de ne pas voir dans l'intégration de nos Etats dans les secteurs les plus déterminants de la vie de nos Peuples, l'unique issue qui préserve nos indépendances nationales de la désintégration. Tout comme il fait pitié de ne pas percevoir dans l'issue heureuse des luttes politiques et militaires menées pour la conquête de ces indépendances, le moyen de constituer nos Etats, bâtir nos Nations et notre indépendance économique, mais, au contraire, la tendance à une dépendance réelle accrue vis-à-vis des grandes Métropoles économiques extra-africaines compromettant dangereusement cette indépendance nationale.

Et mettant en branle tout leur arsenal de mass-média et d'officines de déstabilisation, ces « Puissances » vont jusqu'à essayer de nous attaquer, nous chefs d'Etat africains, au plus intime de nous-mêmes. Chacun de nous est analysé dans ses points forts et ses faiblesses ; ses penchants, soigneusement analysés et fichés ; les propos, les mensonges, les insinuations susceptibles de l'indisposer, tout comme les flatteries propres à le réconforter béatement, notés avec minutie et dans les moindres détails. Et, de là, selon que l'on veuille nous mettre en courroux ou nous faire prendre des airs de panache, de fanfaronnade, on actionne les mass-média dans tel ou tel sens. Le but demeure toujours de faire de nous, pour un moment donné, des êtres d'une autre nature, inconsciemment prêts à jouer le rôle qu'on veut nous faire jouer pour la circonstance. Il s'agit d'une véritable manipulation psychique que nous devons connaître pour résister à leur perfide entreprise. Mais, la forteresse nous permettant une résistance suffisante et capable de faire naître et développer en nous une combativité susceptible de désarçonner l'ennemi est assurément notre adhésion commune, active et opérationnelle à l'Unité africaine. Chacun de nous doit, au plus intime de lui-même, se sentir Africain et vivre en Africain : il ne serait alors jamais le jouet de personne !

Après la lutte victorieuse de l'indépendance politique, les temps sont venus pour nous d'engager la deuxième grande lutte de notre histoire, la lutte de l'intégration de notre continent dont l'issue victorieuse contribuera à consolider notre indépendance économique et promouvoir le développement économique, socio-scientifique et technique de nos Peuples.

Les Etats-Unis d'Amérique ne seraient pas aujourd'hui une grande Puissance, si après leur libération de la domination coloniale britannique, les Peuples de l'Amérique du Nord n'avaient pas déclenché et mené victorieusement la lutte pour réaliser leur Unité.

L'URSS, la Chine sont des grandes Nations, parce que leurs Peuples sont unis dans de solides structures économiques et socio-culturelles. L'Afrique doit s'adapter, il est encore temps, aux impératifs de son progrès historique et s'engager résolument dans la voie de l'intégration économique.

Organisons-nous donc en dignes combattants de l'Unité Africaine !

— Pour l'indépendance dynamique des Etats africains, quelques mises au point liminaires nous servent de principes :

a) **Nous sommes opposés** à toute conception d'une division internationale du travail, de complémentarité, et nous la considérons comme injuste, immorale et de nature à sacrifier les intérêts de certains continents.

Nous sommes, de même, opposés à toute polarisation du développement préjudiciable aux intérêts de certains de nos Peuples : chacune de nos Nations doit se développer au même rythme que toute autre Nation et dans le secteur d'intégration pouvant lui servir de puissants points d'appui. De ce fait, nous condamnons tout schéma de développement gravitant autour de quelques centres et laissant dans l'ombre la périphérie. Dans un ordre économique mondial juste, il ne doit y avoir ni de centre, ni de périphérie.

b) **L'intégration économique africaine** ne devra pas emprunter la voie de l'autarcie ou d'un repliement quelconque de l'Afrique sur elle-même, une telle politique n'étant ni possible ni souhaitable, parce que condamnée par la vision historique du développement de l'Humanité. L'Afrique, devenue une Unité enrichie de ses diversités, doit être largement ouverte sur le monde, par une ouverture entière mais profondément consciente, tout orientée vers la promotion de ses intérêts et de ceux de ses partenaires. Cette ouverture totale suppose évidemment déjà réalisé le préalable indispensable de notre enracinement profond dans nos réalités propres, dans nos valeurs spécifiques dynamiques.

De plus en plus, de solides liens d'interdépendance se créent et se renforcent constamment entre les économies des différentes Nations. Les échanges économiques sont toujours convertis en monnaie.

Sur le continent africain, les signes monétaires de Nations étrangères ont cours, faisant subir aux pays africains les conséquences des décisions monétaires des pays étrangers. La monnaie est devenue un des attributs de la souveraineté étatique et elle personnifie singulièrement l'économie de l'Etat ou des Etats qui l'utilisent. Il devient impérieux pour l'Afrique de se doter :

1. **D'une Monnaie africaine,** sinon à l'échelle du continent, du moins à l'échelle sous-régionale ;

2. **D'une Banque d'investissement, d'une Banque commerciale, d'une Société d'assurance.**

Nos efforts d'intégration, pour être **concluants et décisifs,** requièrent des structures aptes à unifier certaines de nos activités, notamment dans le domaine de la protection et du développement de l'économie africaine.

Mais, abordons à présent, quelques points pouvant servir de jalons sur le chemin qui nous mène à l'Afrique Unie :

Pour forger une société, et c'est en réalité la société africaine intégrée dans toutes ses dimensions que nous voulons forger, nous devons tout d'abord porter nos efforts sur ce qui rapproche les hommes, met en contact leurs idées et permet aux uns d'avoir libre accès à ce qui est produit par les autres. C'est pourquoi, nous devons commencer par les communications : transports, télécommunications. Mais ce n'est pas la première fois qu'on en parle, et après en avoir parlé, on se sépare, attendant la prochaine occasion d'en parler.

Or, ce sont des actes que l'Afrique nous commande d'engager, aujourd'hui, des actes et rien que des actes, comme le dirait en Guinée la Jeunesse de la Révolution Démocratique Africaine (JRDA).

Depuis longtemps, et sur la base des travaux faits par les Organismes spécialisés de l'OUA, nous avons exprimé notre volonté d'avoir un système régional de télécommunications par satellite géo-stationnaire pour l'Afrique, système qui doit être un complément efficace du réseau Pan-Africain de Télécommunications. Cette volonté signifie une exigence cardinale,quand on songe, comme nous l'avons dit plus haut, au support que constituent, pour le développement économique et socio-culturel et l'inter-compréhension des Peuples, les flux de communications.

A Lagos, en avril 1980, un Sommet extraordinaire des Chefs d'Etat et de Gouvernement de l'OUA se réunissait, consacré exclusivement au développement socio-économique de notre continent, un développement intégré à l'échelle continentale. Est-il déraisonnable de décider que ce satellite africain de télécommunications déjà baptisé AFROSAT, soit lancé dans les deux ans qui viennent, en tout cas à temps pour fêter les 20 ans de notre Organisation Commune, l'OUA ? Certes non ! Car en fait, il serait plutôt déraisonnable de ne pas le faire.

En tenant compte du niveau de développement des technologies actuelles en matière de télécommunication par satellite et des expériences accumulées au cours des dernières années par différents pays, nous pourrions demander à notre AFROSAT des services tels que la téléphonie, le télex, la radiodiffusion, la télévision individuelle ou communautaire, la transmission d'images à des fins scientifiques et techniques (photographies par satellites d'identification de masses géologiques, etc). Et,si nous nous concertons sérieusement, les charges financières requises ne sont pas au-dessus des moyens de l'ensemble de nos pays. Nous devons le faire. Car ainsi nous ne serons plus obligés, quand nous devons téléphoner d'une capitale africaine à une autre, de recourir à des centres de transit extérieurs à l'Afrique.

Si nous abordons à présent les problèmes du transport, surtout aérien, nous verrons le même divorce pénible entre nos affirmations et nos actes. Est-il vraiment difficile de constituer, en mettant en commun une toute petite partie des aéronefs que possède chacun de nos pays africains, par exemple rien qu'un seul par pays, une compagnie panafricaine de transport aérien permettant à tout voyageur, de quelque capitale africaine qu'il parte, d'atteindre quelqu'autre capitale africaine dans les 24 heures ? S'il en est ainsi, il est bien caché en nous cet impérialisme-là ! Nous ne pensons pas être déraisonnable, quand nous affirmons que s'il est normal de relier Londres à tout moment dans les 24 heures, quand on part de Lagos, il doit être également considéré comme normal de vouloir rejoindre Nouaktchott à tout moment, et dans les 24 heures, quand on part de Lagos. Qu'attendons-nous pour nous y décider ?

Nous suggérons que le problème soit immédiatement mis à l'étude par les Organismes spécialisés de l'OUA afin, toujours pour fêter les 20 ans de notre Organisation, qu'une telle Compagnie Aérienne Pan-Africaine voie le jour.

Nous n'allons pas insister sur les transports terrestres, maritimes et fluviaux. Ici, ce sont les mêmes insuffisances que l'on constate.

Passant au domaine économique, et ne considérant que les secteurs miniers et énergétiques, nous voyons que, pour l'essentiel, nous sommes encore à la merci des grandes Puissances consommatrices.

Et si on rapproche, de cette immensité de ressources minières l'énorme potentiel hydroélectrique du continent africain, l'on s'aperçoit que si cette puissance avait été mise en œuvre pour la maîtrise du secteur minier et agricole, les répliques du « Sud » dans le dialogue « Nord-Sud » auraient été autres que celles qu'elles sont aujourd'hui.

La maîtrise du secteur agro-pastoral en particulier doit permettre de mettre à la disposition du Peuple une grande variété de production végétale et animale, compte tenu des conditions éco-climatiques propres au pays. Cette remarque nous amène à reconnaître qu'il est du devoir de ceux de nos pays réellement capables de maîtriser ce potentiel, de le transformer en puissants facteurs de production et de produire assez de denrées alimentaires, non seulement pour se suffire, mais encore pour nourrir les pays moins naturellement nantis, ceux du Sahel par exemple. C'est la vraie signification de l'intégration africaine.

Mais, à quel secteur du développement pouvons-nous toucher sans découvrir matière à coopération entre pays africains ? Le seul obstacle, ce sont nos mentalités qui freinent l'organisation d'une unité d'action en Afrique.

Est-il utile de disserter encore sur ce que nous pouvons et devons faire ensemble en matière d'Education Universitaire et de recherche sur le Développement ? L'évidence de la nécessité est là, manifeste. N'en dissertons pas. Tâchons seulement de surmonter notre paralysie dans la décision et d'oser faire l'Histoire.

Faire l'Histoire, c'est répondre avec éclat, aujourd'hui, à « l'Acte Général de la Conférence de Berlin » de Mai 1885 qui a « légalisé », au regard de la législation étrangère, et le dépeçage et l'exploitation de notre continent par le colonialisme.

Cette réponse, c'est les **Etats-Unis d'Afrique,** et le réalisme commande que la réalisation de deux ou trois objectifs panafricains pour la célébration du 20e Anniversaire de l'OUA en 1983 en marque le cheminement dans la voie infinie de l'histoire universelle.

DE LA LOGIQUE DU CHOIX

Engagée sur une trajectoire épousant l'infinité du temps, la Révolution va du simple au complexe, car dans la marche de l'homme et du Peuple, tout le long de ce chemin infini, la conscience ne cesse de dicter de nouveaux objectifs. La Révolution est ainsi une marche ascensionnelle à travers le temps et l'espace. Les exigences de cette marche sont nombreuses, mais elles restent de même nature si l'on observe constamment la rigueur de la ligne, ce qui suppose la connaissance profonde des exigences de cette ligne, exigences qui doivent être caractérisées par les valeurs cardinales propres à la Révolution, à savoir la démocratie, la justice sociale, la dignité du citoyen et du Peuple. Ainsi, une Révolution déteint toujours sur tout acte, tout choix concernant la vie de l'homme lui-même, la vie de la société, la vie de l'humanité.

La Révolution est un choix, tout comme la contre-Révolution est un choix. Le militant doit être en permanence instruit de cette contradiction ; dans le cas contraire, si engagé soit-il, il versera dans l'idéalisme au point d'être surpris par les coups portés par l'ennemi de classe. C'est la raison pour laquelle nous parlons toujours de la nécessité de créer la tension révolutionnaire, de l'entretenir ou d'utiliser toutes les occasions de sursaut de la réaction pour lui prouver par la lutte, la fermeté de classe, que notre Révolution est irréversible. La Révolution exige que l'homme fasse son choix selon la dialectique exclusive du général et du particulier. Le jeu dialectique de ces deux catégories est complexe. En effet, dans le général, se trouve le germe du particulier comportant aussi la semence du général et recélant le singulier. Essayons de traduire brièvement ce mouvement de catégories dans le réel. Le particulier est l'homme social, le singulier est l'homme individualisé dans sa personnalité intégrale. Si l'homme est social, c'est qu'il traduit un niveau du général qu'est la collectivité ; si sa liberté est sauvegardée selon une éthique fondée sur la justice, il est tenu compte à la fois de sa personnalité intrinsèque et de l'orientation de la société globale vers le progrès. Le niveau du général, est la collectivité, la société.

En un mot l'humanité, en tant que catégorie objective du général, est le contenu de ce type de société formée d'individus dont la personnalité et le comportement social ne sont pas en contradiction avec les aspirations de l'ensemble des Peuples dans leur passé, leur présent et leur avenir. Bref, le général c'est l'acquis toujours renouvelé des Peuples dans leur lutte pour concrétiser leurs aspirations au bonheur.

La finalité assignée au combat des Peuples dans tous les pays du monde est et demeure la paix, la sécurité, la liberté, la justice, la dignité et le progrès démocratique et social en faveur de tous les hommes, sans distinction de race, de sexe, de couleur et de religion.

En effet, tout homme a une dimension sociale, idéologique, morale.

L'homme est un être essentiellement social, produit historique d'une éducation donnée, comportant un mode de vie, un modèle de comportement et des valeurs de civilisation propres à la société qui l'a engendré ou qui le contient.

Ainsi, tout Peuple, en fait, en tant que contenant d'individus donnés, a des besoins matériels, économiques et culturels, des aspirations permanentes au progrès politique et moral en vue de son bien-être total et de l'épanouissement de chaque individu et de la société, laquelle constitue une personnalité collective, une volonté collective, une somme cristallisée de valeurs communes sous-tendant le comportement des individus associés dans une communauté sociale, que ceux-ci soient une famille, un village, une ethnie ou une Nation.

Il faut comprendre que les droits de l'homme découlent des acquis historiques du Peuple, autrement dit ces droits doivent prolonger, actualiser les droits collectifs du Peuple à l'échelle de l'individu. Ne faut-il pas admettre que le premier besoin de l'individu et du Peuple est de préserver la vie, de sauvegarder les biens et l'existence individuelle et collective des hommes ?

La paix, la sécurité, la liberté, la justice démocratique, la dignité et le progrès social demeurent l'objet permanent des aspirations de tous les Peuples du monde.

Pour faire triompher ces nobles buts, les forces progressistes du monde ont le devoir et le droit de combattre l'impérialisme, le capitalisme monopoliste, le colonialisme, le néo-colonialisme ainsi que tout système de vie fondé sur l'exploitation, la discrimination, l'arbitraire et le mépris de l'homme et du Peuple.

Les forces progressistes, optant pour l'indépendance et la souveraineté de chaque Peuple, le socialisme scientifique, la promotion et l'émancipation de la femme, la coexistence pacifique des régimes sociaux différents, la démilitarisation, la suppression des bases militaires étrangères, enfin le bannissement définitif de l'argument de la force matérielle dans les rapports internationaux, les forces progressistes doivent disons-nous œuvrer à l'actualisation de ces nobles idéaux.

Les Peuples et toutes les organisations internationales et nationales qui sont contre la guerre et la domination coloniale ou néo-coloniale ont le devoir et le droit de combattre les forces rétrogrades et les systèmes exploiteurs, en vue de l'avènement d'un nouvel ordre économique, d'un nouvel ordre culturel qui libère définitivement les Nations, les Peuples de tous les pays, notamment la libération des pays en développement du retard qui caractérise leur existence dans les divers domaines économique, scientifique, technique, technologique, etc..

Un choix ne peut être révolutionnaire que s'il est tenu compte de cette dialectique. Qu'est-ce à dire encore ? L'homme, tout en étant une fin, veut que cette fin soit encore un segment de la grande fin, à savoir la finalité assignée à l'action révolutionnaire, visant constamment le bien-être matériel et moral du Peuple. L'homme est partie intégrante de ce Peuple, indissociable de la totalité qu'est la société qui doit être le cadre d'épanouissement de sa personnalité en ce sens qu'aucun individu ne saurait être un simple numéro.

L'homme qui agit, et parce que précisément il agit, a sa personnalité. Si chaque homme est une partie intégrée, une partie objective de la société, il n'en demeure pas moins que chaque homme a sa personnalité, ses capacités, ses possibilités, ses connaissances et son expérience propre. Jamais deux hommes ne se confondent totalement. Des étudiants peuvent recevoir les mêmes cours, mais ils restent différents les uns des autres quand on se réfère aux niveaux individuels des connaissances.

Dans la société, les générations se succèdent. Chacune d'elles agit dans une séquence particulière du temps, correspondant à des conditions également particulières. Chaque génération aborde la Révolution avec ses capacités propres, ses préjugés de classe à travers des objectifs qui ne sont pas toujours de nature à garantir le succès de la marche du Peuple vers la concrétisation de ses idéaux. Nous disons bien préjugés de classe, car nous ne prétendons pas avoir déjà réalisé une société exempte de toutes contradictions. Envisageons toujours une situation de bonne foi vis-à-vis de la Révolution.

Si je me sens plus capable que mon frère, parce qu'ayant plus de connaissances, plus d'expériences, si je peux plus que lui, la norme de mon action doit être d'un niveau supérieur à la norme de son action, pour le même travail qui nous est demandé. Par exemple, la Révolution fixe une norme donnée pour les militants. Cette norme n'est en fait qu'une moyenne. Si mes capacités me permettent de dépasser cette moyenne, je dois m'imposer un niveau de production qui dépasse effectivement cette moyenne pour être fidèle à mon option révolutionnaire. Qui peut davantage, doit faire davantage s'il est révolutionnaire.

Le Révolutionnaire, c'est l'homme qui traduit par son comportement l'ensemble des règles, des principes, des exigences du progrès démocratique et social ambitionné par le Peuple. Ces exigences ne sont autres que celles des transformations qualitatives de la société globale, transformations dans lesquelles le Peuple est à la fois sujet et objet de sa propre évolution. Cependant, on ne doit pas s'en tenir à cette échelle microscopique ; il faut aller en profondeur en parcourant les échelles intermédiaires entre ce Tout et le microcosme qu'est l'homme. C'est dire qu'il faut aller à la Fédération, à la Section, au Pouvoir Révolutionnaire Local (PRL), à l'administration du Secteur du PRL.

En effet, transformer notre Société, c'est transformer à la fois les Fédérations, les Sections et les Villages, et il ne faut pas s'arrêter là ! Il y a lieu ici de signaler une vertu propre à la Révolution en insurrection légitime contre l'égoïsme. Elle se fixe la tâche d'émanciper chaque homme des PRL, même si cet homme est réactionnaire. C'est pourquoi, elle mobilise les hommes à rivaliser d'ardeur pour non seulement faire plus que ce qui est demandé, mais aussi pour bien faire ce qui est à faire. Cette émulation est le ciment qui lie les militants dans une même action. C'est le facteur majeur de dynamisation continuelle de la production et de la productivité individuelles et collectives, s'agissant d'une société ayant choisi la Révolution.

Pour que la Révolution soit, il faut d'abord choisir le général englobant tous les hommes d'une société donnée, tous les Peuples du monde, car l'homme, partout, aspire à la justice, à la démocratie, au progrès et à la paix. Et pour que ce choix ne soit pas abstrait, contemplatif, pour qu'il soit action transformatrice des choses dans le temps et dans l'espace, il faut tenir compte des réalités objectives particulières de l'évolution socio-historique et créer les conditions d'éclosion de toutes les capacités contribuant alors au progrès social et démocratique.

Comment opérer selon cette dialectique du général et du particulier ?

Il faut choisir dans leur devenir l'homme et la société ; œuvrer à la réalisation de ce devenir, et, dans la réalisation de ce devenir, s'imposer un comportement conséquent. C'est la traduction fidèle de ce choix qui caractérise le comportement révolutionnaire.

La Révolution envisage l'homme en tant que partie intégrée à un Tout, le Peuple, sans toutefois que cette partie se considère comme un appendice, un élément amorphe, attendant du Tout sa nourriture et les moyens de son épanouissement. La Révolution exige que dans ce Tout, l'homme ne soit pas seulement un numéro, un point anonyme. La Révolution veut que chaque homme incarne ce Tout ; qu'il soit un serviteur compétent de ce Tout, au point que, par sa volonté, il se considère capable de faire tout ce que le Tout peut faire. Ainsi, il traduit dans son comportement l'ensemble des forces dynamiques mettant en mouvement le Peuple pour son devenir. La caractéristique essentielle de l'homme doit donc être sa capacité d'intégrer et de refléter les qualités et les vertus du Tout dont il est lui-même une partie intégrée et constamment responsable de la construction du progrès de ce Tout.

La Révolution est ainsi un mouvement ascensionnel, ordonné, coordonné, engagé en permanence sur une trajectoire préétablie, ne souffrant d'aucune improvisation, et allant constamment vers des objectifs démocratiquement choisis par le Peuple. Ainsi, le Peuple lui-même demeure constamment le Référentiel suprême réglant le comportement de l'homme révolutionnaire, faisant de l'homme, où qu'il se trouve et quel que soit son âge, un élément harmonieusement soudé aux autres éléments constitutifs de la société, un élément porteur en soi d'au moins une partie de la capacité du Peuple, un élément-support de l'édifice collectif créé par le Peuple, gardien vigilant des moyens matériels et immatériels du Peuple, créateur efficace, dévoué, honnête de tout ce qui manque au Peuple.

La Révolution ne peut donc se faire en rêve. La Révolution est essentiellement action. Ce n'est pas un choix abstrait ; traduite en phraséologie révolutionnaire, elle devient légèreté pouvant être fatale pour sa propre stratégie.

Mais de quel choix s'agit-il ?

Il s'agit du don de soi au Peuple pour maîtriser la nature, dominer le temps en le remplissant constamment d'utiles œuvres.

La Révolution est un choix qui a une éthique propre en ce sens qu'elle exige de l'homme se réclamant d'elle, le respect d'une morale de contrainte sur lui-même et de fermeté dans le respect des engagements du Peuple.

L'homme n'a la faculté de signifier ce qu'il est qu'à travers son comportement dans la société. Chaque homme est singulier. Et c'est ainsi que si tous les hommes sont égaux, tous n'ont pas pour autant le même comportement face aux objectifs généraux et particuliers. La pensée intime de l'homme reste hermétique tant qu'il n'agit pas ; mais la photocopie de cet homme complexe est condensée, synthétisée dans son comportement.

Juger l'homme, c'est le situer à travers son comportement. Apprécier l'homme, c'est l'apprécier à travers son comportement. C'est quand un homme reflète fidèlement la Révolution dans ses attitudes, c'est quand il a un comportement révolutionnaire qu'on dit qu'il est révolutionnaire.

Cet homme était libre, totalement libre avant d'avoir fait son choix du programme de la Révolution. Mais une fois ce choix fait, son exécution fidèle doit être une contrainte ; la nécessité de le traduire avec efficacité dans le réel devient absolue ; en un mot, l'accomplissement de l'objet du choix doit être scrupuleux. C'est cela, **la logique du choix.**

Ainsi, l'homme qui a choisi la Révolution se condamne effectivement et constamment à faire la Révolution en actes, en comportement, en attitude. Il se condamne aussi, s'il tourne le dos aux exigences de la Révolution, s'il estime que ses intérêts n'ont plus de place dans le programme de la Révolution, ou, pis encore, s'il estime que la Révolution est désormais contraire à ses intérêts. Il aura alors consommé la rupture de classe avec toutes ses conséquences idéologiques, politiques et morales.

Comment faire la Révolution ? C'est dans l'action et en s'appuyant sur trois volets :

— **Premier volet, le passé.** Ne retenir du passé que les leçons positives, utiles, méritant pérennité. Il faut utiliser constamment, comme point d'appui de l'action, tout ce que ce passé a recélé de positif, de dynamique et de juste.

— **Deuxième volet :** le présent ; ce sont les idées, les théories du présent qui sont aussi justes parce que véhiculant la démocratie, l'égalité, l'indépendance, le progrès et la dignité, parce que favorable à l'harmonie sociale, bannissant l'exploitation de l'homme par l'homme, imposant à l'homme une attitude dynamique positive dans la construction d'un avenir heureux. Il faut que le militant arrive à saisir l'importance des exigences de ce présent, car il est une médiation entre le passé et l'avenir. C'est pourquoi, le présent ne peut être analysé sans tenir compte du futur.

— **Troisième volet :** Le futur dans toutes les dimensions des aspirations au progrès du Peuple, comporte les phases immédiates de l'évolution tout comme les phases plus lointaines dans le temps.

Le comportement n'est donc révolutionnaire que s'il est guidé par les conceptions ou les idées du passé, évoquant la noblesse du Peuple libre, les idées de la vie présente, excluant tout acte d'opportunisme et enfin les idées du devenir, conforme au choix fait par le Peuple et à concrétiser rigoureusement dans la réalité. Le Révolutionnaire n'aime pas le verbe, car le verbe peut dissimuler des courants idéologiques n'émergeant jamais sans motifs historiques de même qu'il peut porter sur l'apologie de la Révolution alors que son auteur est un réactionnaire du type fossile. Ces courants sont régis par des procès objectifs se déroulant dans la société à travers des idées complètement opposées de par leur nature socio-politique de classe.

L'idée progressiste reste idée tant qu'elle ne mord pas sur le réel, tant qu'elle n'est pas traduite en comportement progressiste. Quand l'idée révolutionnaire n'est pas concrétisée, elle reste sans effet. On a beau émettre de belles idées, celles-ci ne peuvent, à elles seules, déclencher les transformations sociales ambitionnées par la Révolution.

Ce qui compte pour la Révolution, c'est la matérialisation de ses idées dans le comportement réel des hommes. C'est le comportement qui les actualise. Ce qui compte c'est la pratique de la démocratie qui, seule, peut changer positivement les conditions d'existence de l'homme et du Peuple. Dans tous les cas, c'est la pratique qui peut rendre réel le choix théorique, l'aspiration formulée par l'homme ! Qui dit comportement révolutionnaire dit expression totale de la fidélité au choix du progrès. La conformité de la théorie à la pratique est la preuve de la fidélité absolue à l'objet du choix.

Il est tellement facile pour l'homme de formuler des vœux ! « Je suis malade, je veux me débarrasser de la maladie ». « Je suis pauvre, je veux être riche ». « Je voudrais aller à Labé, à Mamou, à Dabola, à Kankan, saluer ma mère », etc... Mais, faut-il avoir la volonté de mener l'action conséquente en acceptant de fournir tous les efforts qu'exige l'accomplissement de la tâche. Dans le cas contraire, ce ne sont que des vœux pieux ! Certes, la pratique est difficile ; mais pour être réellement fidèle à la Révolution, pour ne pas s'en tenir à l'adhésion théorique, il nous faut traduire ses exigences avec constance. Elle ne collera pas de façon absolue à la théorie, mais que le Peuple découvre lui-même les imperfections, la bonne foi dans l'action de la lutte pour la réalisation de ses idéaux. Nous disons cela aussi parce que ce n'est pas la vie qui dicte les solutions, mais l'esprit imparfait de l'homme !

Face aux événements présents, face au devenir souhaité, pour la Révolution, la justesse d'une attitude ou d'une décision est régie par la dialectique du présent et de l'avenir. Ce qui est juste aujourd'hui peut ne pas l'être demain et les conditions sont à analyser en profondeur pour éviter une situation favorable à l'ennemi de classe : l'anarchie ou la résistance due à l'impréparation du facteur subjectif. Dès que l'analyse a permis de percevoir les effets nocifs de la solution du présent sur la construction de l'avenir, alors, il faut savoir l'abandonner à temps. Constamment, la Révolution doit se contester elle-même. Une solution cesse d'être juste quand elle compromet le devenir.

La Révolution étant un processus continu, elle ne peut connaître aucune pause, aucun arrêt, encore moins une regression ! Elle ne saurait déboucher sur l'impasse.

La finalité de la Révolution est la pleine réalisation de l'homme et du Peuple, l'épanouissement en chaque homme de ses facultés socio-humaines. La Révolution vise l'émancipation totale de la société, la domination, par elle, de la nature pour le bonheur du Peuple. La Révolution exige la maîtrise de la société par la société elle-même. La sécurité, la dignité, la liberté, le progrès dans un cadre compatible avec la personnalité de chaque homme, les intérêts de chaque homme dans un Tout rendu dynamique, voilà les objectifs primordiaux de la Révolution !

La Révolution, c'est le changement qualitatif. Changer quoi ? Les idées, les comportements, les conceptions rétrogades, qualifier les conditions de l'existence, ce qui ne peut être sans la capacité collective et individuelle de satisfaire les besoins sociaux, cette capacité se traduisant en actes de production.

Il faut aussi créer les conditions de cet acte de production. Comment ? En changeant le mode de production.

Pour aboutir à quoi ? Au changement, à l'amélioration des rapports sociaux de production. Pour cela, il faut que les grands moyens de production appartiennent au Peuple et à lui seul. Telles sont les conditions qui permettent aux hommes porteurs de nouvelles idées, de nouvelles volontés, de nouvelles espérances de se fixer de nouveaux objectifs de transformation progressiste de la société.

Tout changement positif est une conquête de l'homme et de la société. La vision commune du devenir n'est rien sans une organisation commune du présent et la création d'une force collective de transformation de la société. Avoir des principes communs exige l'adaptation des comportements aux principes, sans que cela soit une uniformisation détruisant la personnalité.

La Révolution, c'est le bouleversement du vieil ordre pour engendrer un ordre nouveau, libérant et qualifiant toujours davantage l'homme, le rendant plus capable et la société plus rayonnante aujourd'hui qu'hier.

Tout se ramène au travail qui reste le dénominateur commun des comportements conséquents. Rien ne se fait sans travail. Sans travail, l'homme ne peut évoluer.

Nous n'insisterons jamais trop sur cette importance fondamentale, décisive du travail. Le Peuple japonais dont le pays est cependant totalement dépourvu de ressources minières a, par un travail individuel et collectif intense, constant, intelligent, méthodique, réussi à être une grande puissance économique et à se hisser au sommet de la science, de la technique et de la technologie. Et on a raison de parler de Révolution japonaise, Révolution qui commença dans les années 60 du XIXe siècle. Cet exemple prouve historiquement, si besoin en était, ce dont est capable le travail.

Aucune Révolution ne se fait sans, à la base, le Travail. **Mieux, on dit qu'il y a Révolution quand, à force d'expériences et de connaissances, une nouvelle morale, un nouveau comportement se crée au sein de la société, faisant du travail un besoin en soi,** et cette morale, ce comportement doit être **naturellement** vécu, car chaque individu qui a un comportement autre, contrevient à la **nature** de cette société et est honni par elle. Quand c'est une partie de la société qui travaille, le pays risque de végéter, de vivre de mendicité.

L'homme est un être physique de dimensions dérisoires par rapport au cosmos. Cependant il arrive à dominer tous les autres êtres ; si un enfant de 8 ou 10 ans peut conduire tout un troupeau de 10 à 22 têtes de bœufs d'un village à un autre, c'est parce qu'il a une supériorité incarnée par son esprit, sa conscience. Mais cet esprit ou cette conscience n'est acquis que par le travail, ne se développe que par l'effort de maîtrise de l'espace et du temps. C'est le travail qui est à la base de cette supériorité. C'est le travail qui nourrit, entretient et développe l'esprit et la conscience. C'est par lui que l'homme ne cessera jamais de se réaliser. Le travail a été nécessaire dès la naissance des communautés humaines pour sauvegarder la vie collective et individuelle.

Et lorsque les hommes ont choisi de bâtir une société fondée sur l'égalité et la justice, le travail devient un impératif pour tous.

Le travail se traduit ici en comportements productifs utiles. Il s'agit en effet de créer tous les jours ce qui n'existe pas, car chaque jour les besoins de l'homme, les besoins du Peuple doivent être pleinement satisfaits ; et rien n'est possible tant que les hommes n'y ont pas travaillé. Sans travail, pas de réalisation de l'homme, pas de progrès social.

Le travail productif ne s'entend pas seulement par la production d'éléments purement matériels, physiques ; le travail est également producteur de biens immatériels, car l'homme a des besoins intellectuels, des besoins culturels. Parfois même,l'homme sacrifie des moyens matériels pour créer les moyens de satisfaction à ses besoins immatériels, moraux, comme par exemple la défense de la liberté et de la dignité. Que ces idéaux soient étriqués ou envisagés dans le sens de l'émancipation du Peuple, ce sacrifice est.toujours possible.

Le travail productif, c'est la production de tous les moyens matériels et immatériels : l'instituteur produit, le médecin produit, le vieux conteur, sous la véranda d'une case du village, s'adressant aux jeunes générations pour leur transmettre une partie de la culture nationale condensée dans les contes et légendes, ce vieux, disons-nous, en tant que magasin de conservation de certaines valeurs de la société, produit. Tout ce qui sert à accroître le patrimoine culturel et économique de la société, relève du travail productif.

Celui qui ne travaille pas vole

Qui dit la vérité, travaille. Qui donne des conseils aux militants, aux jeunes, pour leur permettre d'avoir un comporte-

ment conforme à la ligne de la Révolution, travaille. Le travail productif engendre les conditions matérielles et morales favorables à l'épanouissement de l'homme et de la société.

Le travail, disons-nous, est une exigence, la première des exigences pour toute société constituée. Et le travail, de plus en plus, reprend ses droits après la naissance des classes pour que nul ne soit profiteur de la sueur d'autrui. Aussi, il est et demeure le premier impératif pour tout homme qui a choisi la cause des Peuples, c'est-à-dire qui a fait le choix de la Révolution démocratique et sociale.

Qu'entendons-nous par comportement utile ? Détruire le mensonge est utile à la cohésion de la société ; détruire les maladies est utile à la santé de l'homme et du Peuple ; détruire, bannir les mauvaises mœurs, telle que la pratique de l'alcoolisme, de la toxicomanie ou toute autre licence, est utile ; détruire la paresse, le vol, est utile à la santé du Peuple.

Le travail socialement utile, politiquement utile est productif, car il met l'homme dans des conditions idéales de développement de la production et de la productivité. Au lieu que l'énergie soit inutilement gaspillée dans les mœurs légères, et nocives, l'énergie de l'homme, l'intelligence, l'expérience, bref les capacités d'action de l'homme et du Peuple se verront engagées dans la production du bien-être matériel et moral de l'individu et de la société. Le comportement utile devient ainsi une exigence se confondant au comportement productif tout court.

Mais, pour que la loi du travail triomphe, il faut que les conditions du travail soient toujours rationnellement organisées, que soient créées les conditions d'éclosion et de développement constant des facultés créatrices de l'homme, les conditions de libération des initiatives. Il faut que les rapports de travail entre les hommes expriment l'égalité, sauvegardent leur personnalité. Il faut que le produit du travail, en un mot, profite aux travailleurs et qu'entre le travail et le travailleur, il existe une parfaite harmonie ! Pas de rupture, pas d'antagonisme entre le sujet et l'objet du travail. D'où l'absolue nécessité d'éliminer du monde du travail, les rapports d'exploitation de l'homme par l'homme ou d'un groupe d'hommes par un autre. Libérer l'homme, libérer les travailleurs, c'est liquider les rapports d'oppression, d'inégalité, c'est créer les conditions d'accomplissement du travail libéré. Que voilà des exigences nobles dictées par la Révolution !

Nous avons dit que le travail productif est indispensable à la survie et au développement de la société. Mais il faut toujours rendre claires les notions, car il y a travail et travail ! Si la Révolution travaille, la contre-révolution travaille elle aussi, de son côté. S'il y a un comportement traduisant l'option révolutionnaire, il y a aussi un comportement traduisant l'option contre-révolutionnaire. S'il y a une morale, des principes, des méthodes et une finalité révolutionnaires il y a aussi une morale, des principes, des méthodes et une finalité contre-révolutionnaires parce que rétrogrades.

Ne pas travailler, c'est travailler à détruire la Révolution. Protéger les voleurs, devenir leur complice, c'est travailler à détruire la Révolution. C'est à travers le comportement réel que le choix intime que l'on a fait se révèle.

Le choix doit se traduire dans chaque domaine d'activité. Chacun est libre de choisir, mais on juge d'après le comportement face à ce choix.

Etre logique avec l'objet du choix, c'est en traduire toutes les implications. L'inconséquence est une démarche d'aliéné. La dignité exige la sincérité avec soi-même, la fidélité aux principes et aux objectifs librement choisis.

Nous sommes libres de choisir ! Mais dès que nous avons choisi un objectif donné, assumons notre choix, réalisons-nous en tant qu'hommes conscients et dignes. Si nous ne voulons pas de telle chose, ayons l'honnêteté, la dignité de manifester ce refus. Mais quand on a exprimé l'objet de sa volonté, l'objet de son choix, la fidélité à ce choix doit être rigoureuse et permanente ; ses implications doivent se traduire par un comportement dont le seul but est la totale réalisation du choix. C'est ainsi que l'homme reste conséquent et digne avec lui-même et avec les autres.

Comme nous l'avons dit, la Révolution travaille, la contre-révolution, elle aussi, travaille. Il existe donc au sein de la société deux courants fondamentaux, contraires, opposés. Chaque fois que le travail productif et utile s'amplifie pour le progrès social et démocratique grâce à l'avance du courant révolutionnaire, c'est au détriment de la sphère occupée par la contre-révolution qui recule et qui, en même temps, s'organise pour compromettre la marche de la Révolution selon des méthodes que seule la fermeté de la ligne peut découvrir.

Aussi chaque fois que la vigilance de la Révolution baisse, la contre-révolution, elle, en profite pour acquérir un nouveau terrain au détriment de la Révolution, elle ronge sur les frontières de la Révolution pour réduire la portée de son action. Il serait même anormal de dire à un militant révolutionnaire que les objectifs de son Parti peuvent être compromis d'un moment à l'autre, car, nous l'avons déjà affirmé, une Révolution ne se fait pas contre des fromagers ou des cocotiers, mais contre ceux dont les intérêts sont en contradiction avec les aspirations des masses laborieuses !

Avoir un comportement révolutionnaire, c'est avoir présent à l'esprit, à tout moment, et en tout lieu, la réalité sociale qu'est la lutte des classes. La lutte des classes s'exprime dans tous les domaines de la production et de l'échange des biens matériels et immatériels, à l'occasion de tous les changements qualitatifs et même au cours du développement des conditions de ceux-ci.

Partout, les deux courants, le courant progressiste et le courant réactionnaire, le courant révolutionnaire et le courant contre-révolutionnaire s'affrontent. Le révolutionnaire doit savoir se comporter en conséquence. Il doit avoir une conscience aiguë de l'impératif de traduire en permanence les implications du choix révolutionnaire : comportement conscient, réfléchi, raisonné, fidèle aux exigences de l'objectif choisi, comportement logique, quasi-mathématique.

La Révolution dit : « ne minimisez aucun acte ; ne surestimez non plus aucun fait, aucun acte. Ramenez tout au dénominateur commun accepté au sein du Parti de la Révolution ». Cette prescription acceptée, chacun effectuera sa marche de façon correcte en convergence avec la marche des autres.

La Révolution exige que chacun se mobilise pour les objectifs de changements qualitatifs à opérer dans les conditions d'existence de la société, dans les rapports entre le Peuple et la nature, et dans la maîtrise de l'histoire par le Peuple. La justesse de l'action révolutionnaire s'apprécie à travers et dans ces conditions.

Un homme qui a choisi la Révolution, mais qui refuse de travailler, un homme qui a choisi la démocratie, mais qui, dans sa pensée et dans son comportement, signifie qu'il est, lui, supérieur à tel autre homme, à son épouse ; un homme qui dit qu'il défend la dignité humaine, mais qui bafoue la dignité des autres, agit contrairement à l'éthique de son choix. En tout cas, son choix n'est que théorique. **Un homme n'aura jamais fait le choix de la Révolution s'il ne traduit pas dans le secteur productif les implications de son choix en travaillant avec application, dévouement, honnêteté.** S'il en est encore à dire d'un voleur : « celui-ci, c'est mon frère, je n'ai rien à dire », ou de son oncle qui se comporte mal : « je n'y peux rien : » ; « cet autre est mon cousin ou mon ami », etc..., celui-là donc ne lutte pas contre la contre-révolution, c'est un réactionnaire tout court au sens plein du mot. Il ne traduit pas la Révolution dès lors qu'il vole. ment, laisse à la portée des voleurs le patrimoine du Peuple, dès lors qu'il ne combat pas et ne veut pas combattre. Dès que l'homme a une position de compatibilité de vie avec l'ennemi de classe, avec le contraire de son choix, il a accepté tacitement que ce qu'il fait sur le terrain de la Révolution soit détruit par cet ennemi qui incarne la contre-révolution.

Le comportement révolutionnaire, pour être logique, conséquent, doit se traduire dans tous les actes de l'homme, à travers le respect des exigences de l'éthique de la Révolution. Aussi, il faut de l'intransigeance dans la défense de la vérité révolutionnaire, de la fermeté dans la lutte pour la sauvegarde de la Révolution et pour le développement des réalités révolutionnaires. Entretenir et renforcer la fraternité de classe, c'est mener une lutte constante contre l'ennemi de classe, celui-là qui veut détruire ce que la Révolution édifie.

Ainsi, le clivage entre les deux choix, au-delà de l'ethnie, de la race, de la nationalité, de la couleur, de la religion pratiquée, ou de toute autre discrimination subjective, ce clivage entre le bien et le mal, doit unir d'un côté tous les hommes de toutes les races, de toutes les religions faisant la Révolution, contre les hommes de toutes les nationalités, de toutes les religions, de toutes les races agissant dans le sens de la réaction.

La Révolution engendre un monde nouveau et la contre-révolution s'oppose à la naissance de ce monde nouveau. La Révolution veut le bonheur démocratique pour tous les hommes, au-delà de toutes les dinstinctions. La contre-révolution veut le maintien du vieil ordre, la hiérarchisation fossile, la subordination des uns aux autres. La contre-révolution veut l'exploitation de l'homme par l'homme ; elle entretient le mépris du Peuple par la minorité qui exerce le pouvoir ou qui dispose de moyens. Ce sont là deux choix rigoureusement opposés : le choix de la Révolution et le choix de la contre-révolution. En matière de religion aussi, il y a deux choix : le choix du bien incarné par le croyant honnête avec sa foi et le choix du mal incarné par cheytane. Si, pour le croyant pieux, le premier choix est récompensé par le paradis, et le second l'enfer, la Révolution veut que indépendamment du paradis auquel nous nous attendons demain, soit créé sur cette terre le bonheur du Peuple par la satisfaction de tous ses besoins matériels et moraux.

Unissons-nous donc, défendons nos intérêts légitimes, créons les conditions de notre bonheur démocratique et le parardis ambitionné par nous sera déjà une réalité sur terre, faisant le bonheur et la dignité de chaque homme ! C'est une inconséquence de dire : « j'ai choisi le bonheur à Kankan, je n'en veux pas à Conakry ». Tous ceux qui disent : « je m'attends au paradis de demain, je ne veux pas de celui d'aujourd'hui », doivent être sûrs qu'ils n'auront pas le paradis de demain parce qu'ils y auront renoncé ! Celui qui est réellement chrétien ou réellement musulman, et qui aspire au paradis, doit lutter doublement aujourd'hui pour faire du bonheur du Peuple une réalité de l'existence sur cette terre !

Les choix progressistes doivent être traduits avec vigueur, constance et une fidélité toujours renouvelée.

Le comportement, malheureusement, est souvent influencé par l'ennemi de classe, d'abord dans le domaine des idées, nous le soulignons à nouveau. Or ce sont les idées qui sous-tendent les activités, le comportement objectif. Le facteur subjectif compte beaucoup dans la lutte contre l'ennemi de classe. Aussi les idées progressistes doivent-elles balayer leurs contraires et se développer dans le cadre de la vision révolutionnaire de la société, des transformations socio-économiques du Peuple. La lutte des idées, il faut le souligner, est très importante.

Si on veut que le comportement objectif des hommes s'harmonise, il faut que leurs idées soient de même nature. Les divergences d'idées, les antagonismes entre les idées se transposent dans les comportements. D'où l'absolue nécessité de la formation idéologique et morale des hommes.

La morale de la Révolution doit être parfaitement assimilée. Il y a eu Révolution parce que le Peuple ne voulait plus supporter plus longtemps les réalités imposées par les réactionnaires qui dominaient. Si le monde était parfait, si le monde était ce paradis décrit dans le Coran, il n'y aurait eu ni Parti politique, ni lutte ! **Mais il y a eu Révolution parce que les hommes ont pris conscience que le monde n'était pas parfait, que les uns vivaient de la sueur des autres, de l'exploitation et de l'oppression des autres.** Et les victimes ont formulé la volonté conséquente d'organiser la lutte de leur libération pour mettre fin à toutes formes d'aliénation.

Donc, la Révolution, porteuse d'un nouvel ordre a pour finalité la destruction du vieil ordre et l'édification d'un nouvel ordre. La Révolution veut donc que le nouveau se substitue à l'ancien.

Mais qu'est-ce qui est nouveau, qu'est-ce qui est ancien ?

L'ancien ne s'explique pas toujours par l'âge, la durée dans le temps, mais par sa nature. Une situation est dépassée quand elle s'oppose aux exigences du progrès démocratique et social. On ne définit pas l'ancien par le facteur « temps vécu », mais par son caractère réactionnaire par rapport aux exigences du bonheur de la société. On ne saurait le faire d'autant plus que le vécu peut être incorporé aux valeurs nouvelles dans la mesure où il est positif et facteur de progrès.

Le nouveau, ce n'est pas non plus ce qui vient de naître aujourd'hui. On le définit à travers ce qu'il véhicule en volonté de progrès de la société, de progrès vers plus de justice, de progrès vers plus de démocratie, de progrès vers plus de liberté, de progrès dans la marche générale des hommes pour un devenir heureux.

La Révolution, c'est cette confiance totale en l'homme, en sa perfectibilité infinie. Mais la Révolution prend aussi soin de ne pas vivre d'illusions. Le combat révolutionnaire est permanent et toujours plus exigeant. Malgré d'importantes victoires déjà remportées par le PDG sur l'ennemi de classe, la lutte n'est pas encore finie, les objectifs se substituant les uns aux autres de façon progressive comme le passage d'une classe à une autre des élèves et étudiants.

Dans le processus de la lutte pour la connaissance et le savoir-faire, chaque année, chaque classe supérieure constitue une force d'attraction, un point de polarisation des esprits de la Jeunesse scolaire et universitaire vers l'objectif qu'elle s'est fixé, celui d'une formation de qualité. Malheureusement, beaucoup croient qu'à partir de l'obtention du diplôme, l'objectif est atteint et la vie assurée. Sur 10 étudiants universitaires sortants, il y aura au moins 6 qui abandonneront tout nouvel effort de formation et de surformation, se contentant purement et simplement de l'objectif qui les avait polarisés. Or, les sciences connaissent un développement prodigieux en notre temps, le licencié ou le docteur d'aujourd'hui peut avoir demain à peine le niveau du bachelier s'il se borne à ce qu'il a appris à l'Université, s'il se contente du diplôme obtenu et qu'il accrochera au mur, bien en vue pour que le visiteur sache bien qu'il se trouve dans la maison d'un licencié ou d'un docteur !

Le travail intellectuel doit être aussi un travail continu ; la formation technique et technologique s'opère dans un processus infini. Si l'on a exigé des diplômes, c'est pour créer plus d'émulation dans les rapports entre les hommes. Or, le diplôme apparaît maintenant chez beaucoup d'hommes comme une fin en soi. Ce qui était une qualité, devient alors un défaut. C'est pour souligner que si l'homme veut demeurer révolutionnaire, s'il veut que son comportement traduise, en permanence et avec rigueur, la morale révolutionnaire, il faut alors qu'il sache qu'il aura beaucoup d'observations à faire autour de lui, beaucoup de maîtrise à avoir sur lui-même pour comprendre davantage et agir toujours mieux au profit du Peuple et de sa Révolution.

Nous avons beau pratiquer la coopération avec les amis, ceux-ci n'enverront jamais leurs ressortissants travailler à notre place, pour assurer le développement de notre pays, sans que nous soyons les véritables sujets de ce développement.

On a beau multiplier par 2, 3 ... 10 les moyens matériels de travail, l'outillage technique, si le travailleur qui doit mettre en mouvement ces moyens matériels, cet outillage technique, ne produit que la moitié de l'effort requis, la production ne serait que la moitié de ce qu'elle devrait être. Il y a plus grave : des travailleurs font preuve de la même résistance au travail, mettent rapidement hors d'usage des moyens techniques et matériels par le manque d'entretien, ce qui accroît constamment, par des charges nouvelles évitables, le coût de la production. A ce propos, il y a lieu de mesurer la gravité de la situation que voici : dans le processus du travail, il y a le « moyen humain » et le « moyen matériel ». C'est le comportement du « moyen humain » qui assure une longévité et une efficacité pratique au « moyen matériel » ; si donc le « moyen humain » est défaillant, incompétent, inconscient et toujours au-dessous de son temps de présence effective et de sa capacité professionnelle normale ou si le moyen matériel est à la fois immobilisé, sous-employé et non entretenu, c'est l'improductivité et une détérioration anormale qui en découlent en même temps qu'une augmentation constante des charges de l'Etat. Et contre qui les conséquences de cet état de choses se manifesteront-elles ? C'est contre les travailleurs eux-mêmes ! C'est-à-dire que le comportement négatif du travailleur menace directement son propre avenir, parce qu'il compromet le développement de l'économie nationale !

Le salaire doit être équivalent à la valeur du travail fourni. La dynamique de la production exige que ce soit le travail qui soit payé et non le travailleur. Et cette thèse correspond à celle du socialisme bien compris, à celle de tout humanisme qui ne soit pas un paternalisme allant contre le développement des masses laborieuses. L'homme se développe dans et par le travail et, dès lors, il convient que son salaire traduise rigoureusement la quantité et la qualité de ce travail. **Le salaire paie le travail qui paie le travailleur.**

Il faut que chacun soit payé pour le travail fait, et que, s'il y a des agents qui ne veulent pas travailler alors qu'ils sont engagés et payés en conséquence, qu'on revise leur situation et, au besoin, qu'on les libère de l'entreprise pour qu'ils s'installent à leur compte et se comportent à leur guise !

Voilà donc, que la Révolution ne produit pas que des révolutionnaires. La Révolution met entre les mains de l'homme l'arme privilégiée du combat pour le progrès, mais l'homme peut utiliser négativement cette arme contre le Peuple. Si nous n'y prenons garde, nous aurons toléré les pires contre-révolutionnaires parmi nous ! La Révolution peut aussi produire son contraire. Si l'homme formé par elle n'a pas la volonté nécessaire d'incarner la morale révolutionnaire, de servir fidèlement le Peuple, il peut retourner contre le Peuple, contre la Révolution, l'outil mis entre ses mains. Le contre-révolutionnaire parfait est celui qui connaît les méthodes de la Révolution à perfection et qui sait la contrer systématiquement, avec une subtilité dont l'effet nocif peut persister si par la vigilance, ce comportement de termite n'est pas repéré à temps et cautérisé !

Ainsi, le comportement révolutionnaire est la fidélité concrète au Peuple. Que le sujet n'oublie pas l'objet ! **Se comporter en révolutionnaire, c'est ne jamais substituer les moyens aux fins, la forme au but, l'intérêt personnel à l'intérêt général. Si nous disons que la vie sociale est mathématisable, c'est dans la mesure où chaque acte doit passer au crible de la vérification de sa moralité et de sa régularité dans la mesure où chaque acte est jugé dans sa conformité à la ligne de la Révolution.**

Mais la réalité est que si nous n'arrivons pas à faire acte de fermeté et de rigueur dans la lutte contre le vol et les voleurs, contre les contre-révolutionnaires en un mot, la Révolution risque d'être bloquée. Or tout ce qui est statique amorce, d'un moment à l'autre, le chemin de la regression ; s'agissant de la Révolution, c'est tout simplement la confiscation de l'appareil de l'Etat par l'ennemi de classe, ennemi du Peuple.

Les cadres que nous formons doivent servir nécessairement la Révolution. Il ne faut pas qu'ils deviennent contre-révolutionnaires. S'il en était ainsi, la Révolution ne pourrait jamais avancer, au contraire elle reculerait, car ce sont ces cadres qui, dans les divers domaines, auront la charge de conduire les activités du Peuple de Guinée. On dit : « quand le pied est malade, l'homme peut agir encore, quand le bras est malade, l'homme peut agir encore, mais quand l'esprit est malade, l'homme ne peut plus rien » ! Cela est absolument vrai ; un comportement social n'est jamais fortuit, il traduit toujours une conception de la vie.

On n'accorde aucune capacité à un déséquilibré, sinon celle du mal non refléchi. On dit de lui : « c'est un fou, ne le considérez plus, ce n'est plus un homme ». **Or, la contre-révolution est la plus grave des folies : car c'est la plus grave des trahisons, surtout quand elle est le fait des jeunes formés très tôt par la Révolution pour être au service de la société.** Quand ces jeunes, avec leurs bagages intellectuels, techniques et technologiques prennent les armes qui leur sont confiées pour les retourner contre le Peuple, c'est la plus grave des trahisons ! La contre-révolution est effectivement une perte totale des capacités intellectuelles et morales pour cette simple raison que celui qui s'y livre ne réalise pas que la Révolution est irréversible, que la réaction a beau être forte, le Peuple décidera un jour de ne plus vivre comme par le passé !

Le Parti fait confiance à la jeunesse. C'est pourquoi, contrairement à ce qui se passe dans bien de pays, ici, une responsabilité large est confiée aux jeunes, avec l'idée qu'ils sont purs, fidèles à l'idéal de la société !

Les jeunes constituent l'aile marchante de la Révolution, la base du dynamisme de la Révolution, le facteur de renouvellement, de rajeunissement de la Révolution. Avec l'existence de structures rationnelles comme les Comités spéciaux des jeunes, les jeunes doivent avoir une attitude dynamique. Mais hélàs ! il y a une réalité que nous avons le devoir de dénoncer. C'est que certains jeunes, heureusement qu'ils sont une minorité, croient que ne devront s'occuper des problèmes de la Jeunesse que ceux qui ont été élus au niveau des organismes dirigeants du P.R.L., de la Section, de la Région et de la Nation. Ceux-là viennent au Congrès, s'ils ne sont pas élus, chacun d'eux est démobilisé ! On discute dans les salons. On fait le savant dans les salons. On n'assiste pas aux réunions du Parti, alors que le jeune professeur, médecin, pharmacien, ingénieur, administrateur ou Secrétaire général doit assister à l'assemblée générale pour apporter sa contribution à l'épanouissement de la jeunesse de son P.R.L. Quand les jeunes intellectuels se rencontrent, ils parlent du monde avec aisance alors qu'au même moment ils ignorent les problèmes essentiels dans le quartier, dans le village, dans la section ou dans la région. Qu'est-ce que la Fédération décide ? Ils l'ignorent. Quelles sont les fausses théories que des cadres infiltrés dans l'appareil du Parti sont venus lancer aux masses pour dérouter le Peuple, théories qu'ils auraient pu détruire en intervenant avec calme ? Ils les ignorent. Voilà qu'ils ont rompu le contact nécessaire avec le Peuple. Des déviations sont à éviter par un comportement rigoureusement fidèle à la volonté du Peuple.

Voici que la Révolution engage une lutte serrée contre l'alcoolisme et la toxicomanie pour préserver la santé intellectuelle, morale et physique du Peuple ; mais certains estiment que plus ils sont instruits, plus ils ont le droit d'enfreindre aux prescriptions du Parti, d'avoir les comportements les plus dissolus, même au détriment de leur propre santé.

On dit : « oh ! j'arrêterai à temps, je ne serai jamais saoul », comme si l'homme peut mesurer le degré de sa folie ! On subit les conséquences du déséquilibre, mais on ne les mesure plus quand on est déséquilibré ! Il y a relâchement de la discipline révolutionnaire quand un homme n'a pas une vie traduisant avec rigueur les exigences de la Révolution.

De toutes les façons, la Révolution n'en est pas au respect hypocrite de la vie individuelle ; elle s'estimera toujours compétente pour détruire les tares au nom de son idéal de promotion de l'homme et du Peuple.

La Jeunesse doit objectivement critiquer les déviations qui ont cours dans la société et les Professeurs d'Idéologie doivent également s'y employer avec une rigueur constante. Le Parti a exhorté ses militants à bousculer tout, à dénoncer les tares, à n'avoir pas peur de mener la lutte de classes, à clouer au pilori les cadres véreux, à ne pas se laisser corrompre. Et la J.R.D.A. a intérêt à le faire, car les jeunes héritent de la société d'une manière globale ; si une jeunesse est dévoyée à un moment donné, elle héritera des conséquences de son propre comportement quand elle sera « aînée » par rapport à une autre génération montante.

Donc les jeunes doivent faire montre de volonté révolutionnaire ; ils n'ont rien à perdre dans la Révolution. Ils doivent dénoncer les malversations, les méthodes de routine, les méthodes de vol et tous les actes anti-sociaux qui dégradent la société.

Le comportement révolutionnaire est celui de la dignité, richesse suprême pour l'homme, incomparable à nul autre bien, richesse qui embrasse toutes les qualités et vertus. Il est préférable de dire la vérité amère que de fermer les yeux sur la réalité, honteuse pour plaire. Il ne faut pas être ce que veut l'escroc !

Un révolutionnaire ne cherchera pas à plaire. Il est l'ennemi de la démagogie. La fermeté doit se refléter dans son comportement. Il doit être ardent dans l'accomplissement de son devoir. Il ne peut s'embourber dans le vieil ordre, se laisser corrompre par les éléments anti-peuple. Il ne se contente pas de prêter serment de fidélité à la cause de la vérité, à la cause du bonheur social et démocratique. Il doit faire passer, les faits concrets, l'objet de son serment, à travers son comportement, à travers chaque acte.

Ce comportement est donc une conquête sur soi-même, la domination de soi, seule voie du rayonnement dans la société. Il constitue l'apport positif que représentera la contribution du révolutionnaire à l'édification d'une société débarrassée de l'oppression de l'homme par l'homme.

La Jeunesse doit être pure, enthousiaste. Elle doit refléter un niveau de conviction révolutionnaire, assurant et garantissant la pérennité de la Révolution, car c'est elle demain, qui aura entre ses mains toutes les armes du Peuple pour le diriger, pour gérer ses biens. **Sa fidélité à la cause de la Révolution constitue le seul et unique facteur de la garantie de son devenir.**

Les vrais militants ne se laissent jamais corrompre ni décourager. Dans leur maison comme au travail, ils reflètent la Révolution, se débarrassent des conceptions rétrogrades et adoptent des attitudes honnêtes à l'égard de chaque membre de la famille et chaque collaborateur de travail. Au sein du P.R.L., chaque jour, ils cherchent à être utiles. Ils ne manquent pas à une Assemblée générale, restant toujours humbles dans la vie sociale. Ils savent et montrent que le diplôme ne saurait les différencier des autres militants devant les tâches révolutionnaires visant le devenir de la Nation. Il faut susciter les initiatives créatrices susceptibles de mieux souder au sein du Parti-Etat, dans des rapports fraternels et militants, les cadres du Parti aux masses populaires, impulser les activités militantes pouvant rendre encore plus cohérente, plus solide la base de l'action collective au niveau des organismes du Parti. Elu ou pas, qu'importe, chacun doit faire montre d'esprit de responsabilité en apportant sa contribution à une vie intense de la Révolution au sein du Parti.

Que des cadres intellectuels, des dirigeants syndicaux, des responsables des Fédérations ou des Sections du Parti aient à préparer, par exemple, pour une conférence, un texte qu'ils voudraient exposer, ils devront s'acquitter de cette tâche d'information ou d'éducation populaire avec beaucoup de sérieux et de compétence.

Aussi, sans complexe de supériorité, sans esprit de suffisance, ils doivent faire montre de dignité, d'esprit d'objectivité et de recherche, d'attention perspicace, d'attitude de rigueur idéologique tout au long de leur exposé. Ils susciteront chez les militants auditeurs, la critique des idées émises par eux.

Les vrais révolutionnaires ne sauraient oublier que le Peuple est pour le cadre révolutionnaire ce qu'est l'eau pour le poisson. Personne ne peut dire qu'il est révolutionnaire en ayant une vie isolée de celle du Peuple. Le milieu de rayonnement du révolutionnaire, c'est la société ! L'objet de sa pensée c'est le bonheur de la société. Le révolutionnaire à pour préoccupation majeure la recherche de l'utilité de l'individu au Peuple et l'accomplissement du devoir sur le chantier d'édification du bonheur de la Nation.

Le révolutionnaire doit à tout moment dire : « non à la contre-révolution ! ». Même son ami intime, son frère aîné qu'il respecte selon la hiérarchie de la famille, son père qu'il doit davantage respecter, s'il est un militant digne de la Révolution, il doit les rectifier dans leurs attitudes négatives, dans leurs propos démobilisateurs, dans leurs actes réactionnaires s'il le faut, avec le plus grand respect. Les liens de parenté ne doivent pas l'emporter sur la fraternité idéologique au sein de la Révolution ; la parenté de classe doit être cultivée. Quand un chef hiérarchique viole les règles de la Révolution, même si le militant fidèle renonce à une attitude d'opposition violente, il a d'autres formes d'intervention pour redresser le comportement de ce supérieur hiérarchique défaillant et prouver sa fidélité à la ligne de la Révolution.

Il faut éviter le glissement du positsif au négatif, car la Révolution exige au contraire la transformation du négatif en positif.

Donc, il faut sauvegarder la graine de la Révolution en créant les conditions de développement de cette graine par l'amplification de l'action révolutionnaire dans tous les milieux sociaux. Il faut savoir mener au sein de la société une action révolutionnaire pouvant entraîner dans le sillage de la Révolution, les hommes qui ont résisté au courant révolutionnaire ; la victoire définitive de la société révolutionnaire est à ce prix.

La Révolution, c'est la pratique de la responsabilité en vue de la sauvegarde des acquis du Peuple et de l'accroissement constant du patrimoine national. La Révolution, c'est aussi une discipline contraignante et permanente !

Pour transformer la société, le Parti a organisé l'espace social en allant du simple au complexe ; il définit les objectifs selon la dialectique du général et du particulier. Mais, si le simple correspond au particulier et le complexe au général, l'action révolutionnaire de bouleversement repart aussi du particulier vers le général. C'est pourquoi, il faut tenir compte des caractéristiques particulières de l'objet du travail, de terrain, du milieu dans lequel on travaille. Un P.R.L. déterminé a des caractéristiques singulières par rapport aux caractéristiques générales de tous les P.R.L. d'une même Région. C'est pourquoi, il faut connaître le terrain du travail, recenser les moyens de travail, établir correctement les méthodes convenant à cet travail. Dans tous les cas, il faut contester les anciennes méthodes face aux nouvelles exigences de la Révolution en vue de la qualification des conditions du travail. L'analyse de la société doit permettre de déterminer les capacités productives humaines à dynamiser en vue du progrès général de la Nation, et les tares qui constituent objectivement des freins au progrès populaire et qu'il faut nécessairement liquider.

Par quoi ou par rapport à quoi le comportement est-il conséquent ? Par rapport à un référentiel qu'est le Peuple. Où est le Peuple ? Est-il quelque part tel un arbre planté ? Non ! **Mais qu'est ce encore que le Peuple ? Ce n'est pas un tout anonyme, mais la personnalité globale de la société, avec ses acquis matériels et immatériels devant servir au devenir heureux, à la promotion de chaque individu social et de la totalité sociale. Et dans l'action de transformation révolutionnaire de la société, chaque partie, avons-nous dit, doit se mobiliser en fonction de ses capacités singulières.**

Suis-je médecin de réputation internationale, jouissant d'un très grand prestige ; il faut que devant n'importe quel malade se trouvant dans n'importe quel état, je partage ses souffrances et le soigne de tout cœur. Suis-je révolutinnaire, fils du Peuple, fidèle au Peuple. Je sais mon Peuple souffrant ; je sais mon Peuple dans le besoin ; et mon Peuple, par de lourds sacrifices, a accumulé en moi les capacités qu'il faut pour lui être utile. Je dois avec passion, faire tout ce qu'il faut pour voir se développer cette société à laquelle j'appartiens si je veux avoir un comportement conséquent.

En tant que responsable, j'écouterai avec un égal souci et un égal respect tous ceux qui auront à intervenir dans les débats d'une Assemblée générale. Ce n'est pas l'origine sociale des uns comparée à celle des autres qui me poussera à les hiérarchiser. Devant moi, tous les hommes sont égaux. Un homme, fût-il mon père, est égal à un autre.

Magistrat, devant moi, des justiciables n'ont pas besoin de l'étalage de mes connaissances. Magistrat que je suis, donc éducateur social que je suis, je personnifie le Peuple et sa Révolution. En tant qu'homme, j'ai mes défauts propres, j'ai mes insuffisances comme tout autre homme. Mais je ferai pression sur mes défauts et sur mes élans réactionnaires, je ferai violence à moi-même, pour respecter la déontologie de ma fonction.

Le comportement conséquent doit refléter la valeur impersonnelle du magistrat agissant au nom de la société. Le magistrat ne doit dire que ce qui est admis par la morale consacrée par la société. Il ne peut que proposer l'adaptation des lois à l'évolution de la réalité sociale.

Ingénieur des Travaux Publics, je ne fais pas du spectaculaire. Je connais les mélanges les plus résistants convenant à la construction des routes ou des maisons. Je ne dois pas travailler pour faire du spectaculaire, trompant le monde par une esthétique de façade, je dois travailler à la réalisation d'œuvres durables. Ma conscience du devenir de ma société me dicte cette honnêteté. C'est en cela que je serai fidèle à mon choix.

Ainsi, je ne me confondrai jamais avec l'ennemi de classe ; jamais je n'aurai peur du menteur, du voleur, du contre-révolutionnaire, car choisissant le Peuple, j'ai fait le choix total et définitif de la Révolution. Je ne peux mettre à égalité le Peuple et l'anti-Peuple, la Révolution et la contre-Révolution. Tout choix est rejet de son contraire. En choisissant la Révolution, en choisissant le Peuple, j'ai rejeté la contre-révolution, j'ai rejeté l'anti-peuple. Je m'instruis continuellement pour qu' à chaque phase de l'évolution de la société, du développement de la Révolution, je puisse toujours clairement situer le Peuple et la Révolution, l'anti-peuple et la contre-révolution. Le comportement conséquent exige donc une lutte permanente contre soi, le renouvellement des ressources intellectuelles, pour que l'homme soit toujours apte à se conformer à la nature de son choix.

Aussi, au niveau du PRL, de la Section, de la Fédération, de la Nation, ce comportement doit-il se traduire par une attitude de participation active de tous à la vie politique, à la vie économique, à la vie sociale, à la vie idéologique. Le militant révolutionnaire doit être présent sur tous les fronts de lutte à travers son utilité qui, elle, est de valeur sociale. Au-delà de son existence propre nécessairement limitée dans le temps à venir, par la pérennité des idées et des actions qu'il aura incarnées et défendues pendant son existence, s'il a la conviction que même après sa mort, nombreux seront les hommes qui continueront à œuvrer dans la vie pour le triomphe des mêmes idées et des mêmes actions. Alors, à travers ces hommes-là, lui qui, physiquement n'existe plus, continuera cependant à vivre.

Le comportement de l'homme est conséquent, logique, face à l'espace et au temps infini quand il a toujours présent à l'esprit la finalité de l'action révolutionnaire. En s'engageant sur le chemin de la Révolution on fait un choix ultime. On ne choisit pas la Révolution pour la rejeter, on la choisit définitivement et on doit la développer et la consolider dans chaque acte.

La vie, c'est l'énergie rayonnante d'une partie de la société qu'est l'homme, l'énergie provenant de la centrale énergétique qu'est la société. De même que l'énergie totale d'un système isolé ne se perd pas, l'homme disparaissant, l'énergie humaine ne se perd pas. Elle est déjà passée en des œuvres impérissables. La chair disparaît, l'os disparaît, mais l'homme continue à rayonner à travers l'œuvre qu'il laisse à la société.

Nous parlons des Grands Hommes des siécles passés. Mais allons voir les deux mètres cubes de terre qui les recouvrent maintenant ! Nous ne trouverons pas un morceau de chair, sinon des fragments d'os, et encore ! Mais ces hommes sont en nous et nous les avons prolongés. Ils sont en nous, car nous avons hérité de leur production culturelle, de leur civilisation, autant de bienfaits que nous avons charge de perfectionner. Ils sont en nous, parce que nous continuons sur leurs traces à lutter pour les mêmes idéaux. Ils sont en nous, parce que, à notre tour, nous transmettons la même flamme à nos enfants. Les hommes conscients, honnêtes et courageux ne choisissent pas la voie du mal, celle de la facilité qui détruit l'homme. Tous ceux qui restent polarisés par le gain, finiront dans la poubelle de l'histoire parce que l'argent et sa passion les pousseront continuellement dans les sphères opposées au progrès démocratique et social du Peuple. Tous ceux qui ne cherchent que l'argent, n'importe comment, qui auront donné le dos à la dignité, auront fait montre d'infidélité à l'égard du Peuple, et de sa Révolution.

Comme la religion le dit : « En vous, vous avez l'esprit du bien et son contraire, cheytane ». Donc, pour nous réaliser, détruisons cheytane. Pour nous épanouir totalement, liquidons-le en nous. Le liquidant en nous, liquidons-le totalement autour de nous, en nous battant contre lui à travers tous les hommes qui continuent à l'incarner. Autour de nous, luttons contre le mal, contre le vol, contre l'indignité. A travers le temps, soutenons les idées qui survivront au-delà de notre temps de mortels afin qu'elles se transmettent aux hommes de demain et qu'elles continuent à dynamiser les attitudes des hommes de demain et à porter toujours plus haut, au niveau de la société, le flambeau de la véritable Révolution qui veut que l'homme soit l'égal de l'homme, au-delà des Continents, au-delà des races, au-delà des couleurs, au-delà de toutes autres distinctions, la Révolution qui veut que les Peuples soient égaux dans le monde, qu'il n'y ait plus de guerre, qu'il n'y ait plus d'antagonisme ; parce qu'il n'y aura plus d'exploitation des uns par les autres, la Révolution qui veut que la fraternité, la solidarité demeurent les traits distinctifs de la vie humaine sur cette terre où nous devons connaître le paradis promis aux hommes.

DE L'ORGANISATION

Toute entreprise humaine, pour réussir, doit obéir à des principes clairement définis, disposant d'une organisation conforme à ces principes, c'est-à-dire constituant la meilleure structure de leur actualisation. Mais il ne suffit pas que cette organisation soit bien adaptée et rationnelle, il faut aussi que les hommes soient fidèles aux principes, qu'ils soient compétents techniquement pour les traduire dans la réalité objective.

En raison de l'importance capitale de l'organisation dans la réussite de toute entreprise, il nous faut l'étudier de près pour en dégager les règles essentielles.

Toute organisation obéit à une finalité donnée, laquelle devient rapidement méthaphysique si les animateurs sont incompétents et s'ils trichent avec l'esprit des principes.

Toute organisation reste théorique et illusoire si les hommes chargés de l'actionner, de la dynamiser à travers ses structures, font fi des rapports hiérarchiques et de la discipline indispensable qu'implique et exige toute organisation conséquente.

Mais, l'objet et le sujet de l'organisation, quel que soit le but, toujours de classe ou d'un groupe donné, sont, avant tout, le Peuple et l'homme, facteurs essentiels de l'évolution socio-historique.

Même quand les classes n'existaient pas, les hommes ont cherché à s'organiser d'une manière ou d'une autre. Le Parti Démocratique de Guinée (PDG) nous a appris que la première raison de l'existence et du développement est d'ordre historique.

C'est pourquoi, tout mouvement révolutionnaire se fourvoie, dès qu'il perd de vue que l'organisation de la direction de la société a une essence de classe. L'histoire est toujours fondée sur les activités du Peuple dans l'espace et le temps. Peuple, Espace et Temps sont des facteurs sans lesquels il n'y a pas d'action historique pouvant aboutir à l'idéal que se propose d'atteindre chaque homme : vivre libre, vivre épanoui dans ses facultés, vivre digne, vivre responsable. Pour parvenir à ce but, l'esprit de l'organisation doit toujours être adapté aux exigences des phases successives de l'évolution sociale. Chacune des phases connait des rapports dialectiques entre la fin qu'est le bonheur du Peuple et le moyen que représente le même Peuple, en tant qu'agent de transformation de l'Espace et de maîtrise du Temps.

La perception de la raison historique de l'existence du Peuple s'accompagne d'une vision très claire de l'organisation démocratique de la société. Pour qu'une société soit, en effet, capable, équilibrée, libre, responsable et digne, pour qu'elle s'épanouisse et soit heureuse, il faut qu'elle soit rationnellement organisée sur la base du respect des aspirations du Peuple. Si rationnelle soit-elle, l'organisation de la société est compromise à terme quand les idéaux du Peuple sont sacrifiés au profit des objectifs d'une minorité sociale aveuglée par ses intérêts de classe.

L'organisation de toute la société précède toute autre organisation de groupes particuliers, au sein de cette société, et dans les activités particulières. C'est pourquoi, en matière d'études de l'Organisation, nous commencerons par celle des masses en général. Cette méthode nous permettra de cerner davantage le sens et les exigences d'une organisation.

De l'organisation des masses

Qu'est-ce que l'organisation ?

L'organisation a pour objet l'institution des liens entre les hommes eux-mêmes et entre les hommes et les choses.

L'organisation est l'une des premières exigences de la vie en société, car elle constitue l'inépuisable source de l'harmonie et de l'unité d'action pour tous les hommes qui entendent vivre en commun. En effet, un Peuple, une société est une pluralité dont les membres ne peuvent agir de façon discordante, mais plutôt bien convergente vers le même but. Ainsi, se tissent des communications et des relations communes au sein de la pluralité pour en faire un organisme cohérent, un ensemble dont les divers groupes constitutifs et les individus seraient des organes ou des cellules. Ainsi, l'organisation est une nécessité vitale pour l'individu, car nul ne peut prétendre à une existence normale dans le désordre. L'organisation est une nécessité impérieuse, car sans elle, l'homme ne peut réaliser ses aspirations fondamentales. Pour atteindre cet objectif, celui-ci dispose de certaines facultés et de certains moyens. Il a, en effet, la faculté de réfléchir, de penser, de comparer, de contrôler et de créer. Aussi, lui faut-il des objectifs bien déterminés.

— Avant tout, il faut rechercher les voies et moyens permettant d'atteindre ces objectifs. C'est par la suite qu'on peut entamer le processus de régulation, et d'ajustement des comportements, des institutions et des lois aux moments historiques.

Le degré d'efficacité d'une organisation est, bien entendu, fonction de ses habitudes sociales, de l'aptitude de ceux qui la mettent en œuvre. Il est fonction aussi de la rationalité des méthodes de travail. Lorsque les méthodes sont empiriques ou d'un pragmatisme de circonstance, les meilleures volontés s'y perdent, les meilleures aptitudes se transforment en incompétence.

Dans ses rapports avec l'Espace et le Temps, l'homme est influencé par son opinion et celle des autres sur la vie sociale. Quand il s'agit d'une société démocratique, ces opinions peuvent être suscitées de l'extérieur par l'ennemi de classe, au point que l'homme progressiste oublie parfois la valeur des conquêtes de la Révolution. Il se méprend sur la stratégie et même sur la tactique de l'organisation devant lui permettre de se libérer des influences néfastes constituant des freins à ses activités. Il est à peine besoin de rappeler que l'individu est, par essence, sociable et qu'il doit, de ce fait, jouer un rôle important dans l'organisation de la société dans laquelle il vit.

Les aspirations fondamentales de l'homme sont marquées par son appartenance de classe. Il peut avoir des goûts qui lui sont spécifiques. Mais ces particularités, quand elles se constituent par des tendances entrant en conflit avec les intérêts fondamentaux de la communauté, constituent des éléments enrichissants. Et il n'en reste pas moins vrai qu'il est le reflet d'une société essentiellement et toujours basée sur une organisation de classe. Sans cette organisation, il n'y aurait ni famille, ni village, ni Nation, ni Parti, ni syndicat, etc. Il n'y aurait aucune unité de production, aucun service. Le travail humain serait alors impossible.

Pour tout Parti Politique Révolutionnaire, l'esprit d'organisation doit être systématisé et adapté en permanence aux situations historiques qui évoluent. La pratique de l'organisation se raffermit avec l'expérience de tous les jours, en fonction du degré d'évolution et de la prise de conscience des hommes de la société concernée. L'organisation, bien entendu, est régie par des principes permanents et menée d'après des techniques et des méthodes qui revêtent des formes diverses :

1. — L'organisation se traduit et se caractérise par les **structures** sur lesquelles doivent reposer les principes d'action communément admis par l'ensemble de la communauté intéressée. La structure, c'est l'ensemble des liaisons organiques.

2. — Elle doit en outre poser les principes définissant la nature de la qualité des rapports entre les éléments constitutifs du groupe. **Le caractère adéquat de l'organisation se reflète dans le dynamisme que l'organisation confère à cette société en libérant les initiatives individuelles et collectives, en favorisant l'esprit d'entreprise et en rationalisant l'action générale de la collectivité en vue d'une efficacité toujours plus grande.** Elle doit procurer à chacun de ses membres la quiétude et la sève nourricière dont il a besoin pour développer son génie, assurer la propagation, au sein de la société ou du groupe, des réussites de chacun, empêcher la naissance ou la prolifération des tendances sclérosantes, stérilisantes, inhibitrices. Elle doit, elle-même, dépassant le stade de simple réceptacle, devenir la source vive de toute énergie créatrice.

Dès lors, l'organisation constitue un moyen d'une importance capitale grâce auquel les hommes peuvent tirer le plus grand profit de tous les autres moyens afin d'accroître les possibilités qui permettent la réalisation des objectifs fixés par la communauté.

Nous pouvons donc dire que l'organisation est l'une des conquêtes essentielles de l'humanité.

La vie politique est fonction de l'organisation des Partis politiques, des groupes économiques, des syndicats qui sont le résultat de l'évolution de la vie sociale.

En un mot, les structures organisationnelles constituent un moyen précieux et un cadre de l'évolution politique, économique et socio-culturelle des sociétés humaines, dans la mesure où ces strutures répondent aux aspirations de bonheur du Peuple.

En ce qui concerne la Guinée, le PDG nous enseigne qu'une organisation, pour être rationnelle et efficace, doit répondre aux trois conditions essentielles suivantes :

1. — la justesse de la ligne,

2. — le caractère rationnel et dynamique des structures,

3. — la fidélité des hommes aux objectifs démocratiquement fixés.

Une organisation juste et rationnelle est celle qui doit impulser le développement des capacités de l'homme pour la réalisation des objectifs fixés et leur dépassement. Pour cela, il faut déterminer les modalités d'utilisation de l'ensemble des énergies à tous les niveaux, singulièrement aux plans économique, social et culturel. En effet, la ligne politique impose la nature et les qualités de l'organisation, laquelle réagit sur cette ligne politique. Cela veut dire que l'organisation, de par ses qualités et sa nature, intervient également dans la qualification de la ligne politique. On parle bien souvent de la fidélité des cadres aux objectifs communs, mais on ne peut pas juger de cette fidélité sans une organisation rigoureuse permettant de contrôler les activités des cadres. C'est elle qui permet, en effet, de savoir si les cadres sont disposés ou non, selon leur attitude objective, à exécuter correctement les tâches qui leur sont confiées. En effet,seule l'inexistence d'une méthode collective de contrôle empêche de déceler tôt toute attitude nocive d'un individu taré aux fins de le corriger. Le responsable malhonnête, trompant le Peuple et abusant parfois assez longtemps de ses fonctions, affectionne ce genre de situation.

C'est grâce à l'organisation que la division du travail est judicieusement établie entre les hommes, que les fonctions sont définies et remplies aux différents échelons de la société. C'est aussi dans l'organisation que s'effectuent la critique et l'auto-critique. C'est pour cette raison que lorsque l'organisation est défectueuse ou inexistante, toutes les facultés qui permettent à un Peuple d'évoluer rapidement perdent leur dynamisme. C'est donc à travers une organisation rationnelle des hommes et des structures que la qualification continuelle de la société est rendue possible.

L'on peut dire que la plupart des manifestations de la conscience humaine sont toujours l'expression d'un état d'organisation qui, de tout temps, exige un choix collectif, une action collective et une répartition équitable des tâches pour la réussite du travail collectif. Sans organisation, pas de réalité nationale, pas de réalité régionale, pas de réalité villageoise, et pas même de réalité familiale, alors que la première cellule sociale organisée est bien la famille. Il ne saurait donc y avoir d'institutions étatiques sans organisation de la cité. L'organisation est donc, nous le répétons, une fonction essentielle de la vie en commun.

Il est évident que tous les hommes et toutes les femmes n'ont ni les mêmes conceptions de la vie, ni les mêmes compétences, ni les mêmes fonctions économiques sociales et culturelles. Aussi, toute expression collective dans un groupe social donné est-elle nécessairement le prolongement de l'organisation de ce groupe. Parler donc de la personnalité guinéenne, de l'action du PDG ou de toute autre forme d'action organisée de notre Peuple, de nos conquêtes politiques, sociales et économiques, c'est mettre en exergue l'état d'organisation du Peuple de Guinée.

Le niveau de civilisation de tout groupe social s'exprime donc nécessairement par la nature et la qualité de son état d'organisation.

La qualité d'une civilisation humaine est fonction, bien entendu, du rôle que jouent l'homme et le Peuple, dans les systèmes socio-politiques et dans les formes d'organisation. **Ainsi, les civilisations sont plus ou moins réactionnaires, démocratiques, progressistes ou révolutionnaires, selon la place faite à l'homme et au Peuple dans l'organisation sociale. Ces civilisations sont aussi plus ou moins évoluées, selon le degré de qualification des hommes et des structures sur lesquelles reposent leurs pratiques sociales.**

Si l'organisation est un impératif de la vie sociale et du progrès et si, par ailleurs, toutes les aspirations des hommes ne sont pas les mêmes, nous devons comprendre que l'organisation est un moyen mis à la disposition à la fois des éléments progressistes et des éléments réactionnaires.

L'organisation, en effet, permet à des hommes d'attitudes différentes, de comportements différents, d'intérêts et de conceptions parfois contradictoires, de se retrouver ensemble dans un même Parti Politique, dans un même mouvement ou dans un même syndicat ; elle permet à chacun de participer effectivement à l'action collective pouvant avoir une orientation progressiste ou réactionnaire. C'est l'attitude face à la ligne de classe qui permet de distinguer les bons des mauvais éléments au sein du groupe constitué.

Nous venons d'essayer de définir ce qu'est l'organisation et d'indiquer son importance pour la société. Nous avons précisé aussi que l'organisation est un moyen fondamental mis à la disposition de tous les membres de la société, même s'ils ont des intérêts divergents à cause de leurs origines, ou de leurs positions de classe.

Mais, si l'organisation est indispensable à toute vie commune, est-ce que cela signifie qu'elle est réalisée une fois pour toutes ?

L'homme naît, grandit et meurt. Il en va de même de tout ce qui existe dans l'univers. L'organisation prend donc naissance, se développe et il peut arriver parfois qu'elle meurt tout comme l'homme. Mais, quelle est l'organisation qui est appelée à mourir ? C'est celle qui est fondée sur les conceptions et les intérêts d'un homme. En effet, dès l'instant que cet homme meurt, l'organisation cesse d'exister, car elle a été créée par et pour cet homme.

Il peut aussi arriver qu'au sein de la société, certains individus, grâce aux positions politiques ou économiques déterminantes qu'ils occupent, en arrivent à décider d'asservir toute la société à leur seul profit. Pour créer l'instrument de cette hégémonie, ils réussissent parfois, par des manœuvres et des ruses de toutes sortes, y compris la mystification, à mettre en place une certaine organisation destinée à sauvegarder les seuls intérêts et privilèges de cette minorité dominante. Parce que cette organisation n'est pas assise sur les intérêts des masses, elle est aussi précaire pour le groupe minoritaire pour lequel elle est née. Si ce groupe est liquidé, son organisation meurt.

Lorsque, également, une société n'est dominée que par la peur, l'organisation mise en place par le groupe dirigeant se disloque dès que les tenants des moyens de coercition disparaissent. Cette dislocation peut intervenir d'ailleurs avant même l'effacement des dirigeants. Supposons, en effet, qu'un groupe d'hommes soumis à l'exploitation et à la répression par une minorité arrive à prendre conscience de son état d'infériorité ou d'exploitation et passe à l'action pour se libérer. La victoire d'un tel groupe entraine nécessairement, de ce fait, la liquidation de l'organisation anti-démocratique dans laquelle ce groupe était embrigadé.

Quelle est donc la forme d'organisation appelée à être vivante et viable ?

C'est celle, conçue et mise sur pied à partir de la volonté libre et des intérêts réels du Peuple. La pérennité du Peuple entraîne la pérennité d'une telle organisation. **L'organisation, quand elle est concrètement la chose des masses laborieuses, gagne en efficacité pratique et en durée.** Cependant, nous ne devons pas perdre de vue que l'organisation est toujours temporelle et localisée. Elle se qualifie, se fortifie et s'affine à la mesure des connaissances et de l'expérience acquises par la société qu'elle organise. Elle se développe donc au fur et à mesure du développement de cette expérience et de ces connaissances.

En dehors de l'utilisation de l'espace et du temps à des fins collectives, l'organisation démocratique permet réellement le développement des facultés créatrices du Peuple.

Mais est-ce que cela signifie que la vie historique d'une organisation populaire doit être la copie conforme et fidèle du comportement de tous les hommes qui la composent ? La réponse est naturellement « non » !

C'est pourquoi, la vie du PDG n'est pas la somme des vies de tous ses membres pris individuellement. Elle est plutôt l'expression d'une somme de volontés, de principes, d'aspirations, de postulats admis par les meilleurs membres de notre Parti dans la phase actuelle de son développement. Ce sont les meilleurs hommes du groupe social qui sont à l'origine des décisions. La vie du PDG apparaît ainsi comme l'expression qualitative de la somme des idées et des activités des meilleurs de ses militants. C'est cette vie globale qui oriente celle de l'ensemble de notre Peuple, parce que le PDG reste le Parti national qui définit le sens et les formes de la vie de notre Peuple.

La différence qui existe entre la vie individuelle des militants d'un Parti et la vie collective de ce Parti est de même nature que celle qui existe entre les consciences individuelles et la conscience collective, les personnalités individuelles et la personnalité nationale, entre la volonté et les intérêts d'un homme et ceux d'un groupe social.

Il convient, en outre, de souligner que dans l'organisation collective, les intérêts de l'individu ne sont jamais perdus de vue. Bien au contraire, ils sont valorisés. L'individu n'y perd guère, selon notre philosophie, sa personalité. Au contraire, elle est le cadre du développement de ses connaissances et de ses expériences propres. Tous les jours, il acquiert, grâce au contact avec les autres hommes, une plus grande dimension sociale, car il s'intègre comme une partie intime à une personnalité plus importante et plus riche. L'homme gagne toujours à rejoindre et à vivre la vie de son peuple.

Aujourd'hui, tout Guinéen parlant de son Pays, doit s'exprimer en ces termes : « C'est notre terre, notre école, notre Assemblée Nationale ». Tout ce qui signifie ce « nous », il le doit à sa solidarité et à son association avec les autres Guinéens.

Aussi, l'organisation n'est-elle pas élaborée une fois pour toutes. En effet, si elle doit être l'expression du niveau de développement du Peuple dont elle est un moyen d'action, elle doit rester en rapport étroit avec ce niveau de développement. Ce que veut le Peuple, c'est pouvoir satisfaire tous ses besoins, vivre dans la dignité, la liberté, la paix et se développer. C'est donc en fonction de ses aspirations permanentes que le Peuple cherche constamment les moyens qui doivent lui permettre d'accroître toujours son efficacité, d'élargir les dimensions de son bonheur. Celui qui veut, par exemple, se rendre à Kindia, a le choix entre les moyens suivants : aller à pied, à cheval, à bicyclette, en voiture, par train, par hélicoptère ou par avion. Le choix du moyen de transport dépend des possibilités de celui qui se déplace ainsi que de son désir de parvenir plus ou moins vite au but. Prenons encore le cas du cultivateur qui possède une terre très fertile. Avec la daba, le rendement en superficie est plus faible qu'avec la charrue et le tracteur. Mais, si la daba produit moins que le tracteur, elle rapporte plus que l'oisiveté et la paresse. En d'autres termes, **une mauvaise organisation vaut encore mieux que l'absence totale d'organisation.** C'est que l'accroissement des moyens de production doit être en harmonie avec l'évolution des formes et des principes d'organisation adaptés à la vie du groupe et conforme aux objectifs visés.

Que dira-t-on d'un homme allant à pied et portant sa bicyclette sur la tête ? Que dira-t-on de celui dont la famille meurt de faim, alors que dans sa cour s'entassent tracteurs et semences ? La réaction de tout homme normal consistera à traiter ces deux individus cités en exemple d'idiots et d'insensés. Pourquoi ? Parce que tout simplement nous l'avons perçu, ils n'ont pas organisé leur vie en fonction des moyens dont ils disposent. **Ainsi le bon sens et la conscience veulent que l'organisation soit toujours adaptée aux capacités et aux nécessités de l'évolution du Peuple.**

Si nous sommes tous unanimes à reconnaître qu'il ne faut pas être en retard sur le plan de l'acquisition des moyens, il ne faut pas non plus que nous oubliions que la qualité technique des moyens ne doit pas être au-dessus de nos capacités, donc en avance sur notre niveau technologique ou professionnel. D'où la nécessité d'inventorier, à chaque période de l'évolution collective, les besoins et les moyens du Peuple, et de dégager en même temps les perspectives qui s'offrent dans l'accroissement du patrimoine collectif.

Dans notre lutte pour l'indépendance nationale, les moyens ont été choisis en fonction des phases de l'action politique et de l'action collective concernée. La lutte de libération, tout comme l'évolution politique de notre Peuple, a donc obéi à l'adaptation progressive des moyens de lutte, aux capacités acquises par le Parti.

Si l'organisation du Peuple reste une exigence permanente, il n'en est pas moins vrai que sa technique, ses principes, ses méthodes et ses activités doivent s'adapter harmonieusement aux capacités des hommes rassemblés. L'organisation doit donc être constamment adaptée au temps historique de l'action du groupe d'hommes.

Rappelons un peu l'historique du Parti Démocratique de Guinée. Aux premières heures de son existence, les membres de la Direction nationale étaient choisis individuellement, parfois même à la suite de prières ou d'insistances !

A cette époque, les assises du Parti n'éveillaient aucune attention. Elles se déroulaient même, le plus souvent, sous des vérandas de modestes maisons de quartier. Un autre exemple : avant de déclencher la lutte contre le régionalisme, le Parti a eu d'abord recours à la solidarité tribale en créant des Comités malinké, soussou, fula, kissien, torodo, etc. Mieux, alors même que les principes exigeaient que la Direction Nationale du Parti fût élue en congrès national et qu'aucun militant ne pût appartenir à la fois à deux organismes dirigeants, la Direction de la section PDG de Conakry fut, à un moment donné, la Direction Nationale du Parti. Ainsi, les responsables locaux de Conakry étaient, en même temps les responsables nationaux du Parti pour l'ensemble du Territoire National.

Tout au début, l'on pouvait appartenir à la fois à la Direction d'un syndicat national, à un organisme dirigeant de Jeunes ou de Femmes et à une Direction du Parti, tout comme l'on pouvait être à la fois Maire d'une ville, membre de l'Assemblée Nationale, dirigeant du Parti et membre du Gouvernement.

Au fur et à mesure que les moyens humains se développaient, que l'effectif des militants et des cadres du Parti augmentait, de nouvelles répartitions des tâches s'imposaient. Cette situation exigeait l'abandon de certaines structures et de certains principes d'action et leur remplacement par d'autres, mieux en rapport avec la nouvelle conjoncture. Finalement, on a abouti à une nouvelle structure plus rationnelle de l'organisation politique de la Guinée. Avant d'atteindre le stade actuel, il a fallu, bien entendu, une adaptation progressive des méthodes d'action du Parti.

D'aucuns peuvent se demander pourquoi nous n'avons pas commencé en 1947 par les structures actuelles. Ces camarades doivent savoir qu'en 1947, nous n'avions pas les moyens dont nous disposons aujourd'hui. Bien des frères d'autres pays, venant étudier les structures organiques du PDG, de la Centrale Syndicale « CNTG », du mouvement de la Jeunesse « JRDA », etc, s'extasient et les trouvent parfaites. Mais, de retour dans leur pays, ils se rendent compte qu'ils ne peuvent importer ces structures en vue d'une implantation sans passer par le processus d'adaptation aux rapports sociaux de leur pays.

L'un des éléments fondamentaux de l'organisation est la méthode employée. Ainsi, pour chaque phase d'évolution, des méthodes appropriées sont indispensables. Nous venons de rappeler que nous avons eu dans le passé, à organiser nous-mêmes des comités peulhs, malinkés, soussous, sénégalais, en vue d'asseoir partout le PDG. Ce qui serait aujourd'hui une aberration. Nous avons eu à subventionner, à un moment donné, un mouvement de jeunes qui ne groupait qu'une petite minorité d'étudiants et d'élèves ! Tout cela serait aujourd'hui, pour nous, une aberration. Mais, à l'époque, il n'en était pas ainsi et c'était l'exigence du moment qui nous imposait cette forme d'organisation de la lutte. Si les buts essentiels de l'organisation de la lutte ne changent pas, par contre les structures organisationnelles, les principes de fonctionnement et les méthodes d'action doivent être, quant à eux, en constante transformation. Nous retiendrons donc qu'à chaque phase de son développement, le Parti doit se qualifier en ajustant constamment les méthodes organisationnelles.

En effet, il faut reconnaître que dans les premières phases de la lutte de libération, l'improvisation et même l'anarchie ont été parfois payantes ! Il nous fallait exploiter jusqu'à nos défauts, alors que désormais, seuls responsables de notre Nation et de son devenir, nous ne devions exploiter que nos qualités. Dans le passé, des camarades anarchistes, voire déséquilibrés, ont pu rendre d'éminents services au Parti. C'est ainsi qu'à l'indépendance, nous n'avons pas hésité à leur décerner des médailles d'Honneur. Pour comprendre cela, une mise au point s'impose.

L'ordre colonial, pour le Peuple dominé, constitue un désordre national, un traumatisme collectif. De ce fait, ceux qui perturbaient l'ordre colonial, quelles qu'en soient les motivations, contribuaient à sa destruction mais aussi à la naissance et au renouveau de l'ordre national. Tous les éléments qui, lors de l'oppression coloniale, ont croisé le fer, même de façon anarchique, avec l'appariel colonial ont, de ce fait, aidé directement ou indirectement le PDG à réaliser son programme de libération nationale.

Mais, si détruire une chose est facile, construire, par contre, est plus difficile. Il est, en effet, plus facile de créer le désordre que de créer l'ordre. Il est aussi plus facile de détruire une vieille maison que de construire une maison neuve, plus facile de recevoir que de donner. Tout ceci pour expliquer que toutes les actions de motivation patriotique ont revêtu, à chaque époque, un caractère positif qui a débouché sur l'indépendance de la Nation et la satisfaction de nos besoins sans cesse croissants, lesquels vont encore requérir de nous infiniment plus d'énergie, de compétence, d'esprit de sacrifice et de résolution.

L'importance de l'organisation est donc capitale. Elle offre des immenses possibilités d'action aux hommes vivant en société. Elle appelle une adaptation des vues à la recherche, aux moyens, aux objectifs et au niveau de conscience de ces hommes. Répétons que l'organisation est une condition première de tout progrès social, car c'est elle seule qui dote chaque individu d'une conscience. Si chaque homme a sa responsabilité, ses intérêts, il existe d'autres personnalités, d'autres intérêts en rapport avec les structures sociales. Ainsi, l'organisation demeure pour l'homme et pour le Peuple, l'Alfa et l'Oméga de la réussite de toute entreprise historique. On ne laisse pas le soin à la fatalité ou au hasard de trouver la solution des problèmes. On les étudie avec le plus grand sérieux. On s'organise en conséquence et on pratique l'action qui transforme radicalement les choses. **Le Révolutionnaire ne laisse donc pas au temps de résoudre les problèmes ; au contraire, il s'empare des problèmes pour les étudier et les résoudre correctement. Il ne se soumet pas au temps et à la nature. Il les soumet à sa volonté consciente et résolue. Il fait du temps un moyen de progrès social.** Ainsi, dans le cadre du changement constant que chacun subit, la Révolution exige que ce changement soit conscient, positif, général et continu afin que le Peuple de Guinée, et avec lui les Peuples du monde, s'acheminent de façon irrésistible vers une plus grande justice, dans la paix, la démocratie, la solidarité et la dignité.

L'efficacité de l'action des masses populaires dépend de leur organisation. **Organiser et éduquer les masses, c'est créer le moyen de les mettre en mouvement, afin qu'elles agissent de manière efficace sur le cours de l'Histoire.**

L'Histoire enseigne que l'activité des masses populaires, lorsqu'elle est spontanée, peut dévier de son objectif et permettre, en raison du manque d'organisation et du manque d'éducation, de substituer la révolte à la Révolution, favorisant ainsi l'anarchie, le déséquilibre et l'instauration de régimes, en définitive, contraires aux intérêts réels des Peuples.

De la technique d'organisation

L'organisation, nous l'avons dit, demeure une nécessité historique sans laquelle aucun Peuple ne peut exister, ni aucune entreprise durer.

Parler de la Technique et de la méthode d'une organisation, c'est replacer cette organisation dans sa véritable nature et dans ses objectifs essentiels. Car, tout comme l'organisation elle-même, chaque méthode et chaque technique s'expliquent par la nécessité de satisfaire des fins déterminées, par l'obligation d'opérer dans les meilleures conditions. Toute organisation est le reflet d'une structure donnée. Mais, pour que l'organisation conserve son caractère dynamique, il faut comprendre qu'elle n'est jamais donnée une fois pour toutes. L'organisation répond à deux aspects : l'un statique, l'autre dynamique.

L'aspect dynamique de l'organisation est fonction de la technique et de la méthode qui lui sont appliquées. Supposons que l'on construise une maison et qu'ensuite on l'abandonne sans que personne ne l'ait occupée ! Cette maison restera maison du point de vue statique, mais non du point de vue dynamique, parce qu'elle ne servira pas la société. Un autre exemple consisterait à se contenter de s'extasier devant les fabuleuses richesses naturelles de la Guinée : le sous-sol guinéen est incontestablement l'un des plus grands réservoirs de richesses du continent africain. Sur le plan international, la Guinée occupe la première position pour la bauxite, la seconde position pour le diamant et la troisième position pour le fer. La Guinée est riche de bien d'autres minéraux fort précieux : l'uranium, l'or, le cobalt, le cuivre, etc... Quant au potentiel hydro-électrique, il est immense. De plus, la Guinée renferme quatre grandes zones de production végétale et animale de l'Afrique de l'Ouest. Par ailleurs, toutes les études déjà faites indiquent que les côtes guinéennes sont encore les plus riches en poissons parmi les côtes africaines. Ainsi, l'aspect statique est caractérisé par les potentialités qui existent, mais qui ne sont pas encore exploitées par le Peuple Guinéen. Si tout cela était mis en valeur, chaque citoyen de Guinée jouirait, à coup sûr, d'un niveau de vie très élevé. Mais, comme cela n'est pas fait, nous ne sommes pour le moment que des hommes potentiellement riches. L'homme ne vit pas dans les rêves, il vit dans les réalités, et la transformation d'une réalité est la source de dynamisation de la vie. C'est pourquoi, le choix même des techniques et des méthodes d'une organisation se fait obligatoirement en fonction de la nature des buts assignés à l'action collective des hommes. L'organisation ne peut être fondée ni sur la fantaisie, ni sur le hasard, mais sur la prise en considération des objectifs nouveaux que les hommes veulent atteindre de façon collective. **En cela, l'organisation est à la fois une fin et un moyen.**

Les hommes, vivant isolément les uns des autres, cessent d'être des hommes et finissent par être ravalés au niveau des bêtes. Pour assumer sa condition humaine, l'homme passe par le laboratoire social où son instinct, progressivement, se transforme en conscience, grâce à son appartenance à un groupe social. **Entre l'homme animal et l'homme social, il y a une grande différence de valeur.** Ainsi, toute société est-elle forcément organisée. Car sans organisation, il ne peut exister de société. L'organisation apparaît de la sorte comme un fait humain. C'est, en effet, par elle que l'homme se qualifie pour devenir un être social. Elle est un moyen, puisque les hommes groupés ont la possibilité de voir s'accroître leurs capacités d'assimilation et de connaissances de leurs conditions d'existence.

La technique de l'organisation postule le respect de certaines constantes fondamentales. Il n'y a pas de vie autrement qu'en groupe. C'est là une loi à laquelle nul ne peut échapper. **La vie en groupe est une nécessité objective et chaque homme perçoit cette nécessité à travers ses sens et surtout à travers cette éminente faculté qu'est la conscience.**

Le pourquoi et le comment de l'organisation précèdent l'organisation elle-même. Plus « le pourquoi » est connu par les hommes, plus seront nombreux les hommes appelés à accepter de se grouper. Quant au « comment », plus il sera connu, plus la forme de l'organisation sera adaptée aux buts et aux possibilités de ces mêmes hommes. Viennent immédiatement après à l'esprit d'autres considérations non moins essentielles : la détermination et l'identification des objectifs. Mais la simple connaissance des objectifs ne suffit pas. Il faut déterminer les principes et les modes opératoires permettant d'atteindre ces objectifs. Sentir la faim, la soif, le froid, etc... et nous entr'aider pour créer les conditions et les moyens propres à satisfaire ces besoins, tout cela est fort utile bien sûr. Mais, il importe surtout de définir les voies de satisfaction de ces besoins ainsi que les phases successives des activités devant aboutir à cet objectif.

Le premier facteur est donc la connaissance collective des autres options assignées à l'action de l'ensemble des hommes du groupe.

L'objectif ultime suppose, lui-même, d'autres objectifs intermédiaires devant conduire à la transformation qualitative de la société. Il y a lieu, pour ce faire, d'étudier la société dans toutes ses caractéristiques et à tous les niveaux en vue de mener une action appropriée pour que la transformation générale recherchée s'opère et soit de nature à transformer chaque individu membre de la société concernée. Pour déterminer ces objectifs, deux démarches sont nécessaires :

1. **Identifier et cerner l'ensemble des objectifs de façon globale et dans leurs particularités.**

2. **Différencier les objectifs en vue de choisir un ordre de priorité et les programmer par la suite dans le temps et l'espace pour leur réalisation. Compte tenu de l'existence de ces priorités, on définit les étapes de réalisation.**

Une fois, les buts connus de façon globale et détaillée, il faut alors étudier, inventorier les moyens d'action. Cette étude doit se faire de façon que toutes les possibilités, toutes les énergies humaines, sociales ou matérielles puissent être pleinement et rationnellement utilisées.

Il faut nécessairement étudier les moyens intellectuels et physiques qui existent et pouvant permettre d'atteindre les buts visés.

La connaissance parfaite des buts est bien une condition de la réussite de l'organisation. Il en est de même de la possession des moyens. Mais il faut agir, il faut travailler. Je veux aller à Kankan et je dispose d'une voiture. Si je ne l'utilise pas pour le voyage, je n'arriverai pas à Kankan. Mon pays est occupé par des puissances étrangères qui l'exploitent, l'oppriment et l'humilient, or je veux être libre. Mais si je refuse d'engager la lutte de libération, je n'y parviendrai jamais. Donc, le troisième impératif, c'est l'action collective et dans ses formes générales. Cette technique appelle au moins trois considérations :

1. Elle doit être de masse.

2. Elle doit être scientifique. En effet, il faut bannir l'empirisme et l'improvisation.

3. Elle doit être une technique dynamique postulant une amélioration permanente. Cela signifie que la technique de l'organisation ne sera pas choisie en fonction du bon vouloir de celui qui l'utilise, mais en fonction de la pratique quotidienne et permanente de l'ensemble des hommes qui œuvrent à l'organisation. Cela veut dire en outre que cette technique qui se veut scientifique, exclut la mystification. Elle doit partir de connaissances rationnelles et se développer par l'accroissement de ces mêmes connaissances.

L'organisation repose sur la méthode scientifique ; mais il faut tout de suite savoir que l'efficacité de la méthode scientifique est fonction de la nature de son objet.

Le physicien peut reprendre ses expériences dans des conditions où la variation quantitative des données est sciemment limitée. Cependant, dès qu'il s'agit de corps vivants, même si les techniques statistiques permettent de prévoir les conséquences des données variables volontairement écartées, la valeur des prévisions globales diminue en précision.

Lorsque l'objet de la méthode scientifique est un procès impliquant l'existence de mécanismes objectifs et compliqués, comme le comportement humain ou social, notamment, l'organisateur doit toujours réaliser que l'objet n'est plus un tétraèdre, une molécule ou un objet programmable avec une précision mathématique absolue.

Il importe alors d'évaluer les lignes de forces dans l'orientation pour que l'organisation ne soit ni une vue de l'esprit, ni une quelconque imitation d'organisation si efficace soit-elle.

C'est pourquoi, parlant plus loin d'organisation des masses, on doit retenir que :

1 — Son objet est plus complexe que l'objet mathématique ou le corps physique.

2 — Qu'elle doit être adaptée aux réalités de l'espace à humaniser et du temps social.

3 — Que par conséquent, ce que nous en dirons, ne sera pas un dogme, mais des réflexions appelant le sens critique.

En effet, toute organisation, en tant que condition idéale et moyen efficace d'action collective des hommes, ne doit être déterminée qu'en fonction de son but. Ici l'action de conservation ou de développement du patrimoine doit justifier la forme, les structures et les méthodes propres à conférer une efficacité pratique à l'organisation.

Le caractère dynamique de l'action veut que l'on tienne compte de sa finalité. Il faut toujours réaliser que cette action ne peut pas résoudre forcément, une fois pour toutes, les problèmes posés au sein de la société. Le caractère dynamique de l'action veut que dès que la phase A est atteinte, les éléments de la phase B soient déjà connus et qu'à cette phase B, soient perçus les éléments de la phase C, ainsi de suite. **Agir, c'est en un mot, travailler. C'est le travail qui confère du dynamisme à l'existence.** On peut se fixer des buts et connaître les moyens à mettre en œuvre pour y parvenir, mais si l'on n'agit pas, les conditions de vie ne changeront pas d'elles-mêmes.

De ce troisième aspect, nous aboutissons à d'autres aspects secondaires. Puisque le travail est une nécessité de l'évolution, l'homme conscient se plie à ses exigences. Même s'il est le plus riche de tous ses semblables, s'il est conscient, cet homme se sentira encore assujetti au travail jusqu'à la mort.

Ne dit-on pas, du reste, que le travail, c'est la santé ? Le travail ne nous permet pas seulement de satisfaire tous nos besoins. Pour un homme conscient, **le travail est ressenti comme un besoin,** une nécessité historique. C'est pourquoi, on dit que le travail a créé l'Homme.

En tant que nécessité, le travail postule le respect d'autres exigences.

Le travail d'équipe veut que tous les hommes, quels qu'ils soient, occupent des postes en fonction de leurs capacités. Tel est sourd ? Il peut quand même travailler. Tel est aveugle ? Tel a perdu les deux bras ? Il y a certainement un travail qu'il peut faire pour se valoriser dans la société. Il faut donc étudier la possibilité d'utiliser tous les hommes, compte tenu de leurs capacités techniques.

Prenons un PRL pour mieux illustrer cette affirmation. Le parti est fondé sur la démocratie, sur l'expression libre des militants. Ainsi, sur la base de la confiance, les militants se dotent librement de leurs organismes dirigeants. Mais bien sûr, une mauvaise direction croit tout de suite qu'à partir de son élection, tout le travail du PRL incombera aux élus, de sorte que les autres militants se trouvent démobilisés. La mauvaise direction croit qu'elle n'a plus à rendre compte et que, de ce fait, les autres militants ne sont plus impliqués dans le travail du PRL. C'est ce que nous qualifions de démocratie par substitution. Une telle direction commet un crime, car elle confisque le pouvoir du Peuple en se substituant à lui. Et si les camarades élus au PRL admettent qu'eux seuls suffisent pour tout faire, il suffira aussi que le maire soit autoritaire pour frustrer à son tour les autres membres. Les militants honnêtes victimes de cet autoritarisme ne doivent pas accepter le règne d'une telle bureaucratie qui compromet la vie du Parti. Retenons que dans le déroulement d'une action, la technique s'actualise dans l'utilisation efficiente tant des hommes en fonction de leurs capacités professionnelles,technologiques, de leur force physique, intellectuelle et morale, que des moyens matériels de travail mis à leur disposition.

Naturellement, la technique, l'instruction, la bonne conduite sociale et morale, sont nécessaires pour bâtir le progrès, mais le Parti est obligé de suivre sa ligne, de faire un choix approprié. Que choisit-il, avant la technique, avant les connaissances intellectuelles ?

Il choisit la confiance que le Peuple a placée en celui qui doit parler en son nom. Mais, bénéficier de cette confiance ne dispense pas l'élu de l'effort nécessaire pour se former techniquement, intellectuellement et moralement. Il est, bien au contraire, condamné à mieux se former pour être l'expression qualitative de l'ensemble des militants du PRL et pour conquérir la compétence et la technicité exigée au poste qu'il occupe.

La technique fondamentale appliquée par un mouvement révolutionnaire et populaire veut donc **que le critère politique soit le critère prééminent.** La Révolution étant fondée sur la volonté et l'action du Peuple, le Parti de la Révolution laisse au Peuple le choix de se doter, à chaque niveau de son organisation, d'hommes ayant sa confiance et capables d'assumer les tâches prescrites. S'agit-il de construire une maison ? On pense tout d'abord au maçon par exemple, parmi toutes les catégories de travailleurs. Mais est-ce le maçon seul qui construit la maison ? Beaucoup d'autres corps de métier interviennent dans la construction de la maison. D'ailleurs l'architecte qui, lui, n'est pas maçon, aura joué un rôle de poids avant le maçon. La construction de la maison requiert la participation des charpentiers, des peintres, des électriciens, des plombiers, etc... Voilà pourquoi le critère politique, une fois satisfait, la société tire nécessairement profit des capacités réelles de chacun de ses membres.

L'utilisation rationnelle des moyens existants est nécessaire. Si l'homme est le premier moyen, le deuxième moyen demeure le matériel de travail. **Une organisation ne peut être un facteur de progrès que si elle ne néglige pas l'utilisation rationnelle des hommes et des moyens existants.**

On peut citer l'exemple de l'existence, dans notre pays, de milliers de véhicules en panne. Allons-nous commander chaque année 500 ou 1 000 véhicules neufs sans nous soucier de ces voitures et camions en panne ?

La Révolution exige la mise en œuvre de tous les moyens existants avant de songer à l'accroissement de ces moyens.

L'on se trouve à Mali, à Tougué, à Macenta et l'on veut construire des maisons en briques de ciment alors que les pierres taillées reviennent moins chères que ces briques de ciment. Sans compter qu'une maison en pierres est infiniment plus solide qu'une maison en briques de ciment. Au lieu d'utiliser 25 tonnes de ciment à faire une petite villa qui revient à un prix élevé, il serait préférable de faire tailler des pierres et de construire deux villas. En utilisant seulement deux ou trois tonnes de ciment pour le soubassement et les jointures, les deux villas reviendraient moins chères que la seule villa construite avec des briques de ciment. La cause de ce gaspillage est que les cadres n'exploitent pas correctement les moyens locaux existants et qu'ils ne considèrent pas le facteur temps. L'on doit savoir que chaque année, les populations d'une Région auront à satisfaire au moins les mêmes besoins. Chaque année donc, il y aura de nouvelles constructions, par exemple, une permanence, une école. Elles sont ainsi obligées de commander le ciment à Conakry à un prix trois fois plus élevé que le prix des pierres, parce que ses populations n'ont pas taillé ces pierres à temps.

L'imprévoyance générale de l'administration à l'égard des tâches qu'elle doit accomplir chaque année est une donnée négative.

Signalons un autre exemple de méthode négative dans l'organisation des transports urbains. On peut facilement prévoir que, pour satisfaire les besoins en transports publics de la ville de Conakry, il faudra 5 000 voitures ou taxis, à raison de quatre à cinq passagers par véhicule non compris le chauffeur. Or, sur la base de 300 000 sylis comme prix moyen d'une voiture taxi, cela représente un investissement d'un milliard et demi (1 500 000 000) de Sylis en devises. Pourquoi ne pas acheter plutôt cinq cents cars de 60 places pour huit cents millions de Sylis ? On pourrait transporter 30 000 travailleurs à la fois. Deux rotations assureraient le transport de 40 à 60 mille travailleurs ; beaucoup d'autres travailleurs n'auront pas à emprunter de véhicule, parce que logeant tout près de leur lieu de travail. En achetant les 500 cars de 60 places, l'entreprise aura moins d'argent à dépenser tant pour leur prix que pour leur consommation de pneumatiques et de pièces de rechange tout en disposant de plus de capacités de transport de passagers. Une entreprise de transports urbains préfèrera cette solution à celle qui consiste à importer 5 000 voitures taxis exigeant 5 000 chauffeurs salariés. D'ailleurs, les frais de carburant pour les cinq cents cars représenteront à peine 30 % de ceux qu'entrainera l'usage de 5 000 voitures. L'accroisssement des rendements n'est pas toujours dans l'ordre quantitatif des moyens de base. Il relève aussi de la **production individuelle et collective liée au perfectionnement continu des hommes,** ainsi que des formes d'utilisation des moyens de production. **La**

productivité est fonction de l'application correcte de certaines règles de la technique. L'homme producteur doit être éduqué. Plus il s'éduque, plus il augmente ses capacités de compréhension, d'analyse et de décision et, plus, son action gagne en efficacité. Les rapports de travail au sein d'un groupe social doivent être étudiés. Plus ces rapports sont rationnels, complémentaires, harmonieux, plus la productivité du groupe s'élève. Non seulement il faut agir de façon permanente sur l'homme pour accroître ses capacités diverses, mais aussi, il faut veiller sur l'utilisation rationnelle des moyens qu'il emploie pour les perfectionner sans cesse.

Nous retiendrons que **l'organisation est nécessairement un ensemble de techniques** adoptées pour atteindre, dans le temps le plus court et avec le maximum d'efficacité, des buts fixés. Parfois, la technique peut se confondre avec la méthode et vice versa. Mais, nous retenons qu'il n'y a aucun progrès pour toute organisation sans techniques appropriées et c'est ainsi que l'on comprend le degré différentiel du développement des PRL, des Sections et des Fédérations du PDG, selon leurs aptitudes et leurs techniques d'utilisation des capacités collectives des militants. Si ces techniques sont valables, le PRL se fait distinguer tout de suite et la Section brille tout de suite. Si les techniques de travail d'une Fédération sont mauvaises, elle se retrouvera porteuse de la lanterne rouge !

Voici une Fédération ayant des responsables qui comprennent parfaitement la méthode de travail recommandée par la Révolution au sein des masses. Elle obtient les meilleurs résultats dans diverses activités. Quand, par suite de mutation, la même Fédération perd ses meilleurs cadres et que ceux-ci sont remplacés par des incapables, cette Fédération n'arrive même plus à se maintenir et elle finit par regresser par rapport aux autres Fédérations.

Considérons les résultats des Fédérations, depuis 1964, dans le domaine des compétitions artistiques. Les finalistes arrivent à Conakry où elles se font apprécier. On constate bien souvent la montée vertigineuse d'une troupe, si elle est parfaitement encadrée, car les jeunes artistes sont toujours et partout disponibles. Mais, une troupe regresse dès que les cadres n'agissent pas avec méthode pour maintenir sinon accroître, mais maintenir au moins les acquis.

Ainsi, la technique est indispensable à la conduite de toute Entreprise collective. Ses fondements reposent sur la compréhension juste des objectifs et des conditions d'existence et de travail des hommes, ainsi que des meilleures formes d'utilisation de leurs diverses capacités.

La première condition réside dans la possibilité de cerner l'ensemble des problèmes collectifs et des moyens collectifs.

La deuxième condition consiste à organiser l'action en fonction des capacités, des catégories de moyens, à procéder à une division rationnelle du travail. Ce sont ces deux conditions qui favorisent, par ailleurs, la qualification permanente des travailleurs et le perfectionnement de leurs moyens de travail. Le Parti Démocratique de Guinée compte des milliers de PRL, des centaines de Sections, des dizaines de Fédérations. Au sein de chaque PRL fonctionnent un Comité Spécial des Femmes et un Comité Spécial des Jeunes. C'est la nécessité d'augmenter la productivité politique, morale, intellectuelle et idéologique qui nous a amenés à organiser ces différents secteurs et à répartir, de façon toujours rationnelle, le travail que doit réaliser notre Peuple. Nous remarquons que tous les organismes du Parti-Etat, à tous les échelons, sont dotés du même pouvoir. Aucune discrimination n'existe dans leurs rapports. Pour toutes les tâches, les 2 500 PRL ont les mêmes attributions. Seules leurs conditions objectives les distinguent les uns des autres. Il en est ainsi des 320 Sections entre elles, et des 35 Fédérations du PDG entre elles.

Ainsi, l'organisation du Parti s'adapte parfaitement aux réalités du pays, et ce, avec une technique sans cesse améliorée.

Selon la technique utilisée par le PDG, à chaque organisme correspond une entité administrative donnée qui correspond, elle-même, à une unité géographique permettant le rassemblement rationnel des forces sociales qui s'y trouvent. Par exemple, l'Arrondissement Central de Kankan est aussi peuplé que la Région de Kérouané ; cependant, la Région de Kérouané a les mêmes droits que celle de Kankan. Ainsi, la Fédération n'obéit pas seulement à un critère démographique, elle est surtout une entité administrative et politique. Nous pouvons dire, par exemple, qu'au bout d'un siècle, étant donné le taux de 3 % de croissance démographique de la Guinée, en l'an 2080, la Guinée comptera plus de 45 millions d'habitants. Allons-nous faire alors deux Nations, trois Nations ou plusieurs Partis politiques, parce que la Guinée se serait développée ? Il pourrait y avoir avec le développement des quartiers, des villages, beaucoup plus de PRL et rien de plus normal. Le nombre de PRL ira en s'augmentant sans cesse. Mais, ce sera toujours dans le cadre d'une seule entité politique : le PDG, faisant fonction d'une grande famille. Aujourd'hui, il y a des familles comprenant 3 ou 5 personnes. Et il va de soi que la famille ne sera jamais divisée, quand elle comptera 20 membres. Elle connaîtra simplement des foyers nouveaux.

La méthode étant indispensable au progrès de l'organisation, elle **s'exprimera de façon multiforme selon les conditions objectives du temps et du lieu. La structuration des Régions en PRL permet une concentration plus poussée des militants et leur rassemblement plus accru et plus fréquent pour la permanence de la fonction politique dans toutes les activités du Peuple.**

La technique du Parti a voulu qu'en chaque lieu de rassemblement, de la résidence au lieu du travail, une seule cellule politique existât. **Ainsi donc, la structure de l'organisation n'est pas conçue au hasard.** Prenons un exemple plus général. S'il s'agit d'un rassemblement selon la configuration du terrain, celui qui connaît la technique de l'organisation fera le meilleur choix pour l'emplacement de la tribune et pour l'emplacement des militants. Prenons le cas de la grande Salle du palais du Peuple où plus de 2 000 personnes peuvent être rasemblées. De la tribune on embrasse d'un coup d'œil, toute l'assistance, mais si l'on faisait l'inverse, une assemblée aurait lieu dans de mauvaises conditions. Donc, l'organisation d'une réunion doit être adaptée à la configuration des lieux des Assemblées générales, pour que les militants et les responsables soient dans les meilleures conditions possibles afin qu'ils puissent discuter utilement et efficacement tout au long de l'assemblée générale. Il en va de même pour les défilés et autres manifestations de masses. Prenons le cas d'une manifestation au Stade du 28 Septembre. D'abord pour harmoniser les activités des cadres animateurs, il faut des moyens de communication rapide. Pour éviter de retenir longtemps sur place les jeunes du mouvement d'ensemble, les manifestations peuvent commencer par la tribune colorée suivie du mouvement d'ensemble puis du défilé. Au moment du discours d'usage, ceux qui ont défilé et ceux qui ont participé au mouvement d'ensemble seront sur la pelouse. Ainsi, il n'y aura pas d'encombrement et de désordre sur les gradins. Il y aura une technique du choix de la meilleure manière de déroulement des manifestations. Le défilé sera ouvert par les plus jeunes, les pionniers, pour qu'ils n'aient pas à attendre durant de longues heures, puisque le défilé peut durer 3 heures et même plus. Il faut ranger les jeunes par taille et en fonction de leur tenue. Ainsi, le défilé se déroule par sections diverses, chacune répondant à un choix donné conformément aux critères choisis. Un défilé qui se déroule bien, et dans des conditions données, doit changer de conditions lorsque le lieu change. L'intérêt et l'effet doivent monter graduellement jusqu'à atteindre une sorte d'apothéose à la fin de la manifestation. Le défilé, le meeting, l'assemblée générale, toutes ces manifestations obéïssent à la technique qui veut que chaque acte collectif informe, transforme et éduque. **Ainsi, la technique s'applique dans tout ce que fait le Parti,** car il est un Parti scientifiquement organisé et où prévalent la technique de l'ordre et de l'harmonie, la technique de la globalité dans la diversité et de l'identité dans la différence. **C'est une technique qui respecte la personnalité collective en même temps que la personnalité individuelle.** Et nous avons vu parfois qu'une assemblée générale de très haute portée, un meeting de grande importance ou des manifestations populaires connaissant une grande affluence, se terminent mal. Pourquoi ? Quand cela arrive, c'est que la manifestation a été séparée de son objet. Pourquoi cette manifestation ? C'est pour nous instruire collectivement. C'est pour nous convaincre collectivement de cette force invisible que notre Unité représente, et pour nous permettre de faire le contrôle du niveau de notre évolution, du niveau de notre capacité à nous administrer nous-mêmes.

L'objet, donc, c'est le Peuple, c'est l'homme. Mais aussi, c'est ce même Peuple, ce même homme qui restent encore le sujet. Que dira-t-on d'un homme qui invite un autre à déjeuner chez lui et qui, dès que ce dernier arrive, le giffle et l'insulte ? On dira qu'il est déséquilibré ou qu'il est inconséquent. En effet, si l'objet est de faire plaisir à l'ami en l'invitant chez soi, en le raccompagnant, on doit faire en sorte que les conditions créées concourent à donner l'impression que l'on souhaite faire plaisir. Ainsi, en invitant les militants à une Conférence, les Responsables du PRL devraient, à leur propre niveau, organiser le départ des militants du lieu où se tient cette Conférence, car toute manifestation politique doit être toujours organisée. Le rassemblement terminé, on ne se quittera pas dans le désordre. Partons de la cellule de base du Parti, le PRL. Quand les militants y sont rassemblés, on vérifie d'abord la présence de chacun. Le militant qui était isolé fait maintenant corps avec un ensemble qui, prend en charge ses soucis, qui veut l'aider à les résoudre au lieu de rassemblement où il doit rencontrer les militants des autres PRL.

Si le P.R.L. n'est pas très éloigné du lieu de la réunion, les militants vont ensemble et en ordre au rassemblement. Mais, si le lieu de rassemblement est très éloigné, le problème se pose de savoir comment s'y rendre. Mais comme les militants savent qu'ils se rendent au même lieu, ils empruntent des moyens collectifs pour résoudre le problème. L'unité commence par le P.R.L. et débouche sur le lieu de rassemblement.

Mais, si l'on y va dans le sésordre, individuellement, il se peut que les membres de la direction **n'arrivent même plus à identifier les militants.** Qui peut s'en rendre compte dans le désordre ? Or, c'est à partir de l'unité réalisée au niveau du PRL que l'on réalise l'ordre et crée l'enthousiasme. Mais, il ne suffit pas non plus d'aller au rassemblement dans l'ordre et dans l'enthousiasme, il faut tenir cette réunion d'une façon correcte et repartir dans l'ordre. La fin de la réunion doit être organisée par les dirigeants, et c'est dans le même ordre, dans le même enthousiasme que la réunion doit prendre fin.

Ainsi, parler de la technique de l'organisation, c'est parler du savoir-faire appliqué au niveau de l'organisation de masses. **Veiller sur l'ordre, la discipline, l'harmonie, tout au long du déroulement d'une manifestion, c'est appliquer scientifiquement la technique d'organisation des masses.**

La technique de la Révolution exige donc qu'en tout lieu et à tout moment, l'homme soit contrôlé par sa conscience.

Adapter les méthodes opératoires au temps, à l'espace et à l'état social

Nous avons déjà défini l'organisation comme une nécessité vitale pour l'homme et pour le Peuple dans la recherche de leurs moyens d'existence. Sans organisation, la survie et le développement individuel et collectif sont compromis.

Dans le processus de leur évolution, l'homme et le Peuple éprouvent des besoins d'être et de devenir qu'ils ambitionnent de satisfaire.

Ces besoins, à travers la prise de conscience de l'homme et du Peuple, se transforment en objectifs assignés à leur action. Ainsi, pour l'homme et pour le Peuple, à tout objet correspond un sujet. Le sujet est ici l'homme et le Peuple. A tout objet correspond un sujet et à tout but un moyen approprié pour l'atteindre. Et les objectifs, ou mieux, les besoins de survie et de développement que l'existence impose à l'homme et au Peuple, sont aussi nombreux et variés. Les moyens indispensables à leur satisfaction le sont également. L'ensemble de ces objectifs, c'est-à-dire le but suprême de survie et de transformation perçu, analysé, décidé et arrêté volontairement par un Peuple constitue sa ligne de développement historique.

Entre être et devenir, entre aujourd'hui et demain, il y a pour l'homme comme pour le Peuple, un voyage à faire. Personne n'irait à Kankan, à Bamako, à Alger sans nécessité. Personne ne chercherait à s'habiller, à se loger, à se nourrir, à s'instruire, à se soigner, etc, s'il n'y avait aucune nécessité qui l'y pousse.

Mais la satisfaction de chaque nécessité exige un moyen approprié. Pour s'instruire, l'ignorant doit acquérir les connaissances nécessaires à une instruction correcte. L'affamé doit manger à sa faim. L'on comprend dès lors qu'entre le but que l'ont veut atteindre et les moyens dont on dispose, il y a un espace qui doit être franchi, un vide qui doit être nécessairement comblé par l'action, laquelle transforme progressivement le potentiel en actuel et l'actuel en avenir qualitativement supérieur ; c'est-à-dire la transformation de l'affamé en homme rassasié, de l'ignorant en homme instruit ; on introduit le présent dans un perpétuel devenir.

Mais, il ne suffit pas que le but recherhé soit juste et que le moyen soit approprié. Il faut aussi que l'orientation de l'action quotidienne soit juste. La méthode d'orientation est donc liée nécessairement à l'organisation elle-même. Et comment l'organisation peut-elle rester juste ? Il faut que la conception qui guide l'action soit constamment juste. Les méthodes d'action de l'organisation doivent être considérées, ici, comme des modes opératoires par lesquels le moyen est utilisé en fonction du but que l'on s'est assigné. Les méthodes varient avec les moyens humains et les moyens matériels dont on dispose. Les méthodes applicables pour transformer qualitativement un groupe d'illetrés seront forcément différentes de celles recommandées pour un groupe de lettrés. Autrement dit, les méthodes sont liées aux capacités du Peuple. Cultiver en Basse-Côte, en Moyenne-Guinée, en Haute-Guinée, en Guinée Forestière, cela revèle certes de la même pratique de l'agriculture. Il se peut même que les paysans de ces diverses régions aient beaucoup de points communs quant à leurs pratiques productives. Mais les méthodes culturales utilisées seront différentes, parce que les conditions climatiques de ces régions sont différentes. Il en est de même pour l'élevage. On ne peut pas pratiquer l'élevage de la même façon en Basse-Guinée qu'en Guinée-Forestière. En Moyenne-Guinée, pendant trois ou quatre mois de l'année, les pâturages maigres offrant peu d'herbe fraîches sur place, la transhumance vers la Basse-Côte est nécessaire. Et si les éleveurs de Boké, en Basse-Guinée, ne se déplacent presque jamais, c'est parce que dans cette région les prés sont toujours verts.

Dans l'architecture, le style de l'habitation diffère sensiblement d'une région naturelle à l'autre. Il en est de même des concentrations sociales. En région agricole : Basse-Guinée, Haute-Guinée, Guinée Forestière, les cases du village sont groupées, serrées les unes aux autres et de nombreux villages comptent 4 000 à 8 000 habitants. En moyenne-Guinée, par contre, Région d'élevage, les cases sont dispersées, séparées les unes des autres de 100 à 200 mètres si bien que le même village, en chapelet, s'étend parfois sur 10 km. Pour nous résumer, nous dirons que toute méthode d'organisation révolutionnaire s'exprime compte tenu de quatre directions :

1. La méthode s'adapte à l'etat du Peuple, à l'état de la société dans l'espace, dans le temps et dans ses capacités diverses et infinies.

En prenant l'exemple de la Moyenne-Guinée où les villages sont très dispersés et à très grosses concentrations, la méthode d'organisation doit tenir compte de l'état de dispersion des populations fort différent de celui qu'on trouve à Boké, à Macenta ou à Kankan.

2. **La méthode se définit aussi par rapport à la nature qu'il faut transformer.** L'organisation sociale en Basse-Guinée sera différente de l'organisation au Sahara. Non seulement les hommes ne vivent pas de la même manière, mais la nature physique dans laquelle ils évoluent n'est pas identique. Ici, il pleut abondamment et là il ne pleut presque pas et les hommes y sont en perpétuelle migration.

3. Après son adaptation à l'état de la société et à l'état de la nature, la méthode s'adapte en même temps à l'objectif d'une action, car l'organisation groupe les hommes en vue d'une action. L'objet de l'action doit s'interpréter dans le choix de la méthode : s'organiser pour cultiver ensemble, s'organiser pour se déplacer ensemble, tout cela se fait dans des conditions différentes, selon des méthodes différentes de celles que l'on emploie, par exemple, pour commettre un vol. La méthode est toujours en rapport avec l'objet de l'action.

4. **La méthode d'organisation s'adapte nécessairement à la qualité des moyens existants.** Par exemple : la campagne d'alphabétisation se fera sous un arbre, quand il ne pleut pas, dans un village où il n'y a pas de bâtiment public, pas d'école, pas de marché, pas de Permanence, alors que dans tel autre village disposant d'un grand hangar servant de marché, elle se fera au marché. Si un troisième village dispose d'une Permanence assez grande, la campagne d'alphabétisation se fera dans les locaux de la Permanence . La méthode d'organisation s'adapte donc aux moyens existants.

La méthode, après ces quatre directions, s'exprime dans d'autres démarches. **Toute méthode d'organisation révolutionnaire doit permettre aux hommes groupés de distinguer à tout moment le caractère général** du caractère particulier des choses. C'est cette méthode qui, nécessairement , doit permettre au groupe d'hommes de distinguer ce qui se désagrège, meurt et disparaît de ce qui naît et qui se développe. Cette méthode permet aussi de savoir ce qui naît, résulte de ce qui se désagrège. La méthode permet donc à tout moment de savoir ce qui est fondamental et ce qui est relatif, conjoncturel, passager. Quand une méthode est fondée sur la connaissance des distinctions, elle permet au groupe d'hommes considéré d'assurer dans les meilleures conditions la réalisation de ses objectifs.

S'agissant de la capacité de transformation de la société, autrement dit de l'action collective des hommes, la méthode s'exprime obligatoirement en formes d'éducation idéologique, politique, morale, intellectuelle, technique et technologique. **Toute méthode révolutionnaire d'organisation ne saurait donc être** qu'une source de connaissances et d'expériences pour les hommes et pour le Peuple. Avant de chercher à adapter la méthode à la société, il faut d'abord analyser le niveau de vie de cette société, savoir ce qui unit cette société et ce qui la divise, situer ce qui est le général, l'aspiration fondamentale, les contradictions internes et les particularités qui marquent cette société. Au-delà des particularités et des contradictions internes, il faut que la méthode permettre à tous les hommes d'être dans la trajectoire de la transformation générale de la société, même s'ils sont à différents degrés de formation intellectuelle, morale et technique. Mais, il faut que la méthode, scientifiquement conçue, puisse incarner une force générale entraînant dans une même action l'ensemble des hommes organisés. La méthode doit se fonder sur la connaissance exacte du contenu social de l'action. De même, l'adaptation de la méthode à la nature et à l'objet de l'action impose la même étude sérieuse. Car, l'action n'est pas toujours dans la même phase, ni toujours au même niveau. Dans son processus de réalisation, l'objet se modifie. L'action doit changer de phase pour se conformer à chaque modification et la méthode doit être rectifiée pour être conformée à chaque phase de l'action. Et il s'établit ainsi un mouvement ascendant qui qualifie l'homme et le Peuple de façon permanente.

Deux hommes doivent bâtir une maison. Ils disposent d'un camion : un seul voyage de ce véhicule peut transporter du sable, du ciment et du fer formant un stock suffisant pour plusieurs jours de travail pour les deux hommes. Prenons maintenant un autre groupe de 2 000 hommes disposant toujours d'un seul camion. Si le même camion n'effectuait qu'un seul voyage de transport de matériaux, une heure à peine suffirait aux 2 000 hommes pour épuiser le stock. Il faut donc adapter la méthode de travail et cela revient ici à faire rouler le camion continuellement, nuit et jour, afin de pouvoir répondre à la cadence de travail des 2 000 hommes. Une méthode correcte est liée à la connaissance globale et à la répartition rationnelle des tâches. Deux impératifs sont à satisfaire pour qu'une méthode de travail soit bonne :

D'une part, l'adaptation de la méthode à la société, à la nature, à l'objet de l'action au niveau des moyens, et d'autre part la connaissance parfaite de ces quatre éléments.

C'est l'accomplissement de ces tâches qui constitue les bases du fonctionnement de l'organisation. Autrement dit, **affirmer qu'un Parti fonctionne bien, qu'un Etat fonctionne bien, qu'une société fonctionne bien, c'est affirmer qu'à tous les échelons, chacun fait correctement ce qu'il doit faire.** Si l'organisation peut être comparée à une chaîne, la méthode juste de l'organisation veut que chaque chaînon assume sa responsabilité pour aider et non paralyser le mouvement général de la chaîne. Ainsi l'organisation a pour rôle d'assumer un fonctionnement correct de l'édifice.

Puisque la meilleure méthode est de répartir rationnellement les tâches et de déterminer les responsabilités collectives et individuelles, il importe que le contrôle porte et sur les fonctions générales et sur les fonctions individuelles. Le contrôle a pour but l'amélioration constante du niveau d'efficacité des hommes. Donc, toute conception et toute méthode de direction devront tendre nécessairement à assumer le fonctionnement global de l'organisation, le contrôle des tâches collectives et individuelles en vue d'améliorer les conditions de travail et d'élever le taux d'efficacité. Cela permet d'approcher toujours davantage le but. Mais comment peut-on assurer l'amélioration ou l'accélération du mouvement ? Pour cela, il faut que la méthode permette et facilite l'observation, à l'échelon individuel et à l'échelon collectif, de tout ce qui intervient dans l'organisation. L'observation constante appelle l'analyse, la critique et l'auto-critique. La réalité ne s'interprète pas. Elle se laisse interpréter par les hommes et dans les modalités très variées, parfois contradictoires, selon le sens que les gens donnent à leur existence ou la valeur qu'ils donnent à l'objet de leur œuvre.

Une même réalité peut être sentie et enregistrée de mille et une manières. Par exemple, des hommes se regroupent dans une concession pour présenter des condoléances à la suite du décès d'un voisin. L'un d'eux vient richement habillé, dégageant un parfum exquis. Dans le groupe, un observateur dira : « Il est bien habillé aujourd'hui, vraiment il est beau ». Un autre dira : « Vraiment il se moque de nous. Nous voici réunis pour assister à des funérailles et lui en profite pour faire un étalage ostentatoire et indélicat de prospérité individuelle ». La même réalité est définie, interprétée de deux manières différentes.

La méthode révolutionnaire, elle, consistera à toujours unifier les hommes à travers leurs activités, et d'abord à travers les buts fondamentaux qu'ils veulent atteindre, à travers leur mentalité, leurs comportements, leurs réactions. Mais, puisque la méthode tend essentiellement à assurer la transformation qualitative de la société, nécessairement elle doit permettre l'harmonisation de la société, celle de toutes ses manifestations, à travers la coordination de l'ensemble des activités générales et particulières. Donc, toute méthode révolutionnaire se définit par rapport à la stratégie et à la tactique caractérisant l'action générale des hommes groupés. Les camarades militaires appellent couramment en terme de défense, « stratégie », l'art de gagner une guerre et « tactique », l'art de gagner une bataille. L'ensemble des batailles gagnées permettant de gagner la guerre, nécessite la liaison entre la stratégie et la tactique.

Sans bataille, il n'y a pas d'affrontements, autrement dit, quand il n'y a aucune tactique dans la conduite particulière cela veut dire que l'action a cessé, qu'il n'y a donc plus de contradictions en présence.

Si les erreurs de tactique sont de moindre importance, les erreurs de stratégie sont fatales, le plus souvent, aux entreprises humaines.

La stratégie du Parti Démocratique de Guinée est définie dans le Préambule des Statuts : opérer une mutation radicale des mentalités, extirper de la société toutes les pratiques irrationnelles, toutes les velléités d'exploitation de l'homme par l'homme pour bâtir une Nation forte, unie, responsable et digne. Dans le cadre de cette stratégie, le Parti doit lutter dans une double direction :

Premièrement, contre la nature pour accroître le pouvoir de domination du Peuple, tirer de la nature tout ce qui est nécessaire à l'évolution sociale.

Deuxièmement, au sein de la société, pour convertir les éléments négatifs en éléments positifs révolutionnaires, harmoniser la vie de tous et de chacun. Et la méthode observera donc la nécessité de tenir toujours compte des puissances en place, des manœuvres de ces puissances aussi bien à l'extérieur qu'à l'intérieur de la société.

En effet, le Parti, dès l'instant qu'il veut que le Peuple soit libre, doit se demander quels sont ceux qui ne veulent pas que le pays soit libre sur le plan intérieur et sur le plan extérieur, évaluer la puissance de ceux qui sont opposés à son but et accroître ses moyens pour venir à bout de toutes ces forces hostiles, celles qui résistent au progrès démocratique de la société.

Principes et méthodes d'organisation

Ainsi, ayant parlé de la technique de l'organisation, nous pouvons dire que chaque technique de l'organisation est obligatoirement et nécessairement accompagnée de la méthode et des principes de l'organisation. Mais, l'on peut dire que les principes représentent au niveau de l'organisation l'ensemble des lois fondamentales de comportements et d'action à la fois collectifs et individuels. Les principes ci-après constituent donc les lignes directrices générales : principe de liberté de chaque membre du Parti, principe d'égalité des hommes sans distinction de religion, de couleur, d'âge ou de sexe, principe de solidarité nationale, principe de la laïcité de l'Etat, principe de la primauté de l'intérêt collectif, principe de la prééminence politique dans l'appréciation de toute situation nationale, principe de la sécurité de l'individu, principe de justice, principe de démocratie et de responsabilité, etc...

Les méthodes, comme nous l'avons dit plus haut, relèvent de la manière d'exécuter, de traduire, d'accomplir les principes du Parti. Ce sont les démarches opératoires qui doivent traduire les principes et l'objectif du Parti dans l'action quotidienne que l'on appelle méthode d'organisation. Ainsi, la démocratie relève de la méthode en même temps qu'elle peut, sous certains aspects, se classer parmi les principes. Un exemple : la liberté et l'égalité sont deux principes fondamentaux du Parti. Mais, comment peut-on assurer la liberté et l'égalité des hommes sans la méthode démocratique ? **La démocratie, ici, relève donc de la méthode ; la liberté et l'égalité relèvent des principes.** La liberté veut que chacun participe à la conception, à la discussion, à la décision. La méthode veut qu'au cours de cette discussion et de cette décision, la voix de la majorité prévale. Ainsi, la méthode garantit l'application des principes de conception, de décision. Le principe de liaison d'une organisation de la base au sommet permet de centraliser à chaque niveau donné l'ensemble des activités et de décentraliser l'action pour répartir les tâches au niveau de toutes les collectivités.

L'impératif se retrouve dans le principe du centralisme démocratique. On doit tout organiser, mais de manière que chacun ait quelque chose à faire. En principe, il faut centraliser et démocratiser : deux mouvements apparemment contradictoires. Voyons par exemple l'organisation du Parti. Tous ceux qui habitent un PRL sont membres de l'Assemblée Générale. Cependant, les femmes ont leur Comité Spécial à part, les jeunes ont aussi le leur. Tous les jeunes qui sont réunis dans le Comité Spécial sont répartis dans d'autres activités : le sport, le ballet, le théâtre, la musique, l'alphabétisation de masse etc... Tous les membres de l'Assemblée, sans distinction d'âge ni de sexe, participent à la conception, à la discussion et à toute décision qui engage le PRL. Dans les tâches pratiques, chacun a sa fonction particulière. Il faut en même temps centraliser et démocratiser l'action. Ainsi, au principe « tout par le Peuple », tout doit être l'expression fidèle de la volonté du Peuple, répond la méthode démocratique qui instaure l'élection libre de chaque responsable à quelque échelon que ce soit.

L'élection est là une méthode. Le principe est que tout parte du Peuple. Au principe : « tout pour le Peuple », répond la méthode qui exige qu'il y ait contrôle de tout ce que l'on fait pour savoir si tout est fait pour le Peuple. Au principe de la discussion démocratique pour chercher les voies d'amélioration ou de perfectionnement du Parti, répond la méthode de la critique et de l'auto-critique afin que chacun puisse dire ce qu'il pense, ce qu'il constate, ce qu'il ressent pour qu'ensemble, tous éliminent ce qui est mauvais, au profit de ce qui est bon et qui est à perfectionner. Ainsi, à chaque principe correspondent nécessairement des méthodes d'action appropriées. Mais, si les principes se perpétuent sans être modifiés et se confondent avec la ligne politique, les méthodes, quant à elles, dépendent de chaque concept politique, économique, social et culturel.

La même méthode ne s'adaptera pas de la même manière à Conakry, à Labé, à Yomou et ailleurs. Donc, les méthodes d'organisation, en un mot, le mode opératoire, le mode d'application des principes d'une organisation ne sauraient être immuables. Les méthodes doivent s'adapter nécessairement au moment et au lieu, aux conditions réelles des hommes groupés, aux moyens dont ils disposent.

Et la méthode qui convient au principe de l'unité nationale, de la création d'une Nation est l'établissement au sein de la société de liaisons organiques, aussi bien horizontales que verticales. Les liaisons verticales, c'est l'homme lié au village, le village lié à l'Arrondissement, l'Arrondissement à la Région. la Région liée à l'entité nationale. La liaison horizontale consiste, quant à elle, à organiser chaque village, pour que chaque militant soit horizontalement allié à tous les habitants du village, que dans cette unité géographique, il n'y ait qu'une personnalité : le Pouvoir Révolutionnaire Local. A l'intérieur de l'Arrondissement, tous les villages, également liés sur le plan horizontal constituent une personnalité qui s'appelle la Section. Dans une Région, toutes les Sections sont coordonnées dans leurs activités, dans leurs programmes et constituent une autre unité appelée la Fédération. L'ensemble des Fédérations, chacune avec sa personnalité, se fondent dans une autre personnalité, plus grande, appelée le Parti Démocratique de Guinée. Cette structure permet l'action à la fois horizontale et verticale. A chaque niveau géographique, l'action est organisée et elle va de tel lieu à toute la Nation. De quelque point qu'on se situe, on aboutit ou à la Nation ou aux militants de base, c'est-à-dire les deux extrêmes de l'organisation.

L'Assemblée Générale est la vraie source du Pouvoir du Parti. Le Bureau du PRL est créé seulement pour exécuter les décisions prises en Assemblée Générale et faire exécuter les décisions émanant des organismes supérieurs. Il arrive souvent que de mauvaises directions prennent toutes les décisions et que l'Assemblée ne consiste qu'à réunir les militants pour leur faire entendre les décisions prises par le Bureau. C'est comme si un Comité Directeur, à chaque conférence de Section ou à chaque Congrès de Section, se contentait de rendre compte de toutes les décisions prises par lui, sans jamais consulter la conférence de Section ni le Congrès de Section sur quoi que ce soit. Le Bureau d'une Fédération peut aussi mal agir et prendre toutes les décisions, sans réunir ni Congrès, ni Conseil Régional de la Révolution. Le Parti ne progresserait jamais avec de pareilles méthodes. Les principes de la responsabilité collective, la méthode de contrôle, imposent la liaison entre les instances de décision et les organismes dirigeants. C'est pourquoi, le Parti a créé les organismes dirigeants et les instances de décision. Les instances décident et contrôlent ; les organismes exécutifs appliquent, accomplissent les décisions prises par les instances. La méthode est ainsi très claire. C'est seulement lorsque la confusion s'instaure qu'on prive le Peuple de son droit et qu'on porte atteinte à la démocratie, aux principes du Parti, à la ligne de la Révolution.

Le Parti nous demande d'utiliser le principe du développement continu et harmonieux, le principe du travail pour le développement. C'est par le travail créateur que nous pourrons développer l'économie, augmenter nos moyens. C'est ainsi que le Troisième Congrès, tenu en Janvier 1958, a instauré « l'investissement humain » comme méthode de travail. Grâce à cette méthode, il a créé des centaines d'écoles, de dispensaires, de marchés, de mosquées. Il a été également créé des routes nouvelles, des réseaux routiers existants ont été entretenus et améliorés, etc... Mais souvent, il arrive que de mauvais responsables du Parti opposent la méthode aux principes qu'ils doivent appliquer et respecter.

Une méthode ne vaut que par le principe qui la sous-tend et un principe ne vaut que par la méthode qui l'actualise. Nous l'avons expliqué plus haut. Il ne faut jamais séparer la méthode qui est l'adaptation des modes opératoires d'une action du principe donné, compte tenu du lieu et du moment. Ne jamais sépater cette méthode de son objet, de son principe. Le principe veut que si les hommes associent leurs moyens, ils augmentent leur puissance d'action : voilà un principe. Ainsi la méthode veut que tous ceux qui ne sont pas logés se bâtissent rapidement une maison, en s'associant. Il importe que les mal logés dans un village à cause d'un incendie, se répartissent les rôles. S'ils font une répartition rationnelle du travail à effectuer en commun, en associant leurs moyens, en un minimum de temps, le village sera reconstruit. Voilà une méthode d'investissement humain, de mise en valeur des moyens collectifs rationalisés par une répartition judicieuse des tâches. Ainsi, la coopération dans le travail est une méthode de travail. Admettons qu'on dise à des jeunes : « Faites un jardin collectif » ; ou bien aux habitants d'un village : « Construisez un marché, un stade, une salle de cinéma qui sera le bien collectif du village», « construisez une mosquée en investissement humain », ou « Faites un champ collectif de maïs, de manioc, un champ de riz en investissement humain ». Le fruit du travail ne saurait être confisqué. Supposons que les populations cotisent effectivement et achètent un camion et que le Maire du PRL s'en empare pour en faire sa propriété, que ses enfants et ses femmes l'utilisent alors que les militants, même malades, ne sont pas autorisés à être transportés. Supposons que le champ labouré par tout le monde ne soit récolté que par le Maire du PRL ou que les militants ne sachent pas à quoi a servi le riz obtenu dans le champ collectif. Eh bien ! Les principes initiaux d'association des moyens auraient conduit à la méthode de substitution de l'individu à la société, à une méthode d'exploitation de l'homme par l'homme.

Le Parti, au cours de son évolution, s'est rendu compte que chaque souscription était source de malversation, de vol, de découragement des militants. Il a supprimé cette méthode. Toute mauvaise méthode suppose une défectuosité des conditions d'application d'un principe. Donc, toute mauvaise méthode détruit, compromet un des principes du Parti. Ainsi, au lieu de laisser le Peuple voter comme il veut, choisir l'homme qu'il veut à chaque occasion, on voit de mauvais dirigeants conditionner le Peuple, menacer les militants de manière à leur imposer certains hommes. Or, chaque fois que l'on impose une direction, surtout dans un PRL, le Parti y est compromis et la Révolution disqualifiée.

Le principe de contrôle permet à un organisme supérieur de rectifier une faute d'un organisme inférieur. Mais, cela ne donne pas le droit à l'organisme supérieur de se substituer à l'organisme inférieur pour accomplir malgré lui sa tâche. Aucun membre du BPN n'est habilité à imposer, au nom de cet organisme, un responsable au niveau d'un Bureau Fédéral, d'un Comité Directeur ou d'un bureau du PRL.

Au principe de la liberté d'expression au sein du Parti, de la liberté de critique au sein du Parti, s'oppose souvent une certaine mauvaise méthode : parfois quelqu'un se permet, au cours d'une instance du Parti et sans l'intention de nuire au Parti ni de calomnier intentionnellement un homme, de dire ce qu'il pense être une contribution à l'Assemblée Générale, cela est mal vu et on attend l'élection prochaine pour se venger de ce militant en empêchant par exemple, s'il est responsable, la reconduction de son mandat et cela, même s'il n'a commis aucune faute, bien entendu, sauf celle de dire la vérité au cours d'une instance du Parti.

Le principe de prévision des éventualités est aussi un principe de Direction. Il faut toujours prévoir les choses qui peuvent arriver.

Le principe fondamental de l'action du PDG repose sur l'étude globale de tous les phénomènes en vue de dégager une ligne politique qui doit être scrupuleusement respectée dans tous les domaines.

Dans notre Parti, il n'y a pas de principe d'isolement des secteurs, ni des problèmes : le dénominateur commun, suivant lequel sont analysés tous les problèmes, est le bien du Peuple.

En rappelant cette méthode, il est facile de saisir la parfaite harmonie qui doit forcément exister dans la définition de notre politique intérieure comme dans celle de notre politique extérieure. En un mot, pour un Etat engagé, qui n'ignore rien de la situation meilleure vers laquelle il s'achemine, la politique extérieure ne peut être autre chose que le reflet exact des principes de sa doctrine en matière de politique intérieure.

Or, quelles sont les considérations essentielles qui ont déterminé notre politique intérieure ?

Nous avons lutté contre le régime colonial pour devenir un pays indépendant, après avoir compris que le régime colonial était incompatible avec toute réelle émancipation, avec tout développement déterminé par notre volonté et conduit dans le cadre de nos intérêts nationaux.

Notre lutte contre le régime colonial était parfaitement juste pour autant qu'elle devait avoir comme couronnement, comme finalité de nous rendre responsables de notre propre destin.

C'est bien en toute conscience que le 2 Octobre 1958, à la proclamation de notre République, nous avons déclaré que l'indépendance n'était pas une fin en soi, qu'elle devait devenir, pour tous, un moyen de progrès par le travail, dans la justice et la solidarité.

Examinant la situation objective de notre pays sortant du régime colonial, nous avions reconnu que toutes les structures économiques, administratives, politiques, judiciaires ou militaires n'étaient pas conformes aux meilleures conditions de développement de notre société nationale. Et nous avons décidé de les transformer en les adaptant aux nécessités de notre propre évolution.

En nous prononçant résolument pour la démocratie, nous nous sommes prononcés pour l'égalité de tous les êtres, hommes et femmes, vivant en Guinée. En reconnaissant au Peuple le droit d'exercer effectivement la souveraineté reconquise au niveau de la Nation, nous avons voulu par là ne plus admettre que cette souveraineté soit confisquée au niveau d'une famille, au niveau d'un clan ou d'une quelconque catégorie sociale.

Ainsi, en menant l'action de décolonisation des esprits et des cultures, nous avons compris que le régime colonial signifiait non seulement la domination physique étrangère, mais aussi l'aliénation super-structurelle pour mieux nous exploiter et nous oppresser. Par conséquent, nous avons pris conscience que la décolonisation devait se poursuivre au-delà même de la suppression de l'autorité matérielle du régime colonial.

On peut plus aisément changer un costume qu'on ne peut, dans le même laps de temps, obtenir que l'esprit façonné par soixante ans de colonisation soit transformé. Il fallait donc une action consciente, constante et conséquente de décolonisation pour sortir les nouveaux responsables du pays, selon la qualité de leur apport à la Révolution Nationale Guinéenne.

Pour la bonne marche de notre Parti-Etat, nous avons fait le choix d'un certain nombre de principes et de méthodes de travail qui se prolongent sur le plan de notre politique extérieure, et qui doivent être scrupuleusement respectés.

Le régime colonial avait tenté de nous assimiler par une civilisation, qui, même si elle était positive et humaine, n'était pas pensée par nous, n'était pas du tout le fruit de nos pratiques. Cette civilisation n'exprimait pas nos valeurs propres, et, par conséquent, n'était pas conforme au contexte de notre Nation.

Pour assumer pleinement notre identité nationale, nous avons opposé une volonté farouche d'affirmation de la personnalité africaine à la volonté d'assimilation colonialiste.

A l'affirmation colonialiste sur l'absence de toute valeur morale, culturelle, positive, chez les Peuples africains, nous avons opposé notre personnalité, et nous avons affirmé avoir notre civilisation, notre culture, nos valeurs propres. Nous avons démontré sur le plan pratique, comme sur le plan idéologique, le caractère arbitraire et la conception contre-nature de toute occupation étrangère. C'est pour ces raisons que nous nous sommes servis de notre indépendance, grâce au plein exercice des attributs de notre souveraineté, pour refaire notre pays dans le cadre de son originalité, dans le sens de sa civilisation, en vue de développer toutes les facultés, toutes les richesses, tous les moyens que nous détenons au niveau national.

Evidemment, nous savons que, jusqu'à cette prise de conscience politique, les conditions historiques qui existaient dans notre pays obligeaient nos divers Partis politiques et nos Organisations syndicales à être des prolongements organiques des Partis politiques ou des Organisations syndicales situés dans les « Métropoles ».

Il est vrai, par ailleurs, que, par une coopération horizontale, les Peuples ou les différentes couches sociales peuvent participer à leur évolution générale en s'entr'aidant.

Mais, ce qui est plus vrai encore, c'est que le progrès réel n'est jamais importé, n'est jamais commandé de l'extérieur. Il s'opère verticalement, compte tenu des conditions objectives réalisées par l'action de chaque Peuple.

Ainsi, chaque citoyen doit savoir que le PDG, notre Parti, a des tâches concrètes à réaliser dans les divers domaines, économique, politique, social, humain. Ce qui est demandé à un militant en priorité, c'est sa fidélité aux principes, au respect de la dignité du Peuple, son esprit patriotique, son dévouement, son action consciente et constante pour l'édification d'une Nation prospère. La différenciation entre nous doit, donc, se situer dans l'apport de chacun à la solution rapide et concrète des problèmes conditionnant l'évolution de la Guinée et de l'Afrique.

Il n'existe nulle part des Peuples présentant des conditions identiques dans chacun des domaines de leur vie nationale. Il n'existe pas deux Peuples au monde ayant les mêmes caractérisques, des moyens semblables, des comportements similaires, des conditions économiques identiques quantitativement parlant.

C'est en fonction de ces diversités qu'il y a lieu, pour chaque Peuple, d'entreprendre l'étude objective de ses propres conditions afin de dégager les lignes et le sens de leur transformation.

Les idéologies réactionnaires s'évertuent à intoxiquer les esprits des masses populaires par leurs définitions ou leurs commentaires toujours intéressés ou subjectifs sur des concepts tels que l'unité politique, le pluralisme politique, la démocratie pluraliste ou la neutralité d'un gouvernement face aux courants philosophiques et politiques circulant dans le pays. Nous devons affirmer de façon catégorique que la finalité de toute action, de toute entreprise doit viser exclusivement la promotion du Peuple, le bien-être matériel et moral du Peuple, l'affermissement du rôle dirigeant du Peuple, le respect de la personnalité, de la sécurité et des intérêts légitimes de chaque homme au sein du Peuple.

Aucune organisation, quelle soit un Parti politique, un Syndicat, une Coopérative, une Unité industrielle, agricole ou commerciale, aucune organisation, disons-nous et quelle qu'elle soit, ne saurait valablement s'affirmer et agir comme une fin en soi, sans porter atteinte à la liberté, à la responsabilité, aux intérêts et à la dignité du Peuple et de l'homme.

Ce n'est ni la multiplicité des Partis, ni l'unicité de l'option politique et, partant du Parti politique dans un pays qui signifierait le degré de démocratisation de ce pays, car le nombre d'organisations allant de un à l'infini ne constitue pas et ne saurait constituer le but fixé par les hommes. Remarquons que la multiplication des Partis est souvent une dispersion hypocrite de l'organisation de la classe au pouvoir. Nous voyons cela dans le système bourgeois. Pour masquer l'unité idéologique et politique, l'on va jusqu'à organiser une opposition. D'ailleurs, faut-il le rappeler, le Parti Unique ou le pluralisme politique dans un pays ne constitue que le cadre choisi pour l'expression de sa volonté et l'accomplissement de la mission des hommes organisés, autour d'objectifs, ces objectifs étant de caractère général ou de caractère particulier. Avant de choisir le cadre d'une action à mener, il faut d'abord déterminer les objectifs à réaliser à partir desquels le cadre sera choisi en parfaite adéquation avec ces objectifs.

Ce qui est vrai, c'est qu'au sein de l'organisation, pour que celle-ci soit réellement démocratique, il faut qu'il y ait libre confrontation des idées, que tout fanatisme soit banni, que le débat soit ouvert et franc jusqu'à ce que la voie juste soit trouvée et que, alors, tout le monde s'y conforme dans un esprit de totale et stricte discipline.

L'organisation est, nous le répétons, tout à la fois un cadre et un moyen d'action. En effet, c'est un cadre dont les structures permettent l'unité d'action des hommes groupés, en même temps que la répartition des tâches à réaliser. De ce fait, l'organisation devient un moyen d'association des intelligences, des capacités physiques, techniques, morales des hommes dont elle favorise l'unité d'action, la convergence des activités, et le contrôle collectif de la marche organisée vers un objectif partant toujours d'un point A à un point B.

L'organisation ne fait pas la simple sommation des hommes qui constituent le groupe concerné, ni leurs capacités, l'organisation intègre en une nouvelle **unité** les hommes, les capacités, les moyens. Il importe que nous étudions toujours, et avec le plus grand soin, la fonction « Organisation », tant dans ses diverses applications que dans sa généralité.

Pour les pays qui ont subi la colonisation, l'exploitation, l'oppression, dont la personnalité avait été longtemps étouffée, les valeurs culturelles défigurées, niées et jetées au vent du mépris, les structures sociales fondamentalement compromises par la domination étrangère, pour ces pays, l'objectif essentiel est de se repersonnaliser, d'affirmer leur identité, de reconquérir le pouvoir, tous les pouvoirs dont l'exercice efficace déboucherait sur l'élimination radicale de toutes les séquelles de la colonisation qui correspond, en fait, à l'irresponsabilité du Peuple devant son destin.

De là découle l'importance fondamentale des qualités que doit avoir l'organisation politique et non plus de la pluralité ou de l'unicité des organisations.

Les territoires coloniaux d'Afrique n'étaient plus des entités homogènes, la domination étrangère ayant œuvré à la division de leurs Peuples et à l'exacerbation des contradictions internes de caractère tribal, religieux ou ethnique.

Comment transformer de tels territoires en Nations viables, si l'on néglige d'y installer des structures permettant la repersonnalisation et la responsabilisation du Peuple, si l'on néglige de choisir des principes démocratiques fondés sur l'égalité, la responsabilité de tous les citoyens, sans discrimination de sexe, de couleur, de race et de religion, si l'on néglige, dans la pratique quotidienne, de recourir à des méthodes d'action favorisant l'unité d'action, afin d'éviter des divergences fondamentales et paralysantes dans les orientations et dans les attitudes des citoyens.

L'Europe, par exemple, est partie de la réalité nationale pour créer la réalité étatique, alors que l'Afrique est partie singulièrement de la réalité étatique, c'est-à-dire du pouvoir politique reconquis pour transformer l'ancien territoire colonial en Nation homogène, viable et forte.

D'où le rôle prépondérant de l'action politique qui unit les citoyens, éduque le Peuple, oriente toutes ses activités jusqu'à assurer une conjugaison dialectique parfaite et enrichissante de la somme des volontés, jusqu'à faire des aspirations des valeurs collectives qui devront sous-tendre le comportement à la fois collectif et individuel.

La Nation doit être créée, sans quoi les Etats africains resteraient toujours fragiles, à la merci des agressions impérialistes et les liens de dépendance créés durant la période coloniale se maintiendraient et empêcheraient l'Etat de pratiquer une politique de réelle souveraineté, réelle parce que conforme aux intérêts supérieurs du pays.

La multiplicité des Partis politiques et des organisations syndicales peut favoriser la division politique et syndicale dans un pays, l'émiettement et l'éparpillement des forces du Peuple, la démagogie et les luttes fratricides. en un mot, un contexte hétéroclite et hétérogène que l'ennemi de classe, à l'intérieur ou à l'extérieur du pays, ne manquerait pas d'exploiter à son profit en remettant en cause la souveraineté chèrement reconquise.

Le nombre de Syndicats et de Partis ne saurait donc exprimer le caractère démocratique d'un pays, d'un régime. La démocratie exige des individus au sein d'un groupe donné, la responsabilité des membres d'une organisation, le bannissement de toutes discriminations au sein de l'organisation, afin que, tant au niveau de la conception, de la discussion, de la décision que dans l'action créatrice nécessaire à l'amélioration des conditions de vie du Peuple, la participation de tous les hommes soit garantie.

Il nous semble aberrant de soutenir que, par exemple, l'existence dans un pays de trois groupes fascistes qui se partagent toutes les activités politiques, y fonde mieux la démocratie que s'il n'y avait qu'un seul Parti politique foncièrement démocratique et progressiste. Nous ne devons pas, par une considération superficielle de ce qui a cours dans les vieilles Nations, nous laisser aller à des mimétismes stériles et même susceptibles de compromettre notre tâche historique d'édifier la Nation.

La démocratie, c'est le caractère militant et sincère des rapports établis au sein d'un groupe d'hommes. Elle implique une responsabilité collective dans la conduite générale de l'organisation, ce qui permet une continuité de celle-ci et lui confère une portée historique et une dimension toujours plus élargie grâce à l'apport quotidien de tous et de chacun de ses membres.

Dans les pays africains, le Parti National Unique demeure incontestablement le facteur décisif de la promotion de leurs Peuples, car il confère une puissance totale à l'action de chacun de ces Peuples sur lui-même, sur la nature et dans ses rapports avec les autres Peuples. Le danger du Parti unique, car il en existe, ne peut provenir que de l'égocentrisme, de l'égoïsme, de l'incompétence ou de la trahison de ses membres dirigeants, lesquels, à un moment donné, peuvent bloquer la marche du mouvement, compromettre le jeu démocratique, empêcher l'expression libre des membres dans le but égoïste de se maintenir ou de tirer profit des acquis collectifs.

C'est pourquoi, le corrolaire de l'unicité politique réalisée dans un pays est la décentralisation de l'organisation et l'animation, avec toujours plus de vigueur et de rigueur, du jeu démocratique afin de préserver la santé politique et morale de l'organisation. C'est la vérité qui construit et c'est la justice qui pérennise un système, quel qu'il soit.

Les hommes politiques africains qui veulent transposer dans leurs pays les schémas politiques ou syndicaux d'Europe, d'Amérique ou d'ailleurs, se comportent comme des aveugles politiques. En effet, chaque Peuple doit étudier les conditions de sa vie propre, déterminer les aspirations identiques et communes à ses citoyens, connaître les clivages ou les contradictions internes et choisir les démarches conduisant à la liquidation progressive de ces contradictions, qu'elles soient d'ordre idéologique, politique, social ou simplement d'ordre matériel.

Dans tout pays, les cadres dirigeants doivent connaître les points d'appui du progrès général et les forces sociales qui s'opposent à ce progrès général. Ainsi, chaque Parti choisira forcément une base sociale lui permettant de mener correctement la lutte, toutes les luttes visant la conservation du statu-quo, si les cadres sont des exploiteurs ou des bourgeois, ou la

arrêtée par les instances du Parti et postulant constamment le mieux-être par le progrès continu de chacun et de tous.

Dans cette action progressive, on doit constamment repenser l'utilisation des moyens et adapter les méthodes de travail aux nouvelles conditions que nous avons su créer, et aux nouveaux objectifs que nous nous sommes assignés.

Prenons l'exemple sur Gueckédou au moment où elle était une Section. Par des efforts soutenus, un travail courageux, le Parti était parvenu à modifier les conditions politiques et économiques des masses paysannes de la Région.

En 1957-1958, la situation politique de cette Région était tendue à cause des agissements réactionnaires des ex-chefs de canton ou de village. Profondément compromise par de nombreux conflits de famille ou de race, la vie politique de la Région de Gueckédou était caractérisée par une instabilité permanente. Les capacités de mobilisation de la Section se limitaient à quelques 5 000 à 6 000 militants détenteurs de la carte du PDG dans toute la Région.

Après une année de travail, les responsables politiques sont parvenus à changer complètement cette situation. Par l'autorité de ces responsables, les réactionnaires qui espéraient prendre leur revanche ont été remis au pas. Grâce aux nombreux contacts directs avec les masses, grâce surtout à leur action éducatrice et à leur fermeté, les dirigeants locaux ont dénoncé et isolé du Peuple les agents provocateurs qui opposaient les familles. Au bout de quelques années d'efforts, nos camarades responsables de Gueckédou étaient arrivés à faire l'unité politique de la Région. Au lieu de 5 000 à 6 000 cartes de membres, ils en avaient placé plus de 100 000. Nous avions eu les mêmes cas dans le développement d'autres Régions de notre pays.

Nous l'avons souvent affirmé : il faut être pour soi-même d'abord, c'est-à-dire appartenir à sa conscience, et pour le Parti ensuite. Il est préférable d'être un bon militant que d'être un mauvais responsable. Un bon militant est toujours beaucoup plus apprécié, beaucoup plus estimé et respecté qu'un mauvais responsable. Car, nous savons bien, les uns et les autres, que ce que le bon militant apporte par son travail et son action est plus important que ce qu'un mauvais responsable peut obtenir, à travers les autres ou par lui-même.

L'organisation est viciée si l'on ne tient pas compte du fait que sa vie, c'est le comportement des cadres et l'adaptation permanente, toujours renouvelée, à la réalité objective, toujours en mouvement ascentionnel vers le juste, l'utile, le vrai et le beau.

Dans le second cas, par contre, non seulement il n'y a pas progrès, mais également la situation se détériore. Les conflits internes se multiplient. Par exemple, certains militants ne viennent pas à l'heure aux réunions. Ni les méthodes de contrainte, ni l'autorité des responsables ne parviennent à remédier à cette situation quand elle résulte de la démobilisation des militants.

Il serait absurde, dans ce cas, de continuer le même programme de travail, et encore plus dangereux que les masses soient imperméables à la pensée, aux principes du Parti. Une analyse objective des causes de détérioration de la situation indiquerait bien, soit une carence ou une incompétence au niveau des responsables politiques, soit la non-adaptation des méthodes de travail, au programme d'action, au contexte et à l'intérêt réel des militants du Parti. Et l'association des militants, à la recherche collective des solutions pouvant apporter remède, s'impose en vue de placer le PRL dans le contexte de son évolution dynamique.

Le sujet est loin d'être épuisé : tout ce qui est en dehors de l'organisation est chaos. Donc, hors le chaos, tout est organisé. Il n'y a pas que les sociétés humaines qui soient organisées ; toutes les sociétés animales sont organisées, et cette organisation est instinctuelle. Le végétal est organisé, et cette organisation est d'abord naturelle, bien que la science humaine puisse la modifier et aboutir ainsi à des transformations dans les « caractéristiques naturelles » de la plante.

Le minéral, lui aussi, peut être organisé, présentant une « structure » par laquelle la science en détecte la nature.

L'Univers lui-même est organisé. Et nous sommes émerveillés devant cette gigantesque organisation.

Si nous avons restreint notre étude à l'Organisation des Sociétés humaines, c'est que c'est ici qu'intervient la conscience , la conscience, fille de la connaissance et de l'expérience, la conscience, phare de la volonté.

TRAVAIL ET DEVELOPPEMENT

La société humaine est différente de la société animale en ce sens qu'elle est capable d'une part, de s'analyser, de déterminer de façon toujours plus exacte les paramètres qui la circonscrivent, de se connaître de mieux en mieux et, d'autre part, de corriger les variations de ces paramètres par rapport au réel et d'assurer, dans le temps, la marche de son évolution à partir de cette correction objective. La société humaine est surtout capable de prévision, de projection d'actions à réaliser dans le futur.

Il faudrait peut-être rendre relative cette évolution rationnelle, car, si les dirigeants conçoivent de manière empirique l'évolution de la société, ou sacrifient ses intérêts au profit de groupes exploiteurs, les crises ne tarderont pas à naître.

Le comportement de la société animale est régi par un code génétique. Il est programmé ; donc, nous ne parlerons pas des projets scientifiques ayant pour objet la recherche d'une forme d'intelligence enfouie dans l'instinct, sans pour autant rejeter les efforts de cette recherche.

La capacité de s'analyser, de déterminer son état actuel et d'assurer sa marche vers les états futurs **désirés,** mesure la puissance de développement de la société concernée. Une société ne peut se dire en développement que si elle est mue par une énergie interne, endogène, lui assurant son auto-transformation de manière à atteindre continûment les étapes projetées et avec la célérité désirée.

Certes, le contexte actuel du développement à l'échelle universelle exclut toute évolution sociale dans l'autarcie ; cependant, il ne demeure pas moins vrai que, pour qu'une société reste tout le temps maîtresse de sa marche, il soit nécessaire que le déclenchement du processus de son développement vienne de ses propres ressources ou de facteurs internes, ce qui corrobore parfaitement notre conception de l'évolution.

Ainsi, tandis que le concept « développement » apparaît comme un fait objectif, les étapes qui marquent son cours, quant à elles, se manifestent comme « désirées » par la société concernée, donc comme empreintes de subjectivisme. Nous reviendrons plus tard ou plus loin sur cette question.

Du fait que les paramètres, qui circonscrivent les sociétés, varient d'une société à l'autre, que le propre du réel est de s'inscrire contre les équations les mieux pensées, contre les désirs et que, par voie de conséquence, les projets varient d'une société à l'autre, le concept de développement d'une société est souvent entaché d'un certain subjectivisme, ou pour encore mieux exprimer notre pensée, nous affirmons que le concept répond à des préoccupations idéologiques et politiques certaines. En effet, il arrive que les représentants responsables de cette société soient de bonne foi. Mais, il peut aussi arriver qu'ils sélectionnent des paramètres en fonction de leurs intérêts propres, et c'est alors que, ce faisant, ils commettent un abus de confiance vis-à-vis du Peuple et empruntent un cheminement intellectuel arbitraire propre à travestir et à falsifier les désirs réels de cette société, avec pour but, d'appliquer le programme des classes opposées aux intérêts du Peuple.

Cette remarque ne signifie pas que la Sociologie, ou plutôt les sciences de l'homme, soient des sciences vaines. Elles ne le sont pas ! Il suffit seulement que les spécialistes en la matière ne négligent jamais cette loi épistémologique : chaque fois que l'homme est l'objet d'études scientifiques, il faut absolument tenir compte de son environnement culturel car, isolé de cet environnement, de cette niche formatrice, il devient objet fugace dans sa définition.

Aussi, l'analyse sociologique et économique doit-elle être faite avec assez de pénétration d'esprit et de perspicacité pour éclairer la voie des politiques de développement économique et social.

Dans une première approche, nous pouvons, pour ne pas nous perdre inutilement dans les spéculations, considérer toute société humaine comme un complexe de besoins et d'actions en interaction permanente et se conditionnant réciproquement.

Aussi, l'étude des besoins, leur catégorisation, la détermination de leur complexité, la mise en évidence de la dynamique dont ils sont porteurs, nous éclairent-elles sur l'importance à accorder aux besoins qui tissent la trame de toute société humaine et qui tapissent le tissu social. Mais, l'analyse dans une seconde phase, doit être poussée plus loin pour embrasser les actions engendrées, suscitées par ces besoins, actions qui, elles-mêmes, se muent plus tard en besoins pour conférer à la société sa dynamique.

Les besoins inhérents à la nature humaine doivent être considérés comme des **besoins naturels, des besoins physiologiques,** des nécessités senties et limitées dans leurs exigences quantitatives

L'homme ne peut consommer de boisson, d'aliment, d'air au delà d'une certaine quantité qui limite le besoin qu'il sent tout naturellement.

Le besoin de se chausser, de s'habiller, de se loger est également limité dans ses exigences quantitatives.

Par contre, les besoins culturels sont d'une exigence extensible, du fait qu'il sont une nécessité exprimant une qualité de la vie humaine, une contrainte que l'homme s'impose librement pour satisfaire la conscience qu'il se fait de son propre être au sein de la société.

A l'aspiration au mieux être de l'homme, il n'y a aucune limite. Car à quelque degré d'épanouissement humain, l'homme formule constamment une nouvelle forme d'affermissement de sa personnalité et de perfectionnement de son expression, sans compter le caractère infiniment diversifié de cette expression.

Dans le domaine des besoins, l'homme perçoit plus qu'il ne sent de la nature, c'est-à-dire qu'il subit moins la nature que lui-même. C'est bien là le caractère essentiellement progressiste de l'homme dont la volonté sous-tend toujours ses actions vers un constant dépassement ou une qualification plus poussée de son être.

A — DES BESOINS

Il existe un véritable univers de besoins humains, un univers dont les éléments sont instables, en général en nombre infini, en interaction incessante et engendrant au sein de la société, chez l'homme, les impulsions génératrices de divers comportements et actes sociaux et humains, de divers sentiments. Ces comportements et ces sentiments peuvent être polarisés vers l'agressivité, la violence ou vers la morale de l'individu collectif, c'est-à-dire de l'individu débarrassé des égoïsmes qui peuvent piéger la société entière et, par ricochet, rejaillir sur lui-même.

Par ailleurs, à force de publicité ou propagande pour la fameuse consommation « uniformisée », des besoins sont suscités, créés, entretenus et même développés au point de recourir à des associations d'idées à tout le moins peu honnêtes. C'est ainsi que l'on trouvera du Nescao nègre « banania », des fauteuils « romantiques », comme si des sièges ont déjà produit d'eux-mêmes des poésies.

Loin de nous l'intention de nous insérer dans un courant quelconque de psychanalystes, encore moins, de prendre part au débat souvent académique qui préoccupe les différentes écoles des psychanalystes.

Nous savons que seule la société modèle l'homme, et que le comportement de l'homme ne peut pas s'expliquer simplement et uniquement par introspection.

Qu'on nous comprenne donc bien !

Quand nous utilisons des concepts comme « introspection » ou « agressivité », nous ne voulons pas leur donner toute la charge affective qu'on leur confère habituellement, mais nous voulons simplement rendre compte d'un aspect des choses.

Est-il exagéré de dire que ce sont les besoins qui constituent le moteur de l'évolution de toute société, la dynamique de tout progrès comme la cause de tout conflit ? Le besoin d'agir est fondé par l'objet de l'action, bien qu'il puisse prendre son autonomie et se comporter comme besoin en soi.

De toutes les façons, toute analyse de la société ou d'une société donnée doit s'intéresser d'une façon particulière à l'univers de besoins qui la régit. Et, c'est pourquoi, tous ceux qui s'intéressent au développement de la société s'occupent d'abord d'en catégoriser les besoins, d'en mesurer le degré de leur satisfaction et, ensuite, d'en déterminer les élans engendrés par ce même développement.

Dans cette voie, on s'est attaché à catégoriser les « besoins fondamentaux », ceux communs à tous les hommes où qu'ils vivent, quelles que soient leurs options politiques, philosophiques ou religieuses. Ces besoins sont d'ordre naturel ; depuis que l'humanité existe, ils ont noms : **nourriture, logement, vêtement, santé, éducation. Leur satisfaction normale, par la société concernée, et pour chaque individu de cette collectivité organisée, constitue l'objectif élémentaire de l'évolution de ladite communauté.**

Nous disons bien objectif élémentaire, mais nous nous empressons d'ajouter que l'homme n'est pas seulement soumis à des besoins viscéraux, organiques. En effet, en plus de la satisfaction normale des besoins vitaux cités, il a droit au travail, à l'épanouissement personnel, à la liberté, à la participation créatrice, à la vie communautaire et culturelle.

La société peut même parvenir à un développement tel que tout progrès ultérieur de ladite société soit ressenti par chacun comme un besoin, de sorte que tout ralentissement de ce progrès ou toute stagnation de cette société soit douloureusement ressenti par chaque individu.

Dans cet univers de besoins, chaque être est, non seulement caractérisé par la nature de la société concernée, mais aussi par les exigences d'évolution de celle-ci. Aussi, le degré de satisfaction des besoins ne peut-il être seulement d'ordre quantitatif. Il est, dans l'essentiel, d'ordre culturel.

La nourriture, ce n'est pas seulement un problème de 2 000 calories par jour et par personne ; il s'y ajoute le goût acquis des aliments qui fournissent ces calories, la présentation de ces aliments, jusqu'à la façon de les absorber : couper le pain avec les dents, manger de la main gauche, rôter même, sont des actes acceptés dans tel endroit, et considérés dans tel autre comme non conformes à la bienséance ! Toutes ces choses sont ressenties comme besoins par l'individu et appréciées différemment selon qu'il vit dans telle ou telle société.

C'est dire qu'en plus des besoins fondamentaux, ou besoins innés, ou encore besoins naturels, qu'ils soient d'ordre matériel ou d'ordre immatériel, il y a aussi les besoins secondaires, ou besoins acquis ou encore besoins artificiels qui résultent eux-mêmes de la satisfaction des besoins primaires, et qui, tous, s'inscrivent ou non dans le cadre du mieux-être de l'homme et de la société. Nous disons bien s'inscrivent ou non, car fumer une cigarette, dormir sur un matelas pneumatique, s'éclairer au néon, boire de l'eau fraîche, fumer le « yamba » ou autre drogue, ne constituent pas et ne signifient pas une même chose.

Il y a aujourd'hui des besoins que ressent le Peuple de Guinée et qui lui étaient inconnus, il y a vingt ans ou même dix ans.

Il y a des besoins que ressentent certains Peuples mais pas d'autres. Il y a aussi des besoins que ressent une partie de la société et pas l'autre.

C'est dire que l'univers des besoins n'est pas clos, mais aussi que les besoins sont à la fois fonction des sociétés et en rapport constant avec leurs degré et vitesse d'évolution ; ils sont aussi en relation avec les acquis culturels et les faits de civilisation de chaque société.

La preuve est que les aliments faisandés, consommés dans une partie de l'Afrique et de l'Asie, écœurent certaines autres populations de ces mêmes zones.

Un chercheur a bien eu raison de parler de l'opposition sucre/sel, cru/cuit, etc, comme un repère de l'évolution de l'humanité !

Que soit offerte, par exemple, à des guinéens de la chair de canard mijotée dans du jus d'ananas ! Nous parions qu'ils verraient dans une telle préparation une plaisanterie de très mauvais goût, alors que physiologiquement leur métabolisme s'en ressentirait si peu. Que leur soit également offert un potage au nid d'hirondelles, du rôti de charognard ou un plat de grenouille aux fines herbes, ils se demanderaient pour quelle espèce d'animal on les prend.

Le problème est ici culturel, nous avons dit plus haut, que même le comportement à table est concerné. Qui d'entre nous mange les repas traditionnels avec la main gauche, la main réputée culturellement sinistre ?

Même le goût des épices ! Prenons le piment ! Le besoin d'en consommer est de l'ordre de l'éducation ; il est acquis.

Le logement, ce n'est pas seulement un abri contre les intempéries, contre les bêtes et contre l'intrus ; l'individu, dans une société, vit insatisfait quand ce logement ne permet pas certaines commodités, n'obéit pas à une certaine couleur ; tout est ressenti par lui en tant que besoins.

Il en est de même du vêtement, de la santé, de l'éducation. Chacun de ces besoins se présente comme un faisceau, de sorte qu'aucun d'eux n'est satisfait une fois pour toutes. Et c'est heureux qu'il en soit ainsi, car autrement, le progrès s'arrêterait.

Mais, ce n'est pas seulement au sein d'une société déterminée que les besoins, même les plus fondamentaux, sont en interaction entre eux. De nos jours, les sociétés humaines, les Nations sont de moins en moins isolées. Notre planète est devenue si petite, grâce au progrès scientifique réalisé qui permet une rapide communication entre ses différentes parties, qu'on pourrait la comparer à un village. Ce qui se passe le matin dans le quartier sud du village est raconté avant le soir dans le quartier nord. Il n'y a plus, à proprement parler, pour un certain nombre de problèmes, de frontière nationale stricte. Et cette tendance ira en s'accentuant. Les progrès que font l'électronique et les sciences de l'espace sont tels que, demain, tel satellite stationnaire de radiotélévision lancé par telle grande puissance pourra distribuer directement sur nos téléviseurs ses propres programmes audio-visuels. L'idéologie de cette puissance nous sera servie à domicile !

Aussi, telle société a-t-elle vite fait d'influencer telle autre société, ou tout au moins, telle couche de cette société, dans les besoins ressentis.

Toutes ces considérations montrent que nous devons être particulièrement perspicaces dans la détermination des besoins de la société, si nous voulons être efficaces dans leur satisfaction. Et c'est pourquoi, nous devons admettre comme contrainte de base la satisfaction prioritaire des besoins fondamentaux du Peuple, tout en reconnaissant que, même dans ce cas, et à juste titre, le Peuple est de plus en plus exigeant sur la qualité de la satisfaction de ses besoins ressentis. Les besoins ne se satisfont pas d'eux-mêmes. Il faut créer au sein de la société les conditions permettant de travailler pour les satisfaire. C'est à vrai dire du couple besoin-action ou besoin-travail qu'il faudrait parler, couple qui se mue rapidement en une chaîne, besoin-travail-besoin-travail... sans fin. C'est la société en mouvement !

C'est donc le **Travail** qui est le moyen suprême de satisfaction des besoins. Mais dans notre conception, le travail n'est pas seulement un moyen, si suprême soit-il ! Il doit passer de moyen de satisfaction des besoins, à la qualité de besoin lui-même. Le travail est un besoin à satisfaire. Il doit permettre l'accomplissement de l'homme lui-même, de sorte qu'au lieu d'être extérieur à lui, ce dernier réalise le rapport naturel entre ses activités et la création des instruments de sa vie dès lors réconciliée avec la nature. Cela explique donc que nous ayons réservé la deuxième partie de notre analyse au **Travail.**

Il faut mobiliser les volontés et les énergies internes individuelles pour soustraire chaque citoyen aux insuffisances. Il s'agit bien d'une action consciente, d'une action humaine, au sens de ce qui distingue l'homme de la bête. Sinon, ce travail de satisfaction des besoins peut bien se traduire en «travail » de spoliation des biens d'autrui.

Chaque Nation, partant de ses ressources naturelles, du niveau technologique de son Peuple et du niveau de développement matériel du pays, doit donc déterminer les facteurs complémentaires à créer, les opérateurs à mettre en place pour optimiser les structures à l'intérieur desquelles doit s'effectuer le travail de production des biens devant assurer la satisfaction, toujours améliorée, des besoins du Peuple, toujours en expansion et en exigence de qualification du Peuple.

Et, parce que l'absence de ces facteurs limite l'efficacité des efforts de chaque individu, au sein du Peuple, dans ses démarches de satisfaction de ses besoins, nous les appellerons les « **Facteurs limitants** ». Nous insistons, sur le point que voici : les facteurs limitants dans l'évolution de la société, sont fonction du temps, c'est-à-dire qu'un facteur dont la nonexistence à un moment donné ne limite pas l'efficacité de l'effort de production à ce moment, en raison et du niveau technologique moyen et de la qualité des moyens matériels de travail, peut devenir un facteur limitant à un moment ultérieur quand, en raison de l'élévation du niveau technologique moyen et de l'amélioration des moyens de production, le travail de production a besoin de ce facteur pour avoir une plus grande productivité.

Un exemple va éclairer notre propos, exemple que nous reprendrons dans les deuxième et troisième parties de cette analyse, quand nous traitons du **Travail** et du **Développement.**

Le territoire de la Guinée reçoit des précipitations si importantes, et possède un réseau hydrographique si dense, qu'il est considéré, à juste titre, comme le Château d'eau de l'Afrique de l'Ouest. De plus, en raison de sa géomorphologie, il possède un potentiel hydro-dynamique évalué actuellement à 63 200 GWH/an. C'est-à-dire, que pour une population guinéenne de 6 320 000 habitants, chaque Guinéen peut bénéficier d'un potentiel hydro-dynamique de 10 000 KWH/an. En terme clair, et en retenant que tous nos sites hydro-électriques actuellement aménagés ne libèrent au maximum qu'une puissance de 40 MW, cela correspondrait à un quantum d'énergie équivalent à celui d'une agglomération de 40 000 habitants.

Beaucoup de personnes, partant des ces considérations théoriques et notant que, pour la production agricole, par exemple, l'eau et l'énergie sont des facteurs limitants, se demandent pourquoi, dès l'indépendance, nous n'avions pas engagé, à l'échelle de tout le pays, un programme général de construction de bassins de retenue d'eau, de barrages hydrauliques avec installation de centrales électriques. Ces personnes ne poussent pas jusqu'au bout leur analyse ou, si l'on veut, elles ne tiennent pas compte dans cette analyse de toutes les données sociologiques, techniques et économiques. Si elles l'avaient fait, elles auraient très tôt compris que pour le genre des méthodes culturales auxquelles nos paysans étaient habitués, certains facteurs ne constituaient pas, pour le développement de l'agriculture, des facteurs limitants. Si elles avaient poussé leur analyse plus loin, ces personnes auraient vu que, loin de pouvoir utiliser à l'optimum l'eau et l'énergie, nos paysans n'auraient même pas pu assurer aux installations le minimum de maintenance requis. La preuve, nous pouvons citer ce qui est advenu des canaux d'irrigation et de drainage installés à Kouroussa, à Siguiri et ailleurs. L'homme, surtout dans les pays en développement, a besoin d'une technologie de maîtrise de son environnement, mais l'homme d'Etat, soucieux de l'avenir, a le devoir de mesurer les effets d'une certaine technologie au plan de la sauvegarde du pays contre la pollution et à celui du niveau scientifique des citoyens de son pays. Cela est très important.

Ce qui est vrai, c'est que, aujourd'hui, grâce aux milliers d'ingénieurs et de techniciens agronomes, aménagistes, forestiers, zootechniciens, hydro-techniciens, mécaniciens, que nous avons formés, la disponibilité de l'eau et de l'énergie en quantité et la maîtrise de ces facteurs sont devenues une nécessité à satisfaire pour nous permettre d'avoir toute l'année une production végétale et animale intensive aussi performante que dans les pays les plus avancés sur ce plan.

C'est à présent que les bassins de retenue d'eau, les barrages hydrauliques, les centrales hydro-électriques s'imposent pour le développement de notre production végétale et animale et le bien-être de notre Peuple. Et, ici, la base doit être l'édification du plus grand nombre possible de mini-centrales hydroélectriques et la construction, partout où c'est possible, de petits bassins de retenue d'eau, tous ouvrages dont l'exécution ne dépassera pas la force de travail d'un Arrondissement ou d'un gros village. **Nous devons travailler à l'échelle du Peuple.** Nous y reviendrons plus loin.

Il existe, pour assurer la satisfaction des besoins populaires par le travail productif, d'autres facteurs limitants, au nombre desquels nous pouvons déjà citer l'acquisition des matériaux de construction, la création de voies de communication et l'obtention de matériels de production. Mais, maîtrise de l'eau maîtrise de l'énergie, acquisition de matériaux de construction, création de voies de communication, disponibilité en moyens de production, etc, aucun de ces facteurs ne tombera du ciel ! Ne dit-on pas au croyant : « aide-toi, le ciel t'aidera ? » C'est toujours le **Travail** qui les fournit.

Evaluons en toute honnêteté nos besoins fondamentaux non encore satisfaits, et ayons le courage de mesurer le quantum de travail qu'il faut accomplir dans un temps imparti pour les satisfaire, et armons-nous de la volonté de contrainte sur nous-mêmes, d'abord et, sur tous ceux qui nous entourent, ensuite.

C'est de cela qu'il s'agit aujourd'hui et non d'une vaine dissertation. Si nous avons donc les pieds sur terre, grâce à cette richesse morale commune qu'est la volonté de contrainte, nous trouverons ces moyens dont la mise en œuvre garantira à notre Peuple sa marche vers le bien-être matériel et spirituel auquel il aspire légitimement.

Sans besoin ressenti, il ne peut y avoir de progrès. C'est le besoin qui pousse à créer, ce besoin pouvant être immatériel.

Tout en nous abstenant d'affecter ces séquences historiques de quelque coefficient moral approbateur ou réprobateur nous devons cependant reconnaître que le besoin a été à l'origine des « grandes aventures historiques » qui modelèrent l'Europe moderne et créèrent la suprématie matérielle, technique et scientique de l'Euro-Amérique.

Au 16ème siècle européen, les Corporations de métiers étaient devenues particulièrement fortes et les Corporations de marchands particulièrement florissantes. Elles étaient solidement protégées par leurs organismes représentatifs, les Jurandes, et, à force de travail, s'étaient créé des richesses matérielles et une maîtrise de divers métiers qui, à leur tour, créaient un véritable besoin de richesses encore plus grandes et de maîtrise d'autres occupations. C'est que les richesses ne mettent jamais fin au besoin, elles créent plutôt d'autres besoins.

Donc, dans cette Europe du 16ème siècle, s'était créé un véritable besoin d'expansions, expansion matérielle et expansion technique.

Les citoyens des gros Bourgs à privilèges, les Bourgeois, n'avaient pas encore ravi à la féodalité le pouvoir politique, il fallait encore attendre deux siècles ; mais déjà, ils allaient à l'assaut du pouvoir économique, pouvoir économique que les Monarchies, détentrices du pouvoir politique, avides de richesses matérielles, se disputaient, chacune d'elles voulant en faire le meilleur fleuron de sa gloire.

Et puis, la boussole avait été découverte, rendant la navigation sûre. Tout était désormais mûr pour la « Route des

Indes » et la course au « fabuleux métal » des rivages exotiques. Même la misère des grands capitaines créait chez ceux-ci un besoin d'évasion, de rêve et aussi de gloire matérielle !

Nous, Peuples de l'Amérique amérindienne, d'Afrique et d'Asie, nous avons été victimes de ces rêves. Et en Afrique, ce fut dès le 15ème siècle que nous avons commencé à subir les méfaits de cette propension européenne à l'aventure, mais ce n'est pas une raison pour que nous n'analysions pas objectivement, ou c'est même une raison pour que nous analysions objectivement de quelle force les besoins rationnels ou pulsifs pèsent sur l'Histoire.

Cette aventure qui fit tant de victimes, l'Europe l'appellera les Grandes Découvertes, et ses agents, les Grands Explorateurs. Elle sera amplifiée aux 18e et 19e siècles par les grandes inventions dans les domaines de la mécanique et de l'électricité, amplification qui contribuera à nous asservir davantage, nous Africains, Asiatiques et Amérindiens.

Mais, bien que l'aventure fut prédatrice, nous devons reconnaître qu'elle enfanta tout le « progrès matériel, technique et scientifique » ultérieur dont l'Euro-Amérique se glorifie aujourd'hui.

Le besoin qui engendra toute cette situation dont l'impérialisme n'est qu'un aspect, nous l'analyserons sous le concept de « besoin de puissance », bien théorisé par le philosophe allemand Nietzsche sous sa forme de « Volonté de Puissance ».

Le besoin de puissance est immédiat chez tout individu, le reste est un problème de degré et d'orientation, un problème de maîtrise de soi aussi ; orientation et maîtrise, l'éducation s'applique à en déterminer chez l'enfant le processus, à les transformer aussi en besoins d'épanouissement de la personnalité, sinon du génie.

Chez les Peuples, l'affaire est tout autre. En tout Peuple, en toute société, réside un besoin de puissance latent, capable de se manifester à tout moment.

C'est ce besoin de puissance qui engendre partout les progrès scientifique, technique et matériel.

C'est également ce besoin de puissance qui engendre les fascismes et les impérialismes.

Il faut que « l'idéologie humaniste », au sens vrai du terme, c'est-à-dire l'idéologie qui magnifie le Peuple et l'homme au sein du Peuple, amplifie chez le Peuple et chez l'homme, le besoin de puissance dans la voie de l'idéal démocratique, car, sans ce besoin de l'idéal démocratique intensément ressenti, il ne peut y avoir de progrès. Heureusement que l'Europe, par exemple, a commencé à comprendre que, dans le processus de l'éducation tendant à conférer à la personnalité de l'homme, dès le jeune âge, un humanisme, au-delà des stéréotypes culturels bloquant l'ouverture vers d'autres horizons, la solution de la survie de notre époque y réside. Aucun Peuple n'éprouve un besoin de puissance sur un autre. Ce sont les dirigeants, mûs ou manipulés par les intérêts des classes exploiteuses, qui suscitent, par l'information, la propagande orientée, les passions populaires, ces besoins ; c'est l'aspect subjectif des origines de l'impérialisme et de ses variantes comme le fascisme.

Dans cet exercice périlleux, mais nécessaire, l'idéologie elle-même est toujours en équilibre instable et doit se passer constamment au crible de la raison. Il ne faut pas oublier que l'habit ne fait pas le moine. S'il le fait, c'est rarement ! On voit encore des régimes s'affubler des oripeaux de la démocratie, mais tous les Peuples, tous les hommes honnêtes de la terre savent réaliser les incompréhensions du passé et avoir le courage sincère d'envisager le futur avec un optimisme débarrassé de toute hésitation.

Aujourd'hui, nous pays en développement, nous ne devons réellement nous engager dans la voie du progrès scientifique, technique et matériel sans lequel nous retomberions dans l'asservissement et sans lequel les qualités et richesses dont nous nous glorifions par ailleurs ne seraient qu'inopérantes, que si nous sommes mûs par le besoin de la Révolution, intensément ressenti et consciemment vécu. C'est là un besoin complexe :

a) **besoin de conscience,** prenant le Peuple comme référentiel absolu et l'épanouissement de l'homme au sein du Peuple comme tâche primordiale ;

b) **besoin de développement,** chez le Peuple et chez l'homme, du génie culturel, scientifique, technique et technologique ;

c) **besoin d'accroissement** continu du bien-être matériel et immatériel.

Tout cela est sous-tendu par le **Travail libre, créateur et libérateur**, en un mot le travail désaliéné qui émancipe le Peuple et qualifie l'homme en améliorant et en élevant sans cesse ses conditions de vie.

B — DU TRAVAIL

L'indépendance nationale, c'est la condition fondamentale pour un Peuple de déterminer par lui-même la voie qu'il doit suivre pour créer ce qui est nécessaire à son bien-être et à son devenir ; c'est le pouvoir d'un Peuple de créer, par son propre travail, les objets nécessaires à son bien-être et à son devenir ; c'est la responsabilité d'un Peuple de choisir ce devenir et de le réaliser tout en se réalisant sans cesse dans et par le travail afin de garantir cette indépendance et de l'affermir continûment et souverainement.

L'indépendance nationale est trahie quand on ne lui fait pas engendrer ce processus. Nous n'hésiterons même pas à affirmer que l'indépendance se réduit à une simple clameur si ce qu'elle implique n'est pas ressenti par le Peuple, et, ce, de façon concrète. Elle doit être enregistrée par le Peuple comme le cadre des transformations de ses conditions de vie ; elle doit marquer dans l'esprit de tout un chacun le terme de la dépendance, de la soumission et de l'oppression. Mais encore une fois, cela n'est pas suffisant.

C'est pourquoi, si, seule **l'indépendance nationale** crée pour un Peuple libéré les conditions d'une liberté de manœuvres, seul le travail devenu libre permet au Peuple d'atteindre à sa pleine autonomie dans la création des biens nécessaires à la satisfaction de ses besoins sans cesse croissants en quantité et, seul ce travail répond aux exigences de qualité de sa vie. **Seul donc le travail donne à l'indépendance nationale sa signification et sa réalité en libérant les forces productives.**

C'est pourquoi, **l'indépendance nationale** est menacée quand les dirigeants ne font pas de l'éthique du travail une morale, une contrainte pour chaque citoyen, ou quand ils ne comprennent pas le travail comme un besoin à satisfaire, et ne l'assument pas comme tel. Nous disons bien, dirigeants, car il n'existe pas de Peuple paresseux, il n'a jamais existé dans l'histoire un Peuple réfractaire à l'effort, pour la création en quantité et en qualité des biens matériels et immatériels qu'il doit produire par son propre travail, selon la nature des relations humaines qu'il entretient en son sein, afin d'évoluer continûment sur les marches du développement.

Nous, dirigeants du Peuple de Guinée, nous devons donc constamment nous poser la question de savoir où nous en sommes dans la production et, surtout, avoir le courage de répondre honnêtement à cette question vitale. Produisons-nous aujourd'hui tout ce qu'il faut pour nourrir le Peuple correctement, le loger correctement, le vêtir correctement, le soigner correctement, l'éduquer correctement ?

Non !

Sommes-nous à même aujourd'hui d'amener le Peuple à se nourrir correctement, à se loger correctement, à se vêtir correctement, à se soigner correctement, à s'éduquer correctement.

Oui !

Alors, ne pas le faire devient un crime, surtout quand on sait que le Peuple est systématiquement disponible pour résoudre ses problèmes et à le faire, par le travail.

Donc, nous devons travailler ; or, nous ne soulignons pas suffisamment les incitations au travail ; souvent nous assistons à la résistance au travail en spectateurs indifférents, si ce n'est en complices invétérés et aveugles.

La Guinée est un pays comblé par le ciel. Elle dispose de quelque 9 000 000 d'hectares de terres cultivables ; et ces terres sont réparties dans quatre zones éco-climatiques, véritables échantillons de toutes les zones éco-climatiques de l'Afrique de l'Ouest, et même d'une grande partie du monde ; ce qui donne la possibilité de faire des cultures très variées.

Elle possède des ressources en eau immenses et un potentiel hydro-dynamique énorme, ce qui donne la possibilité, une fois cette eau maîtrisée, de faire plusieurs cultures par an et de disposer, de surcroît, de grandes quantités d'énergie.

Sa faune et sa flore sont particulièrement riches, et les ressources halieutiques de ses côtes abondantes.

La richesse de son sous-sol est scandaleuse, affirment toutes les recherches faites.

Mais, le plus grand scandale est que la morale du travail créateur n'est pas traduite dans le concret comme nous le voulons ; tout se passe comme si nous étions paralysés ou tout au moins empêtrés dans l'inactivité devant tant de richesses. Tout se passe comme si nous étions convaincus que nos ressources pourraient passer de l'état potentiel à l'état de biens matériels, d'elles-mêmes, par enchantement ou grâce à la providence.

Nous ne travaillons pas. Mais, ici, il ne s'agit pas du Peuple, mais bien des cadres qui, non seulement ne travaillent pas, mais démobilisent par surcroît le Peuple et lui font déserter le front du travail en n'organisant pas la logistique sans laquelle aucun travail ne peut s'exécuter convenablement.

D'ailleurs, ils font pire que priver le Peuple de la logistique nécessaire. Ils font pire que de ne pas travailler ; ils se créent les besoins les plus somptuaires et les plus scandaleux dont la satisfaction exige des ressources dix fois supérieures à leur salaire, et, de surcroît, un salaire qu'ils ne méritent pas puisqu'ils ne travaillent pas ; et, pour satisfaire ces besoins scandaleux, ils commettent cyniquement des malversations tout autant scandaleuses. Voilà que nous avons affaire à des besoins artificiels qui, au lieu de fouetter la production, engloutissent des biens frauduleusement acquis au détriment du Peuple.

Bien sûr, en fait, un Peuple idéologiquement formé, confiant en son avenir comme le nôtre, ne se démobilise jamais ; mais, en assistant aux crimes économiques que commettent maints cadres techniques et administratifs, associés à des trafiquants véreux et opérant à l'ombre du pouvoir de la Révolution, ce qui est le crime des crimes, rien ne nous permet d'affirmer que son élan de production n'est pas entravé. Rien ne prouve que le ressort moral le mobilisant pour le travail n'est pas distendu. Certes, il n'en est pas encore ainsi chez nous, mais quand une pratique dangereuse se profile à l'horizon, il faut prendre les dispositions nécessaires pour l'écarter à temps de la voie.

Dès l'indépendance, nous avons eu à organiser le commerce, à créer le Commerce populaire en vue de mettre à la disposition du Peuple la plus-value tirée des transactions commerciales, laquelle plus-value nous aurait permis de nous doter des moyens de travail nécessaires à la mise en valeur rapide des richesses naturelles du pays. Mais, malheureusement, certains de ceux-là, qui étaient chargés de la mise en œuvre de cette conception des échanges, obéïssaient encore à la loi de l'égoïsme. Ils n'étaient motivés que par la loi de l'intérêt individuel et égoïste, la loi d'un intérêt qui ignore que le prochain existe et éprouve également le besoin de vivre.

Si nous n'avions pas redressé avec vigueur la situation, cette minorité aurait fait uniquement du cadre de notre système de commerce, une école de vol ; des individus auraient rivalisé de zèle dans le pillage des biens du Peuple ; nous allions connaître une triste concurrence dans la corruption, les malversations, les escroqueries, les vols les plus dégradants.

L'on comprend que le Parti-Etat ait tôt fait d'agir pour que l'abcès n'anémie pas le corps. Il a, au moment opportun, pris la décision de crever l'abcès pour sauver le corps, car on ne reprochera jamais au PDG la confusion entre la démocratie populaire, la Révolution populaire et la mise à sac des biens du Peuple. **Pas de confusion entre « servir le Peuple » et « se servir du Peuple » !**

Grâce à ce courage dans la détermination à diriger la société, le PDG reste l'instrument décisif d'assainissement de l'évolution sociale. Si nous dressons un bilan négatif de son action, ce serait là un pessimisme qui ne campe pas notre propre réalité. C'est vrai, nous connaissons de graves insuffisances, mais nous n'avons jamais promis, de créer par magie une société parfaite. L'utopie n'est pas dans l'arsenal de notre Parti. Aussi, pour couper la route à certains cadres obnubilés par la spéculation dans laquelle ils peuvent s'abîmer, nous les mettrons au travail, le travail productif qui purifie quand son objet est de servir le Peuple, d'observer les règles de satisfaction des besoins des masses qui ne sont pas des objets. Elle demeurera plus que jamais inviolable, cette règle : **l'administration au service exclusif de tous les citoyens.**

Encore une fois, notre Parti n'a jamais dit que le verbe ou le discours suffit pour créer chez autrui la conscience du bien ; au contraire, mettre l'homme au travail créateur des biens dont l'homme a besoin a toujours été son objectif. Que notre Parti enregistre dans ce domaine quelques échecs, cela est tout à fait normal, car on ne transforme pas du jour au lendemain une société ayant connu ou non la colonisation. C'est une œuvre de longue haleine ; pour la réaliser, la critique et l'autocritique des activités sont nécessaires, mais le pessimisme n'est pas de mise et n'est pas permis ! Ce défaitisme serait une consécration de la victoire des réactionnaires, un moteur de la démobilisation des masses laborieuses et un facteur de régression économique de la Nation.

D'autres considérations sont à l'origine de la résistance au travail chez certains cadres techniques et administratifs. Ces cadres cherchaient et cherchent encore à démobiliser le Peuple face au travail. Il n'y sont pas parvenus et n'y parviendront jamais grâce à la vigilance infaillible de notre Peuple, à la fidélité et à la fermeté de la Direction du Parti-Etat.

Par un raisonnement profondément erroné, une minorité dangereuse de cadres en arrive à penser que la meilleure politique économique, c'est de nous convaincre de faire exploiter par les grandes firmes étrangères, les Sociétés multinationales, les immenses ressources naturelles que recèle notre pays, pour vivre à l'abri des besoins, grâce aux revenus qui seraient ainsi dégagés.

Nous ne décourageons aucun investisseur. Au contraire, nous avons pris des dispositions garantissant l'investissement de capitaux étrangers dans nos projets ; mais ce que nous ne pouvons tolérer, c'est la violation de ces dispositions quand on sait, de par le monde, la stabilité politique et le sérieux qui caractérisent le régime populaire guinéen.

En effet, il est évident que si la stabilité de notre régime est ébranlée par la violation des dispositions du Code des investissements, ces derniers sont aussi compromis. Aucune partie n'a donc intérêt à ce qu'il en soit ainsi.

En tout cas, ce que nous ne pouvons tolérer, c'est qu'on veuille nous faire brader nos ressources et, pis encore, qu'on s'obstine à nous faire croire que là réside l'intérêt de notre Peuple, surtout après les cuisants échecs enregistrés par les gouvernements africains, asiatiques et sud-américains qui ont engagé l'économie de leur pays dans une telle voie.

En fait, plus on a de ressources naturelles, plus on doit travailler pour les transformer en biens de production ou de consommation ; en dehors d'une telle politique, c'est la stagnation découlant du recours à l'aide qui ne nous aide pas à nous passer de l'aide.

Tout autre raisonnement sur l'objet est erroné. Or, certains cadres, se complaisant dans la facilité et l'irresponsabilité, veulent que nous adoptions le système néo-colonial en laissant « aux blancs », car c'est de ce complexe encore qu'ils sont enveloppés, le soin de venir exploiter pour nous et à notre place, nos ressources de toutes natures, quitte à recevoir d'eux des miettes, non pour notre développement, mais pour notre subsistance.

Ce raisonnement de traînards a amené d'autres cadres à relâcher l'effort dans le travail, à mener une vie dont le standing est nettement supérieur à celui autorisé par les moyens légitimes dont ils disposent, à répandre la corruption autour d'eux, jusque dans nos écoles où la loi du moindre effort et la propension conséquente à la tricherie, ont commencé à se saisir de certains élèves et étudiants.

Certes, le phénomène n'est pas encore une gangrène. Cependant, il convient d'en parler, bien qu'il n'accuse encore ni un caractère quotidien ni, encore moins, généralisé. Notre Parti n'est pas encore faible au point de ne pas pouvoir faire face aux situations qui pourraient compromettre l'avenir des générations montantes. Seuls, les réactionnaires se réjouissent des échecs inhérents à une vie active ; seuls, les réactionnaires se permettent de tenter, mais en vain, de faire un bilan totalement négatif du Parti qui a libéré le Peuple et ce, dans tous les domaines. D'ailleurs, hier, avions-nous la possibilité de nous exprimer démocratiquement ? Celui qui ne veut pas considérer certains aspects fondamentaux du passé, démissionne devant l'avenir.

L'abstention au travail, c'est le fait de certains cadres techniques et politiques !

Harcelés à tout moment par l'impérialisme, nous avons, et à juste titre, décrété la vigilance permanente. Certains cadres politiques n'arrivent pas à comprendre que, dans la phase de l'édification des bases matérielles et économiques de la Révolution populaire, **le travail productif, porté à un très haut niveau d'exécution, est une dimension primordiale de la vigilance face aux menées subversives impérialistes.** Cette erreur d'optique les amène à négliger complètement le travail productif. Ils ne mobilisent pas, à chaque niveau, les forces productives pour accomplir ce travail. Ils ne mettent pas en place l'organisation qu'il faudrait pour l'accomplir. Ils ne se soucient pas des moyens qu'il faut dégager pour y réussir, et de la façon dont il faut s'y prendre pour le faire. Alors, au bout, le programme arrêté par les instances du Parti n'est pas efficacement réalisé, et, de bonne ou de mauvaise foi, le cadre conclut qu'il n'est pas réalisable. Mais, si les militants et cadres révolutionnaires ne doutent jamais de la disponibilité des forces productives, ils ne sont plus disposés à continuer à considérer la bonne foi !

Ce résultat, le cadre n'ose pas le communiquer aux organismes dirigeants situés à des niveaux supérieurs, il donne de fausses informations que ces organismes supérieurs, alors de très bonne foi, homologuent et prennent en compte comme base de travail, lequel sera difficilement exécuté, car établi sur des données totalement fausses.

Les causes principales de la triste démobilisation sur le front du travail que nous constatons sont :

1. **L'aliénation de certains cadres techniques et administratifs dans la corrosive spéculation mercantile.** Bien qu'ils constituent encore une minorité, leur pouvoir de contagion est très grand ; c'est pourquoi, cette minorité a beau être de dimension réduite, nous n'en avons jamais voulu et nous chercherons à l'écarter des organismes dirigeants du Parti-Etat par tous les moyens légaux, par l'éducation patiente et profonde, d'abord afin de récupérer ceux qui sont récupérables, par la répression légitime et appropriée, ensuite. Il faut épurer les rangs et les organismes dirigeants du Parti, déceler les tricheurs et châtier les voleurs.

2. **La tentative de dissolution de l'esprit au travail de certains cadres par la théorie irresponsable de la braderie des ressources naturelles du pays pour acquérir les biens de consommation !** Peine perdue ! Cela n'a pas encore gagné l'esprit des masses. Jamais, le PDG n'enregistrera cette mentalité de démission devant l'histoire. Si certains pensent qu'il en est ainsi actuellement, qu'ils vivent d'illusions, qu'ils se réjouissent de prétendus malheurs accablant le Parti. Mais ces malheurs ne sont pas encore le lot quotidien de notre Parti.

3. **La mauvaise appréciation, par certains cadres politi ques, de la place de choix que doit occuper le travail producti dans la vigilance révolutionnaire pour que celle-ci devienn une vigilance active et permanente, un facteur d'accroissemen constant des moyens et d'affermissement du pouvoir économi que du Peuple.**

4. Les attitudes démagogiques devant le Peuple, et les com portements contradictoires de certains cadres selon le milieux ; ce jeu de caméléon, le Peuple l'observe chez ce cadres et les juge en conséquence ; qu'ils ne s'y trompent sur tout pas !

Toutes ces causes, et il en existe d'autres, si elles ne son pas maîtrisées à temps, et nous n'avons jamais manqué de le analyser à la racine, peuvent nous amener dans une dangereuse ornière. Mais, fort heureusement, nous ne sommes pas encore dans l'ornière et nous n'y serons jamais et, ce, pour le malheur des démobilisateurs. Et pour réussir, nous ne nous bornerons jamais au seul discours, nous exigerons des actes, car il faut des actes. **Les intentions ne font pas l'histoire, ce sont les actes qui la font.**

Et puisque quelque 80 % des Guinéens vivent à la campagne et que c'est d'une **Révolution populaire** qu'il s'agit, intéressons-nous d'abord à la campagne.

Nous devons créer à la campagne les conditions de plein emploi ou, plus exactement, les conditions du travail à plein temps. Expliquons-nous. Aujourd'hui, sauf peut-être en Région forestière, le paysan ne dispose pas des conditions lui permettant d'avoir des activités agricoles et pastorales avec la même intensité et la même productivité de travail tous les 12 mois de l'année. La preuve en est que nous parlons tous de saison agricole, de campagne agricole, ce qui indique bien que cette saison ou cette campagne, n'occupe qu'une partie de l'année.

Aujourd'hui, dans la généralité des cas, et pour les cultures principales, on ne fait qu'une culture par an.

Tous les amis asiatiques — Chinois, Vietnamiens, Coréens — qui ont eu à travailler dans nos campagnes, nous ont dit, avec une politesse très amicale, mais aussi avec conviction, que ce sont trois cultures que nous pouvons et devons faire par an pour toutes les plantes dont la durée du cycle végétatif est de 90 — 100 jours, et que nous devrions nous organiser pour aboutir à ce résultat.

L'agriculture pluviale, qui est la seule à laquelle nous nous cantonnons aujourd'hui, est particulièrement aléatoire. La probabilité pour qu'une campagne agricole réussisse pleinement est très faible ; elle est même voisine de zéro, si nous voulons réellement que cette réussite soit pleine ; or, nous voulons que la réussite soit réellement pleine.

L'on sait la quantité d'eau dont un hectare de riz, un hectare de maïs ou de mil, un hectare de manioc ou de patate, ont besoin, du semis jusqu'à la récolte. Comment veut-on que la pluie, en l'absence de tout système de drainage ou d'irrigation, fournisse exactement cette quantité d'eau afin que le rendement, si d'autres conditions que nous verrons plus loin sont remplies, soit de 5 à 7 tonnes/ha pour le riz et le maïs, et de 20 à 30 tonnes/ha pour la patate et le manioc.

Bien sûr, des cadres démobilisés vont se dépêcher de nous répondre que notre remarque justifie leur échec dans la mobilisation des camarades des villages pour la production. Ils auront oublié tout simplement que si cette remarque explique leur échec, elle ne le justifie nullement, car les systèmes de maîtrise de l'eau, d'irrigation et de drainage ne sont pas des données naturelles, ce sont des ouvrages construits par l'homme.

Les cadres doivent se mobiliser et mobiliser toutes les énergies dans chaque village, dans chaque Arrondissement, dans chaque Région pour l'édification d'un réseau d'ouvrages hydrauliques : bassins de retenue d'eau, mini-barrages hydroélectriques, canaux d'irrigation et de drainage, bref, des ouvrages qui mettront l'eau, à tout moment et en quantités suffisantes, à la disposition des paysans qui veulent de l'eau. C'est la seule solution réaliste du problème de l'accroissement de la production agro-pastorale en général. Nous reprendrons ces considérations dans la troisième partie de notre analyse.

Nous disons que c'est la seule solution réaliste afin de prévenir la réplique de certains cadres qui exigeront, pour ce faire, les moyens les plus sophistiqués. Oui, il est vrai qu'il faut des moyens de base, et nous en avons déjà d'importants dans le pays ! Il faut surtout la volonté d'agir, la détermination de ne pas nous engager dans une dangereuse ornière. C'est à cette détermination que nous vous convions. Il faut ensuite des techniciens et des aménagistes dans le pays, et nous avons déjà un millier d'hydro-techniciens.

Ces aménagistes et ces hydrauliciens, si au lieu de les garder dans les bureaux de Conakry ou des chefs-lieux de Région en les démobilisant, nous les mettions à pied d'œuvre, nous leur créions toutes les conditions de travail, les soutenions de nos conseils et de notre affection, nul doute que l'une des conditions majeures d'édification d'un réseau de petits ouvrages hydro-agricoles et hydro-énergétiques serait réalisée.

Ici, nous nous adressons tout particulièrement au Service National de l'Hydraulique, au Service des Grands Aménagements, aux Services d'Aménagement des Commissariats Généraux de la Révolution (CGR) et des Régions.

Nous avons déjà ordonné que dans chaque Ferme Agro-Pastorale d'Arrondissement (FAPA), il y ait au moins un aménagiste, et nous avons particulièrement insisté pour que la FAPA fasse de l'aménagement hydro-agricole de son domaine une condition de base qu'elle doit remplir coûte que coûte. Nous réitérons ces directives avec insistance à l'adresse du Ministère des Fermes Agro-Pastorales d'Arrondissement et des Coopératives Agricoles, et nous exigeons des services concernés, et cités plus haut, d'assumer leur part de responsabilité dans l'exécution de ce travail. Si, demain, les fermiers de la FAPA doivent aller assister les paysans dans les villages pour la construction d'ouvrages d'hydraulique villageoise à buts multiples, il faut qu'aujourd'hui, dès aujourd'hui, que la FAPA, elle-même, se dote de tels ouvrages.

Mais, le programme ne concerne pas les seules FAPA. C'est pourquoi, après la mobilisation et la mise à l'œuvre des cadres aménagistes et des hydrauliciens, comme nous venons de le dire, il faudra organiser et mettre en mouvement les jeunes de chaque Commune villageoise.

Fort opportunément, la 49e Session du Conseil National de la Révolution (CNR) a, dans sa résolution consacrée à la Jeunesse, décidé de la création, dans chaque village, de Brigades Juvéniles de Travail, organisations permanentes auxquelles le village a recours, quand il se pose un problème d'utilité publique. **Il faut que la Brigade Juvénile de Travail devienne dans**

nos campagnes comme dans nos centres urbains une réalité. Il faut que le Comité National de la Jeunesse de la Révolution Démocratique Africaine (JRDA) et tous les autres organismes de la Jeunesse en fassent un point d'honneur. Il faut que tous ces organismes abandonnent les querelles vaines pour faire de cette Institution l'objet de leurs débats. Il faut qu'à travers cette création, il se crée également une tension révolutionnaire telle que le vice n'ait plus de place. La paresse est mère de la plupart des vices.

Pour l'exécution de tout travail d'utilité publique que l'on confie aux Brigades Juvéniles de Travail des villages, l'on doit créer toutes les conditions de réussite, dégager les moyens, faire établir le planning d'exécution, encadrer les jeunes, les assister dans tous les domaines, créer chez eux l'enthousiasme et faire naître en eux la juste conviction qu'ils sont en train de bâtir les bases du bien-être du Peuple.

On doit veiller à ce que le fruit du travail ainsi exécuté ne soit point détourné par d'autres de leur légitime destination.

On doit faire en sorte que certains jeunes, en raison du poids de leur famille ou des relations qu'ils ont, ne soient point soustraits anormalement à la tâche à effectuer, cette tâche ayant une signification civique et une portée éducative et utilitaire. Autrement dit, les jeunes issus des familles de responsables doivent payer d'exemple.

Aussi, les occupations pour lesquelles l'on mobilise ces brigades ne doivent point être toujours des tâches bénévoles. Il faut également que les autorités des villages (PRL), des Arrondissements (PRA) et des Régions (PRR), et, singulièrement les divers organismes de la Jeunesse établissent, pour les Brigades Juvéniles de Travail, des programmes d'activités dont les produits viendraient enrichir les membres de ces Brigades de Travail. L'agriculture, le petit élevage, la création de plantations, le ramassage et le concassage de palmistes, l'extraction d'huiles essentielles, la récolte de plantes à parfum, enfin certaines cultures maraîchères, dont celle du piment, bref, toutes ces activités doivent permettre à ces jeunes d'enrichir la Nation en s'enrichissant eux-mêmes.

Nous fermons cette parenthèse pour revenir à l'impérative nécessité pour le Parti-Etat de mettre en branle toutes les structures, à chaque niveau, pour l'aménagement hydro-agricole et hydro-électrique de tout le territoire rural sur la base de petits ouvrages dont la réalisation n'excède pas la force de travail des populations locales et la compétence de nos cadres hydrauliciens et aménagistes. D'ailleurs, c'est par et à travers la réalisation de ces ouvrages qu'ils deviendront, de plus en plus compétents. Pour eux, commence l'ère de l'éducation révolutionnaire par le travail créateur, telle qu'elle a été déjà préconisée par la 46e Session du Conseil National de la Révolution.

L'aménagement hydro-agricole de tout le territoire, c'est une tâche de longue haleine, et c'est pourquoi, il faut le commencer dès aujourd'hui en réalisant chaque année, dans chaque village, quelques hectares suffisamment aménagés pour qu'on puisse y faire déjà deux récoltes annuelles et, plus tard, trois récoltes annuelles.

Nous devons aussi réactiver l'artisanat au village et fabriquer nous-mêmes beaucoup de choses que nous importons aujourd'hui.

L'utilisation judicieuse par nos artisans du bambou, du rotin, de l'osier et du raphia permettrait de résoudre, à la campagne comme en ville, de nombreux problèmes domestiques (ameublement, conservation de produits agricoles) auxquels on est de plus en plus tenté de trouver des solutions étrangères au milieu et trop onéreuses par rapport à nos moyens financiers.

Il faut que nous créions, à la campagne, une inextinguible tension révolutionnaire autour du travail. Nos besoins sont très grands, parce que nous n'avons pas choisi de ne satisfaire que ceux de quelques-uns en laissant insatisfaits les besoins des autres. Le régime populaire a ses contraintes. Le développement harmonieux et équilibré est engendré nécessairement par un travail quotidien et généralisé, le travail constant de chacun et de tous.

Nous avions demandé à chaque Gouverneur de Région, à chaque Secrétaire Fédéral de passer, chaque année, au moins deux nuits et deux journées entières dans chaque village, non pour s'y reposer, mais pour mobiliser les populations, contrôler l'exécution des tâches, rectifier les erreurs, décider et faire en sorte que, d'une année à l'autre, le produit local brut du village soit supérieur à ce qu'il était l'année précédente.

La Ferme Agricole Communale du village (FAC) ne doit pas rester lettre morte. Gare aux Bureaux Fédéraux qui auraient presque enterré cette institution, qui, cependant, doit constituer un point d'appui majeur dans le développement économique du village ! Il nous faut rompre avec l'inconstance dans l'exécution des tâches et faire preuve du suivi le plus rigoureux dans l'accomplissement de nos tâches.

Nous avons mis à la disposition de chaque Arrondissement ce bel instrument de promotion paysanne qu'est la Ferme Agro-Pastorale d'Arrondissement (FAPA). Celle-ci doit jouer pleinement son rôle. Elle doit être attentive à la protection végétale et à la sauvegarde de la santé animale dans le village. Elle doit constamment assister de ses conseils les femmes dans les cultures maraîchères. Elle doit communiquer les méthodes culturales les plus judicieuses aux familles paysannes dans la culture de leurs champs, aux brigades qui s'occupent des Fermes Agricoles Communales. Elle doit aider les paysans désireux de se regrouper en coopératives agricoles pour donner plus d'efficacité à leurs efforts.

Mais, pour cela, la Ferme Agro-Pastorale d'Arrondissement, elle-même, doit avoir à cœur de devenir une entreprise de production végétale et animale aussi performante que possible, rivalisant en matière de production et de productivité avec les pays réputés les plus avancés dans ce domaine, démontrant ainsi que la technologie culturale est un bien universel que chacun peut maîtriser, s'il s'attache sérieusement à ses activités productives et à l'amélioration constante de ses méthodes de travail.

Telles sont, à la campagne, les tâches actuelles de la Révolution pour que le travail demeure à la place qu'il ne quittera jamais, celle de l'Ecole de qualification de la Révolution. Si certains estiment que cette morale du travail créateur est devenue théorique, c'est parce qu'ils veulent la chute de notre régime démocratique. Quant à nous, nous critiquons, parce qu'un régime populaire ne s'encense pas. Nous avons intérêt à critiquer même les conditions de nos réussites afin de nous améliorer toujours davantage, par l'accroissement constant de la production et de la productivité.

Nous venons de parler longuement de la campagne, que dirons-nous de la ville ?

20 % de la population guinéenne, soit environ 1 200 000 personnes, habitent les centres urbains ou industriels, vivent d'activités autres que la production végétale et animale. Pour les nourrir correctement, ce sont 180 000 tonnes de céréales qu'il faut par an, soit 150 kg par personne ; ce sont 180 000 tonnes de céréales que la campagne et l'importation doivent procurer par an ! Et l'on ne vit pas que de céréales !

Il faut, par homme et par jour, nous dit l'Organisation des Nations Unies pour l'Alimentation et l'Agriculture (FAO), 28 grammes de protéïne. Et, si c'est de la seule viande que nous devons puiser cette protéïne, il nous faudrait 130 gr de viande par personne et par jour, soit 47, 450 kg par an ou, pour les 1 200 000 personnes, 56 940 tonnes de viande par an ! Heureusement que nous n'avons pas recours à la viande seulement pour nous procurer les protéïnes dont nous avons besoin, et que les légumineuses constituent également une source bien appréciable de protéïnes végétales très digestibles.

C'est ici, avant d'aller plus loin, le moment de citer à l'intention des camarades femmes qui ont la lourde charge du ménage, le passage ci-après tiré d'un livre très documenté « **Pourquoi sont-ils si pauvres ?** » :

« *A conditions agricoles et à investissements comparables, 10 ares de terre (0,1 hectare) dans le Tiers-Monde peuvent nourrir une personne pendant 19 jours si l'on y pratique l'élevage ; pendant 217 jours si ces mêmes 10 ares produisent des céréales ; pendant 549 jours si l'on y cultive du soja.*

« *Les graines de soja contiennent 40 % d'albumine et 18 % d'huile. Un kg de soja fournit à l'homme autant de protéïne que 3 kg de viande de bœuf, 60 œufs ou 10 litres de lait. Fabriquant lui-même de l'azote avec l'aide de bactéries du sol, le soja ne demande presque pas d'engrais.* »

Nous nous dépêchons de préciser que cette citation ne vise pas à substituer complètement le soja à la viande, aux œufs et au lait, mais à indiquer à nos familles qu'elles ont une culture de plus à réussir dans leurs champs, et qui pourrait apporter largement à nos enfants la pleine ration de protéïne dont ils ont besoin, d'autant plus que chacune de nos Fermes Agro-Pastorales a fait dans son Arrondissement une culture expérimentale de soja ; il est ainsi prouvé que cette plante merveilleuse peut pousser partout en Guinée.

Fermons cette parenthèse et revenons à nos problèmes d'alimentation des villes et des centres industriels pour dire que, même quand ce n'est pas la campagne qui produit directement ce qu'ils consomment, les biens dont ils ont besoins pour se loger, se vêtir, se soigner, éduquer leurs enfants, c'est tout de même la campagne qui produit en partie ce qu'il faut exporter pour pouvoir importer ce dont les citadins ont besoin.

La dette des centres urbains à l'égard de la zone rurale est patente, et les habitants des villes ne peuvent honorer cette dette qu'en travaillant. Or, malgré les applaudissements frénétiques qui ont accueilli la Charte du Travail, votée par la 46e Session du Conseil National de la Révolution (CNR), on ne travaille pas encore comme il faut, en ville. **Il y a chez certains travailleurs de l'Etat un relâchement dans le travail qui frise l'opposition au régime, voire l'hostilité.** Nous savons bien que la classe ouvrière mène un combat serré contre la tricherie au poste de travail. Elle a déjà obtenu des victoires, mais pour nous, le propre des acteurs d'un mouvement révolutionnaire, est d'être toujours insatisfaits, toujours exigeants. Aussi, devons-nous radicaliser toujours davantage cette action et réagir en permanence contre toute attitude pouvant réduire le rendement au travail.

Premièrement, partout où nous pourrons conférer à l'entreprise, au secteur, au collectif de travailleurs la responsabilité pleine d'action et l'autonomie financière permettant aux travailleurs d'user de leur initiative créatrice, de leur dynamisme pour répondre totalement de la réussite de l'entreprise, et en bénéficier, ou de son échec, et en supporter les conséquences, nous devons le faire. Lier le droit au devoir accompli, le salaire au rendement devient une nécessité de justice, une dynamique du progrès.

Deuxièmement, là où une telle décision n'est pas possible, nous devons chercher, trouver et appliquer un mode d'indexation du salaire au travail qui fasse que désormais, **seul le travail soit payé et non le travailleur.** Car le socialisme, c'est la justice et non la culture et le développement du parasitisme.

Troisièmement, chaque fois qu'une activité, jusqu'ici assumée par le pouvoir d'Etat, peut l'être plus avantageusement par les privés, aux risques et périls de ceux-ci et sous le contrôle vigilant de l'Etat, nous n'hésiterons pas à la leur confier. Le socialisme, c'est l'efficacité et la justice dans la production des biens dont le Peuple a besoin, c'est la jouissance des biens honnêtement acquis, c'est l'activité positive de chacun et de tous en vue de combler tous les besoins du Peuple, pour le progrès continu de la Nation.

Certains travailleurs des centres urbains trichent au poste de travail, manquent complètement de conscience professionnelle, et cette attitude a des conséquences les plus fâcheuses sur les zones rurales.

Ce sont les travailleurs des centres urbains et industriels qui ont charge de fabriquer ou de réceptionner et de diriger vers les zones rurales les moyens de production dont celles-ci ont besoin. Quand ils paressent, quand ils trichent, quand ils volent, quand ils détournent, ils paralysent les paysans dans leurs efforts, et les conséquences de ce comportement négatif compromettent les intérêts du Peuple, entravent l'économie nationale ; c'est là de véritables crimes qu'il s'agit.

Quand un Peuple, comme le nôtre, est formé d'une majorité de paysans, tout détournement de moyens destinés à ces paysans est purement et simplement une infraction criminelle, un complot contre le bonheur de tout le Peuple, contre l'équilibre et le progrès de toute la Nation.

Si les 80 % de la population nationale que forment les paysans,les éleveurs et les artisans constituent la bouteille, trop souvent les centres urbains et les centres industriels jouent le rôle de goulot d'étranglement, et pour ne pas étrangler les producteurs, nous devons prendre, au nom de la Révolution populaire, les mesures les plus fermes, les mesures qui doivent contraindre tous au travail productif, à la bonne gestion du patrimoine, à la sauvegarde des acquis du Peuple, bref au respect scrupuleux de la morale révolutionnaire dans tous les secteurs d'activités individuelles et collectives.

De la nécessité du travail

Les objectifs de la Révolution sont bien connus. Ils sont acceptés par l'immense majorité de notre Peuple. **Mais un idéal ne se réalise pas de lui-même ; c'est l'homme qui en est porteur qui a charge de le concrétiser.**

En ce qui concerne notre pays qui entend se transformer dans un sens qualitatif, il n'y a que la classe laborieuse qui soit chargée d'accomplir toutes les tâches visant cette transformation qualitative des réalités socio-humaines et matérielles du pays.

Nous savons tous que, de par sa nature, l'homme est condamné au travail ; il a des besoins naturels dont la satisfaction conditionne à la fois sa survie et le développement de sa vie. Sans travail, la vie de l'homme s'arrête. Les travailleurs de Guinée ont acquis la conscience que le travail ne doit plus être considéré à travers le salaire ou toute autre somme d'argent qu'il peut procurer à l'homme, mais comme l'accomplissement d'une mission naturelle, d'un devoir sacré. Le travail est un besoin en soi, un besoin à la fois moral, spirituel et physique, mais un besoin qui a charge de satisfaire les autres besoins.

D'ailleurs, l'homme conscient qui serait aujourd'hui riche de milliards et de milliards de dollars, propriétaire de milliers de villas somptueuses ou de voitures luxueuses, s'imposerait encore le travail pour mériter les jours que Dieu lui accorde à vivre.

Le travail est donc une obligation. Il n'y a rien de supérieur au travail. Même dans la conception religieuse de la vie de l'homme, l'acte sublime qui réalise l'homme, qui le situe, c'est le travail. La vie est un combat, aime-t-on dire ! Mais quelle est la première vérité de cette vie ? C'est le travail ; autrement dit, il n'est permis à qui que ce soit de s'installer dans l'oisiveté. Quiconque aura vécu sans travailler, rejoindra sa tombe criblé de dettes qu'il n'aura pas payées, ce qui constitue le crime des crimes, c'est-à-dire avoir vécu à la charge des autres, alors que doté de facultés et de capacités, il se sera refusé d'apporter la moindre contribution à la vie de la société.

Pour avoir une conception syndicale juste, il faut savoir situer d'abord la valeur inestimable du travail, la place également inestimable de celui qui effectue le travail, c'est-à-dire le travailleur, quel qu'il soit.

Tous les travailleurs, de quelque métier qu'ils soient, de quelque niveau intellectuel, scientifique et technique qu'ils soient, sont tous utiles à l'humanité. Ce n'est pas celui qui est à la hiérarchie la plus élevée ou qui est titulaire du parchemin le plus élevé qui est supérieur. Non ! Les grades et les titres, si élevés soient-ils, ne donnent pas de prééminence aux hommes les uns sur les autres en matière d'utilité sociale ; c'est en définitive l'attitude objective devant les questions cruciales de la collectivité, la capacité pratique de les résoudre qui situent l'homme utile dans la société. **Aucun travailleur n'est supérieur à un autre travailleur s'il ne fournit, à la mesure de sa capacité, la quantité et la qualité de travail qu'il faut.** Le bon manœuvre est égal au bon ingénieur, lequel est égal au bon professeur,au bon infirmier ou au bon chauffeur. C'est donc moins la hiérarchie en soi qui qualifie le rang à reconnaître à un travailleur, que la correspondance de sa capacité réelle à la quantité et à la qualité du travail qu'il fournit.

Ainsi, le manœuvre qui fait effectivement, consciencieusement et consciemment son travail est supérieur à l'Inspecteur des Affaires Administratives et Financières, au Directeur d'une Entreprise, à l'ingénieur, au médecin, au professeur qui ne donne pas son rendement tel qu'il en est capable.

Dès que, dans l'estimation du taux d'utilité sociale, une telle conception n'existe pas, l'Etat aura consacré le fruit du travail du Peuple à former des élites parasites dont le seul objectif est d'occuper les maillons vitaux de la société pour faire travailler les autres.

Le Parti ne veut pas et ne voudra jamais de cette monstrueuse pyramide sociale.

Le travail est une obligation, avons-nous dit, et cette obligation doit être comprise, car elle seule fonde toute valeur humaine.

Dans le Coran, dans la Bible, nous ne cesserons de le répéter, Dieu n'a rien imposé aux minéraux, aux végétaux, aux animaux ! Toutes les obligations qui sont prescrites par les religions sont celles qui s'adressent aux hommes ; il n'y a de paradis et d'enfer que pour les hommes. C'est donc l'homme qui est assujetti à une règle de vie, à un comportement au sein de la société, cette règle et ce comportement se mesurent à l'apport que l'homme fait, d'abord à la sauvegarde, ensuite au développement du patrimoine national.

Restons toujours sur le terrain religieux, en faisant l'exégèse de ce que nous venons de dire. Certains animaux travaillent bien comme l'homme, mais pourquoi Dieu n'a prévu ni enfer ni paradis pour les termites, par exemple ? Parce qu'Il a donné à l'homme le moyen de sa supériorité sur tous les autres êtres, à savoir la conscience. Si donc la même conscience prescrit l'obligation de travailler et que l'on s'y refuse, c'est une rebellion contre le Créateur.

Le travail s'exprime dans tous les domaines de la vie de l'homme ; il commence par la pensée. Dès que nous nous mettons à penser, contrôlons-nous, car c'est le début du travail. N'attribuons pas à autrui les difficultés ou les malheurs qui sont dus à notre paresse, à notre comportement. Quand en pensée, nous rendons responsables nos camarades, cependant innocents, de ce qui nous manque, nous avons commencé le mauvais travail qui va se traduire, se concrétiser dans notre comportement objectif à l'égard de notre personne, à l'égard de ceux que nous avons calomniés dans notre propre pensée. Donc, au niveau-même de la conception, il faut que l'homme soit juste avec lui-même, avec la société ; qu'il s'habitue à l'auto-critique en s'adressant à lui-même, et ses paroles étant intérieures, personne ne les entend en dehors de lui. S'il a le courage de faire son auto-critique, s'il a le courage de reconnaître qu'il a des actes à accomplir qui requièrent volonté, détermination, efforts de sa part, alors, à ce stade déjà, il s'est engagé dans le processus positif du travail.

Ensuite, il y a toutes les décisions qu'il a à prendre qui sont, elles-mêmes, des actes de travail. Au lieu d'avoir à regretter le comportement, il faut redresser par anticipation celui-ci, en prenant les décisions justes, conformes à la morale de la Révolution, au bien-être de la société, préservant le bien, la vie, la dignité, exigeant de soi-même les efforts acharnés dans le travail à fournir. Enfin, il faut le respect des lois et de toutes les règles, la parfaite connaissance des engagements auxquels on souscrit. Tout cela, c'est du travail.

Prenons un camarade qui sollicite un emploi. Par cette lettre, ce postulant s'est engagé, vis-à-vis de l'employeur, qu'il soit public ou privé, à accomplir une mission qu'il se sent apte à remplir quotidiennement. Cette mission a un caractère impératif et elle doit être respectée, car tout droit que l'homme pourra revendiquer, tout droit dont il pourra exiger le respect en sa faveur aura résulté d'un devoir accompli. **C'est l'homme qui crée le droit, par et à travers le devoir qu'il accomplit, et dès qu'on néglige l'accomplissement de ce devoir, on a compromis le respect du droit.** Dans ce cas, c'est l'anarchie, la porte ouverte à toutes les revendications dont la moindre satisfaction est un défi lancé à ceux qui accomplissent leurs devoirs avec détermination et honnêteté. On n'a pas le droit de jouir d'une parcelle de ce dont on n'a pas contribué à la création. C'est là une notion de justice. C'est pourquoi, le travail doit être vu comme une obligation mais une obligation multidimensionnelle.Cette obligation a toutes les formes : le père de famille qui a des devoirs vis-à-vis de sa famille, s'il cesse de les accomplir, il se dégage lui-même au sein de sa famille. L'employé a des devoirs vis-à-vis de son employeur, public ou privé, mais s'il cesse de les accomplir, il aura compromis le respect de ses droits. Le travail seul présente la double caractéristique que voici.

a) Il est un moyen de satisfaction des besoins naturels. C'est même le moyen exclusif qui permet à l'homme et à la société de satisfaire dans le présent leurs besoins et qui garantit leur avenir.

b) Le travail permet le développement de la santé intellectuelle, morale et physique de l'homme. L'homme qui ne travaille pas dégénère moralement, intellectuellement, en tant qu'homme. Le travail devient ainsi un besoin en soi.

Prenons un exemple concret : l'homme qui naît aujourd'hui, n'a aucune capacité au travail. Il reste à la charge de sa famille, de la société jusqu'à un certain moment. A partir d'un autre moment de sa vie, c'est une autre phase d'incapacité au travail qui commence, et il sera de nouveau à la charge de la société.

Au regard de la production des biens sans lesquels ni la société ni, à plus forte raison, l'homme n'existerait, l'homme est improductif durant, au moins, le tiers de sa vie. Or, ses besoins, pendant ce temps de vie improductive, sont loin d'être les plus faibles.

Le travailleur doit être conscient de ce fait biologique. Il doit savoir que son travail, au cours de sa vie active, doit couvrir et ses besoins de vie active, et ses besoins de vie improductive, et bien d'autres besoins sociaux que nous ne devons jamais perdre de vue.

En effet, au sein de la société, il y a des hommes qui peuvent vivre jusqu'à l'âge de cent ans mais qui, en raison d'incapacité physique, n'auront pas fourni un jour de travail productif avant leur mort. La société renferme des handicapés qui sont inaptes à toute production de biens. C'est la société qui prend en charge ceux-là, ce qui accroît la responsabilité de ceux qui sont valides. Mais, sachant la valeur du travail dans la santé morale et intellectuelle de l'homme, nous devons aussi rechercher toutes les formes d'organisation du travail, tous les instruments appropriés de travail, de manière à récupérer la plupart de ces handicapés, en assurant leur promotion professionnelle.

Le travail devient donc une obligation pour tous, même quand on ne veut vivre qu'au jour le jour. Il est une obligation plus contraignante pour ceux qui entendent maîtriser la vie, dominer l'histoire en garantissant de façon sérieuse l'avenir de la société.

De l'organisation du travail

En premier lieu, il y a les qualités du travailleur, son niveau intellectuel, son niveau idéologique, sa qualification technique et professionnelle. C'est pourquoi, **nous ne ferons jamais assez pour mieux organiser le travail et mieux éduquer le travailleur.** La qualité du travail est effectivement liée à la qualité du travailleur, à sa formation idéologique, à sa formation intellectuelle, à sa formation professionnelle, à la discipline qu'il s'impose, c'est-à-dire au comportement qu'il observe, à sa volonté de production et de productivité. Quelque perfectionné que soit l'outil, il ne saurait se mettre en action de lui-même ; c'est l'homme qui pense, qui se dote de l'outil et qui le fait fonctionner. Même s'il s'agit du robot le plus sophistiqué, c'est l'homme qui le programme. Donc, c'est l'homme qui est l'élément essentiel du travail. Et c'est pourquoi, les rapports qui s'insèrent dans un système de production donné, ont une importance capitale. Ces rapports sont régis par l'organisation du travail mise en place. Quand les rapports libèrent les initiatives, galvanisent la volonté de production, chaque travailleur peut alors fournir le meilleur de lui-même.

Ensuite, il y a les moyens de travail. Car à capacité intellectuelle ou de formation technique et technologique égale, les hommes n'ont pas le même rendement quand ils ne disposent pas des mêmes moyens de travail pour fournir le même travail. Ainsi, la qualité des moyens de travail exerce une influence décisive sur la quantité et la qualité du travail de l'homme.

Mais, nous nous faisons le devoir de faire une réserve ici. Les moyens de travail ont beau être perfectionnés, s'ils ne sont utilisés à plein rendement et s'ils ne sont pas entretenus jusqu'à leur amortissement technique, ils n'auront été que des dépenses sans compensation pour la société. C'est pourquoi, il faut être attentifs à la qualité des moyens de travail. Et surtout, il faut veiller à la maintenance des installations techniques des engins, des outils, de tous les instruments de travail. Une bonne maintenance triple la vie technique de l'instrument. Et pour peu que le travailleur est industrieux, il réussit même à améliorer la machine qu'il utilise, à la rendre plus efficace qu'au moment de son acquisition. C'est là un bref commentaire de notre règle de sauvegarde des acquis, règle que tous les travailleurs doivent observer.

Enfin, il y a d'autres facteurs subjectifs, mais qui ont une portée objective : quelle est la place qu'occupe l'homme travailleur dans le système de répartition de ce qu'il aura contribué à créer ? Si la répartition est injuste, si l'homme a conscience que l'effort qu'il fournit, le travail qu'il fait ne lui apporte pas une récompense adéquate et juste et que ceux qui fournissent moins d'efforts que lui gagnent plus que lui, alors, très vite, il sera découragé. **D'où la nécessité d'un système de répartition qui, vraiment, paie avec justice la quantité et la qualité de travail fourni par chacun. Si le système est juste, le travailleur est libéré dans son élan il a la volonté nécessaire d'accroître constamment le niveau de sa production.**

Ces conditions générales remplies, l'organisation du travail, dans chaque secteur, dans chaque unité, doit être rationnelle. Il faut que chacun soit au poste qu'il peut utilement et effectivement occuper. **Dès qu'on nomme un travailleur à un**

poste, en coryant lui faire honneur et qu'il se montre par la suite incapable d'accomplir la mission qui lui est confiée, on a perturbé le processus de travail de l'unité où il est employé. Mais, la tâche des cadres chargés de désigner est aussi lourde, car, parfois, ils partent de certaines appréciations a priori justes, pour prêter à un individu une capacité qu'il n'a pas. Et c'est pourquoi, les travailleurs ne doivent pas hésiter à redresser de pareilles erreurs. Même si c'est un décret, mieux, une loi, qui a nommé un Directeur, si les travailleurs revolutionnaires, se rendant compte que ce Chef est incapable d'assumer ses responsabilités, aideront la Révolution en dénonçant le fait. **Voilà le syndicalisme révolutionnaire. C'est une attitude hautement consciente et responsable qui, tout en respectant les lois, veille à ce que ceux qui doivent agir au nom de la loi aient véritablement les aptitudes requises. Et quand un divorce se manifeste entre les capacités réelles d'un individu et les exigences du poste qu'il occupe, le syndicalisme conscient doit signaler ce divorce. C'est dire que pour réussir, obtenir des succès dans son travail, l'organisme syndical ne doit pas se borner à l'assimilation de son rôle ; il doit savoir traiter chaque cas singulier et concret afin de réduire les sources de conflits, élever constamment le degré de formation politique, culturelle, professionnelle et économique des travailleurs.**

Ainsi, une répartition juste du fruit du travail, c'est-à-dire conforme à l'apport effective de chacun, s'impose dans tous les secteurs. Et quand bien même, à partir du parchemin, du diplôme dont ils sont nantis, les travailleurs se trouveraient classés à des indices de salaire différents, si dans la pratique, pendant un an, deux ans, trois ans, on a constaté que tel qui est à la hiérarchie « D » travaille mieux que celui qui est à la hiérarchie « B », le mouvement syndical a justement la charge d'en informer le Gouvernement.

Le syndicat a la tâche impérieuse de protéger les intérêts des travailleurs et d'œuvrer constamment à l'amélioration de leur niveau de vie, de corriger en permanence les erreurs qui peuvent provenir d'une application mécanique des textes et des abus auxquels peuvent se livrer des cadres indignes. Ainsi, le mouvement syndical d'un pays révolutionnaire ne peut pas dire qu'il n'a pas à revendiquer. Dès qu'il cesse de revendiquer la justice, il n'est plus un syndicat utile à la classe ouvrière et ce serait même une trahison des cadres dirigeants du Parti-Etat que de voir, sans réagir, les travailleurs syndicalistes se complaire dans l'indifférence ou dans la peur. Et dans quelle peur, au fond, lorsqu'ils sont les dirigeants directs des forces de la base sociale du régime ? **La Révolution, c'est l'offensive dans la vérité, c'est la lutte contre l'injustice, contre le népotisme, contre la discrimination, contre la médiocrité pour que la situation de chacun s'améliore.**

C'est pourquoi, il faut un syndicalisme révolutionnaire :

Le syndicalisme, c'est le combat. La Révolution, c'est le combat, le combat qui commence sur soi, qui s'exerce autour de soi et qui s'exerce sur tout le système économique, politique et socio-culturel qui existe dans le pays afin de pousser tout et tous vers la perfection.

De la mobilisation des travailleurs

Le travail mérite d'être soutenu par la mobilisation permanente de la classe ouvrière organisée. Dans chaque lieu de travail, en Guinée, il y a une Section Syndicale ou un CUP ; dans chaque Arrondissement il y a un Comité d'Arrondissement des Travailleurs, dans chaque Région il y a un Comité Régional des Travailleurs, le tout coiffé par le Comité National des Travailleurs. **Il faut mobiliser, éduquer en permanence les travailleurs.** Chaque Section Syndicale, chaque Comité d'Unité de Production, chaque Comité d'Unité Militaire, chaque Comité d'Arrondissement des Travailleurs, chaque Comité Régional des Travailleurs doit savoir que telle est sa mission et le Comité National des Travailleurs doit veiller au degré toujours avancé de cette mobilisation de la classe ouvrière.

Il faut retenir que la liaison permanente avec les travailleurs est la condition essentielle de la réussite du travail syndical. Etre en liaison permanente avec eux, c'est vivre intensément leur vie, la pénétrer en profondeur, être en mesure de détecter, pour tout problème, leurs authentiques aspirations, leurs préoccupations, savoir toujours les mettre en confiance devant telle ou telle décision d'avant-garde. Pour ce faire, le Comité National des Travailleurs doit organiser l'éducation syndicale, informer régulièrement les travailleurs. Il ne doit rien sous-estimer. Toute observation positive ou négative qui se dégage des réalités d'un centre mérite d'être diffusée et portée à la connaissance de l'ensemble de la classe ouvrière. Cette tâche de mobilisation, si elle se poursuit et se qualifie, développera la tension révolutionnaire au profit de la classe ouvrière et lui procurera la puissance nécessaire pour pouvoir peser de tout son poids dans l'accélération de l'évolution de la société guinéenne. Et si les travailleurs ne sont pas fortement organisés, puissamment mobilisés, eh bien ! on continuera à dire, de façon théorique, que la classe ouvrière est le fer de lance de la Révolution, mais les autres classes vont accaparer tous les appareils de commande de la Révolution et piétiner les travailleurs, et ce par la faute des travailleurs, eux-mêmes. Il faut donc que la classe ouvrière étoffe son courant de mobilisation et qualifie son organisation.

Dans l'action syndicale, on ne doit jamais perdre de vue la discipline : **discipline dans le respect permanent de l'idéologie, celle de la Révolution, discipline rigoureuse dans l'accomplissement du devoir professionnel, car plus ce devoir est accompli, plus le droit qui en découle pourrait s'imposer et s'affermir, discipline aux postes de travail pour que chacun soit à l'heure et ne quitte pas avant l'heure.**

Il faut donc de la discipline, une discipline contraignante sur soi-même. Il ne faut jamais mentir, voler, tricher ! **Le boubou que l'on porte, la paire de chaussures que l'on porte, tous les moyens que l'on utilise, doivent être le fruit légitime du travail réel fourni.** Et on est ainsi toujours heureux, parce qu'on sait qu'on est et qu'on ne paraît pas.

Cette discipline, il faut la cultiver ; elle sera la base de toutes les vertus à faire acquérir aux travailleurs et les organismes syndicaux doivent s'y employer.

Le travailleur ne doit jamais oublier que le but de sa présence au lieu du travail, c'est de créer quelque chose ; s'il ne le crée pas aujourd'hui, il n'existera pas demain ; s'il crée quelque chose aujourd'hui, il aura contribué à l'accroissement du patrimoine de sa Nation, à l'enrichissement de son unité de production. Il aura donc affermi lui-même son droit.

C'est pourquoi, nous devons chercher à produire en quantité et en qualité. Pour ce faire, travaillons bien et travaillons vite pour remplir effectivement, d'une façon pleine et entière, tout le temps réglementaire de travail. **Cela suppose que l'on soit venu au travail avant l'heure fixée pour pouvoir commencer effectivement la production à l'heure fixée et qu'on ne soit parti du travail qu'à l'heure légalement fixée. Aussi, on n'abandonne pas le poste de travail pour quelque raison que ce soit. Et si on le fait, on doit compenser effectivement le temps soustrait du temps légal de travail.**

Il est absolument nécessaire que les travailleurs réalisent pleinement qu'ils doivent à la fois atteindre ou dépasser les normes de production et contribuer en toute responsabilité au redressement des comportements, à la correction des imperfections de la production tant sur le plan technique que sur le plan de l'organisation du processus de production.

Donc, il faut veiller à l'établissement et à l'affichage obligatoire des tableaux d'avancement et d'honneur, et que personne n'avance s'il a toujours été en retard, quelle que soit l'importance d'un prétendu protecteur, protecteur d'ailleurs souvent imaginaire. N'acceptons pas que la Charte du Travail soit violée.

Donc notre bonheur est entre nos mains ; nous n'avons pas le droit de nous plaindre ; nous avons le pouvoir en mains. Exerçons ! On revendique un droit qu'on n'a pas ; nous l'avons, exerçons-le ce pouvoir ! Le Parti-Etat nous demande de dénoncer ce qui n'est pas juste et d'imposer partout la vérité et la justice. Nous avons tous les pouvoirs ; donc n'acceptons plus que les lois de la justice soient transgressées sous nos yeux par notre complicité, en raison de notre indifférence.

Ainsi, chaque fois que les actes d'avancement sont publiés, vérifions pour chacun. Ceux qui y ont droit et qu'on a « oubliés », retablissons leur avancement. Ceux qui ont avancé et qui n'y ont pas droit, exigeons que l'Arrêté soit rectifié et si ce n'est pas fait, faisons la grève.

Voilà, comment les travailleurs peuvent sainement aider au progrès de la Révolution qui veut que la justice triomphe, et comment ils peuvent peser sur les appareils dirigeants du Parti-Etat, sur les cadres du Parti-Etat. Car, quand ils sauront que les travailleurs observent tout et ne se taisent plus, qu'ils peuvent les critiquer publiquement, qu'ils peuvent manifester leur mécontentement, alors les cadres commenceront à craindre, s'ils ne sont pas honnêtes. C'est le malhonnête qui va nous craindre et la Révolution sera sauvée. Voilà ce qu'il faut faire.

Du comportement des cadres

Sur le front du travail, les membres des organismes dirigeants du Parti-Etat, les cadres politiques, administratifs et techniques doivent payer d'exemple et mettre leur point d'honneur à exceller à tout point de vue aux postes de travail où ils sont placés. Et quand ils se rendent compte que les exigences de leur rôle deviennent de plus en plus contraignantes, ils doivent s'imposer les efforts conséquents de surformation pour pouvoir toujours être en harmonie avec les fonctions dirigeantes qu'ils exercent. Ils doivent savoir que le monde avance et que, derrière eux, il y a ceux qui se surforment. Si donc ils ne se surforment pas à leur tour, ils vont paralyser la marche générale, d'où la nécessité d'une surformation permanente.

Chaque entreprise, chaque service doit organiser la surformation permanente de son personnel sans diminuer le temps réglementaire du travail. Les organismes syndicaux doivent y veiller et organiser des séminaires de formation professionnelle de manière à élever d'une façon continue le niveau technique et professionnel de chaque travailleur. Cela est possible, car, dans une profession donnée, il y a plusieurs spécialités. Le meilleur de chaque spécialité peut intervenir et doit le faire pour assurer la surformation des autres tout en se surformant lui-même dans les spécialités où il n'excelle pas. Donc, cette émulation dans la surformation doit être organisée par les organismes syndicaux. Nous l'avons dit, l'exigence du progrès veut que l'on se surforme pour mieux organiser, organiser pour mieux produire.

C'est aux forces productives, représentées par nos masses laborieuses, que reviennent les moyens de production. Mais ces forces procductives, pour jouer pleinement leur rôle dans le développement économique et social de la Nation, doivent détenir les éléments d'appréciation qui leur permettent de procéder aux choix les plus justes dans leurs actions de libération économique et sociale.

Pour détenir ces éléments d'appréciation, il faut se surformer constamment.

Solidarité entre classe ouvrière et classe paysanne

D'une façon générale, la classe ouvrière ne doit jamais perdre de vue la solidarité de classe qui doit la lier dynamiquement à la classe paysanne. **Si nous arrivons à mieux organiser la paysannerie guinéenne, à l'amener à accroître considérablement la quantité et la qualité de sa production, c'est la classe ouvrière qui en sera bénéficiaire,** car elle aura les produits agricoles, artisanaux et animaux en grande quantité ; elle ne connaîtra plus de difficultés alimentaires et le pays pourra exporter davantage pour se procurer les moyens de promouvoir l'industrie.

Donc, les travailleurs des villes se doivent de veiller partout à l'encadrement des paysans, à l'organisation des paysans, à l'éducation des paysans, car les travailleurs des villes, connaissant mieux que les paysans certaines techniques, certaines technologies modernes, certaines formes d'organisation rationnelles du travail, se doivent de contribuer à leur maîtrise par les frères et sœurs de la campagne.

En zone rurale, chaque CAT sera effectivement en liaison permanente avec les paysans de son ressort pour mieux connaître les problèmes des paysans et contribuer efficacement à leur solution effective.

L'instituteur doit s'acquitter correctement de sa tâche, instruire l'enfant du paysan. Si le docteur, la sage-femme, l'infirmier doivent travailler honnêtement en soignant le Peuple, si les travailleurs des Travaux Publics doivent entretenir les routes, si chacun doit faire son travail, **le paysan doit, lui aussi, faire son travail : produire. Quand il produit, il doit penser à ceux qui sont à son service. Voilà la solidarité nationale. Il ne faut pas dire au paysan de ne pas donner son riz, tandis qu'on demande à l'instituteur d'être à l'heure à l'école pour enseigner l'enfant du paysan et à l'infirmier d'être disponible à toute heure pour soigner l'enfant du paysan. Il faut expliquer au paysan la contrainte que la classe ouvrière accepte, car elle est composée de citoyens libres d'un pays qui veut devenir prospère. Si chacun comprend le devoir qui est le sien et l'exécute avec conscience, eh bien ! la Nation pourra atteindre les objectifs de bonheur ambitionné par elle, mais**

encore faut-il tout expliquer et convaincre chacun, afin qu'il joue le rôle qui lui revient.

Nous devons insister sur la création et le développement de certains métiers tels que ceux de la taille de pierres et d'ardoises, de fabrication de briques et de tuyaux d'adduction d'eau, etc... Avec nos matériaux locaux existants, avec les immenses matières dont nous disposons, avec toutes les autres ressources dont le ciel nous a comblés nous pouvons améliorer effectivement nos conditions d'existence ; et nous devons savoir faire l'inventaire de tout ce qui existe dans le pays et valoriser notre vie en l'embellissant, en la fortifiant, en la protégeant, c'est pourquoi, nous avons le devoir d'acquérir et de développer toutes les technologies appropriées.

Les travailleurs, donc, doivent faire preuve d'imagination créatrice, d'initiatives positives, d'esprit d'innovation afin d'assurer un accroissement rapide des biens de consommation. Et, nous y insistons, il ne s'agit pas des seuls travailleurs des secteurs publics ou des villes, mais de tous les travailleurs,y compris ceux du secteur privé comme ceux de la campagne.

Le Peuple guinéen comprend tous les hommes et toutes les femmes se réclamant de la Nation guinéenne. C'est pourquoi, pouvant un peu, chacun doit apporter sa contribution à l'équilibre du Peuple guinéen. Cette attitude doit se dynamiser au niveau de tous les individus, au niveau de tous les secteurs. **Pour ce faire, par l'éducation idéologique et morale, l'éducation professionnelle, technique et technologique, nous devons faire aimer le travail par chacun. Considérons le travail comme la force du bonheur individuel et collectif. Que chacun se débarrasse de l'esprit de fraude. Que l'on cesse de proclamer : « Oh ! Oh ! Débrouillez-vous ! » Cela c'est l'esprit de cheytane. Il faut compter sur le travail honnête, bannir la fraude, le vol ; et pour ce faire, nous devons savoir créer et entretenir la mystique du travail honnête.**

C'est le travail qui recrée la vie ; c'est le travail qui forge et perfectionne l'homme, trempe et élève sa dignité. C'est le travail, et seul le travail, qui nous permettra de réaliser toutes les actions de notre 4e Plan National, le Plan Quinquennal de Développement socio-économique (1981-1985).

Si nous nous mettons au travail avec la discipline requise, tous nos rêves seront concrétisés. Mais, si nous donnons le dos au travail, si nous renonçons aux efforts nécessaires, nous ne changerons qualitativement aucune de nos réalités d'existence. Et si les autres avancent alors que nous, nous restons stationnaires, nous allons reculer par rapport à eux, ce qui est plus grave que stagner.

Nous avons opté pour la Révolution qui signifie offensive contre le mal et toutes ses causes, contre l'injustice et toutes ses causes pour le progrès, dans toutes les directions de l'évolution de la société et de l'homme, en servant la cause et les moyens du progrès. **Le facteur décisif du progrès, c'est le travail. Le moyen du progrès, c'est le travail.**

Pour la Révolution, le travail est à la fois un objet et un sujet. Objet de la pensée et de l'action de l'homme qui veut se qaulifier à travers le travail ; sujet en tant que seule voie d'amélioration des conditions de vie de l'homme. Car, c'est par le travail que l'homme acquerrera ce à quoi il rêve. Acceptons, nous le répétons une fois de plus, l'effort nécessaire pour transformer notre pays qui dispose de beaucoup de potentialités, d'immenses ressources naturelles. Par le travail, seul, nous pourrons payer nos dettes. Et tout homme, qui qu'il soit, est criblé de dettes. C'est par son taux d'utilité à la société qu'il pourra payer ses dettes vis-à-vis d'elle. C'est par le travail qu'il pourra garantir l'avenir de ses enfants et le devenir collectif du Peuple.

Le critère décisif du degré de militantisme de chacun, c'est son ardeur à accomplir le travail qui lui est confié et à participer au développement matériel, économique et culturel de la Nation. Plus l'effort de l'homme à l'édification de la société rêvée est grand, plus il pourra être considéré comme utile par rapport à d'autres.

Le socialisme exige que ses bases matérielles et économiques soient solidement édifiées, et c'est par le travail de chacun et de tous que le socialisme peut être édifié. **Le bonheur est le fruit du travail ; la satisfaction de tous les besoins matériels et immatériels passe par le travail. La dignité de l'homme passe par le travail qu'il accomplit. Ne pas travailler comme il se doit, c'est se trahir et trahir le Peuple.** Il s'agirait là d'une véritable agression contre l'équilibre de la Nation, contre la paix sociale, contre le bonheur socio-humain. Et travailler comme il se doit, c'est vivre dignement, en servant effectivement la cause sacrée du progrès transcroissant du Peuple.

C. — DU DEVELOPPEMENT

Le développement est un problème à caractère universel et multi-dimensionnel, en ce qu'il intéresse notamment à la fois les sociologues, les hommes politiques, les économistes, les milieux d'affaires, etc, somme toute, l'homme social dans toutes ses dimensions.

Intéressant ainsi les différentes couches de la population, la fonction de développement doit être assurée de manière consciente au risque de la subir et de se voir attribuer une étiquette nous plaçant arbitrairement dans une catégorie en contradiction avec nos vues réelles.

C'est ainsi que les conséquences d'une telle classification se reflètent subséquemment au niveau des échanges internationaux ainsi que sur le comportement et la pratique adoptés par les différentes parties au cours des négociations engageant le devenir économique du monde. Ces parties se présentent souvent dans les discussions avec des préjugés.

De ce fait, le monde se trouve ainsi hiérarchisé en matière de développement, chaque Peuple occupant, de gré ou de force, un échelon. Naturellement, chacun appréhende ce problème compte tenu de l'édéologie qui sous-tend ses actions, de son évolution économique et sociale, toutes choses sur lesquelles nous ne voulons pas porter de jugement de valeur sans appel. Les Peuples, quant à eux, dans leur simplicité naturelle fondent leurs comparaisons sur des valeurs autrement plus nobles que celles relatives aux quantités de ressources et de biens matériels. Ce sont les Etats qui, faisant fi de cette tendance naturelle des Peuples, se considèrent plus développés que les autres.

Quels sont, en fait, les facteurs qui interviennent dans la mesure du développement d'une Nation ? Quels sont les critères du développement ?

Ce qui est certain, c'est que toutes les guerres impérialistes, nous voulons dire les guerres de subjugation d'un Peuple par une « puissance étrangère », et de colonisation, toutes ces uerres qui ont été faites tout au long de l'Histoire, ont eu our justification une prétendue obligation morale dont s'arroge la puissance étrangère pour aller « civiliser et développer » un autre Peuple dont l'état est censé mériter cette thérapeutique, ou une volonté manifeste de telle puissance colonisatrice d'annexer par la force tel pays à seules fins d'utiliser les ressources en biens et en main-d'œuvre de ce pays et qui doivent lui fournir le complément indispensable pour son développement, lui évitant ainsi les crises liées à ce prétendu développement.

Le développement, de quelque manière qu'on l'appréhende, recouvre une réalité objective, fort ancienne et constamment remise à jour. En effet, il suppose très souvent qu'il existe un modèle universel, un étalon, un repère par référence auquel chaque pays doit se situer. Nous avons ainsi les pays dits « non-développés », « sous-développés » ou pudiquement appelés « Pays en développement » ou « en voie de développement », comme par analogie à un enfant en croissance. Et, parmi ces pays sous-développés, il y a les PMA, les « Pays les Moins Avancés », tandis que dans l'autre catégorie, celle des pays dits « Pays développés », se situent les « Pays surdéveloppés », les « Pays post-industriels », les « sociétés de consommation », etc.

Le Professeur progressiste Pierre George, auquel on attribue la paternité du concept de « Pays sous-développés », en est venu à la récuser, tellement le concept est « galvaudé » par de prétendus thérapeutes de la pauvreté !

Mais, nous nous posons toujours cette question : qu'est-ce que le **Développement ?** Quels en sont les indicateurs ?

Pour les responsables des pays fortement industrialisés et qui ont engendré les sociétés dites « sociétés de consommation », le développement se mesure par le niveau d'aisance matérielle et économique théoriquement accessible à chaque membre de la société, joint à la puissance du pays de produire, au-delà des besoins nationaux, les biens nécessaires à l'entretien de ce niveau d'aisance.

D'autres diront tout simplement, renonçant à définir le « développement » pour s'intéresser plutôt au « sous développement », que le « sous-développement » est l'état d pauvreté matérielle. A la vérité, en matière de développemen les trois conceptions qui prévalent actuellement sont les suivantes :

1. — Favoriser par tous les moyens la croissance. Les découvertes scientifiques permettront de dégager d'autres ressources.

2. — Régler le rythme de la croissance en harmonisant consommation et investissement, temps de travail et avance technologique, exploitation de la nature physique et attitudes de sauvegarde de celle-ci.

3. — Mettre fin à la croissance quand elle ne vise que le stockage de biens intutiles.

Dans tous les cas, en ce qui nous concerne, le développement consiste à soustraire nos populations à la pauvreté absolue, à satisfaire leurs besoins fondamentaux et intégrer toutes les couches sociales au processus de décision, le but final étant la libération de toute forme d'oppression ou d'exploitation, et la redistribution juste des richesses et du pouvoir.

Cette dernière approche du concept de développement, bien qu'elle ne soit pas parfaite, cerne quand même le concept pour constituer une base de méditation. Qu'un besoin ne soit pas seulement une affaire de quantité, mais également de qualité et de culture, nous en convenons tous ; mais, il n'en reste pas moins que les besoins fondamentaux existent objectivement, et quand ils ne sont pas satisfaits, nous ne vivons pas pleinement. Nous ne devons pas non plus perdre de vue un autre indicateur du sous-développement. En effet, dans l'ensemble des pays du monde, un pays sous-développé ou, si l'on veut, en développement, est un pays taillable et corvéable à merci. Le dialogue dit « Nord-Sud » est bien le début d'une prise de conscience du fait qu'une partie de l'Humanité ne peut végéter dans la faim et la maladie pendant qu'une autre partie ne sait même plus où placer sa producttion. On produit du blé en quantité non plaçable, alors que des millions d'hommes ne connaissent pas le pain !

Et aucun dialogue Nord-Sud ne peut faire perdre à un pays son statut de pays taillable et corvéable à merci, s'il ne perd pas celui de sous-développé. La Conférence des Nations-Unies pour le Commerce et le Développement (CNUCED) convoque des sessions. C'est à son honneur, mais il faut que l'on cesse de continuer à assiter impuissant à la détérioration des termes de l'échange. Est-il d'ailleurs rationnel de parler de détérioration des termes de l'échange comme si cette détérioration se faisait en dehors de toute intervention humaine ? Prenons simplement le taureau par les cornes. La raison en est bien simple.

Nous échangeons des produits végétaux, animaux ou minéraux contre des objets manufacturés. Exception faite pour les hydro-carbures, le rapport entre les prix auxquels nous vendons nos matières premières aux pays industrialisés et ceux auxquels nous leur achetons les objets manufacturés, décroît constamment. Et c'est ce qu'on appelle malicieusement « détérioration des termes de l'échange ». En réalité, il s'agit d'une exploitation à peine déguisée, d'une pratique inique d'échanges inégaux de biens. Et ce rapport entre les prix à l'exportation des matières premières, exception faite pour les hydrocarbures, et ceux des importations, rapport qui, en 1970, était déjà très défavorable pour les pays du Tiers-Monde, n'a pas cessé de décroître au cours de cette dernière décennie. En estimant cette décroissance à 2 % par an, au cours de ces six dernières années, ce rapport, terriblement bas en 1975, n'a aujourd'hui qu'environ la moitié de la valeur de 1975. Comment, avec une telle hémorragie de devises étrangères, les pays en développement pourraient-ils avoir les moyens de se développer ? Comment surtout certains pays développés qui exploitent encore notre sous-développement pourraient-ils, sous la seule pression du verbe, être amenés à changer une situation qui semble leur profiter tant, et de plus en plus ? Nous disons bien « situation qui semble leur profiter », car en fait, ces pays minent leurs propres économies. En effet, on n'a pas besoin d'être une autorité en matière d'économie pour savoir qu'un seul individu n'a pas besoin de 95 téléviseurs, alors qu'il y a des marchés extérieurs pour résorber le surplus de production du « pays développé », qu'il est nuisible de fermer des usines, mettant ainsi en chômage des millions de travailleurs sous prétexte que leur production, à partir d'un certain seuil, casse le cours du marché mondial. En somme sommes-nous arrivés au 20e siècle, à manquer de cerveaux point de ne pas comprendre les lois les plus élémentaires l'échange entre pays ou Etats ? Nous sommes d'accord que hommes sont loin d'être des Saints, cependant il est temps, qu'on fasse preuve de réalisme.

. Nous ne cesserons jamais d'expliquer aux pays industrialisés qu'ils nous exploitent d'une façon inconsidérée, ni d'encourager les travailleurs à revendiquer ce qui leur revient légitimement en tant que créateurs des biens matériels et immatériels de la société. L'exploiteur connaît bien les ficelles de son système. Il fait semblant d'ignorer les droits des producteurs. Il protège avec une lucidité diabolique ses intérêts. L'exploiteur est toujours avisé. C'est l'exploité qui, lorsque le système d'exploitation est très complexe, est souvent abusé et n'arrive pas à savoir comment il est exploité. Il s'en prend au sort pour déplorer la misère dans laquelle il vit. L'exploité va jusqu'à imputer sa situation à l'action de Dieu ; or, Dieu est Justice et Equité. La prédisposition au fatalisme pessimiste caractérise l'homme quand il est placé, en dehors de sa volonté, dans certaines conditions d'existence. Considérer le sort comme sourd et aveugle, est un anthropomorphisme de mauvais aloi. C'est nous qui devons être lucides et ne pas nous comporter en complices de ceux qui risquent de nous amener à un état inférieur à notre état actuel. Ce ne sont ni les explications, ni les supplications, ni les pleurs, ni les jérémiades qui empêcheront les termes de l'échange de se détériorer et qui rétabliront la justice dans les échanges internationaux. Les échanges seront inégaux aussi longtemps que les pays dits sous-développés ne sauront rien faire d'autre de leurs matières premières que de les vendre aux pays industrialisés. Nous voulons dire que l'exploitation à laquelle les pays industrialisés les soumettent, se poursuivra aussi longtemps que leur niveau technologique restera bas et qu'ils n'auront pas la capacité de valoriser eux-mêmes ce qu'ils produisent.

Les rapports économiques internationaux sont de nature injuste. Les échanges sont basés sur un système de non-équivalence de valeur.

Les pays industrialisés imposent ce système pour miner les fforts des pays non-industrialisés en les exploitant sans rete-e. Le Nord ne veut pas s'adapter aux nécessités d'une évolu-harmonieuse du monde ; il maintient injustement le Sud la misère, dans le désespoir.

Les pays industrialisés manqueraient-ils de cerveaux clairvoyants et de cœurs sensibles pour refuser de négocier avec nos pays les bases d'un nouvel ordre économique international, fondant dans une vision plus juste les intérêts des Peuples ?

Ces pays refuseront-ils de comprendre la nécessité d'un équilibre dans la solidarité et la complémentarité des Nations ?

Continueront-ils à obéïr à l'instinct, à l'égoïsme, à Cheytane en persistant dans leur mépris des difficultés auxquelles la majorité de l'humanité est confrontée et, ce, du fait de leur politique économique ?

Les rapports internationaux dans le domaine de l'économie et du commerce doivent être des rapports d'efficacité, de qualité de performance et de puissance économique et financière, et non des rapports recouvrant des intérêts sordides et occultes. Nous sommes tellement inquiets du manque de cerveaux que nous nous demandons si les pays industrialisés n'ont pas organisé une conspiration contre l'avenir de nos pays ! Cette inquiétude se trouve renforcée quand nous constatons que les divers prêts et subventions contribuent plus à augmenter nos dettes en raison de la variation du taux d'intérêt lié au cours des monnaies qu'à concourir à notre développement. A-t-on besoin d'être un économiste pour savoir qu'à un moment donné, la progression du taux d'intérêt, selon les modifications de la parité des monnaies, se réduit tout simplement au refus élémentaire de secours à personne en danger ?

Il faut que les pays dits sous-développés acquièrent ce qu'il leur faut de science, de technique et de technologie pour devenir des interlocuteurs valables.

Nous savons bien que chaque pays, dans le concert international, ne doit pas s'imposer de transformer lui-même la totalité des matières premières qu'il produit, ni s'astreindre à fabriquer lui-même tous les biens dont il a besoin. Le monde est un vaste marché, et il faut que les échanges entre pays soient de plus en plus intenses. Les biens doivent circuler. Mais, un pays ne peut tenter d'exploiter un autre lorsqu'il sait que, d'une part, ce pays a la capacité, le savoir-faire et les moyens techniques de transformer lui-même les matières pr mières qu'il lui vend, et que, d'autre part, les biens manufac rés que ce pays lui achète, il peut les fabriquer lui-même qu'il fabrique d'autres objets dont il est maître dans la fixation du prix de vente. En bref, il faut que le partenaire sache que vous êtes capable de rétorsion et que, de plus, effectivement, vous fabriquez vous-mêmes les objets de base dont vous avez un large besoin.

La bataille à mener et à gagner, est donc celle de la maîtrise de la technologie. Le problème qui se pose n'est pas de savoir si la dimension technicienne de la civilisation que nous bâtissons, doit l'emporter sur d'autres dimensions de cette civilisation. Ce serait nous plonger, non pas seulement dans des dissertations creuses, mais aussi dans une impasse qui ne connaîtra guère de distinction entre pays développés et pays non-développés. Ce que chacun doit constater, c'est que, pour avoir subi la colonisation qui nous a bloqués dans notre développement technologique et technique, ce n'est plus notre artisanat qui produira les biens usuels auxquels nous avons recours quotidiennement et, encore moins, la technologie de fabrication d'objets mis au point, usinés et utilisés par les autres. Si nous menons la politique de l'autruche, si nous refusons de voir la réalité en face, nous resterons ou deviendrons les complices de ceux qui nous exploitent. Nous ajoutons que, quelles que soient les injonctions provenant d'un quelconque diktat, notre Peuple ne renoncera jamais à qualifier l'usage des objets dont nos aïeux tiraient parti avant l'intrusion coloniale. Et, notre artisanat, si nous voulons le revivifier, et nous devons le faire, il faut en garder l'esprit et lui trouver de nouveaux moules, une puissance et une efficacité technologiques additionnelles.

La bataille, c'est celle de la maîtrise de la technologie, du développement des techniques. Mais attention ! Lorsque nous parlons de technologie, il ne s'agit guère de la technologie genre déplacement d'usines démontées et dépassées, par nos pays ; il ne s'agit guère d'une technologie ayant recours chaque fois à l'armada de profiteurs. En effet, il ne s'agira pas d'achat de machines ultra-modernes, trop sophistiquées à transplanter dans notre pays et dont le fonctionnement ne peut être assuré que par les seuls étrangers ; il s'agira plutôt, parlant de technologie, de la maîtrise par les nationaux de toutes les sciences et technologies modernes. Mais, nous devons jalousement veiller à ce que toute technologie à laquelle nous ferons appel, respecte nos cultures, nos traditions, notre civilisation et nos valeurs morales, et surtout qu'elle ne bouleverse pas nos structures sociales qui constituent, avec les premières, le fondement de notre personnalité. Il s'agit d'une technologie qui, une fois maîtrisée, trouvera dans notre pays les cerveaux et les bras capables de nous tirer d'affaire chaque fois que cela s'avèrera nécessaire.

Il nous faut en dégager la stratégie. Elle existe, cette stratégie. Plusieurs pays y ont réussi. Mais il n'y a pas de stratégie standard. Chaque Nation ou chaque Peuple peut et doit accéder à la science et à la technique. Ce que les hommes reconnaissent, c'est qu'en dehors de toute stratégie conduisant à la maîtrise des technologies les plus appropriées et les mieux élaborées, mais attention, adaptées aux réalités du pays, c'est la perpétuation du vieil ordre économique international favorable à l'exploitation. L'esprit de ceux qui ont confiance en l'avenir de notre humanité restera fier et libre, mais sommes-nous sûrs que les peines physiques et les privations imposées à nombreux Peuples ne vont pas durer et s'étendre, et que les défaillances morales et spirituelles n'entameront pas les moins solides ?

La stratégie, notre stratégie est celle déjà engagée par le XIe Congrès National du Parti-Etat. Elle suppose le renforcement de la détermination au travail créateur et recréateur. Mais, puisque le rapport à ce Congrès a été diffusé plusieurs mois avant la tenue des assises, dans toutes les langues nationales et en français, puisqu'il a été, soulignons-nous, lu à la Radio des mois durant, puisque les résultats des débats ont été unanimement adoptés et ont été renforcés par la Résolution Générale, nul, s'il est vraiment militant du PDG, nul, disons-nous, ne peut se permettre de ne pas faire preuve de la détermination qu'il faut pour la matérialisation de tout ce que le XIe Congrès a arrêté. Et s'il n'est pas vrai militant du PDG, puisqu'il vit de l'effort de toute la Nation conduite par le PDG, les vrais militants du PDG doivent lui imposer cette détermination. Il faut continuer à porter un coup d'arrêt aux engagements verbaux dans le processus de la Révolution, il faut que chacun soit apprécié en fonction de ses activités pour la création du bonheur populaire.

La stratégie de conquête, de création et de développement de la technologie pour le développement socio-économique du Peuple, prescrite par le XIe Congrès, c'est tout simplement l'abandon du discours sur la technologie pour la maîtrise avisée de la technologie par tout le Peuple, par la consommation raisonnée et active de la technologie par tout le Peuple.

En effet, le taux d'auto-suffisance en riz en Afrique de l'Ouest est tombé de 84,5 % en 1975, à 56,6 % en 1977. Il serait même tombé jusqu'à 50 % en 1978, et les statistiques de 1981 nous laissent encore plus perplexes et inquiets.

Sans doute les importations de riz dans notre sous-région ont accusé un décaissement de 130 millions de dollars en 1976 ; chiffre qui a atteint 300 millions en 1977, et qui, aujourd'hui dépasse le milliard de dollars, soit un accroissement de plus de 700 % en 5 ans.

Avec l'accroissement galopant de nos populations, les aléas naturels qui entravent nos activités agricoles et le désordre économique mondial dont nous subissons les conséquences de plus en plus durement, c'est un leure que de penser qu'il peut en être autrement sans une attitude conséquente et dynamique de nos Peuples et sans un sur-effort que nous n'avons pas encore su faire.

Cependant, la nature, bien que capricieuse par moment, nous offre des conditions idéales pour la pratique d'une agriculture à haut rendement et en toute saison.

Très souvent, nous nous posons la question de savoir comment l'Amérique du Nord et l'Europe, avec moins de 20 % de leur population occupant le secteur agricole, sont arrivées à l'auto-suffisance alimentaire et même à exporter des millions de tonnes de céréales alors que l'Afrique, avec 80 % de sa population travaillant dans le secteur agricole, n'est pas encore arrivée à réaliser l'auto-suffisance.

A cette question, nous pouvons tous répondre correctement. Les Peuples de ces deux continents sont des producteurs éduqués, équipés et consommateurs des ressources de la science, de la technique et de la technologie.

Les producteurs américains et européens, disposant du savoir et du savoir-faire, sont arrivés à une plus grande maîtrise de la nature qu'ils transforment plus aisément que les Peuples africains.

La paysannerie africaine a donc besoin de profondes transformations :

— **celle de la mentalité ;**

— **celle des méthodes culturales ;**

— **celle de l'organisation du travail ;**

— **celle des moyens de production ;**

— **celle enfin du comportement du Peuple en vue d'utiliser pleinement le temps et efficacement.**

Pour un développement agricole, continu, nos Peuples ont des devoirs à accomplir, notamment :

1. La protection de la nature : enrayer les feux de brousse et les incendies de forêt, mettre fin au nomadisme agricole, protéger les forêts et conditionner la coupe de bois au reboisement simultané en vue d'améliorer les conditions écologiques indispensables à l'agriculture ; .

2. La maîtrise de la nature : fonction plus dynamique du Peuple qui doit domestiquer la nature par des transformations préalablement décidées par les hommes. Le Peuple demeure l'agent actif qui veut et doit, de plus en plus, se soustraire aux contraintes de la nature, pour lui faire subir toutes les transformations nécessaires à son bien-être et, cela, dans une garantie constamment renforcée.

Il y a donc deux fonctions, celles de protection de la nature et de production des biens utiles à la vie sociale et au progrès de l'homme.

La fonction de protection doit être exercée, d'abord sur la forêt qui commande à l'agriculture, ensuite sur le secteur, d'ailleurs connexe, des eaux. Ces deux secteurs ont pour agents de protection et de création, l'homme et le Peuple. Nous disons donc que sans bois, pas d'eau ; sans eau, pas de reproduction forestière. C'est pourquoi, les deux sont à « égale distance » de l'agent actif qu'est l'homme !

Pour que la nature entretienne la société, il faut en retour que celle-ci sache la protéger et l'enrichir constamment. La protection de la nature exige que l'homme connaisse celle-ci telle qu'elle est, grâce à un inventaire de ses richesses en peuplements forestiers et en eau, et s'impose une discipline dans son comportement vis-à-vis d'elle. Connaître la nature telle qu'elle est, dans ses possibilités présentes, c'est l'objet de l'hydrologie, science et pratique que nos Peuples doivent rapidement maîtriser.

L'hydrologie, c'est-à-dire l'étude de l'eau telle qu'elle existe dans la nature, permet d'établir le recensement constant et la connaissance exacte des différentes données et de leurs variations dans le domaine des eaux. Cette fonction essentielle de l'hydrologie doit nous orienter d'une façon précise dans notre action de protection, car l'on ne peut protéger qu'à partir de la connaissance appronfondie, d'une part, des caractéristiques spécifiques de ce qui est à protéger, et, d'autre part, de l'effort direct ou indirect à exercer sur ces carctéristiques des différentes données de l'environnement. Les variations intervenues, dans la mesure où la normale aura baissé, indiquent une infraction, une agression ou une action négative sur la nature.

Une politique juste dans le domaine de l'hydraulique sera l'élément dynamique de transformation, de modification des données naturelles pour les orienter vers les objectifs que nos Peuples veulent réaliser en s'appuyant sur les aménagements devenus de plus en plus nécessaires.

Les aménagements n'ont pas une nature unique ; on peut aménager aussi bien une forêt qu'une plaine en vue de la céder au secteur de l'agriculture ; l'aménagement, c'est donc, en un mot, la transformation appropriée d'une infrastructure naturelle destinée à un développement économique basé sur l'exploitation judicieuse des ressources naturelles. L'aménagement, dans le cadre de cette fonction, est multidimensionnelle.

Pour arriver à se suffire dans le domaine alimentaire, pour pouvoir faire fonctionner leurs unités industrielles, consommatrices de matières végétables, pour accroître leurs exportations en produits agricoles et forestiers, nos Peuples doivent nettement accroître le rendement de la terre et pratiquer deux à trois récoltes annuelles.

La solution du problème de l'auto-suffisance alimentaire de nos Peuples doit surtout s'appuyer sur la couche paysanne qui en constitue la majorité écrasante : plus de 80 %. C'est cette paysannerie qu'il faut mobiliser, éduquer et initier aux techniques culturales modernes pour que le progrès que nous ambitionnons ne demeure pas au stade des intentions.

Nous le répétons, dans nos campagnes vivent 80 % de la population nationale. Si l'on veut que tout le Peuple s'empare de la technique et de la technologie, c'est à l'intérieur du tissu social de la paysannerie qu'il faut introduire ceux qui représentent le nouveau, le devenir scientifique et technique, et qui, armés de technologies et d'outillages matériels appropriés, créent d'autres sur place et agissent sur l'ancien par les faits, afin que l'ancien soit mû en nouveau. C'est d'une véritable guerre de libération de l'impuissance technologique qu'il s'agit, une guerre dont les combattants ne doivent pas être les seuls universitaires de profil agro-pastoral, mais tous les universitaires, les techniciens représentant tous les corps de métiers. Les ingénieurs et aide-ingénieurs agronomes, zootechniciens, aménagistes, forestiers, agro-biologistes, agro-biochimistes, grâce à qui, aujourd'hui, il y a au moins une Ferme Agro-Pastorale dans chacun de nos 314 Arrondissements ruraux et sub-urbains, ne sont que les pionniers, les premiers soldats d'une armée patriotique dont les effectifs sont aptes à combattre victorieusement sur tous les fronts du développement socio-économique de notre pays.

Au cours du premier Séminaire des Fermes Agro-Pastorales d'Arrondissement (FAPA) , nous déclarions :

« Le XIe Congrès a prescrit l'implantation de Fermes Agro-Pastorales dans les Arrondissements en utilisant les jeunes universitaires qui ont reçu en conséquence, une formation à la fois théorique et pratique et qui vont devenir les nouveaux paysans nécessaires à la domination de la nature, à l'augmentation quantitative et qualitative de la production nationale (...)

« L'existence du nouveau dans l'ancien, n'est pas seulement du point de vue de l'âge physique. Elle l'est aussi de l'âge mental, du degré de formation idéologique, politique et technique des hommes (...)

« L'ancien résiste à la disparition, alors que le nouveau, qui est en germe, veut et doit éclore. La résistance de l'ancien a

beau être forte, le nouveau brise toujours la carapace qui veut l'étouffer et jaillit. C'est une question de temps, mais le mécanisme s'effectue toujours. Il en est de même, si nous prenons en considération l'ensemble des objectifs du Peuple guinéen. Nous pouvons caractériser le passé en tant que phase ancienne de médiocrité à cause de la domination coloniale et féodale. Le pays, dominé et maintenu dans l'ignorance malgré ses grandes potentialités économiques, ne pouvait se planifier et s'organiser pour atteindre l'auto-suffisance rêvée. Mais devenu indépendant, le pays doit fournir tous les efforts nécessaires pour renforcer davantage sa souveraineté politique arrachée de haute lutte. Bien sûr, et malgré nos efforts, les hommes ne sont pas tous qualifiés et cela se ressent dans le niveau de rendement dans la production. Les moyens qu'ils utilisent sont toujours à améliorer pour les adapter à la complexité croissante de l'objet de leur travail, et même à l'état d'organisation qui comporte encore des faiblesses. Cela veut dire que nous devons nous défaire de ces caractéristiques qui représentent dans notre existence d'aujourd'hui, ce que nous considérons comme des facteurs négatifs du passé, car la tradition de lutte anticolonialiste et anti-féodale, doit rester dans nos esprits. Cette tradition renforce en nous, notre attitude de porteurs de légitimes aspirations au progrès démocratique et social, dans tous les domaines, de notre Peuple. Mais le progrès commence par l'homme lui-même. Pour qu'il puisse créer le progrès autour de lui, il faut que sa conscience, sa volonté, ses possibilités de transformation de la nature expriment le degré de capacité requis à cet effet. Au fur et à mesure qu'il s'accomplit, il crée les conditions propres à accomplir les tâches pratiques nécessaires à l'amélioration de son mode de production et de son mode d'existence. Notre conscience doit nous pousser dans une véritable guerre contre nous-mêmes, en vue de nous défaire de tout ce qui relève du passé comme facteur négatif. Cette conscience veut le renouveau, l'amélioration, le perfectionnement et un équilibre dynamique dans tous les secteurs de notre existence ; elle exige que nous qualifiions toutes les choses en nous qualifiant nous-mêmes. Cela ne peut se faire que dans l'action qui, seule, crée, transforme et embellit la vie. C'est pourquoi, à l'ordre du jour de chaque Instance du Parti, figurent en bonne place de nouvelles actions à engager.

« Entre le nouveau et l'ancien, il n'y a pas une simple cohabitation dans la mesure où l'ancien cherche à étouffer le nouveau. Le nouveau que nous voulons réaliser, c'est une paysannerie moderne qui s'appuie sur le travail créateur et qui utilise la science et la technique modernes qu'il faut conquérir. C'est donc avec attention que nous devons suivre le processus de la liquidation de l'ancien. Nous devons étudier méthodiquement tous les problèmes qui se présenteront, à quelque échelon que ce soit, pour les résoudre afin de ne pas bloquer la marche.

« L'ancien, c'est le paysan de chacun des villages de Guinée, celui-là qui utilise la daba, qui n'arrive à mettre en valeur que quelque deux ou trois hectares de terre pour une production de subsistance de la famille, qui végète dans une case sans confort ! C'est le paysan qui rêve de bonheur, mais qui ne se trouve pas dans des conditions subjectives et objectives de le réaliser pleinement. Voilà l'ancien ! Et nous savons ce que cet ancien présente d'insuffisances à l'échelle de la Nation. Nous ne pouvons accepter qu'un pays si nanti comme la Guinée, dont le sort est envié par beaucoup de Peuples du monde, soit encore amené à importer des denrées alimentaires. Nous ne laisserons pas les autres nous critiquer. Nous devons, en tant que révolutionnaires conséquents, rechercher les causes de nos insuffisances et remédier à celles-ci. C'est là aussi une marque d'honnêteté vis-à-vis de nous-mêmes, vis-à-vis des autres et aussi l'expression de notre volonté d'en finir avec les insuffisances.

« Nous devons résoudre nos problèmes ; car aucun Peuple, si généreux soit-il, ne viendra les résoudre pour nous et à notre place. Et c'est pourquoi, notre travail doit être à la dimension des grandes possibilités que la nature nous offre, pour devenir un Peuple heureux, prospère, apportant une contribution à l'amélioration des conditions de vie des autres Peuples qui ne sont pas naturellement aussi bien pourvus que la Guinée.

C'est pourquoi, le nouveau doit être réalisé. Il est représenté par nos frères, nos fils qui ont reçu une formation technique à l'université et qui envahissent aujourd'hui la campagne pour y pratiquer l'agriculture, l'élevage, la pêche, la pisciculture, l'artisanat, bref tous les métiers que nécessite la valorisation des ressources naturelles ».

Ces pionniers créent et exploitent donc la Ferme Agro-Pastorale d'Arrondissement (FAPA) qui est un merveilleux instrument de conquête, de création et de développement de la technologie, par la consommation active de la technologie, comme nous l'avons déjà dit. Et, pour préciser notre pensée, citons les extraits suivants du discours inaugural de la 47e Session du Conseil National de la Révolution (CNR) :

«La FAPA, c'est un complexe d'unités de production agricole, pastorale, piscicole et artisanale répondant, à tous points de vue, aux exigences d'une entreprise économique à bilan largement positif et en constante amélioration, s'imposant la rigueur scientifique et la vigueur révolutionnaire requises, attentive à la reproduction élargie dans toutes ses activités et obéissant scrupuleusement au principe de non exploitation de l'homme par l'homme.

« La FAPA, c'est un centre de modernisation de l'agriculture et de promotion de la paysannerie dans chacun des villages de l'Arrondissement auquel elle appartient.

« La FAPA, c'est ainsi l'instrument privilégié du développement, en zone rurale, des technologies les plus appropriées à nos réalités et dont la hardiesse est la plus conforme à nos légitimes ambitions.

« La FAPA, ce n'est pas seulement l'agriculture, c'est l'élevage, la pisciculture. Elle concerne aussi les petites industries artisanales ; la FAPA, c'est l'appropriation de la nature à la campagne, grâce aux ressources de la science et de la technique. C'est la maîtrise de l'eau pour l'agriculture, grâce aux aménagements hydro-agricoles. C'est la maîtrise de l'eau pour l'énergie qu'elle recèle, grâce à la construction de micro-barrages hydro-dynamiques et à l'installation de micro-centrales hydro-électriques.

« C'est l'équipement rural : bâtiments, voies de communication, ponceaux, etc ; c'est l'utilisation, pour notre bien-être, de tout ce qui est, localement, à notre portée. D'où, la valorisation et l'utilisation des matériaux locaux dans la construction des bâtiments et des ouvrages d'art ; d'où, également l'utilisation large et systématique des engrais organiques.

« La FAPA est le centre privilégié et l'instrument adéquat de la promotion de toutes les micro-réalisations pouvant con-

courir immédiatement au mieux-être en zone rurale. Et, c'est pour toutes ces raisons contraignantes que la FAPA doit créer à la campagne la plupart des objets de notre bonheur ; c'est pour ces raisons majeures que nous devons savoir dès maintenant que, demain, il nous faudra avoir au sein de la FAPA, des agents de tous les corps de métiers que nécessite la satisfaction des besoins de base.

« La FAPA, somme toute, c'est un jalon puissant sur la route qui nous conduit à une civilisation nouvelle, une société nouvelle que nous bâtissons et qui doit offrir à l'homme, les meilleures bases économiques, matérielles, socio-culturelles et politiques pour son plein épanouissement physique, intellectuel et moral, dans le meilleur environnement social et naturel ».

« Pour y réussir, nous devons allier, comme nous l'avons déjà dit, le réalisme le plus objectif à l'ambition la plus légitime, en ayant recours, au long du temps et le long de notre parcours, aux méthodes scientifiques les plus avancées, à la prise en charge de toutes les éventualités, de toutes les opportunités, de tous les objectifs, au fur et à mesure de leur apparition, en analysant tout, en contrôlant et vérifiant l'accomplissement de toutes nos tâches, en rectifiant la marche, le style de travail, instruits par l'action, en étudiant, au cours de chaque phase, celle qui va la suivre ».

« De la dynamique des relations PRL-FAPA »

« La FAPA est l'instrument privilégié des Pouvoirs Révolutionnaires Locaux d'un Arrondissement dans la lutte de ceux-ci pour la domination de la nature, la qualification de la production, l'assainissement du circuit des échanges et l'administration des choses. Voici que nous sommes entrés dans la phase de l'établissement concret des relations entre les villages et leur instrument privilégié, la FAPA. Nous ne devons plus nous contenter de formules : nous devons cerner les choses de très près. Il va de soi que, si une institution relevant de la sphère des activités agro-pastorales n'est pas intégrée à la dynamique des villages ladite institution sera sans effet positif sur la paysannerie et deviendra une source de dépenses nuisibles et un facteur de démobilisation des paysans ».

Et la dynamique du Pouvoir Révolutionnaire Local porte sur tous les secteurs qui concourent à la vie d'une société, tous les secteurs qui concourent à recréer et à développer continûment la société. La Ferme Agro-Pastorale d'Arrondissement, elle-même, dès que sa production lui dictera un tel pas en avant, la Ferme Agro-Pastorale d'Arrondissement, disons-nous, doit progressivement se doter d'ateliers, « d'Industries villageoises », démarche qui entre bien dans le processus de la création de la nouvelle société nationale, une société nationale à collectivités locales fortement décentralisées au plan des initiatives heureuses de l'administration, de la production, etc, mais qui toutes convergent idéologiquement et politiquement au plan des grandes options de la Révolution populaire.

Il nous faut nous organiser pour que, d'ici à la fin de l'actuel Plan Quinquennal, c'est-à-dire d'ici décembre 1984, nous ayons mis au travail l'intégralité des énergies humaines (spirituelle, intellectuelle et physique) des masses populaires, en leur assurant notamment le plein emploi effectif, prioritairement dans les secteurs d'exploitation, de qualification et de développement des ressources renouvelables à savoir :

1. — les énergies nouvelles et renouvelables ;

2. — la production végétale et animale ;

3. — la science et la technique que l'on doit également considérer comme ressources renouvelables ;

— et aussi dans les secteurs d'aménagement du territoire au plan du réseau de communication, l'efficience d'une société étant aussi fonction de l'intensité des échanges des biens et services ainsi que de l'aisance de la circulation des personnes et des idées.

L'intégralité des énergies humaines ne serait-elle donc pas mise au travail et à plein temps, aujourd'hui ?

Nous disons non, elle ne l'est pas.

D'abord, au niveau des grands centres urbains : Conakry, Kankan, N'Zérékoré, Kindia, Labé, etc. Nous disons que dans la seule ville de Conakry qui compte 600 000 habitants, l'on peut trouver quelque 100 000 personnes valides n'ayant qu'un semblant d'occupation.

Si nous considérons ensuite le monde rural, et si nous retenons que, d'une part, on ne fait, en général, qu'une culture par an alors que si les terres étaient aménagées et l'eau maîtrisée, on pourrait en faire trois et que, d'autre part, le paysan n'est pas aujourd'hui assez équipé pour occuper totalement et utilement les deux tiers de l'année qui auraient été laissés libres pour les industries villageoises, nous sommes obligés de conclure que la paysannerie, malgré elle, gaspille en moyenne la moitié de l'énergie intellectuelle et physique dont elle dispose.

Si, enfin, nous observons la multitude de pseudo-commerçants, colporteurs de quelques pacotilles, qui vont promenant leur inutilité, sinon leur nocivité à travers le pays, force nous est de conclure, sans exagérer, que les forces vives de la société, forces spirituelles, intellectuelles et physiques, ne sont pas, en fait, investies utilement à plus de la moitié de leur capacité.

Opérer la reconversion de ces forces inoccupées et assurer leur affectation productive en conformité avec la meilleure stratégie de développement revigore les forces déjà au travail ;et c'est par un cœfficient accélérateur très élevé que se trouve alors multiplié le rendement de l'ensemble des forces vives de la société.

Nous avons conscience des difficultés d'une telle opération, car la sous-occupation des forces de travail n'est pas un phénomène propre à la Guinée, mais caractéristique du sous-développement, se manifestant comme cause et effet à la fois.

Nous avons largement défini la mission de la Ferme Agro-Pastorale d'Arrondissement (FAPA) vis-à-vis de la paysannerie : une mission de promotion paysanne. Mais nous n'avons pas assez prescrit la mission de la FAPA à l'égard du monde urbain « flottant » ou, pour être plus précis, du monde urbain désœuvré :

Il faut que la Ferme Agro-Pastorale d'Arrondissement (FAPA), dans la tâche de transformation de la campagne qu'elle engage, réussisse à rendre la campagne attrayante pour tout individu ne voulant pas mener une existence veule. Il faut que la FAPA, à force d'humaniser la nature, à force de tirer d'elle l'objet du bonheur humain, à force d'accroître la productivité du travail humain à la campagne, à force de varier ses activités en y incluant tout ce qui sollicite l'effort humain, la sagacité humaine, la force créatrice humaine, il faut que la FAPA, à force de faire réussir tout cela, exerce sur les jeunes qui constituent la ronde des oisifs dans les centres urbains, un pouvoir d'attraction propre non pas seulement à arrêter l'exode rural, mais à engager aussi un exode urbain, un retour vers les villages, vers la campagne, vers les activités agro-pastorales.

Soyons concret : la prospérité de la Ferme Agro-Pastorale d'Arrondissement (FAPA) doit lui permettre d'accroître ses besoins en forces de travail, d'engager avec profit tous les jeunes qui, au terme de la 12e, ne voudraient pas ou ne pourraient pas, pour de multiples raisons, aller plus loin. Et il n'y a pas que ces jeunes-là. Ce qui est certain, c'est que demain, aucun jeune ne devra être désœuvré, à moins qu'il n'ait choisi d'être un marginal ; mais, il s'agirait alors de cas pathologiques qu'il nous appartiendrait également de soigner et de guérir. L'essentiel est de créer méthodiquement, sans précipitation, mais à une allure accélérée et réfléchie, toutes les structures d'accueil continu des forces de travail en amplifiant la dynamique des Fermes Agro-Pastorales d'Arrondissement (FAPA) et des Fermes Agricoles Communales (FAC).

Demain, les travaux ruraux perdront notablement de leur caractère rébarbatif et harassant, grâce, il est vrai, aux tâches exténuantes que nos fermiers accomplissent aujourd'hui.

Un exemple :

Pour des raisons de commodité, on classe aujourd'hui les centrales hydro-électriques en plusieurs catégories :

1). Grandes centrales, celles dont la puissance est supérieure à 1 000 kilowats, c'est-à-dire à 1 Mégawatt ;

2). Petites centrales, celles dont la puissance va de 501 kw à 1 000 kw ;

3). Mini-centrales, celles dont la puissance va de 101 kw à 500 kw ;

4). Micro-centrales, celles dont la puissance est au plus égale à 100 kw.

Eh bien ! Ces mini et micro-centrales relèvent toutes de **l'hydraulique villageoise** ; supposons que, dans l'exécution de leurs programmes, toutes les Fermes Agro-Pastorales d'Arrondissement (FAPA) se trouvant dans le voisinage des lieux où il y a quelque site hydrologique à valoriser, aménagent effectivement ce site et disposent ainsi de l'énergie électrique, de l'eau pour l'irrigation, la pisciculture et l'alimentation, ces FAPA rencontreraient-elles des difficultés à recevoir les jeunes qui viendraient des villes pour s'y installer ? Et puis, n'allons pas croire que le programme d'installation de telle centrale hydro-électrique soit une vue de l'esprit.

Un pays comme le Népal, qui a moins de cadres hydrauliciens et électromécaniciens que la Guinée, fabrique lui-même aujourd'hui ses petites turbines hydrauliques, les unes d'une puissance au plus égale à 100 kw, les autres allant jusqu'à 500 kw, et il est en train de couvrir tout son territoire d'un très grand nombre de micro et mini-barrages, tout en exécutant son programme de construction de petits et grands barrages. Tout est un problème de bon choix, de lucidité, de détermination et de constance.

Le reboisement systématique du territoire fait partie de la qualification, de l'exploitation et du développement des ressources renouvelables. Le patrimoine forestier constitue une immense richesse que nous avons tort de dilapider comme nous le faisons aujourd'hui à travers les feux de brousse et les incendies de forêt. Ici, les villages, les Arrondissements, les Régions, doivent exécuter scrupuleusement les directives des 48e et 49e Sessions du Conseil National de la Révolution concernant l'intervention du budget du développement dans la restauration, la protection et l'extension de ce patrimoine forestier.

Nous ne reprenons pas ici l'agriculture, l'élevage et la pêche dont nous avons déjà très largement parlé, puisque constituant la base de notre développement socio-économique.

Nous devons cependant insister sur le caractère de ressources renouvelables essentielles de la science, de la technique et de la technologie, ou, si l'on veut, sur le caractère éminent de ressource renouvelable, sur la vocation créatrice de la matière grise ou de «l'or gris ». Il n'y a aucun développement sérieux sans l'intervention permanente, puissante de l'énergie cérébrale, et nous nous dépêchons d'ajouter qu'elle est la chose la mieux partagée, mais qu'elle peut rester en veilleuse si la conscience ne la mobilise pas et si le travail ne la met pas en œuvre.

C'est pourquoi, nous avons également exigé que la Ferme Agro-Pastorale d'Arrondissement (FAPA), lieu de concentration d'ingénieurs et d'aide-ingénieurs, soit un lieu de recherche biotechnologique et agronomique pour le développement, et que, par ce biais, elle accroisse d'une manière continue le rendement des terres, la productivité du travail, améliore la qualité du matériel végétal et animal et assure une parfaite maintenance des moyens de production.

Cet effort s'impose d'autant plus que la chimie, en mal de matières premières et souffrant du renchérissement du prix des hydrocarbures, commence à puiser largement dans les denrées alimentaires pour continuer à fabriquer des matières nouvelles. L'on parle déjà du « raffinage agricole » ; les céréales, le lait, les oléagineux, sont désormais considérés comme des matières premières, dont chacun des éléments constitutifs est exploitable industriellement, au même titre que le pétrole ! Quand on pense, aujourd'hui, que plus de 30 % de l'éthanol américain proviennent des produits agricoles, l'on doit comprendre que, de plus en plus, une véritable concurrence s'engage entre les besoins industriels et les besoins alimentaires, et que, tous ces besoins allant en croissant, nous ne pouvons nous en tirer qu'en devenant de plus en plus performants ; et, c'est précisément le travail scientifique et technique qui rend performant.

L'on comprend ainsi de mieux en mieux, notre option fondamentale :

— Développement de la démocratie à la base ;

— Développement des collectivités locales au plan du travail créateur, de la science et de la technique ;

— Promotion paysanne et développement du bien-être à la campagne où vivent 80 % du Peuple ;

— Equipement conséquent des centres ruraux.

Telles sont les grandes lignes de cette option dont les Fermes Agro-Pastorales d'Arrondissement (FAPA) sont les points d'appui privilégiés, et les villages les centres fondamentaux d'actualisation.

Cette option impose aux travailleurs des villes et des Centres industriels une conscience professionnelle sans faille. Dans la détermination de ne jamais tricher avec le travail, ce sont eux qui sont concernés par la mission de fabriquer et de mettre à la disposition des FAPA et, plus tard, de chaque Commune villageoise, les machines, d'abord simples, ensuite plus complexes, dont les FAPA et les Communes villagoises ont besoin pour développer les Industries villageoises dont nous avons parlé.

Fabriquer ces machines, c'est assurer une consommation dynamique de la technologie. Et, faire une telle consommation, aboutit à la création de technologies nouvelles. C'est dans cette spirale que nous devons nous engager. Du reste, nous avons déjà quelques points d'appui. D'abord, notre « Centre Pilote Industriel », ensuite la Faculté des Sciences Techniques du 1er degré « l'ENAM ». Nous devons les renforcer pour déclencher un processus de progrès technique sans fin. Ceux qui sont chargés d'exploiter ces centres doivent surtout se pénétrer de la stratégie du Parti Démocratique de Guinée en matière de développement,et tirer de leurs installations des profits équivalents à ceux que pourraient réaliser les meilleurs ingénieurs, techniciens et ouvriers venus des pays industriels les plus avancés. Nous devons, au moins, en toute chose, tendre à être les égaux des meilleurs ou ne plus prétendre que nous sommes des militants de la Révolution.

Comme nous le disions à la page 144 du Tome 24 des Œuvres du PDG, s'agissant d'une action de développement économique indépendant, « le succès d'une telle action visant cet objectif est conditionné en grande partie par le choix judicieux de ses bases d'appui, parmi lesquelles nous retenons, quant à nous, les points fondamentaux suivants :

a) — le Peuple considéré comme sujet et objet du développement ;

b) — un cadre institutionnel approprié, c'est-à-dire adapté aux impératifs du développement par et pour le Peuple ;

c) — la valorisation de toutes les ressources naturelles dont dispose le pays ;

d) — la conquête de la science, de la technique et de la technologie par tout le Peuple. »

En effet :

1. — Autant le développement est une exigence de la vie sociale, un impératif de l'équilibre de l'individu, sujet et objet du travail, autant le Peuple dont le point de départ est l'homme, est sujet et objet du développement.

Qu'il s'agisse de l'agriculture, de l'industrie, de l'énergie, du commerce, des transports, des banques, ou de tout autre secteur considéré, c'est l'homme, en tant qu'agent actif et créateur, qui est la base essentielle, permanente, universelle du développement. Le Peuple est considéré, ici, à travers sa fonction économique, à travers le travail qu'il effectue pour préserver d'abord et pour développer ensuite ses acquis.

C'est cette exigence qui a amené le Parti Démocratique de Guinée à organiser le Peuple et à lui conférer le pouvoir, tous les pouvoirs, en le dotant, à tous les échelons, d'institutions révolutionnaires adéquates et conséquentes : le Pouvoir Populaire Révolutionnaire.

2. — Le développement économique indépendant, ambitionné par les Peuples africains, ne peut se réaliser qu'à partir d'un cadre institutionnel de base. L'homme, sujet et objet du développement, vit et agit dans un cadre social qui peut être, soit le village ou le quartier urbain, soit l'unité économique (Entreprise ou Société), soit l'Université. L'efficience du développement économique résultera, dans ce cadre social, de la capacité de ces entités à le mener et à le maîtriser grâce à une participation consciente organisée et solidaire de ceux qui y vivent et y travaillent : les hommes.

On comprendra alors pourquoi en République Populaire Révolutionnaire de Guinée, le Pouvoir Révolutionnaire Local (PRL), le Centre d'Education Révolutionnaire (CER), et le Comité d'Unité de Production (CUP) sont définis comme les points d'appui institutionnels du développement économique.

La réalisation, depuis 1973, d'un vaste programme d'implantation des Brigades de Production (mécanisées et attelées) dans les villages, et des Fermes Agro-Pastorales dans tous les Arrondissements du pays concrétise cette logique du développement économique indépendant. Ainsi, les villages disposent d'un instrument efficace de valorisation des ressources de leur aire géographique.

3. — Le développement économique rapide et équilibré de

nos pays exige que les possibilités, toutes les possibilités des divers secteurs économiques et financiers soient judicieusement exploitées au profit du Peuple.

La logique du développement économique indépendant commande l'application du principe de compter sur ses propres forces, de porter l'effort sur la mise en valeur des richesses et des potentialités économiques existantes dont sont dotés nos pays. La colonisation avait fait de l'Afrique une vaste réserve de matières premières dont l'exploitation au profit des économies capitalistes développées, n'a jamais dépassé le stade primaire de valorisation. La division internationale du travail, imposée par le système capitaliste mondial, fait toujours de nos pays, des zones de production primaire, alors que le véritable développement se définit par l'élévation constante du taux de « valeur ajoutée » contenu dans le produit fini.

Cependant, pour ne pas être consommatrice passive de technologies étrangères dans la nécessaire valorisation de ses ressources, l'Afrique doit faire accéder ses Peuples à la maîtrise de la science et de la technique.

4. — La science, la technique et la technologie constituent les moyens de production de tous les autres moyens de qualification.

Pour résister victorieusement à toute agression technologique, nous devons ouvrir toute la science et toute la technique au Peuple, car ces deux facteurs du développement économique changent d'orientation suivant qu'elles se trouvent dans les mains du Peuple ou dans celles, exclusives et égoïstes, d'une minorité réactionnaire.

Dans les conditions de l'Afrique d'aujourd'hui, la Révolution scientifique et technique réside dans l'utilisation rationnelle et massive de la science et de la technique directement par le Peuple laborieux.

Le développement économique indépendant en Afrique postule ainsi que le Peuple, sujet et objet du développement, maîtrise la science et la technique, comme attributs essentiels de son rôle d'agent fondamental du progrès économique. Dans ce processus, accorder une place de choix à la maîtrise de l'énergie contribuera à accélérer le développement économique indépendant car, c'est grâce à la maîtrise de l'énergie, sous toutes ses formes, que l'Europe a colonisé, subjugué et continue à exploiter l'Afrique et les autres régions du Tiers-Monde. C'est aussi par la maîtrise de l'énergie, sous toutes ses formes, que l'Afrique et les autres régions du Tiers-Monde accèderont à leur émancipation complète.

Mues par une haute conscience idéologique et une ferme volonté de progrès, notre capacité de travail, notre discipline rigoureuse dans l'accomplissement quotidien de nos tâches de production et de gestion demeurent désormais les fondements de notre conviction quant à la victoire constante de la Révolution dans son œuvre d'édification en Guinée d'une société nouvelle, une société socialiste.

Nous ne nous attarderons pas sur la dialectique qui est en œuvre dans le thème dynamique : « **Besoins-Travail-Développement** ». Elle saute aux yeux, comme toute liaison logique entre le but et le moyen.

On voit mieux que l'émergence de la dimension humaine, dans le règne animal, est organiquement liée à la nécessité pour l'homme de satisfaire ses besoins vitaux par une approche spécifiquement humaine : le travail humain. On voit mieux que l'apparition de ce phénomène spécifiquement humain, à savoir le travail, est elle-même déterminée par une mutation surgie de l'évolution biologique de l'homme. L'anthropologie moderne montre, en effet, que la station debout a été chez les grands anthropoïdes supérieurs, une étape décisive dans l'avènement du genre humain et dans l'apparition des formes de société humaine. La libération des membres antérieurs de ces grands anthropoïdes, consécutive à la station debout va favoriser un développement prodigieux de la main et de sa capacité de préhension d'objets, de transformation de ces objets et de fabrication d'outils. Un besoin nouveau va naître qui, lui, ne se retrouvera chez aucun autre animal : le besoin de travailler, de transformer la nature, en un mot de produire. Le degré de puissance de l'homme, de sa maîtrise de la nature va désormais se mesurer par la complexité et la variété des outils qu'il sera capable de fabriquer par les instruments de travail et les machines qu'il va inventer pour accroître sa puissance, pour accroître la production sociale de son existence. Mais, c'est aussi, par ce processus incessant de création d'outils, d'instruments de travail et de machines de plus en plus perfectionnés que l'homme va s'éloigner de plus en plus des autres animaux, qu'il va devenir « maître et possesseur de la nature » par un développement prodigieux de son cerveau et de sa boîte crânienne. La croissance des besoins sociaux, des besoins liés à la production sociale, va accroître le potentiel culturel. La division du travail dans la société apparaît comme une condition du progrès de toute la société. Le développement et la qualification des rapports entre les hommes, en son sein, seront d'une telle nécessité qu'il ne sera plus possible, à aucun membre de la société, de mener une vie hors d'une forme sociale de plus en plus organisée.

a) — Tout développement doit commencer par le développement de l'homme et se traduire nécessairement dans la qualité de son comportement au sein de la société, dans le niveau de sa conscience et la qualité de son sens de responsabilité, enfin, dans l'expression pluridimensionnelle de ses capacités à comprendre, à analyser, à transformer positivement ses conditions d'existence. La fin assignée à tout développement doit demeurer l'amélioration de la condition humaine, le sujet de tout développement doit également demeurer l'homme en face duquel tout prend valeur de moyen.

b) — Le développement économique de la Guinée doit obéïr à la priorité en faveur de la promotion du secteur agro-pastoral, en vue de la valorisation de plus en plus poussée des immenses potentialités économiques du pays.

c) — Le développement économique de la Guinée, récusant le modèle du développement capitaliste où la primauté du capital sur l'homme est la réalité évidente, doit suivre un processus qui lui fasse accéder à un haut niveau, en lui épargnant la phase de développement capitaliste et en s'appuyant sur les technologies les mieux adaptées, les plus avancées.

Notre Parti-Etat a toujours enseigné que toute société périt, quand elle cesse de produire les biens matériels et culturels indispensables à la vie de ses membres ; ou encore que toute société qui cesse de fournir le travail social nécessaire à la satisfaction de ses besoins matériels et culturels est menacée de mort.

Chaque formation sociale doit donc sa vie et sa survie à

l'effort collectif et individuel de production, au travail productif de tous ses membres. Cette vérité évidente semble échapper à quelques cadres du Parti-Etat qui pensent que seule une aide extérieure pourra sortir notre pays de son retard actuel. **Le progrès et le développement ne se donnent pas.** Le Peuple doit, par ses efforts conscients et constants, les conquérir. Le bonheur, en tant qu'équilibre, exige que les moyens s'accroissent en même temps que les besoins sociaux. La progression démographique doit être nécessairement dépassée par la progression de l'économie. La production doit être donc supérieure à la consommation pour qu'il y ait accumulation de biens disponibles pouvant garantir le bonheur individuel et collectif des hommes.

Pour conclure ce chapitre, nous reprenons quelques passages du discours de clôture de la 46e Session du Conseil National de la Révolution :

« Il faut de nouvelles méthodes pour nous mettre nous-mêmes à l'épreuve. Et, plus nous nous imposerons de nouveaux efforts, plus nous serons à même d'imposer à un échelon inférieur des efforts semblables.

« Ici, nous retenons que nous voulons tous nous réhabiliter, nous mettre à l'heure des exigences du progrès de notre Peuple, conférer à notre comportement un taux d'utilité réelle et un taux d'efficacité dans l'action que nous conduisons. Ce qui exige de nous des initiatives créatrices à tout moment, en tout cas, la constance dans les efforts à engager dans tous les domaines pour créer les biens matériels nécessaires au bonheur de notre Peuple (...)

« La Révolution est exigence, exigence de qualification des hommes, exigence de perfectionnement continu des moyens que les hommes utilisent ; la Révolution, c'est l'offensive qui veut que soient prévues les étapes à venir, qu'elles soient étudiées avant même de les aborder afin qu'en homme averti, le militant sache les difficultés qui l'attendent ; et, trempé dans sa propre volonté de les surmonter, il ne manquera pas de vigilance et de fermeté pour traverser la période nouvelle.

« Les contre-révolutionnaires ne peuvent plus réussir sans passer par nous. C'est lorsque, nous-mêmes, nous oublions d'exécuter nos tâches ou trichons avec le Peuple qu'alors, la

contre-révolution est servie par nous ; sans quoi, il n'y a plus de place en Guinée à quelque contre-révolution que ce soit.

« C'est dire que nous devons nous acquitter de notre mission, chaque jour, fournir le peu que l'on peut faire. Mais, que chaque jour serve à la sauvegarde et à l'accroissement des acquis de notre Peuple. Ainsi, tous les complots intérieurs et extérieurs seront condamnés à l'échec le plus cuisant, parce que non seulement nous aurons renforcé les bases matérielles et immatérielles de la Révolution, mais aussi nous aurons accru les moyens de lutte pour écraser n'importe qui, porteur de velléités de remise en cause de la Révolution en Guinée.

« Avec le travail et dans le travail, nous avons l'assurance de la victoire. C'est pourquoi, nous devons savoir que le travail utile est au début, au centre et à la fin de toutes nos activités.

« Nous devons nous nourrir suffisamment. Pourquoi ? Pour travailler encore. Nous devons nous instruire, nous former dans tous les domaines. Pourquoi ? Pour toujours mieux travailler. Nous devons nous soigner pour donner une solide santé physique, intellectuelle, morale et politique à notre corps, au corps de notre Peuple. Pourquoi ? Pour sans cesse travailler. Nous devons vivre longtemps. Pourquoi ? Pour travailler beaucoup mieux. Nous devons donc toujours travailler, parce que le travail est notre soumission à la volonté de Dieu et à la ligne de Dieu. Nous devons toujours savoir travailler et mieux travailler pour nous soumettre aux impératifs du progrès du Peuple. Nous devons encore travailler et toujours mieux travailler pour pouvoir nous qualifier individuellement et collectivement. Car, le travail seul est la base de la qualification de l'efficacité et de l'utilité de l'homme. Enfin, nous devons travailler, toujours mieux travailler pour répondre à toutes les exigences de l'histoire de notre Peuple, pour pouvoir vivre sainement et utilement... »

C'est pourquoi, pour que triomphe et se renforce toujours la Révolution, pour que s'affermisse le Pouvoir populaire, nous devons :

— Soutenir la Révolution par le Travail créateur !

— Qualifier la Révolution par l'élevation continue du taux d'utilité sociale de l'homme !

— Pérenniser la Révolution par et pour le progrès du Peuple !

— Et demeurer toujours prêts pour la Révolution !

BANQUES AFRICAINES ET DEVELOPPEMENT

Nos objectifs visent en priorité, à résoudre des problèmes se trouvant au cœur même de la lutte que mènent nos Peuples en Afrique pour sauvegarder leur indépendance, l'affermir sans cesse, sauvegarder et accroître leurs acquis, les consolider en créant constamment des biens pour la satisfaction de tous leurs besoins.

Ainsi, les banquiers des pays Africains doivent se garder de se prendre pour des Experts froids, distants du Peuple, enfermés dans une tour d'ivoire pour légiférer, proposer des solutions à l'abri des bruits des campagnes, des vacarmes des chantiers, des cris des marchés. Ils doivent briser ce portrait-robot que l'on fait d'eux, les banquiers et se jeter dans la mêlée !

En d'autres termes, ils doivent être à la fois spécialistes, experts dans leurs différents secteurs et hommes de terrain, instruits de tous les problèmes concrets auxquels sont confrontés nos Peuples.

Parce que banquiers, ils sont plongés dans la lutte que mènent nos Peuples. Ils sont d'éminents soldats de cette lutte.

Qu'est-ce à dire ?

Contre la domination étrangère, la domination coloniale, nos Peuples ont mené une dure lutte de libération sur tous les fronts. Cette lutte, ils l'ont voulue totale et radicale. Totale, parce qu' embrassant tous les secteurs ; radicale, parce que allant à la racine même des choses, pour que, la souveraineté assurée, l'indépendance nationale conquise, aucune séquelle ne subsiste de l'ancien ordre, l'ordre colonial.

Et, c'est pourquoi, la conquête de l'indépendance nationale ne met pas fin à la lutte de libération ; elle n'en modifie pas seulement la forme, elle en déplace le centre de gravité, en même temps qu'elle la rend plus subtile, plus complexe, plus difficile à certains égards.

C'est dire que la conquête du pouvoir politique ne constitue nullement celle du pouvoir économique ; qu'en fait, le rôle du pouvoir politique conquis est de servir de moyen puissant pour la conduite du processus, le long et épineux processus de conquête du pouvoir économique.

C'est que l'extraction, de nos réalités, de toutes les séquelles de la colonisation n'est pas un fait ponctuel, mais une séquence qui ne débute qu'avec le nouvel Etat indépendant, avec l'exercice effectif et efficace de tous les attributs de la souveraineté reconquise, et ce, dans tous les domaines de la vie du Peuple et sur toutes les bases du progrès de la nation.

Ainsi, rien n'est définitivement joué, après l'indépendance politique, quand ce processus de libération économique n'est pas conduit à terme avec méthode, lucidité, rigueur et vigueur.

Si l'on n'a pas cette conception historique de l'évolution de nos Peuples, l'indépendance pourrait être vidée de son contenu émancipateur dès lors que la souveraineté ou la liberté d'action du Peuple cède sous la pression des orientations économiques étrangères à ses objectifs économiques propres.

L'objectif de cette lutte, ce n'est pas réussir, par nous ne savons quel miracle, à dégager les moyens économiques permettant de gaver une fraction du Peuple. L'objectif de cette lutte, c'est de conférer à l'ensemble du Peuple les moyens de se transformer pour être à même d'assumer entièrement et souverainement la responsabilité de créer et de recréer sa vie dans tous les domaines. C'est de mettre le Peuple en position d'acquérir et de maîtriser tous les moyens scientifiques et techniques lui permettant de dominer la nature tout en se gardant de l'exploiter sans mesure en brisant les équilibres écologiques, de transformer les choses, de créer tous les biens dont il a besoin pour vivre dans le bonheur.

C'est pourquoi, la vraie libération se confond avec le développement. **Se libérer, c'est se développer.** Et toute pause, toute stagnation, devient bien vite regression et menace de redevenir dépendance, dépendance d'ailleurs plus meurtrière que celle d'hier, car ceux qui seraient amenés à en tirer profit auraient davantage d'expériences dans l'exploitation de nos ressources.

Mais, se développer, ce n'est pas, pour le Peuple, faire subir à quelques secteurs, des croissances spectaculaires en laissant végéter les autres secteurs, tout comme, pour l'individu, se développer, ce n'est pas développer quelques parties de son corps au détriment des autres parties, car alors, il dégénererait en monstre.

Développer, c'est créer des structures telles que les activités de production et de répartition des biens et services ne se retournent pas contre l'homme en le mutilant au plan de la culture et de l'intelligence.

Développer un pays, c'est assurer à chacun de ses citoyens la dignité, aiguiser son sens de la responsabilité dans la conduite des affaires du pays et doter chacun des instruments de son épanouissement sans pour cela compromettre le développement de l'ensemble de la société.

Quand, par un choix vicieux, on fait croître quelques secteurs de l'économie au détriment des autres, on aboutit bien vite à une situation anormale qui annihile même les effets des secteurs en croissance. C'est pourquoi, en matière de développement socio-économique de tout le Peuple, nous devons nous contraindre à un effet continu, persévérant, généralisé, allant dans le sens du progrès, touchant à tous les aspects de la vie nationale et permettant de modifier continûment les conditions de vie du Peuple, et de l'homme au sein du Peuple.

C'est dire que dans ce combat, le Peuple doit agir par lui-même et pour lui-même. L'homme, chaque homme, doit être sollicité pour prendre et assumer pleinement sa part de responsabilité dans la conduite de la vie de la Nation.

Ce combat, nous ne pouvons que le gagner. Nos Peuples ne peuvent que le gagner et nous avons une vision claire des points d'appui devant nous servir de tremplin au plan des ressources naturelles.

Voyons d'abord le plan des ressources humaines.

Il nous faut mobiliser toutes les forces vives de nos Peuples, créer en eux **la conscience du développement et la volonté de développement,** conscience et volonté qui constituent la première condition de tout développement, et qui doivent se traduire en détermination de travailler toujours davantage, toujours mieux.

Il nous faut organiser scientifiquement ce travail et organiser rationnellement et dynamiquement les forces vives engagées dans ce travail.

Parlant de forces humaines, de forces vives, nous mettrons l'accent sur une exclusion sociale qui participe d'un blocage, que nous souhaitons involontaire, du développement des forces productives : la limitation des perspectives pour les femmes d'être insérées au travail de réalisation de projets communs. Nous gagnerons à mettre fin à cette marginalisation.

Il nous faut planifier le travail pour éviter les à-coups, les improvisations, remplir convenablement chaque séquence du temps et assurer la réalisation, à l'optimum, du taux d'accroissement dûment déterminé pour chaque facteur du développement envisagé.

Il nous faut enfin, convaincus que le capital le plus essentiel, le plus indispensable à tout progrès, c'est l'homme, c'est le Peuple, promouvoir avec le plus grand sérieux une formation intellectuelle, professionnelle, technique et scientifique permanente et pour tous. En assurant à chacun une formation idéologique faisant effectivement du Peuple, le Souverain, et de l'homme, le Maître de ce qu'il fait, celui qui n'est pas agi, mais qui agit, nous ne ferons là que garantir un développement tenant effectivement compte de la meilleure qualité de la vie.

Enfin, il nous faut établir sur tout ce que nous faisons, un contrôle sans complaisance, opérer sans complexe les rectifications qui s'imposent, mais éviter à tout prix ce manque de persévérance, cette inconstance, cette pénible promptitude à abandonner l'action engagée dès qu'on rencontre des difficultés pour nous hasarder dans d'autres actions avec l'espoir toujours vain — l'expérience nous le prouve — que nous réussirions sans efforts, san rencontrer des obstacles à vaincre.

Quelle pourrait être notre philosophie de l'action ? Lorsque l'on est sûr que la finalité d'un programme arrêté d'un commun accord ne jure pas avec les aspirations légitimes de nos Peuples, la multiplication et la complexité des obstacles doivent être interprétées comme des signes objectifs de la validité du programme et de la justesse de la voie suivie.

Voilà ce qu'il en est des points d'appui au plan des ressources humaines et du comportement qu'il convient d'avoir au sein du Peuple et face aux impératifs de son progrès transcroissant.

Ces ressources humaines, ces immenses énergies humaines, nous devons les appliquer à l'objet de travail, aux choses à valoriser, afin de les transformer pour le bonheur du Peuple et de l'homme. Et ces choses à valoriser, ce sont, en Afrique, nos énormes ressources naturelles. Ces ressources constituent un don de Dieu à nos Peuples.

Dans les rapports entre les hommes, celui qui reçoit doit toujours témoigner d'une reconnaissance envers celui qui donne. Notre reconnaissance envers Dieu face à cet important objet de travail qu'il met à notre disposition consiste et consistera toujours à déployer tous nos efforts pour le valoriser. Dans l'ordre de ces ressources, nous avons :

a) — **L'immense potentiel énergétique :** Potentiel hydro-électrique, hydro-carbures, uranium, bois, énergie solaire, énergie tirée de la biomasse, etc.

b) — **Les immenses ressources du sous-sol :** Bauxite, minerai de fer, cuivre, cobalt, étain, or, diamant, calcaire, etc.

c) — **Les immenses ressources en eau**

d) — **L'immense potentiel agricole**

e) — **Les très importantes ressources touristiques.**

Or, à côté de cette immensité de richesses naturelles, nous vivons encore pauvres ! Nos Peuples végètent encore dans la médiocrité !

Il nous faut donc nous rebeller contre la pauvreté et la vaincre tout comme nous nous étions rebellés contre le colonialisme et que nous l'avons vaincu.

Il nous faut valoriser toutes nos ressources naturelles. Pour cela, il faut nécessairement :

1. — **Intensifier** la production végétale et animale, richesses éminemment renouvelables, en vue d'assurer une alimentation abondante et variée aux Peuples, l'approvisionnement de nos usines en matières premières nécessaires, une exportation toujours croissante en volume et en valeur tant de nos produits végétaux et animaux excédentaires que de nos marchandises industrielles.

2. — **Implanter** harmonieusement et rationnellement les usines de transformation de nos matières premières pour nous libérer de plus en plus de l'impérialisme des « grandes Nations » en matière de commerce international.

Nous disons bien « **implanter...rationnellement** », car gardons-nous de créer les usines en faisant surgir des îlots industriels sans rapport avec des campagnes, ignorant le progrès et menacées d'exode de leurs forces juvéniles.

L'urbanisation poussée engendre souvent le déséquilibre social et creuse le fossé entre villes et villages.

3. — **Organiser,** à l'intérieur de nos Etats et entre nos Etats, un flux d'échanges commerciaux de plus en plus dense.

Un système de compensation est déjà mis en place au sein de la CEDEAO. Nos techniciens doivent donc s'appliquer à améliorer ce système. Pour ce faire, ils doivent préconiser les mesures propres à enrayer les retards qui paralysent le fonctionnement de la Chambre de Compensation. Aussi, ils doivent rationaliser tous les mécanismes financiers pour le réglement rapide des soldes des comptes et former des opérateurs sérieux et efficaces au niveau des Banques Centrales.

4. — **Mettre en place et développer** toujours davantage, à l'intérieur de nos Etats et entre nos Etats, des réseaux serrés et efficaces de transports terrestres, fluviaux, aériens et maritimes, ainsi que des réseaux non moins serrés et efficaces de télécommunications, le tout répondant à l'optimum aux besoins du Peuple.

5. — **Organiser** enfin sur des bases rationnelles les activités commerciales dans nos Etats et transformer les trafiquants, fossoyeurs de nos économies, en véritables commerçants, en des agents éduqués et fidèles à la discipline économique de leur pays, au développement dynamique et continu duquel ils apporteront leur inestimable contribution.

Mais, nos économies resteront fragiles et le progrès aléatoire et même susceptible de se transformer en régression si nous ne nous astreignons pas à produire plus que nous ne consommons, à procéder à l'accumulation par l'épargne individuelle et collective d'une fraction des moyens ou ressources disponibles.

Il est d'une nécessité absolue de produire plus que nous ne consommons et, chaque année, d'affecter le surplus à la formation des hommes, à l'amélioration des conditions de travail et des conditions de vie du Peuple travailleur, à l'expansion de la production agro-pastorale et industrielle, à l'expansion du commerce, à l'expansion de la « Recherche scientifique et technique » en vue du développement de nos Nations par l'accroissement constant de leurs moyens d'existence.

Les bilans des Banques Centrales africaines reflètent la situation économique de nos Etats, situation caractérisée par des difficultés sérieuses qui paralysent, dans plusieurs de nos pays, les transactions commerciales et le fonctionnement des budgets de l'Etat et des Entreprises économiques.

Nous savons tous que la valeur des signes monétaires en circulation dans un pays est en relation directe avec le niveau de la production des biens et des services d'échanges au sein de la société, ainsi qu'avec l'intensité de ces échanges.

Or, l'échange inégal qui persiste entre nos pays et l'étranger continue de ruiner l'économie de nos Peuples, accentuant d'année en année le niveau de pauvreté.

L'inflation dont les causes principales sont étrangères à l'Afrique porte une sérieuse atteinte à l'équilibre économique des pays africains, ruine de plus en plus nos Peuples dont les efforts dans le domaine de la production ne trouvent pas leur compensation financière équivalente.

Ce sont les pays développés, dotés de tous les moyens de transformation des produits bruts en produits finis, qui continuent à fixer, toujours arbitrairement, les prix auxquels nous, pays en développement, producteurs des matières premières, devons les vendre.

Ce sont les mêmes puissances étrangères qui fixent les prix des produits finis : équipements et biens de consommation dont nos pays sont acheteurs.

Cela explique pourquoi les ressources financières que reçoivent les pays en développement demeurent insuffisantes.

Par ailleurs, le système monétaire international en vigueur étouffe l'économie de nos pays et compromet de plus en plus dangereusement leur développement rapide et indépendant.

Les pays en développement, et singulièrement ceux du continent africain, traînent des dettes qui ne cessent de s'alourdir, devenant de plus en plus insupportables.

En effet, le niveau d'endettement des jeunes Nations africaines est un facteur négatif qui n'autorise pas de sérieux investissements de capitaux et la valorisation conséquente des potentialités économiques qu'elles possèdent.

Ce n'est que par l'organisation d'une solide unité d'action que les pays africains en particulier, et les pays en développement en général, arriveront à une défense énergique de leurs intérêts économiques et pourront se sortir de l'abîme économique qui les sépare présentement des pays industrialisés et développés.

L'intégration économique de nos pays devient dès lors un réel impératif pour la survie et le développement conséquent des économies africaines.

En effet, nos économies fragiles, s'appuyant sur la vente de produits bruts, restent largement soumises à la volonté des pays industrialisés, à l'arbitraire du système commercial international.

Par manque de coordination dans les activités économiques de nos Etats et de planification dans les échanges qu'ils effectuent avec les pays étrangers, les Etats africains favorisent une concurrence ruineuse entre eux au profit de leurs partenaires étrangers.

Le niveau très limité de leur production industrielle ne saurait permettre une concurrence avantageuse en raison du coût de production très élevé des marchandises qu'ils fabriquent localement.

L'étroitesse de nos marchés nationaux, le double emploi entre nos jeunes industries, ne permettent pas à nos micro-Nations de faire avantageusement face à la concurrence que leur font les grandes Nations dotées de moyens techniques infiniment plus puissants.

Dans le domaine de la production agricole, animale, halieutique et minière, tout comme dans celui des transports maritimes, aériens et routiers, une harmonisation des structures opérationnelles des Etats africains faciliterait une parfaite coordination de leurs activités économiques et impulserait, en conséquence, le développement solidaire de leur économie.

La Monnaie, c'est l'expression du travail cristallisé, de l'énergie cristallisée. C'est la masse des produits disponibles qui en constitue le substrat matériel. C'est le travail productif, le travail créateur qui en constitue la sève nourricière.

La Monnaie nationale, c'est la cristallisation des produits disponibles de la Nation. Et c'est pourquoi, sa souveraineté doit être sauvegardée.

Quand elle est dépendante, quand elle est inféodée à une zone monétaire créée, dirigée souverainement, dominée par une puissance étrangère, c'est l'ensemble des forces vives de la Nation qui est dominé par cette puissance et, par voie de conséquence, c'est la Nation elle-même qui est subtilement colonisée.

Nos Banques Nationales doivent être les garanties de l'indépendance nationale de nos Etats. La souveraineté nationale des Etats s'entend souveraineté économique, solidarité de plus en plus puissante face à l'action des Banques des Etats économiquement développés.

Nous devons à la vérité de reconnaître qu'aujourd'hui, en Afrique, nos systèmes bancaires ne sont pas ce qu'ils doivent être. Plusieurs de ces systèmes constituent encore les périphéries d'empires dont les centres sont les pays, les « Métropoles », qui ont créé et qui gèrent les zones monétaires dont relèvent nos monnaies nationales et nos Banques. Et ceci n'est rien d'autre qu'une forme subtile de colonisation. Ces systèmes constituent les rouages grâce auxquels et au sein desquels agit le néo-colonialisme. **L'Afrique s'est libérée par la lutte politique ou armée. Elle doit organiser sa lutte économique pour consolider et parfaire cette indépendance.**

Nous avons créé l'Organisation de l'Unité Africaine, l'OUA. Nous avons créé la Banque Africaine de Développement, la BAD. Nous avons créé des sous-groupes régionaux dont la CEDEAO. Pour satisfaire nos besoins, nous devons adapter la structure de nos institutions aux finalités de nos activités économiques et financières, notamment en matière de gestion monétaire et bancaire.

La création de la Chambre de Compensation de l'Afrique de l'Ouest a été marquée, et nous le savons, par un démarrage difficile. Et ceci, par la méfiance de certaines Banques Centrales à son endroit, ce qui ne devrait pas être. Car, l'intégration économique visée est un tout qui ne saurait se maintenir dans l'harmonie si sa composante monétaire manquait.

Dans tous les cas, à l'étape actuelle, la Chambre de Compensation de l'Afrique de l'Ouest est une étape importante dans la voie de la convertibilité des monnaies de nos pays.

D'ailleurs, la conjoncture économique internationale, marquée par l'aggravation des contradictions entre les pays nantis et ceux en voie de développement doublement victimes de l'inflation qui domine l'économie mondiale, nécessite dès maintenant des attitudes plus courageuses et plus conséquentes de notre part.

Nous disons, en effet, qu'au-delà de la Compensation, la CEDEAO peut immédiatement se doter d'une Monnaie CEDEAO si les Etats membres en manifestent la volonté. Elle peut immédiatement se créer une Banque d'Emission, une Banque de Développement, une Banque de Dépôts pour lutter contre la thésaurisation d'une bonne partie de nos ressources financières, thésaurisation qui laisse la monnaie sous sa forme de travail cristallisé non productif. Or, la monnaie doit travailler sans cesse en libérant constamment le travail humain condensé en elle. En tout cas, **la République Populaire Révolutionnaire de Guinée est prête à tout moment à souscrire à une telle décision qui s'inscrit dans le cadre de la libération effective de notre continent de la domination économique et de l'exploitation ruineuse des grandes puissances.**

Nous devons créer, au niveau de la CEDEAO, une auto-dépendance de groupe au plan des activités financières. Plusieurs de nos Etats cesseraient alors de souffrir des effets nocifs de dévaluations décidées par des puissances étrangères. Nos économies deviendraient alors vigoureuses et indépendantes, parce que libérées des servitudes, et notre sous-région acquerrait une véritable personnalité économique facilitant l'utilisation à plein rendement de nos moyens économiques.

Si de telles institutions étaient créées, alors la CEDEAO pourrait reposer sur les Banques sous-régionales qui lui serviraient de support et la coopération internationale connaitrait une importance et une garantie dues à la plus grande crédibilité que les grandes Banques accorderaient aux Banques continentales et sous-régionales.

Dès son indépendance, la Guinée s'est engagée dans une entreprise économique et monétaire visant, d'une part, l'émancipation totale du Peuple de Guinée et, d'autre part, la totale libération, l'unité féconde et la repersonnalisation de l'Afrique.

La Guinée ne manquera pas de volonté politique d'accepter toute proposition de nos Etats frères dans le sens d'une intégration sous-régionale ou continentale.

Mûs par une forte volonté politique, les banquiers doivent mettre leurs connaissances et leurs expériences techniques et technologiques dans le domaine monétaire et financier, au service de notre sous-région pour impulser le développement africain et garantir le devenir heureux de nos Peuples.

Quant à l'Association des Banques de l'Afrique de l'Ouest, son rôle est non moins important. Cette importante institution de notre sous-région devra tout mettre en œuvre sur les plans méthodologique et pratique pour parfaire l'organisation bancaire et les opérations de financement exécutées par nos différentes banques.

Au plan international, les Peuples démunis de moyens suffisants pour s'assurer de meilleures conditions de vie en satisfaisant correctement à tous leurs besoins matériels et immatériels, réclament de plus en plus résolument la modification des termes actuels des échanges entre les Nations ; et l'avènement d'un nouvel ordre économique ne sera jamais un cadeau des riches aux pauvres que sont nos Peuples. Il sera la résultante de nos propres efforts d'organisation, de coordination et de maîtrise de nos activités économiques. **C'est seulement par la lutte, une lutte concrète et généralisée à tous les secteurs économiques et financiers de nos Etats que nous arriverons à réaliser nos légitimes ambitions d'émancipation totale, d'indépendance réelle et de promotion constante.**

Nous sommes en train de construire un monde nouveau. Pour cela nous devons assurer, tout à la fois, le progrès socio-économique rapide et l'unité féconde de notre sous-région qui doit apporter sa contribution au développement harmonieux et équilibré de toute l'Afrique, laquelle entend se réhabiliter par un apport de qualité à l'édification d'un monde de justice et de progrès, un monde de dignité et de paix pour tous.

LA GESTION POUR LA SAUVEGARDE DES ACQUIS

La tâche la plus importante du Parti, dans la phase actuelle est d'œuvrer davantage à mobiliser toutes les énergies physiques, intellectuelles et morales pour asseoir l'économie guinéenne sur des bases scientifiques permettant une juste appréciation quantitative et sans cesse améliorée des résultats du travail du Peuple.

Chaque jour, l'homme produit ce qui est nécessaire à sa vie. Mais chaque jour également, il consomme ce qui est nécessaire à sa vie. Les rapports entre la production et la consommation permettent de déterminer l'apport positif ou négatif de l'homme à la qualification de sa propre vie.

En effet, la connaissance parfaite du rapport production-consommation de l'homme permet d'apprécier le rythme de sa progression ou de sa régression. Le rythme de la progression de l'homme se mesure par l'importance de l'accumulation faite par lui, tandis que celui de sa régression mesure son degré d'endettement vis-à-vis de ceux qui produisent au-delà de leur consommation.

Ce qui est vrai pour l'homme, en tant que composante de la société, l'est davantage pour celle-ci qui, pour vivre, produit et consomme tous les jours. C'est l'objet de la comptabilité nationale qui doit être le reflet objectif des réalités liées à la production et à la consommation en passant par la distribution. L'absence de comptabilité nationale, nous n'en souffrons guère, mais l'inobservation des règles qui la régissent entraîne nécessairement l'impossibilité d'évaluer quantitativement le surplus de production sur la consommation, correspondant à la fois au niveau de l'accumulation nationale et au degré d'endettement de la Nation, endettement qui exprime de toutes les façons la valeur négative du rapport production-consommation. C'est pourquoi, ces deux réalités méritent toujours d'être quantifiées pour exprimer une idée nette sur la santé de l'économie nationale.

Tout ce qui est importé, appartenant à l'Etat ou aux secteurs mixte et privé, doit être évalué annuellement ; et tout ce qui est exporté, quelle que soit la nature de l'exportation, doit aussi être correctement évalué. Cette évaluation doit tenir compte aussi bien des mouvements physiques des biens matériels que des valeurs communément appelées « invisibles », pour lesquelles sont utilisés des moyens autres que ceux qui passent par les ports et aéroports. C'est notamment le cas des mouvements financiers, sous forme de transferts d'une Banque à une autre. Il faut donc que nous puissions suivre tous les mouvements financiers avec l'extérieur ; qu'il s'agisse des prêts consentis à l'Etat guinéen ou destinés à des entreprises privées guinéennes, dès qu'ils font l'objet de transfert concernant la Guinée, leur mouvement devra être suivi pour nous permettre de connaître, année par année, les incidences et les implications de nos décisions économiques et financières.

A l'intérieur du pays, nous devons pouvoir déterminer désormais les bases et les moyens par lesquels le revenu du Peuple guinéen pourra, chaque année, être mieux connu, mieux apprécié.

C'est le perfectionnement de notre système comptable et l'application rigoureuse et constante de ses règles qui permettent, sur la base des données statistiques requises, la détermination du Produit National Brut (PNB) à travers l'évaluation correcte des biens et des services produits au cours d'une année par les agents économiques pris en considération selon l'optique du système comptable adopté. Le Produit National Brut (PNB), déduction faite des biens et services consommés dans le processus de production, aboutit à l'appréciation du Produit National Net (PNN), qui reflète la valeur quantitative de l'effort de travail fourni au cours de l'année considérée. Le Revenu National (RN), qui s'obtient à partir du Produit National Net, déduction faite des amortissements et des impôts indirects nets des subventions, représente la somme des rétributions revenant aux agents économiques. **Le Produit National Net et le Revenu National apparaissent ainsi comme deux indicateurs économiques de l'évolution de l'économie nationale.** Notre option de développement continu et transcroissant de l'économie guinéenne nous condamne ainsi à assurer, d'année en année, pour chacun de ces deux indicateurs, une valeur supérieure à un rapport entre leurs niveaux actuels et leurs niveaux antérieurs.

La comptabilité nationale permet d'étudier la production nationale dans sa nature, sa structure et son évolution. Elle permet ainsi d'obtenir des informations quantitatives et, par analyse profonde, qualitatives sur l'ensemble des aspects du développement économique et social. Elle nous livre, sous forme de tableaux et d'indications, des résultats qui reflètent d'une façon globale et concrète les phénomènes fondamentaux de la production et de la reproduction sociales.

Elle fournit des informations sur :

a — Les bases et les facteurs de production et de la reproduction sociales ;

b — La contribution du commerce extérieur au Produit National Brut (PNB), au Produit Social Brut (PSB) et au Revenu National (RN) ;

c — Le volume et la composition du Produit Social Brut (PSB) et du Revenu National (RN) ;

d — Le niveau de l'accumulation, de la consommation et de l'épargne.

Elle permet de systématiser et d'ordonner les données statistiques et comptables de nos unités économiques et administratives. Constituant une synthèse de l'ensemble des données de base sur les activités de la Nation, elle permet une normalisation des données et des documents de base, une coordination entre comptabilité publique, comptabilité d'entreprise, statistique et planification, une analyse économique, scientifique permettant une meilleure connaissance de la société au plan de la production de la vie sociale, ainsi qu'un contrôle efficace de l'exécution des décisions et de la circulation des informations intéressant les finances et l'économie de la Nation.

Elle permet aussi de faire des études sectorielles en vue de procéder à des analyses sur leur interdépendance, et de déceler la nature, les causes et les implications des mutations structurelles subies par l'économie nationale, ainsi que la contribution de chaque secteur au Produit National Brut et au Revenu National.

Les avantages de la tenue d'une comptabilité nationale sont multiples :

a — Elle répond tout d'abord aux besoins de la planification de l'économie nationale. Le Plan exige, en effet, comme nous l'avons toujours souligné, qu'il soit fourni une information objective à partir de statistiques sûres, objectives.

C'est en leur fournissant ces statistiques et autres données de base que la comptabilité nationale permet aux services de planification de faire leurs études, prévisions et projections.

b — Elle donne de précieux renseignements sur la situation passée et présente, ainsi que sur les perspectives de l'économie nationale.

En effet, le Produit Intérieur Brut (PIB) comme le Produit Social Brut (PSB), le Revenu National (RN), le volume des investissements, la consommation nationale, le solde du Commerce extérieur, sont quelques-uns des indicateurs que la comptabilité nationale peut mettre à la disposition des organismes du Parti-Etat. Ainsi, le processus de production et de reproduction, c'est-à-dire la production, la distribution, la circulation, l'accumulation et la consommation dans l'économie nationale, ce processus, disons-nous, sera mieux suivi grâce à l'établissement de la comptabilité nationale.

c — Elle peut être enfin un instrument efficace d'orientation de la politique économique et financière.

Mais, l'élaboration d'une comptabilité nationale requiert nécessairement :

1. Un système d'informations et de gestion cohérent groupant les statistiques, la comptabilité et la planification au niveau de chacun de nos organismes politiques, administratifs et juridiques ;

2. La systématisation et la normalisation des documents et des données chiffrées ;

3. Le perfectionnement de notre système comptable et la pratique rigoureuse et constante de ses règles ;

4. Les perfectionnements de la collecte et du traitement des données statistiques à tous les niveaux.

C'est compte tenu de ces conditions que la maîtrise des données économiques et financières permettra la détermination des agrégats sectoriels et nationaux, parmi lesquels il convient de citer :

— Le Produit intérieur Brut (PIB)

— La Consommation Intermédiaire (CI)

— La Valeur Ajoutée (VA)

— Le Revenu National (RN)

— L'Accumulation Nationale

— La Consommation Natioanle

— Les Investissements.

En un mot, il faut bien repérer les exigences fondamentales à partir des secteurs économiques existants pour pouvoir établir une comptabilité nationale. Pour l'exécution de ce travail, des organismes d'Etat ne sont pas les seuls concernés. Il y a aussi des organismes non guinéens, dont le fonctionnement mérite d'être rigoureusement connu afin que nos statistiques reflètent les données réelles de la production et de la consommation, statistiques qui nous permettront, chaque année, de connaître les écarts, et de savoir à quel rythme nous évoluons sur le chemin de l'Histoire.

Il est vrai qu'un effort important a été déployé dans le sens du redressement de l'économie guinéenne, de la qualification des cadres de gestion dont dispose notre Peuple et de l'amélioration du comportement des unités de production à tous les échelons. Il est également vrai que nos efforts productifs sont encore bien en-deçà de ce que nous pouvons et devons faire. Mais pour soutenir l'effort de redressement économique et de qualification des cadres, il faut toujours parfaire la gestion économique et financière de nos Entreprises et Sociétés d'Etat, gestion qui vise :

— La mise en œuvre des processus matériels en vue de créer les biens et services indispensables à la satisfaction des besoins matériels et immatériels de notre Peuple ;

— L'élaboration et l'application rigoureuse des méthodes et principes de gestion propres à assurer la pleine rentabilité de ces Entreprises ainsi que le contrôle efficace de leur fonctionnement.

Nous devons préciser enfin que la tenue de la comptabilité nationale est conditionnée par la définition des documents à fournir, des modalités de leur circulation et de la périodicité de leur fourniture.

La comptabilité nationale, étant la synthèse des comptabilités (comptabilités des entreprises publiques, bancaires) et de la statistique, elle doit être confectionnée par les services du Ministère du Plan et de la Statistique.

Nous disons simplement que, s'agissant du décret présidentiel pris dans ce sens, celui-ci porte sur l'absolue nécessité :

a)— de développer la comptabilité nationale en Guinée tant du point de vue de la méthodologie que de la détermination des principaux agrégats de l'économie nationale ;

b)— de promouvoir les études économiques rétrospectives et prospectives tant au niveau national qu'au niveau sectoriel ;

c)— d'aider à la qualification de la planification de l'économie nationale ;

d)— de permettre au Peuple et à son Parti-Etat de connaître et d'apprécier à leur juste valeur la production nationale, le revenu national, la consommation nationale, les exigences sociales à satisfaire et l'accumulation nationale devant dynamiser le développement des secteurs économiques et socioculturels du pays, en établissant périodiquement les comptes de la Nation.

En effet, à chaque étape de l'évolution, correspondent des exigences auxquelles le Peuple doit satisfaire. Et il faut aussi retenir qu'il est devenu plus que nécessaire de déboucher sur une meilleure connaissance de la situation économique et financière de chacune des grandes Entreprises d'Etat et aussi sur des décisions projetant dans l'avenir des objectifs nouveaux à atteindre en vue de porter l'économie nationale à un niveau plus élevé. C'est pourquoi, nous procédons périodiquement au contrôle de nos bilans, afin de savoir si nous avons été à même d'atteindre nos objectifs tels qu'ils ont été définis pour une période donnée, ou si des carences, des défaillances ou des insuffisances ont pu nous empêcher d'être à l'heure de la Révolution.

Ainsi, à chaque session de la Conférence Economique Nationale, nous rappelons que les Directeurs et Chefs comptables de nos Entreprises publiques doivent observer une même discipline révolutionnaire rigoureuse, celle qui veut qu'éclate la vérité dans toute sa nudité au cours des débats.

Nous répétons toujours à nos agents économiques que **seule la vérité est révolutionnaire.**

Nous devons affirmer que de grands progrès ont été déjà réalisés grâce aux efforts que les cadres se sont imposés. Ces progrès sont tangibles, faciles à contrôler, en raison même de l'importance des résultats enregistrés par les différentes Entreprises. Mais, nous sommes encore loin de la perfection. Aussi, l'exigence révolutionnaire du constant dépassement nous engage-t-elle à assumer sans faiblesse la tâche de l'auto-contrôle, à exercer sur nous-mêmes de nouveaux efforts pour qualifier les outils que le Peuple a mis à notre disposition, outils qui doivent contribuer à rendre sa vie heureuse, son économie prospère.

La lutte que nous menons est d'une portée qui dépasse chacune de nos Entreprises, en raison de notre politique de connexion de toutes nos unités de production, chacune n'étant qu'un maillon de la grande chaîne qu'est désormais l'économie nationale guinéenne.

Cette lutte que nous menons est surtout d'une portée qui dépasse les frontières de notre pays, car elle correspond justement à la dynamique qui met actuellement en mouvement les Peuples d'Afrique en lutte contre l'impérialisme. Cette lutte exige que l'indépendance politique recouvre pleinement un contenu de véritable bonheur, de dignité vraie, de responsabilité effective. Elle exige des Peuples qu'ils satisfassent par eux-mêmes tous leurs besoins, et mieux, qu'ils puissent contribuer à l'échelle mondiale à l'enrichissement du patrimoine de l'humanité. Que maintenant des pays amis contribuent à la satisfaction de ces besoins, considérons cet apport comme complément de nos propres efforts. C'est là une attitude qui les encourage.

Nous ne devons pas perdre de vue l'immense responsabilité qui pèse sur notre Peuple. Nous ne devons pas perdre de vue la grande signification que ce Peuple accorde à la confiance qu'il a placée en nous, ses cadres. Nous ne devons pas, non plus, perdre de vue notre propre serment, notre engagement à gérer correctement et honnêtement le patrimoine national, à le développer sans cesse, en vue de la satisfaction de tous les besoins matériels et immatériels de notre société et de la garantie de son devenir heureux.

La prise en considération de toutes ces exigences pourra nous maintenir dans une tension révolutionnaire, morale, idéologique, propre à faire de chacun de nous un artisan actif et honnête de l'exaltante œuvre de consolidation des bases d'une économie nationale devant aboutir à l'économie socialiste non seulement réclamée par le Peuple militant de Guinée, mais aussi servant de référence aux Peuples en voie de développement.

Depuis le XIe Congrès, l'élan donné aux secteurs de gestion, aux pratiques comptables, a été partout sanctionné par un réel progrès. C'est ainsi que nous devons éprouver une fierté légitime devant le résultat positif enregistré dans la lutte contre l'inflation monétaire.

La rigueur avec laquelle la gestion monétaire a été organisée à partir de la banque, les nouvelles méthodes auxquelles ont été soumises toutes les unités financières et l'assainissement imposé dans les rapports entre les unités financières et commerciales ont servi à sauver la monnaie nationale et à conférer au Syli un pouvoir d'achat bien plus grand qu'au lendemain de son lancement.

La Révolution est exigence, disons-nous. Sa technique préférée est l'auto-contestation. Cela nous amène, tout en nous réjouissant du chemin parcouru, à ne jamais perdre de vue nos insuffisances, nos défauts, ainsi que les lacunes caractérisant encore certains secteurs de l'économie nationale. C'est pourquoi, nous devons nous considérer comme toujours imparfaits, et œuvrer avec plus de rigueur et d'ardeur à la consolidation de plus en plus poussée des bases de l'économie guinéenne pour la satisfaction de tous nos besoins.

Un budget, c'est la traduction de toute une politique. Et la volonté de développement d'un pays, quel qu'il soit, se traduit obligatoirement dans la qualité de gestion des biens existants, cette qualité de gestion est souvent piétinée par l'inconscience de certains gestionnaires.

C'est pourquoi, nous disons et répétons chaque fois que l'on vivrait de rêves en parlant de développement si ce qui existe n'est pas conservé, s'il est entièrement utilisé, consommé, ou s'il est détourné à des fins égoïstes ou à des fins autres que celles qui sont prévues par le Peuple.

Le concept de détournement a deux significations illustrées par les exemples suivants :

— Une personne « A » prend frauduleusement à une personne « B », tel bien. La personne « A » a détourné à la personne « B » ce bien.

Ce concept s'explique également dans la gestion des biens publics. Certains cadres estiment que l'Etat, ayant le monopole de l'émission monétaire, ne peut s'endetter. Position erronée : l'Etat peut contracter des dettes publiques. Une Région, par exemple, prépare, en toute conformité avec la loi, ses prévisions budgétaires et les fait approuver. Si par la suite, continuant à dépenser ce que les recettes prévues justifient, elle refusait de recouvrer les recettes, ce serait un détournement. Cette carence de gestion serait un détournement objectif. Cette carence de gestion serait identique à l'acte de la personne « A » soustrayant à la personne « B » de façon frauduleuse, un bien. Quand on refuse de faire exécuter les recettes, alors que l'on continue à dépenser, créant par là-même des dettes à la charge de la Région, donc à la charge d'un maillon du Pouvoir Révolutionnaire, alors qu'il suffit simplement de traduire dans la réalité les possibilités légales décrites dans un budget, il y a détournement objectif.

Il en serait de même de la part d'un gestionnaire lorsque les fonds publics ont été dépensés différemment que prévu par la répartition du budget, et, ce, même si l'utilisation a été faite dans un intérêt collectif, puisque l'objet de la dépense prévue reste encore à satisfaire de façon impérative. Cette mauvaise gestion, qui impose de nouvelles dépenses à l'Etat, est un détournement.

Pour revenir au budget, voyons deux hypothèses en matière de prévision budgétaire :

1.. — Les prévisions sont faites dans le seul but de faire approuver les dépenses correspondantes. Etant donné l'impératif de la règle d'équilibre qui caractérise la gestion, les dépenses ne sauraient être approuvées que dans la seule mesure où la justification du recouvrement des recettes conséquentes aura été faite.

2. — Les prévisions de recettes ne sont pas surestimées, elles reflètent une capacité objective des différentes sources de financement. Alors, bien que la possibilité de recouvrer les recettes existe selon la procédure correcte, on aboutit à un dépassement des dépenses sur les recettes.

Ainsi la gestion budgétaire est toujours à l'image des hommes qui l'assument ; elle se situe toujours au niveau de leur compétence et de leur honnêteté dans la politique financière nationale, au niveau de leur fidélité aux objectifs assignés à l'action de l'Etat ; elle traduit toujours le degré de leur propre moralité et de leur propre compétence.

Il est vrai que tout contrôle comporte deux moments, à savoir avant l'action et après l'action. Mais, entre les deux moments, la préséance est déterminée en fonction de la nature spécifique des systèmes ou des régimes.

Nous disons souvent que le budget est la traduction chiffrée des objectifs et des démarches d'une politique donnée. Ainsi, à la nature des objectifs et des démarches correspond nécessairement la politique budgétaire. La politique budgétaire n'est donc pas une donnée indépendante de la politique générale d'un pays. Elle est étroitement liée à celle-ci dont elle est le reflet. Ainsi, pour mieux déterminer une politique budgétaire révolutionnaire, nous devons, d'abord, assimiler de façon correcte la nature et les qualités qui s'attachent à notre politique générale, sinon le concept de budget révolutionnaire ne serait pas bien compris.

La Révolution populaire a pour programme la suppression de l'exploitation afin qu'il ne soit plus question d'exploités et d'exploiteurs, en postulant une activité dynamique tendant à la liquidation des séquelles du passé, à la correction des inégalités qui ont pu exister auparavant et qui ont résulté de la nature réactionnaire des régimes antérieurs. Cette dynamique positive se constate dans tous les actes, elle affecte toutes les orientations et débouche sur une finalité, à savoir une société totalement purgée et purifiée de tout ce qui peut entraver l'évolution normale, équilibrée et juste de toutes ses parties.

La tâche n'est pas facile, c'est une lutte de longue haleine au cours de laquelle le révolutionnaire conséquent et constant doit s'attendre à vaincre des obstacles majeurs.

Les caractéristiques du système de gestion budgétaire, sous le régime colonial, étaient la multiplicité des rubriques et la rigidité bureaucratique. Le budget était conçu de telle manière, avec tant de détails, que tout était figé. Ainsi, cette conception du budget, qui résultait de l'esprit de méfiance, s'attachait au partiel à un point tel que le global à chiffrer ne pouvait être modifié au cours de l'année. Le budget de conception réactionnaire empêche le travailleur d'user de sa créativité, c'est-à-dire de ses initiatives créatrices. Il bannit l'innovation. Chacun est là et agit mécaniquement comme un robot. Lorsque le budget est ainsi confectionné, il faudra l'exécuter tel qu'il est. Et alors, l'homme, même intelligent, actif et créatif, est engagé.

La Révolution, c'est la confiance, la confiance totale placée dans le Peuple, placée dans l'homme qui est perfectible à l'infini. A l'infini oui ! Pourvu que conscient des objectifs progressistes de la société, il renonce à ses turpitudes de classe. Et la conception budgétaire révolutionnaire se fonde justement sur cette confiance placée dans les capacités du Peuple, dans les capacités de l'homme. Car pour la Révolution, même l'homme le moins doué doit être considéré comme pouvant atteindre à toutes les cîmes de la science, de la compétence, si l'on arrive intelligemment, à le placer dans les conditions objectives et subjectives requises.

Il faut que la gestion de chaque séquence budgétaire corresponde parfaitement à la séquence déterminée de l'action du Peuple dans le cadre de son Plan de Développement.

Aussi, faut-il asseoir un système de contrôle régulier pour qu'au moment même où la faute se commet, l'on puisse la déceler, afin de la corriger aussitôt.

Une telle intervention quotidienne, visant à améliorer la situation actuelle et à aboutir aux qualifications souhaitées par le Peuple, peut valablement aboutir à des mutations. Le négatif devient positif, et ce qui existe de positif est renforcé dans sa grandeur par ce qui est produit. Mais pour cela, nous l'avons dit en d'autres termes, il faut partir du général vers le particulier, et s'adapter à toutes les structures issues de la lutte révolutionnaire de notre Peuple. C'est pourquoi, le budget général doit obéïr à l'unicité conceptionnelle. Aussi le budget doit-il comporter deux volets qui consistent :

Premièrement, à utiliser rationnellement ce qui existe ; c'est la première démarche qui conduit au progrès, c'est-à-dire qui assure l'utilisation correcte des moyens humains et matériels dont dispose notre Etat. Autrement dit, c'est la partie qui permet à l'Etat de vivre normalement.

Deuxièmement, à apprécier l'effort de cet Etat pour assurer :

— d'une part, le développement, par une saine gestion des capacités de production déjà existante ;

— d'autre part, la création d'actions nouvelles d'investissements nouveaux devant permettre la réalisation d'objectifs nouveaux dont l'effet souhaité est de consolider davantage les bases matérielles de la Révolution. Donc dans la conception de la politique budgétaire nationale, l'on ne peut séparer le budget de fonctionnement des organes du budget de développement traduisant l'action nouvelle qui vise des objectifs nouveaux.

Nous savons que si la production est à la base de tout et commande au bonheur de la société, à tout son développement, la gestion aussi a un caractère dynamique dans la mesure où elle influence positivement ou négativement le domaine productif et le rythme du développement national.

La tâche de gestion budgétaire n'est pas une simple tâche administrative ; elle est une tâche qui dépasse les frontières des seuls services administratifs, parce qu'elle influence tous les secteurs de la Nation.

Pour pouvoir mieux l'assumer, chacun est tenu d'avoir une conception globale des réalités de la Nation, des possibilités du Peuple face à ses aspirations de progrès.

Chaque acte implique donc la mesure entre ce qui existe et ce qui manque, donc ce que l'on veut acquérir. Chaque acte doit être donc apprécié en conformité avec les objectifs, les règles, les principes déjà définis par le Parti-Etat.

Nous avons toujours dit qu'un budget n'est pas une disposition de chiffres à la verticale pour aboutir, par le jeu de l'addition, à la connaissance du volume que constitue le budget. **Un budget, c'est l'image exacte de toute une politique, c'est le reflet de l'ensemble des objectifs poursuivis par un Etat.** C'est la concrétisation, en termes financiers, c'est-à-dire opérationnels, de toute la politique d'un Etat. Le budget sanctionne donc une réalité pour chaque régime ; **d'où, à chaque régime sa politique budgétaire.**

Pour avancer, et c'est l'objectif de toute Révolution, il faut créer, c'est-à-dire produire. Après la production, il faut bien gérer ce qui a été créé. La politique de gestion suit donc directement la politique de production. Elle devient un facteur dynamique. L'on peut produire plus que la somme des besoins d'une collectivité, mais si ce qui est produit est mal géré, mal conservé, cela entraîne le gaspillage ; et la collectivité concernée connaîtra des difficultés de rupture dans la satisfaction de ses besoins. Et cela peut se produire tout simplement parce que la politique de gestion n'aura pas été menée avec suffisamment de rigueur. C'est pourquoi, **la gestion doit être considérée dans un pays révolutionnaire, comme un acte de production.** Le développement exige la reproduction élargie ; et quand il n'y a pas cette reproduction élargie, ce n'est pas seulement à la stagnation que le pays aboutit, mais à la régression.

Il faut réaliser, nous le répétons, que l'acte de gestion est un acte de production.

La gestion des finances doit s'améliorer continuellement ; et pour ce faire, les structures doivent toujours être adaptées aux impératifs de chaque phase, les méthodes de travail continuellement améliorées, la qualification professionnelle des travailleurs organisée, accentuée, de manière qu'à chaque échelon existent des agents compétents et aptes à traduire en actes concrets leur engagement révolutionnaire, leur adhésion à l'idéologie et au programme du Parti-Etat, leur fidélité au Peuple.

Pour la préparation du budget, tous les cadres économistes, administrateurs et techniciens de la Région doivent se sentir concernés, et participer effectivement à sa confection. Notre Etat est un Etat révolutionnaire et populaire ; son budget est donc un budget de finalité populaire et de nature révolutionnaire.

La technique budgétaire a deux impératifs essentiels : la rigueur dans la comptabilité et l'étude générale du mécanisme des services financiers.

La comptabilité matière doit être rigoureusement tenue, et le contrôle périodique, au niveau de chaque unité ou service, une exigence à observer.

Personne ne doit quitter la Trésorerie ou son bureau sans avoir arrêté la situation du jour.

Personne ne doit fermer son bureau sans avoir accompli la tâche de la journée, sans avoir arrêté les comptes de la journée.

Si ces méthodes de travail sont appliquées, une grande amélioration dans le fonctionnement des services financiers et une amélioration conséquente dans la gestion budgétaire à tous les niveaux sont certaines.

Les cadres financiers doivent procéder à une étude globale de tout le mécanisme fonctionnel des services financiers, et aboutir à des solutions qui permettent la qualification de la technique financière et de la gestion budgétaire. Tous les problèmes particuliers liés à l'élaboration d'un budget réaliste doivent être étudiés, et les meilleures solutions choisies.

En somme, quels sont les objectifs visés ?

1. Amener les cadres chargés de la gestion budgétaire à assumer leurs responsabilités et à accomplir leur mission de façon responsable ;

2. Amener les cadres financiers à obeïr aux exigences du temps pour qu'à chaque instant, corresponde l'accomplissement correct et efficace du devoir de cet instant ;

3. Liquider ainsi tout retard dans le fonctionnement des services financiers et être à même, à tout moment, de fournir les données exactes concernant l'exécution du budget ;

4. Appliquer correctement toutes les directives financières déjà données par le Parti-Etat en ce qui concerne la gestion des fonds publics et le processus de fonctionnement des services financiers et budgétaires ;

5. Tenir effectivement et honnêtement la comptabilité matière .; la tenue de cette comptabilité doit être assortie d'un contrôle effectif de l'ensemble des biens relevant du patrimoine des collectivités sociales — villages, quartiers urbains, Arrondissements, Régions et Nation.

Nous devons amplifier partout le combat révolutionnaire visant la reconversion des tendances négatives en éléments positifs dans le sens du progrès démocratique et social.

C'est que nul ne peut parler de développement par le travail, si les acquis ne sont pas gérés correctement. Nous avons toujours indiqué que deux démarches ponctuent le progrès : la sauvegarde, la préservation de ce qui existe, et l'acquisition, la création de nouveaux moyens. Ce sont ces deux démarches, ces deux pieds du progrès qui, en réalité, fondent la véritable signification de la gestion.

Supposons qu'un pays dispose de ressources naturelles minières et agricoles immenses, bénéficie d'une technologie de production permettant de valoriser ces ressources. Il y a là, réunies, des conditions objectives pouvant servir de cadre pour un développement économique et social dynamique. Cependant, ces conditions établies, elles sont sujettes à être inopérantes et même annulées en pratique si la gestion scientifique fait défaut. Autrement dit, la mauvaise gestion, soit par malhonnêteté soit par incompétence ou les deux à la fois, constitue un véritable goulot d'étranglement de l'économie.

Nous n'allons pas insister sur la gravité de la malhonnêteté dans la gestion des biens nationaux. Chaque session de travail du Parti-Etat a eu à réactualiser les fondements moraux du respect du patrimoine national, les barrières éthiques qu'aucun gestionnaire ne peut franchir sans connaître la rigueur de la loi. Nous n'insistons pas là-dessus, non pas parce que la malhonnêteté est une cause secondaire de l'échec d'une Entreprise, loin de là ! Au contraire, en matière de gestion, c'est une situation semblable à celle d'un homme qui veut remplir un panier de colas avec de l'eau !

Nous voulons insister sur le facteur négatif que constitue la conception « boutiquière » de la gestion. Comment se manifeste la conception « boutiquière » de la gestion ? Eh bien ! Une minorité, heureusement, de gestionnaires se considère comme des fonctionnaires dont l'unique tâche est de remplir des registres, de le faire à temps, si cela leur plaît, ou d'attendre si le cœur ne leur en dit pas. S'ils étaient encore de bons fonctionnaires ! Ils ne se sentent concernés par rien d'autre que par leurs intérêts égoïstes. Or, la gestion est le poumon d'une Entreprise, surtout économique, c'est-à-dire appelée à être d'un apport concret à l'accroissement quantitatif et qualitatif des biens de la société.

En effet, la gestion a trait à des problèmes relatifs à l'existence globale de l'unité économique et à son rôle dans la vie socio-économique, donc dans la vie politique, puisqu'en définitive, l'équilibre interne d'une société est utopique, si les unités économiques ne participent pas à sa pérennité ou biaisent avec ses objectifs.

En fait, la vraie gestion n'est pas seulement une question de chiffres.

La gestion concerne la production.

Soguifab, par exemple, doit déterminer l'article à produire, en envisager l'amélioration de la qualité, faire des projets pour la production d'autres articles entrant dans ses possibilités technologiques, se fixer un plan de production devant satisfaire aux besoins exprimés dans les carnets de commande ou à des besoins potentiels, veiller à la maintenance des organes industriels pour bien décider de leur remplacement ou de l'amélioration des installations de base.

Nous devons veiller à ce que notre économie nationale ne souffre pas de laisser-aller dans la maintenance de nos infrastructures, de l'inobservance des règles d'utilisation et de conservation des moyens de base, des appareils et outils de travail mis à la disposition de la classe ouvrière. Un moteur est vite mis hors d'usage tout simplement parce que le travailleur négligeant ne lui a pas apporté le soin quotidien nécessaire. Ainsi, les véhicules, les machines de toute sortes, les appareils frigorifiques, bref les outils de travail sont mis hors d'usage sans avoir été amortis ni techniquement ni financièrement, et c'est là l'une des causes de non-rentabilité de certaines de nos unités de production. L'homme qui ne respire pas, ne consomme ni eau ni aliment, ne saurait vivre longtemps. Aucun outil de travail, si perfectionné soit-il, ne saurait durer si le travailleur qui l'utilise, ne l'entretient pas.

Continuons à veiller sur la conscience professionnelle nous mettant à l'abri de telles carences, car l'absence de conscience professionnelle, qui se traduit par le manque de soin dans la parfaite maintenance des outils de travail, constitue objectivement un facteur de régression, voire de sabotage de l'économie.

Nos Instituts Polytechniques Secondaires (IPS) doivent pouvoir son seulement assurer la réparation des engins de travail, mais aussi fabriquer sur place la plupart de leurs pièces usées ou abîmées.

Des cours de recyclage doivent être périodiquement organisés dans les différents secteurs pour aider la classe laborieuse à toujours mieux comprendre le pourquoi et le comment des efforts qui lui sont demandés pour ses propres intérêts.

Juger de la capacité d'un travailleur ou d'une unité de production, c'est apprécier ce qui résulte de l'utilisation des différents moyens mis à sa disposition. **L'entretien des moyens de production demeure ainsi un impératif permanent dont l'accomplissement permet la rentabilité de tous les investissements de l'homme et du Peuple dans le cadre de la production, du transport et de la gestion des biens créés par le Peuple.**

La gestion concerne le placement, le comportement du marché d'écoulement de la production, le goût des clients, et qui est d'ordre culturel, les circuits de placement, le développement possible du gabarit du marché en matière d'absorption, les prix dans leur variation en fonction des coûts de production, l'acte et la méthode de l'écoulement rationnel de cette production. Voilà autant de problèmes liant étroitement la gestion à la vente.

Certes, la plupart de nos Entreprises ont un marché de monople. Et c'est précisément ce privilège de monople du marché qui stérilise l'imagination créatrice de nos gestionnaires et annihile chez eux tout effort d'analyse de la société qu'ils doivent servir. Or, il est temps de tenir compte des facteurs que nous venons d'évoquer, car nous sommes partie intégrante d'une Organisation comme la Communauté Economique des

Etats de l'Afrique de l'Ouest (CEDEAO). Donc, la compétition doit être envisagée dès maintenant.

La gestion concerne l'achat : toute Entreprise qui se veut viable a intérêt à assurer à temps et régulièrement son approvisionnement, à avoir une idée claire du comportement des points de cet approvisionnement en matière de prix, de volume et de clauses ou conventions. C'est le lieu de dire que, très souvent, dans les pays dits encore en développement, on construit des usines sans toujours tenir compte du problème décisif de leur approvisionnement en matières premières et, quelque fois, même en énergie régulière nécessaire à leur fonctionnement. Résultats : l'usine fonctionne largement au-dessous de sa capacité réelle si elle ne s'arrête pas tout simplement, alors que certaines charges, comme les salaires par exemple, constituent des poids sociaux. Les réduire par compression ou par fermeture de l'usine, est une solution dont les conséquences sont toujours pénibles au plan social. En plus de ce problème social, il y a une situation concernant les travailleurs de l'usine, un problème socio-économique plus grave parce que concernant toute la Nation : les pays en développement sont en général très pauvres en devises étrangères. Ils se saignent ou empruntent quand il leur faut installer une usine. Quand celle-ci ne marche pas, c'est une perte qui a de pénibles conséquences sociales et politiques. Les millions de dollars, il faut les rembourser, remboursement difficile car le service de la dette extérieur continue de peser lourd, rendant tout chantage possible.

La gestion concerne évidemment les finances, donc quelque chose de rationnel.

Quand des responsables de gestion travaillent au hasard, en négligeant le contrôle régulier du niveau des recettes et des dépenses, du niveau de la trésorerie, etc, c'est la faillite assurée.

La gestion concerne le personnel et les rapports sociaux au sein de l'Entreprise.

Quand une direction recrute le personnel en violation de la législation en vigueur, non seulement la masse salariale s'accroît, mais de telles décisions placent les recrutés illégaux dans l'impossibilité de jouir des droits accordés par l'Etat à tout travailleur.

Quand une Section syndicale ou un Comité d'Unité de Production verse dans les revendications banales au lieu de s'intéresser de façon responsable au processus de la production et à la protection saine des droits des travailleurs, l'Entreprise connaîtra un déséquilibre certain.

La gestion concerne la tenue quotidienne rigoureuse des documents portant sur l'allure chiffrée de l'Entreprise, sur les diverses étapes de son adaptation aux décisions intervenues en matière d'amélioration ou de changement de techniques comptables.

Exemple de l'impact de la gestion sur la vie économique et sociale : Nous avons proposé aux travailleurs la constitution d'une Coopérative régionale de consommation des travailleurs.

Les travailleurs ont salué cette initiative du Pouvoir Révolutionnaire Central ; leur mobilisation, pour l'accroissement de la production et de la productivité, s'est décuplée.

Supposons que le Comité de gestion, formé d'un directeur, d'un comptable et d'un gérant, chargé d'effectuer les achats auprès de l'Entreprise Régionale de Commercialisation Agricole (ERCOA), de l'Entreprise Régionale d'Alimentation (ERA) et de toutes les Sociétés nationales, et de veiller à la répartition équitable des marchandises, se permette de disposer à sa guide du fonds de roulement dégagé sur cotisation des travailleurs et subvention essentielle de l'Etat, de dilapider ces marchandises au seul profit de ce triumvirat ; supposons que les Autorités régionales et le Comité National de la Confédération Nationale des Travailleurs de Guinée ne fassent pas un contrôle mensuel ou inopiné de cette Coopérative ou couvrent la gabégie pour des raisons électorales et autres, oui ou non l'Entreprise ne risquerait-elle pas de péricliter, d'abord, et d'aller à la faillite, ensuite ?

Quand on sait que la base sociale de notre régime est la classe laborieuse, que si donc celle-ci ne bénéficie pas d'un minimum vital, les consignes de la Charte du travail ne seront pas respectées, on doit prendre au sérieux la gestion. Tout laisser-aller dans le contrôle de cette gestion, toute complaisance ou toute tentative de dissimulation de gabégie est une participation effective, consciente et responsable à la déstabilitation du régime.

Alors, demeure invariable le mot d'ordre du Parti-Etat : **les hommes peuvent échouer, la Révolution n'échouera jamais.**

Le gestionnaire est le centre-moteur de la vie de l'unité économique et de lui dépend l'impact négatif ou positif de ladite unité sur la vie économique et sociale du pays. C'est là le secret de nos préoccupations en ce qui concerne la gestion scientifique et honnête de nos Entreprises. Nous ne prétendons pas avoir tout dit sur cette question délicate.

Une bonne gestion suppose que le gestionnaire ait fait de ses fonctions une mission qui sollicite le meilleur de lui-même. Une partie de ceux qui ont eu la lourde charge d'assurer la gestion du commerce populaire, n'a pas toujours été animée par cet esprit missionnaire, il s'en faut de beaucoup.

On peut obliger quelqu'un à creuser un trou, à abattre un arbre ; mais l'on ne peut pas obliger le scientifique à s'enfermer dans son laboratoire et à y travailler pour découvrir ; on ne peut pas obliger le gestionnaire à assurer à perfection la gestion de l'unité dont il a la charge, si la motivation profonde n'y est pas.

Au-delà des cinq sens usuels, il en existe un autre dont la fonction est de forcer l'homme à se surpasser dans ce qu'il fait. Nous reconnaissons aussi que ce sens ne se développe que si, dès que les qualités et l'apport de l'homme au progrès de la société se surpassent constamment, ces mérites soient de même honorés et sanctionnés constamment par les marques de reconnaissance admises par la société concernée et requises par le progrès collectif et individuel.

Ce sens supplémentaire, l'on doit le cultiver en soi et autour de soi. Il ne peut y avoir aucun développement si ceux qui occupent des postes de décision et d'actions collectives, n'en sont pas habités. Il faut surtout que l'on se convainque que ce n'est pas de mirage que se nourrit ce sens. **Il faut, pour l'avoir, concevoir pour le Peuple la plus grande ambition dans tous les domaines et faire sienne cette ambition-là, la faire**

sienne d'une façon conséquente, c'est-à-dire en comprenant que l'on est l'un des ouvriers de la réalisation de cette ambition et que l'on ne doit pas faillir.

Nous affirmons encore que le progrès exige la protection des acquis du présent et la réalisation des objectifs d'avenir, en vue de l'accroissement constant des moyens de satisfaction de l'ensemble des besoins des masses laborieuses, d'où la nécessité impérieuse et permanente d'assurer à tous les niveaux du Parti-Etat, un contrôle méthodique sur la gestion des biens collectifs et sur l'action de production, de commercialisation, d'importation et d'exportation.

Le contrôle s'exercera dans les deux domaines inséparables de l'appréciation de la justesse d'une chose, d'un acte, d'une décision, à savoir le contrôle de moralité, et le contrôle de régularité étant entendu que les deux se complètent, et que l'élément prédominant est d'abord la moralité de l'acte. La moralité vise la conformité de l'acte avec le but visé, prescrit, alors que la régularité apprécie l'identité des méthodes utilisées avec les formes prescrites et leur adéquation aux sujets de l'action. C'est seulement quand cette moralité est positive que l'on doit apprécier la régularité.

Enfin, le contrôle général obéït à une autre démarche, celle qui consiste à partir du particulier au général dans un domaine donné, alors que dans un autre, l'on partira du général au particulier. Une telle technique correspond à la nature des domaines soumis au contrôle. En effet, nous n'oublierons pas qu'il s'agit du Parti-Etat, dans le cas singulier de la Guinée. Le Parti est le moyen suprême du Peuple de Guinée dans la conduite de sa marche historique, et l'Etat, le moyen technique de réalisation des objectifs d'évolution du Peuple de Guinée. Des deux réalités, nous avons défini celle qui est supérieure à l'autre, celle qui exerce souverainement sa prééminence, à savoir, le Parti.

Le contrôle s'exercera dans les différents secteurs : production rurale, production industrielle, commerce, transport, finances, secteur socio-culturel, secteur militaire, secteur judiciaire et sécurité, secteur diplomatique. Enfin, il s'exercera dans tous les domaines d'activités du Parti-Etat. **Ainsi, il n'y a plus de zone réservée, ni de secteur dit « secret ». Il n'y a plus**

de « raison d'Etat », il n'y a plus de raison autre que la raison du Peuple. Le Peuple ne saurait être soumis à une raison d'Etat étrangère à sa raison, laquelle signifie bien-être, paix et progrès. Car l'Etat ne peut être autre chose qu'un moyen d'équilibre, de progrès et de paix pour le Peuple.

Objectivement, le contrôle doit toucher au fonctionnement de toutes les entités du Parti et de l'Etat guinéens. Il vise donc toutes les entreprises d'Etat, toutes les Sociétés d'Etat, tous les services d'Etat, tous les organismes du Parti et toutes les instances de décision et tous les organes d'exécution.

Ce contrôle devient donc un étalon permettant de déterminer le degré de conformité de l'attitude au but visé par l'action populaire, la conformité de la forme au fond dans toute chose à apprécier, la conformité de l'acte au mobile, du fait à sa moralité.

Nous avons dit que tout se tient, que tout est lié. Ainsi, chaque acte qu'accomplit un élément du système est ressenti positivement ou négativement par tout le système concerné. Chaque impulsion en un point quelconque tend à se propager à tous les autres points. Chaque défectuosité qui se produit en un point tend à gripper tout le système. C'est pourquoi, le Parti-Etat doit veiller à tout moment sur la bonne marche de l'ensemble du système en chacun de ses points. Il doit détecter, à temps, les défauts pour corriger les faiblesses, les redresser, détecter les qualités pour les amplifier et les propager.

C'est à travers le contrôle que cette tâche du Parti s'effectue. Et c'est pourquoi, tous les organismes de la Révolution populaire, tous les secteurs du Parti-Etat, doivent être systématiquement soumis au contrôle méthodique.

Le contrôle portera sur :

— le comportement général des cadres ;

— la nature des rapports existant entre les cadres et les militants ;

— le comportement général des fonctionnaires du Parti-Etat ;

— la nature des rapports existant entre ses fonctionnaires et le Peuple ;

— le bon fonctionnement général de tous les services publics ;

— le niveau de leur efficacité dans l'accomplissement des tâches qui leur sont prescrites.

Le contrôle s'exercera aussi sur :

— le comportement général de toutes les entités de l'Etat ;

— le respect par celles-ci des normes de production arrêtées par les instances du Parti-Etat ;

— le bon fonctionnement du Parti lui-même ;

— le caractère d'harmonie qui prévaut dans les relations entre les cadres et dans la tenue correcte des archives du Parti ;

— l'intérêt que représente la formation idéologique et morale au niveau du Peuple et particulièrement au niveau des cadres élus ;

— la tenue de la caisse du Parti au niveau des organismes ;

— le respect des deniers publics, des biens et des valeurs appartenant au Peuple.

Le contrôle doit être inopiné ; car la Révolution, en perfectionnant ses outils, en accélérant sa marche, en accroissant ses moyens, a conscience de la présence, à côté d'elle, de la contre-révolution qui, elle aussi, et au même moment, perfectionne et ses outils et ses moyens d'action.

C'est pourquoi, en dehors des actes de contrôle périodique, il faut aussi exercer le contrôle inopiné, un contrôle qui surprend l'homme et le situe alors dans toute la nudité de son caractère.

La responsabilité collective est traduite à travers l'acte de contrôle. Puisque le contrôle revêtira toujours un caractère éducatif, il vérifie en conséquence, si le travail des organismes dirigeants est méthodiquement planifié dans le temps et dans l'espace, si les tâches sont effectivement et judicieusement réparties entre les membres des organismes et tous les autres hauts cadres du Parti-Etat pouvant être de quelque utilité pratique, et si chacun dans le cadre de la responsabilité collective, assume bien ses responsabilités particulières.

Le contrôle devra également vérifier si les organismes et chaque membre de ces organismes situent bien les objectifs à partir des réalités vécues, et s'ils ont le souci de créer toutes les conditions devant favoriser l'évolution rapide de ces réalités dans le sens du progrès, tel qu'il est prescrit par le Parti-Etat.

Les conditions dans lesquelles s'effectue le contrôle conserveront toujours un caractère militant, éducatif, car le contrôle est l'acte d'analyse qui aboutit, d'une part, à la perception, à la connaissance, à la protection et à l'élargissement constant des éléments positifs et, d'autre part, à la découverte des éléments négatifs, à la liquidation de ceux-ci par leur destruction ou leur reconversion en éléments positifs. Le contrôle, qui s'opère de façon impersonnelle, sert donc à élever toujours le sens de responsabilité collective du Peuple et à toujours mieux harmoniser le comportement de chaque individu, eu égard aux exigences du progrès démocratique de la société.

Devant un contrôleur conscient de ses responsabilités et disponible pour la Révolution, tout homme apparaît d'abord comme un militant, un homme conscient de tous ses actes et faisant librement ce qu'il a à faire, ensuite comme un militant, non encore formé, et qui a besoin de l'aide du contrôleur pour comprendre et approfondir ce qu'il n'a pu comprendre à priori, afin de redresser ses erreurs et d'améliorer ainsi son résultat.

Ensuite, le contrôleur doit faire preuve d'incorruptibilité matérielle et morale. Nous soulignons avec force ces qualités du contrôleur parce que le véritable « Dieu » de certains cadres et militants, n'est autre que l'argent. Le « Dieu-Argent » est très puissant et la pratique, à un moment donné, était que lorsqu'un contrôleur devait aller opérer dans une Région, dans un Arrondissement ou dans un village, par exemple, il prenait soin de télégraphier au trésorier, au Directeur de la Banque ou au Directeur de l'Entreprise Régionale de Commerce pour annoncer la date de son arrivée.

Fermeté et impartialité ne s'opposent pas. Bien au contraire, la fermeté traduit fidèlement l'impartialité, car le degré de fermeté sera fonction du degré de culpabilité consciente, reconnue à la suite d'une inspection.

A tout moment, et dans toutes les circonstances, le contrôleur restera fidèle au Peuple, en restant fidèle à la ligne politique ; fidèle au Peuple, en restant fidèle au Parti et à ses organisations de masse. Il doit savoir que la raison historique doit toujours pévaloir sur la raison sociale, laquelle prévaudra également sur la raison individuelle. Et, partant, il renforcera l'organisation en reconnaissant au collectif sa primauté. L'objectif essentiel de tout contrôle est de renforcer l'autorité du Parti-Etat, c'est-à-dire de renforcer les décisions du Peuple à travers ses organisations de masse, d'actualiser la responsabilité collective, de dynamiser l'autorité des organes de direction du Parti, d'éduquer le Peuple et de tendre à créer, chez les sujets coupables de fautes, de malversations, non seulement le remords, mais aussi le sursaut du repentir et la volonté d'améliorer leur comportement social. **Pas de victime ; au nom du Peuple ! Le Peuple ne fait pas de victime les seules victimes du Peuple, ce sont ceux qui veulent étrangler le Peuple, et que le Peuple n'hésitera jamais à étrangler pour continuer son chemin.**

Mais, les fautes commises et qui relèvent non pas d'une opposition fondamentale aux objectifs de la Révolution, mais d'autres considérations, ces fautes sont redressées au sein du Parti où toutes les conditions doivent être créées, notamment celles de la critique et de l'auto-critique, pour que les uns et les autres fassent le saut qualitatif en accédant à une meilleure compréhension de la technique de l'action dont le déroulement a pu comporter, à certains niveaux, des erreurs. Il s'agit de redresser ces erreurs, de rectifier les comportements qui hypothèquent les bases de la société, de former par l'éducation révolutionnaire les bâtisseurs de l'avenir de bonheur. Ainsi, on respecte la morale du Peuple, on renforce l'autorité des organismes du Parti et on traduit la justesse des principes. Toutes sanctions, en effet, doivent être justifiées. **Le Parti ne peut pas commettre d'arbitraire ; il bannit au contraire l'arbitraire et l'injustice. Le Parti ne peut commettre d'injustice.**

C'est pourquoi, à la suite de toute faute commise, la ligne est actualisée, expliquée, justifiée ; les principes à nouveau commentés, justifiés, clarifiés. L'on vient ensuite à l'analyse de la faute commise pour la circonscrire au niveau des individus qui en sont coupables. Chaque fois que le Peuple se trouve glorifié, la Révolution est renforcée dans ses bases et dans ses principes, l'individu, auteur de la faute, est alors singularisé. Il lui reste seulement, soit à avoir le courage de reconnaître la faute et la volonté de dépassement par une qualification du comportement, soit à persister dans la volonté de demeurer dans la faute et alors, le Peuple moralement libéré, l'écrase, l'élimine en tant qu'ennemi et poursuit sa marche historique.

Ainsi, nous devons savoir que le contrôle a pour but essentiel, non pas de créer la « peur du gendarme », mais de créer et d'entretenir l'émulation entre les entités sociales, entre les organismes d'une même entité, entre les hommes agissant à l'intérieur d'un même organisme.

Le dénominateur commun déterminant la même nature qualifiée de leur comportement demeure alors le respect de la ligne, l'application scrupuleuse des principes et des méthodes de la Révolution populaire, l'efficacité dans l'action créatrice. C'est pourquoi, le Parti-Etat doit nécessairement organiser le contrôle au niveau de toutes les entités et de tous les organismes et rouages du Parti-Etat.

Le développement dans l'organisation est directement lié au développement du contrôle sur l'action. Que voilà des nécesssités perçues par le Parti-Etat, qui se traduiront, de plus en plus, en des formes de structures nouvelles, d'organismes nouveaux, de moyens nouveaux, afin que les grandes espérances de notre Peuple, liées à l'ouverture de la phase du Parti-Etat et aux grandes perspectives d'évolution définies par le XIe Congrès du Parti, ne soient pas du tout compromises. **Les espérances de notre Peuple ne doivent pas être déçues. Le Parti adoptera en conséquence ses outils de travail aux exigences du progrès nouveau, un progrès plus démocratique et plus populaire.**

L'essentiel, c'est le choix d'une ligne politique juste, c'est la compréhension des exigences de cette ligne, c'est l'acceptation consciente volontaire, unanime de tout un Peuple à parcourir cette voie aboutissant à des objectifs pré-établis par le Peuple lui-même et convenant à son développement indépendant.

Le développement économique indépendant est celui dont l'objet n'est pas de servir d'auxiliaire ou de prolongement organique au développement d'autres entités extra-nationales. Dans sa finalité effective, il ne joue pas le rôle d'un auxiliaire unilatéral de ces entités extra-nationales ; en plus, il ne dépend pas nécessairement de l'extérieur pour son existence propre.

Le développement indépendant, c'est l'expression de l'état objectif d'un Peuple maîtrisant ses moyens de travail, conduisant ce travail sous sa propre contrainte et réalisant ce travail par et pour lui-même, le répartissant pour l'équilibre de ses composantes en vue de maintenir l'harmonie entre les secteurs, entre les entités économiques et sociales et surtout de créer la dynamique de leur développement continu.

Le développement indépendant stipule et impose que le Peuple ne s'appuie pas sur les moyens dont il n'a pas la totale maîtrise. Prenons le cas de l'agriculture : le développement y devient asservi si on néglige de s'appuyer sur la fumure organique pour bonifier le sol. Le développement y devient asservi si on n'y a pas recours, largement, à la traction animale dans le labour, d'abord, et dans le transport, ensuite. Et l'on comprend que nous ayons ordonné que chaque Ferme Agro-Pastorale d'Arrondissement (FAPA) soit équipée de quinze attelages à traction animale pour que l'intensité des travaux agricoles ne souffre à aucun moment des difficultés d'approvisionnement en hydrocarbure.

Le développement indépendant ne peut être non plus l'expression du hasard, de l'à-peu-près, de l'improvisation ; il complète, par son attribut d'indépendance, le développement général, car tant que la réalité de l'économie n'est pas indépendante de l'extérieur, le développement ne saurait être harmonieux et équilibré.

Le développement indépendant prend le Peuple comme centre d'intérêt et œuvre à la pleine satisfaction de ses besoins.

Le développement indépendant tend à prolonger la souveraineté nationale reconquise par le Peuple en souveraineté économique, en état objectif, en bonheur réalisé par et pour le Peuple.

Le développement harmonieux et indépendant postule donc comme exigences :

1. — Que les objectifs du développement soient définis avec objectivité, réalisme et en toute indépendance ;

2. — Que l'on recherche et utilise les technologies et

l'outillage les plus adaptés aux réalités que l'on veut transformer et qualifier ;

3. — Que l'organisation du travail soit définie librement par le Peuple, par l'Etat, par la Nation ;

4. — Que le Peuple assume l'effort de développement en comptant d'abord sur lui-même, son génie et ses efforts propres ;

5. — Que le contrôle du travail soit exercé par le Peuple, par l'Etat, par la Nation ;

6. — Que le fruit du travail soit réparti dans la justice sociale.

Un développement répondant à tous ces critères est non seulement harmonieux, équilibré et dynamique, mais il est absolument **indépendant.** Fondé sur la seule volonté du Peuple, il est au bénéfice exclusif du Peuple. Aucune partie du fruit du génie créateur du Peuple n'est susceptible d'aliénation, d'expropriation, de vol. La mentalité d'un tel Peuple est évidemment celle de compter sur soi, de compter sur ses propres forces, car, le développement d'un pays ne peut-être réalisé effectivement que par son Peuple. On ne peut jamais faire le bonheur d'un homme en dehors de lui-même. Personne ne peut imposer et son instruction et sa propre formation à un homme en dehors des propres efforts de ce dernier. Personne ne peut donner la conscience à un homme en dehors de sa volonté propre. Personne ne peut qualifier la pratique économique d'un Peuple en dehors de ses propres efforts conscients. En dehors de sa volonté, aucune contrainte externe ne peut amener le travailleur à donner le meilleur de lui-même.

A tous les stades du processus du développement économique, dans tous les domaines de l'action créatrice, il n'y a équilibre et indépendance que lorsque le Peuple exprime effectivement sa souveraineté, sa liberté et assume son devoir en vue de son bonheur.

Le principe : « compter sur ses propres forces » doit être actualisé à tous les niveaux du Pouvoir Révolutionnaire : village, quartier urbain, Arrondissement, Région, Nation et ce, secteur par secteur. En effet, pour qu'un secteur adopte une attitude de pleine responsabilité, de totale souveraineté à l'égard de l'extérieur, il faut que la base du Parti, de l'Etat et de la Nation qu'est le Pouvoir Révolutionnaire Local, que cette base, disons-nous, actualise, dans tous les domaines, ce principe fondamental : « compter sur ses propres forces ». C'est un principe cardinal qui, désormais doit soustendre le progrès effectif des réalités de chaque village, ou quartier urbain, de chaque Arrondissement, de chaque Région et de la Nation tout entière.

S'agissant de l'aide extérieure, il faut aussi que cette aide que tout pays peut recevoir dans le cadre d'une solidarité internationale, soit conforme aux intérêts du Peuple qui la reçoit. L'aide extérieure doit donc permettre au Peuple de se forger les moyens de se passer de cette aide à l'avenir et à plus ou moins long terme. Mais toute aide qui devient de plus en plus pesante, de plus en plus nécessaire, transforme celui qui la reçoit, d'ami qu'il était, en travailleur salarié, d'abord, en esclave, ensuite, et finalement en étranger sur son propre sol.

La Révolution, nous aimons à le dire, est exigence de progrès démocratique et social.

Nous exprimons cette exigence en réaffirmant avec force que **toute aide qui ne nous aide pas à nous passer de l'aide sera, par la Révolution guinénne, irrémédiablement repoussée.** Dieu merci, maints de nos partenaires ont saisi cette philosophie politique de l'aide, non pas comme une bravade, mais comme une volonté de participation active aux transformations socio-économiques de notre époque.

Nous réaffirmons avec force qu'un Peuple idéologiquement formé, politiquement uni et démocratiquement organisé dans l'œuvre d'édification de son bonheur, ne peut jamais échouer.

Nous réaffirmons notre volonté consciente et résolue de défendre les acquis du Peuple, d'assurer le renforcement des bases matérielles de la Révolution populaire guinéenne et d'œuvrer à l'affermissement constant du Pouvoir, de tous les pouvoirs du Peuple.

LA RECHERCHE SCIENTIFIQUE, UNE EXIGENCE DU PROGRES

La stratégie de la Révolution s'appuie sur le Peuple qu'elle prend et considère comme l'artisan de toute transformation valable et durable, comme l'objet et le sujet de l'évolution dans tous les domaines. Cette stratégie veut que toute qualification, dans quelque sphère que ce soit de la vie sociale, passe par celle de l'homme, par celle du Peuple. La qualification directe de l'homme, la qualification fondamentale du Peuple est la tâche permanente de la Révolution, à travers leurs facultés intellectuelles. techniques, technologiques, en vue de leur réalisation totale, en tant qu'homme complet, en tant que Peuple capable. La Révolution à travers sa quintessence — la Révolution Culturelle Socialiste — ne vise rien de moins que l'affirmation culturelle de notre Peuple, l'épanouissement culturel de chaque homme ; mais pour atteindre ce stade de qualification socio-humaine, la Révolution Culturelle Socialiste nous invite tout d'abord à intégrer le Peuple dans ses aspirations, dans les objectifs qu'il veut atteindre, dans ses soucis, dans ses joies quotidiennes. Pour cela, il faut pouvoir valoriser les conquêtes passées du Peuple, c'est-à-dire opérer le retour à la source, vivre en son sein en tant que partie intégrée, totalement intégrée à la réalité sociale.

Ainsi, la Révolution Culturelle Socialiste nous a invités à nous refaire en nous débarrassant des séquelles de la domination coloniale que nous autres avons eues à subir. Elle nous a invités à « déposer » définitivement les oripeaux, dont nous avons été affublés, c'est-à-dire tout ce qui a pu nous être imposé et que nous considérons aujourd'hui, à juste titre, comme des freins, des stigmates d'inaptitude et d'incapacité ; à exprimer avec vigueur et rigueur, les qualités et les vertus de notre Peuple mobilisé désormais pour faire effectivement son histoire et l'histoire. C'est pourquoi, la Révolution Culturelle Socialiste a, comme premier objectif, de démystifier le savoir, de placer le savoir à la portée de tous et de chacun, de permettre au savoir de qualifier chacun et tous sans distinction, en ouvrant ainsi la voie à chacun pour accéder au plus haut degré de la connaisssance.

Ainsi le Parti, par la Révolution Culturelle Socialiste, doit se fixer pour tâche de démystifier les esprits, libérer les initiatives, de dynamiser et de rationnaliser les attitudes.

Cet objectif, une fois atteint, aura un impact positif sur chaque Guinéen, cela est certain. Mais cet effet salvateur ne viendra guère de lui-même et lui seul ; il faudra nécessairement la participation et la contribution de tout un chacun à la lutte de classes, sur le front culturel.

Le savoir est dans les aspirations de tous les Peuples du monde et rien n'existe dans l'univers qui ne soit objet de connaissance ; pour l'homme, tout mérite d'être connu pour pouvoir établir les lois objectives des processus naturels et sociaux en vue de les maîtriser à travers la création, la recréation, l'amélioration, le perfectionnement et le développement constant des moyens dégagés et mis en œuvre, grâce à cette connaissance dynamique. Le savoir réside en la vie sociale et, quand nous avons dit qu'il n'y a pas de Peuple sans culture, cela veut dire qu'il n'y a pas de société humaine qui ne fasse montre de savoir, de conscience et de capacité ; les degrés de capacité peuvent varier, les niveaux de connaissances peuvent varier, mais l'on ne saurait nier l'existence du savoir, l'existence de la capacité de savoir et de savoir-faire, dès lors qu'un Peuple s'est constitué. C'est l'état même de Peuple constitué sur des bases élaborées par lui et admises par les uns et les autres qui demeure le cadre de l'aspiration au savoir et à la capacité de maîtriser la raison des processus objectifs. Là où il y a une vie de bête, l'on ne saurait parler de Peuple connaisseur et conscient. Par conséquent, tous les Peuples sont des références de savoir et de maîtrise de la nature, des références en sources de connaissances intellectuelles, morales, techniques et technologiques. Mais, comme l'homme et la nature, en tant qu'environnement, font un, le degré de la maîtrise de la nature qui sanctionne le niveau de développement d'une société et conditionne son développement ultérieur est déterminé par la qualité des moyens que la société utilise, que l'homme utilise dans la recherche des solutions appropriées à la satisfaction de ses besoins vitaux. Ainsi, les différences de technique, les différences de technologie ne nient pas l'existence du savoir technique ni du savoir technologique au niveau d'une société, mais servent tout simplement à apprécier à quel échelon du processus de la connaissance se trouve tel Peuple, telle société par rapport à tel autre Peuple ou telle autre société.

C'est pourquoi, la Révolution Culturelle Socialiste, nous le répétons, nous invite à intégrer notre véritable personnalité à en être conséquemment fier en tant qu'élément réalisé essentiellement par notre société et pour notre société. Notre authenticité part donc du respect que nous avons de nos propres valeurs, donc de l'héritage de notre propre société, héritage que nous avons le devoir de qualifier encore davantage, ce qui implique la contribution de chacun ; et tant que chacun demeurera conscient de son être dans son milieu et de son devenir à travers ce milieu cet apport qui lui est demandé deviendra au niveau de sa conscience, une obligation contraignante et efficace.

Référons-nous, dans n'importe quel pays du monde, au processus qu'a connu le développement de la connaissance intellectuelle. Posons-nous la question suivante, en faisant un recul de trois siècles ; les premières Nations qui eurent le bonheur d'organiser, sur des bases rationnelles, l'enseignement et de sanctionner ses différents niveaux par des diplômes, exigeaient-elles des jeunes candidats au Certificat d'études primaires élémentaires, au Brevet élémentaire, au Baccalauréat, à la Licence ou au Doctorat, des connaissances équivalant aux épreuves actuelles auxquelles elles soumettent présentement les candidats de la même catégorie ? Nous disons non. L'on peut même affirmer que le niveau des épreuves du Baccalauréat de cette année est nettement supérieur à celui des épreuves des diplômes du niveau de la Licence d'il y a un siècle. Alors on en déduit le caractère dynamique du savoir dans son processus ininterrompu de qualification.

Les niveaux de l'enseignement ont été hiérarchisés, sanctionnés par des diplômes reconnus, parce que délivrés par les autorités de chaque Nation. Pourquoi l'Afrique refuserait-elle, elle aussi, d'exercer, d'assumer sa responsabilité dans le domaine de la connaissance ? Pourquoi l'Afrique ne reconnaîtrait-elle de valables que les seuls diplômes délivrés par les autres et essentiellement par les autres ? En se posant cette question, on se rend tout de suite compte que démystifier la science en Afrique, liquider tout complexe d'infériorité dans ce domaine, c'est amener l'Afrique à assumer elle-même ses responsabilités culturelles, à déterminer les niveaux des diplômes valables sur son sol et à sanctionner les connaissances acquises par ses fils, conformément à la hiérarchie des valeurs culturelles adoptées par elle.

Cette hiérarchie à définir, loin de traduire un nationalisme étroit, exprime la recherche de l'efficacité pour une libération des forces productives assortie du respect constant de l'universalité de la science en tant qu'interprétation impersonnelle des lois objectives de la nature. Or, jusqu'à présent, l'on croit qu'il n'y a de savoir réel qu'à partir des seuls diplômes délivrés par les pays étrangers et, ainsi l'on se soumet à des gymnastiques intellectuelles ayant en fait peu d'importance et d'impact sur le développement historique de nos Nations, parce que les connaissances ainsi retenues arbitrairement sont davantage insérées dans un processus étranger à l'Afrique. Nous savons très bien qu'un ingénieur agronome formé dans un pays étranger et dont le Mémoire de fin d'études serait axé sur des pratiques agricoles n'ayant pas cours en Afrique ne serait chez nous, avec son diplôme, d'aucune efficacité, en tout cas, pas d'une efficacité aussi assurée que celle dont il aurait pu faire montre à l'épreuve, dans le pays qui lui a conféré ce diplôme. Cet agronome aurait mieux fait d'étudier les plantes, le sol, en un mot les facteurs dynamiques de l'agriculture de son propre pays pour les maîtriser. Ainsi, même si un diplôme ne lui est pas reconnu, il est au moins sûr de s'assurer sur place un niveau d'utilité réelle reconnue dans l'histoire économique de son pays.

Ainsi, on s'aperçoit qu'il n'existe pas de connaissance en soi. Toute connaissance est militante et pour l'être efficacement, elle doit s'inscrire dans le contexte socio-historique de sa consommation. Ce n'est pas le diplôme en tant que tel qui compte, mais son contenu, c'est la pratique qui compte en définitive, et cette pratique est sanctionnée par le degré d'efficacité conférée à une action.

Le diplôme doit justement être une mesure convenue de l'efficacité pratique au sein de la société de son détenteur.

C'est le cas, en Guinée, des travailleurs de la Santé qui, en raison de leur efficacité éprouvée, ont été élevés au rang de médecins. Le premier chirurgien ne sortit pas de l'Université, il était barbier ; le premier géomètre ne sortit pas d'une école, il était cultivateur ou guerrier, confronté à la nécessité d'appréhender l'étendue de son champ ou de fixer les coordonnées des formations ennemies. En un mot, la pratique donna les premiers diplômes et, comme l'on dit : « c'est en forgeant que l'on devient forgeron. »

Ainsi, le diplôme se perçoit comme un fait idéal qui répond au besoin de la hiérarchisation du mouvement de l'éducation conscientielle au sein de la société. Toutefois, il est utile qu'il y ait la connaissance officielle des niveaux de capacité atteints par les uns et par les autres, mais il faut que le diplôme ait une valeur nationale correspondant aux préoccupations théoriques et pratiques de son époque historique. Il ne s'agit pas là d'accorder une préférence à l'empirisme, à la pratique routinière érigée en dogme. Il s'agit tout simplement d'un aboutissement dialectique.

Chaque être humain est assoifé de connaissances et cherche à comprendre les lois régissant la nature et la société. L'intelligence n'est l'apanage d'aucune race humaine, et toute connaissance résulte nécessairement de la lutte que l'homme livre à la nature.

Par ailleurs, devant faire face aux pressions de la vie, l'homme doit se battre pour modifier ses conditions de vie, se préserver de l'assaut des processus objectifs qu'il ne maîtrise pas encore, d'où l'absolue nécessité de recourir à son stock de connaissances pour les maîtriser. Cependant, avant de recourir à ce stock de connaissances, il aura fallu d'abord l'avoir accumulé, possédé. Donc il n'y a pas opposition entre les activités de recherche et les activités pratiques. Aussi, dans le cadre d'une même société, est-il rationnel de procéder à la reconnaissance officielle des niveaux de capacité atteints par les uns et les autres. Voilà la justification du diplôme qui doit nécessairement correspondre à un niveau de capacité pratique et avoir une valeur nationale.

On sait que l'enseignement a, très tôt dans chaque pays, été monopolisé par les classes dominantes ; ce n'est pas l'argent seulement qui a été accaparé par les classes exploiteuses, mais surtout l'instruction, la technique et la technologie. Et l'une des formes d'appropriation des connaissances par ces classes, c'était bien l'organisation, l'institution des mémoires et thèses de Doctorat imposant au candidat, des efforts considérables de recherche, d'analyse et de synthèse en vue d'une conclusion ayant une portée scientifique universelle, mais représentant aussi un filtre social qui ne devait autoriser l'épanouissement que des agents de l'ordre social établi. Et tout ce travail que s'imposaient les différents candidats aboutissait à des résultats concrets qui venaient immédiatement qualifier le patrimoine culturel des classes dominantes étrangères.

L'on peut affirmer, sans aucun excès de langage, que tous les africains qui, à l'extérieur, se sont livrés à des recherches importantes, et ont pu obtenir des titres de qualification élevés, ont contribué, par cela même, à l'enrichissement culturel des mêmes pays qui leur ont délivré les parchemins, alors que leurs pays d'origine auraient préféré tirer profit du résultat de leurs recherches au lieu de les voir brandir ou présenter à qui le désire un papier qui n'a qu'une valeur théorique.

Qu'est-ce qui exprime la valeur réelle d'un diplôme ?

C'est son pourquoi qui est lui-même une synthèse de questions, à savoir : quelle est la part de contribution du chercheur diplômé à la qualification de la société ? Quel est l'apport du chercheur à l'agrandissement du patrimoine culturel, scientifique, technique et technologique du pays ? Quel est l'impact dynamique et positif de son travail sur le processus d'évolution du pays ? Voilà le pourquoi. Aussi, affirmons-nous que l'Afrique a tout à gagner en organisant et instituant au niveau de nos Universités tous les diplômes requis pour sanctionner tous les degrés de connaissances et de capacités accumulées par les cadres africains.

L'Afrique aurait tout à gagner en organisant dans ses propres pays ses concours, ses examens et toutes les recherches exigées pour la formation de ses cadres en leur permettant ainsi d'accéder à tous les diplômes souhaités. Les diplômes peuvent être nationaux, mais les Etats peuvent se mettre d'accord sur un système cohérent d'équivalence.

La Révolution Culturelle Socialiste postule que les cadres guinéens enseignent aux jeunes guinéens, leurs enfants, la philosophie qui est l'idéologie de leur société ; seuls les cadres de la Révolution guinéenne peuvent enseigner valablement l'histoire, la géographie du pays, tous les éléments de connaissance spécifique au pays. La Révolution Culturelle nous commande de nous débarrasser définitivement de tout complexe culturel et de nous soustraire à la pesanteur de l'irresponsabilité culturelle pour pouvoir assumer pleinement et efficacement notre propre identité culturelle.

Chercher ailleurs des diplômes sur des objets tout à fait étrangers à notre vie, à nos aspirations, à nos objectifs est une aberration. Dans les sciences de l'homme, le rapport des connaissances avec le système politique et social est d'une intimité particulièrement profonde et ce, en raison de la spécificité et de l'historicité des lois sociales. Aussi, est-il souvent démontré la participation des sciences sociales dans la lutte de classes. Donc, imposons nous le devoir de monopoliser l'enseignement des sciences sociales, dans nos pays. Il ne s'agit pas, nous l'avons dit au Premier Festival Culturel Panafricain d'Alger, de nous enfermer dans quelqu'étroitesse que ce soit. La Révolution Culturelle Socialiste n'invite guère au rejet du patrimoine culturel de l'humanité bien au contraire.

L'ouverture culturelle au reste de l'humanité est l'un des premiers postulats de la Révolution Culturelle Socialiste, mais avec une parfaite maîtrise de l'assimilation de l'emprunt extérieur au lieu d'être assimilé par cet emprunt. Ainsi, invite-t-elle à ne pas rester figé, anesthésié et momifié par la création des autres. Voilà l'une des premières portées de la Révolution Culturelle Socialiste sur l'Ecole guinéenne qui admet les échanges culturels féconds entre les Peuples.

En histoire, en géographie, en philosophie-idéologie, etc..., les cadres formés à l'extérieur ne peuvent apprendre dans ces pays que ce que ces pays destinent à leurs propres enfants. Or, comme déjà énoncé, nous savons très bien que dans tous les domaines en général, et singulièrement dans les domaines sociaux, il y a deux réalités indissociables : une première, universelle, est régie par des lois générales liées à la nature générique même de l'homme où qu'il se trouve ; une deuxième, celle-là singulière et particulière, a trait à la liaison intime entre l'homme et son propre milieu, le milieu sur lequel il agit, mais qui agit sur lui pour le façonner ; c'est dire qu'il y a les conditions particulières et spécifiques pour chaque pays qu'on ne peut lire à travers les lois générales qui régissent toutes les Nations, tous les Peuples, tous les pays, tous les hommes. C'est pourquoi, l'esprit scientifique, parvenu à maturité, interdit « l'idolâtrie » du général coupé des rapports entre des processus singulièrement localisés dans l'espace et le temps. Une telle « idolâtrie » du général empêche les progrès intellectuels, interdit le nécessaire point d'interrogation du chercheur. La référence unilatérale au général, c'est l'installation « confortable » dans le diffus ; or une connaissance diffuse n'a jamais été rationnelle. C'est dire qu'il faut toujours tenir compte des conditions particulières et singulières nées du processus historique et social. C'est là, la dialectique du général et du particulier. Il s'agit de l'absolue nécessité de tenir compte des contingences, si l'on veut la promotion rapide du Peuple et de l'homme. Par conséquent, nous devons encore retenir ce fait que, plus nous nous connaîtrons nous-mêmes, plus nous serons nous-mêmes ; plus nous apprécierons et voudrons être nous-mêmes, plus nous serons aptes et capables d'appliquer les lois générales à nos conditions spécifiques maîtrisées par la pratique et la connaissance mais, plus nous nous ignorerons plus nous serons étrangers à nos intérêts propres, plus nous réprouverons notre propre personnalité et nous serons alors incapables de l'imposer et de modifier dynamiquement nos intérêts compromis ou sacrifiés.

Donc, la Révolution Culturelle Socialiste est aussi et surtout une exigence de transformation de soi en vue de la domination de la nature. Le premier pouvoir, celui déterminant de l'homme, c'est le pouvoir qu'il a sur lui-même. Du degré et de la vigueur de ce pouvoir, dépendent ceux du pouvoir sur la nature.

Il y a longtemps que nous œuvrons sans répit à l'organisation aussi poussée que possible et complète de l'enseignement. Notre société satisfaite par la rationalité structurelle de notre enseignement dont il faut renforcer l'autorité, nous devons à présent créer un contexte tel que nos jeunes cadres, désormais lancés dans la course, puissent rattraper le temps perdu. Que chacun se mette au travail. La recherche fondamentale et la recherche appliquée sont des moyens indispensables au développement des sociétés humaines. La recherche est le propre de l'homme conscient et du Peuple responsable. Jusqu'à sa mort, tant qu'il bénéficie de son équilibre et de sa santé, l'homme conscient reste un chercheur. C'est pourquoi nous devons, chacun dans sa spécialité ou dans son domaine particulier, nous adonner aux activités de recherches pour accumuler, et approfondir davantage les connaissances, les maîtriser afin de mieux transformer nos propres réalités. Pour pouvoir transformer la nature, celle de notre pays, et qualifier la société, notre société, nous devons connaître l'une et l'autre de façon approfondie. Nous devons constamment nous enrichir la mémoire de connaissances utiles, celles qui nous rendent de plus en plus aptes à assurer convenablement la sauvegarde et le développement dynamique et continu de notre patrimoine économique, socio-culturel en même temps que la personnalité et les capacités humaines de notre Peuple. Dans ce domaine, chacun peut un peu : la ménagère peut nous enseigner ce qu'elle connaît et que nous ignorons ; le pêcheur peut nous enseigner ses techniques comme la potière peut nous enseigner sa science, nous éduquer ; le paysan peut nous éduquer. L'éleveur peut nous éduquer ; tout homme qui pratique consciemment une profession, un métier, peut nous enseigner, grâce à l'observation d'une loi qui a été comprise et maîtrisée par lui ; il a même le devoir de nous la faire connaître, et en nous la faisant connaître, il nous enrichit d'une façon particulière et enrichit la Nation d'une manière générale. C'est pourquoi, si nous voulons rattraper le temps perdu, il faudra d'abord créer un contexte d'émulation entre tous nos cadres. Que chacun se fixe cet objectif : se qualifier et apporter sa contribution à la qualification générale de l'Ecole guinéenne.

Ainsi, au lieu de laisser les étudiants sortants de nos Facultés choisir des sujets théoriques n'ayant aucun rapport avec les aspirations légitimes du Peuple, au lieu de s'atteler, par exemple, à la résistance des matériaux, toute théorie universelle, pourquoi ne pas faire l'inventaire physicochimique de la nature guinéenne, analyser les propriétés du sol africain, recenser les matériaux qui se trouvent en Afrique, se livrer à toutes les combinaisons possibles pour trouver, par exemple, comment compacter la terre et s'en servir comme chaussée des routes ?

Le chercheur doit se livrer à des expériences quotidiennes ; un jour, il sera récompensé en trouvant que l'une de ses hypothèses s'est révélée exacte, et voilà un apport important qu'il va faire au domaine scientifique, non seulement en Afrique, mais ailleurs aussi. Mais, il faut toujours que l'on se rendre responsable de l'évolution de son pays et de soi-même et que la recherche alors devienne une obligation. Tout ce que nous apprenons des autres est le fruit de leurs recherches ; mais nous devons, à notre tour, faire montre de capacités pour toujours demeurer présents au rendez-vous du donner et du recevoir.

Le génie-civil peut donc orienter la recherche vers la solution à apporter aux problèmes d'infrastructure en Guinée.

De toute évidence, les conceptions architecturales dépendant des structures sociales et des habitudes des pays, des aspirations des Peuples, de leur niveau technique et des matériaux qui se trouvent dans ces pays. En effet, ce qui convient dans tel pays convient-il forcément au climat guinéen, à l'exploitation des matériaux existant en Guinée pour nous édifier des maisons, par exemple ? Voilà quelques questions que nous devons nous poser. Tout en apprenant le général, il faut savoir que c'est la maîtrise du particulier qui nous fera bénéficier de la portée du général ; tant que le particulier n'est pas maîtrisé, la connaissance du général reste théorique, parce que les conditions de son application ne sont pas connues.

Il en est de même de la médecine. Nous avons posé les mêmes questions à nos jeunes cadres : « ne soyons pas prétentieux, soyons objectifs : parmi les Guinéens, ceux qui se soignent dans les villages auprès des guérisseurs ne sont-ils pas plus nombreux que ceux qui se présentent à un hôpital ou à un dispensaire jusqu'à présent ? » Si le Peuple a pu se préserver jusqu'à présent, c'est parce que certainement sa médecine a été d'une efficacité certaine ; même si son état de perfectionnement n'est pas du niveau atteint par la médecine moderne, même si elle n'a atteint qu'un degré scientifique modeste, notre devoir est de la maîtriser, de la qualifier pour l'insérer dans la médecine moderne, au profit de la Société. Mais, on a été tellement mystifié par l'Occident que l'on croit encore que la seule source du savoir, la seule source de connaissance, c'est celle qui vient de l'Occident. Il s'agit là d'une véritable domination culturelle. Or, beaucoup de remèdes qui nous viennent de l'Occident ont été découverts par les Africains et ont été observés, dans leurs effets, par les médecins occidentaux ayant servi en Afrique qui, après analyses, ont décelé les principes thérapeutiques des racines, des feuilles, des écorces et les ont introduites dans leur pharmacopée. Ce sont des apports anonymes de l'Afrique à la Médecine moderne. Si les médicaments que nous absorbons pouvaient nous dire leur histoire, eh bien nous saurions que bien d'entre eux ont été découverts par nos grand-parents ! Mais ces réalités nous sont cachées et seule la conscience doit nous permettre de les comprendre.

Nos pharmaciens, nos médecins ont un champ d'investigation illimité; il faut q'ils soient orientés vers la maîtrise du savoir africain, c'est cela qui sera notre apport au patrimoine culturel universel ; c'est ce qui viendra de notre personnalité qui témoignera le mieux de notre évolution culturelle et de notre contribution au progrès scientifique dans le monde.

Si nous sommes fiers de recevoir des autres, nous devons davantage être fiers de donner aux autres, et si nous voulons nous réhabiliter, nous sommes obligés de chercher les éléments de réhabilitation dans tous les domaines, et ce, dans nos réalités propres.

Les sciences administratives, rien de plus relatif à la nature du régime, à une réalité socio-politique, ayant ses propres lois. Nous ne pouvons calquer ni les structures administratives, ni les méthodes administratives des autres pays ; à nous d'étudier l'évolution de notre société, de savoir à quel niveau nous sommes et vers quelle phase nous devons nous acheminer, enfin quelle nouvelle propriété conférer à nos institutions, à nos méthodes et à nos principes d'administration. Cela aussi représente un champ d'invertigation pour nos cadres.

Quant à l'histoire du pays, nous savons que des efforts ont été déployés dans le domaine de la connaissance du pays mais les méthodes ne sont pas adaptées aux moyens existants.Les moyens sont puissants et les méthodes sont faibles, les moyens sont puissants parce que le Peuple est organisé. Fixons-nous un objectif ; demandons à tous les villages de s'atteler à cet objectif, nous aurons tous les matériaux venant de toutes ethnies guinéennes, matériaux avec lesquels nous pourrons élaborer des thèses de grande valeur et pour l'histoire de la Guinée et pour celle de l'Afrique. C'est le Peuple qui est le gardien du passé ; tant que nous ne le consulterons pas, tant que nous ne l'interrogerons pas sur ce qu'il connaît, et sur ce qu'il recè le de valeur culturelle, nous n'avancerons guère et risquerons de piétiner ou de tâtonner.

Il en est de même pour le domaine de la géographie. Nos manuels doivent être constamment adoptés aux réalités dynamique du pays. Tant que le programme présenté porte sur le général, sans lien avec le spécifique, le particulier, alors son apport est nul à la formation des cadres. Bien sûr, il y a des réalités valables pour telles ou telles régions, il s'agit là de réalités ayant trait à l'existence des mêmes maillons du Pouvoir révolutionnaire, à la volonté unanime de tout le Peuple de Guinée de valoriser au profit de ses fils ses ressources naturelles. Voilà entre autre réalités, celles qui entrent dans la catégorie du général ; on ne doit pas mettre entre parenthèses les réalités propres à une Société. Ainsi, il faut que l'élève de Labé puisse faire une carte correcte de Labé en situant tous les PRL de cette Région. Pour nous cela a de l'importance, car tout est objet de connaisance de tout ce qui est dans notre pays. Il n'est jamais inutile de se connaître et de connaître son propre pays, car l'homme ne peut mieux aimer et défendre que ce qu'il connait et la connaissance du monde passe nécessairement par la connaissance de soi.

Et c'est de la connaissance du singulier et du particulier que l'on progresse vers la connaissance de réalités générales. Nous devons élaborer des monographies, afin de mieux pénétrer les réalités de chaque PRL sur le triple plan de la géographie physique, économique et humaine.

Les sciences de la nature : nous pouvons et nous devons nous y livrer à des recherches ; nous ne les considérons pas comme le patrimoine particulier des Nations développées, car celles-ci n'ont pas toujours été au niveau où elles se trouvent aujourd'hui : un progrès dans ce domaine est lié aux recherches qu'elles ont faites. Nous avons, à tout échelon du processus historique du développement de notre société, à nous livrer à des recherches et, cela, dans tous les domaines.

En mathématique, en chimie, en physique, en biologie, nous pouvons obtenir à force d'efforts, des résultats positifs.

Quant à l'idéologie, personne ne peut l'élaborer en dehors de notre Peuple et de ceux qui constituent son encadrement technique. Par exemple, si les lois générales de l'économie politique sont maîtrisées, nous avons à étudiér, de façon particulière, l'évolution de notre société, à connaître les contradictions que renferme notre société, à analyser les tendances positives, les tendances négatives, à déceler les points d'appui de la Révolution et les forces de résistance à vaincre pour son progrès. Mais si nous allons à l'étranger chercher des grades de docteurs d'Etat en sciences sociales, des titres d'agrégés d'économie politique sans connaître notre société, eh bien nous vivrons seulement avec des parchemins, conférant de grands titres, mais nous ne serons d'aucune utilité pour l'histoire de notre Peuple. Or, ce qui compte, c'est le degré d'efficacité, c'est l'apport de l'individu à la transformation du général.

Quant au droit, rien de plus relatif également à l'essence d'un régime ! Cependant, il y a des Africains qui vont chercher la Licence en droit, le Doctorat en droit ailleurs, et ils sont fiers ; ils se croient supérieurs aux greffiers formés sur place, qui connaissent parfaitement la société guinéenne maitrisent à fond les lois de cette société. Tout cela, c'est de la mystification pure et simple, séquelle de la domination coloniale. Le vieux du village qui connaît les règles sociales, les principes de vie, qui appréhende avec justesse le devenir collectif, harmonieux de la société et qui apprécie un conflit social en tenant compte des exigences de la société, est infiniment plus valable, quand bien même il ne sait pas écrire son nom, que celui qui, venant avec le titre d'agrégé en droit, et ne connaissant rien de la réalité sociale de la Guinée voudrait appliquer de façon mécanique, aveugle des principes juridiques étrangers à notre Peuple.

Nous disons donc que notre droit, nous devons l'élaborer à partir de l'étude de notre société et le perfectionner constamment. C'est là le travail de recherche de nos jeunes cadres qui voudraient, dans ce domaine, aider la Révolution à assurer le droit public, le droit privé sur des bases dynamiques propres à la meilleure interprétation de la conception révolutionnaire de la vie.

Ainsi, pour nous qualifier, nous ferons la Révolution culturelle socialiste ; pour accélérer et radicaliser l'évolution collective, nous allons encore recourir à la Révolution Culturelle Socialiste ; mais, pour mieux traduire la Révolution Culturelle Socialiste en actes quotidiens positifs, il faut l'esprit de recherche, il ne faut rien considérer comme définitivement acquis ; le révolutionnaire est celui qui conteste ses propres vérités pour les réexaminer, afin de se rendre compte si elles demeurent vérités ou non ; donc il faut toujours sous-estimer ce que l'on a, se doter de l'ambition de se dépasser, de se perfectionner.

La science, on ne la crée pas, on la découvre et ne la découvrent que ceux qui se livrent à la recherche. Parlant de tel homme dans tel pays, on dit : « c'est un grand savant » ou « il était un grand savant ». C'est un titre, ce n'est pas un état, il n'y a pas d'état de savant. Mais pourquoi le titre de grand savant ? C'est à cause du caractère sensationnel d'une découverte dont la portée universelle est considérée par les Peuples comme décisive, qui fait que cet homme-là qui a fait cet apport à l'univers est considéré désormais comme un grand savant ; mais ce grand savant a ses traits d'ignorance ; il n'est savant que pour son apport ; mais ce n'est pas lui qui a créé les lois de sa découverte, d'ailleurs, indépendantes de sa volonté. Il les a decouvertes grâce à la recherche. Livrons-nous à ses combinaisons chimiques, nous constaterons en laboratoire, des propriétés, des réactions qu'un autre peut constater et reproduire ailleurs. Ce n'est pas celui qui a fait les découvertes qui a créé les propriétés, mais la recherche qui a révélé ces proprietés, au chercheur. Donc si l'expression « savant » est un titre de choix, chacun de nous doit chercher ce titre qui sanctionnera un dégré élevé de sa contribution à l'évolution des sociétés humaines.

La Révolution implique constamment un progrès économique et social caractérisé par l'action populaire prépondérante et la mise en œuvre de tous les moyens humains et matériels dont dispose la Nation. Ce qui suppose le développement de toutes les forces de production, de la technologie et de la science (science sociale, science exacte, science de la nature). La recherche scientifique doit mettre l'accent sur l'ensemble des objectifs de la Révolution et les insérer dans son champ d'activités.

Des conditions et domaines de la recherche scientifique

La documentation est la première fonction des activités de recherche scientifique. Il s'agit bien entendu de la documentation à caractère scientifique : ouvrages, images, objets artistiques et archéologiques, bandes enregistrées, films, manuscrits, traditions orales recueillies auprès des personnes pouvant témoigner du passé autour d'événements vécus.

Cette documentation existe en Guinée, en Afrique et à l'extérieur. Il s'agit de rechercher là où elle se trouve ; il s'agit tout d'abord d'aller au Peuple.

Le programme de la recherche étant très vaste, les activités à lui consacrer doivent donner la priorité au contexte guinéen et africain, et avoir comme préoccupations essentielles : l'évaluation, la réévaluation, la révalorisation, le développement des secteurs de la vie économique et sociale étudiés.

La recherche scientifique doit s'appuyer sur une gamme étendue de documentations et utiliser tous les instruments appropriés à ses activités notamment dans les disciplines ci-après : l'histoire, la géographie, l'ethnographie, la sociologie, l'océanographie, les sciences de la nature et les diverses techniques auxquelles elles conduisent.

Dans le domaine des sciences de la nature et des techniques qui en dérivent, les experts et savants étrangers peuvent nous aider jusqu'à ce que nos savants et experts nationaux puissent se suffire. Il faut d'abord assurer correctement le progrès continu de la recherche en Guinée, c'est la meilleure condition des échanges scientifiques internationaux d'intérêt réciproque au niveau le plus avancé. Dans les autres domaines de la recherche scientifique surtout dans celui des sciences sociales, nous ne devons compter essentiellement pour la connaissance et leur impulsion que sur nous-mêmes.

L'application d'un tel programme doit obéir aux exigences de la recherche appliquée et la recherche fondamentale et la nécessité d'une liaison dialectique avec la production d'une part, et l'Enseignement supérieur d'autre part.

Le travail de réélaboration ne saurait être entrepris par les experts étrangers, mais par nos cadres eux-mêmes, engagés et capables de transcender les schémas impérialistes conçus par nos oppresseurs.

Ainsi, connaître l'homme africain et l'Afrique dans leur passé, connaître les migrations humaines en Afrique et la formation des groupes sociaux actuels, exigent impérativement des conceptions révolutionnaires, des schémas nouveaux, des méthodologies nouvelles, des programmes planifiés et des démarches appropriées.

Le but recherché est la consolidation de l'unité des Peuples, l'épanouissement de la personnalité africaine et le développement économique et social ; la connaissance de notre civilisation et de notre culture est un devoir primordial.

Un tel programme exigera des moyens matériels certes, mais le premier de ces moyens est l'homme, sa volonté de réhabilitation de la patrie africaine et sa confiance totale dans le Peuple, source et objet de toute activité rénovatrice de caractère authentique et révolutionnaire.

Dans une telle action globale, la liaison intime entre l'éducation, la production et la recherche scientifique s'impose.

La recherche scientifique ne saurait se développer en s'isolant du Peuple et de son action révolutionnaire globale.

La recherche scientifique en Guinée doit donc porter tous ses efforts sur la connaissance du milieu physique et humain guinéen.

Dans le domaine de la création artistique, nos chercheurs ne doivent pas se contenter de la simple collection de nos masques, statuettes et instruments de musique. Ils doivent donner la priorité à nos artistes et faire en sorte que leur création connaisse une continuité susceptible de valoriser et de développer les richesses mutuelles des Peuples d'Afrique.

La recherche scientifique demeure importante pour le développement des richesses humaines et des ressources naturelles. En effet, nos réserves minières sont à peine inventoriées. Ce qui est connu, c'est ce qui intéressait l'économie coloniale. Dans ce domaine aussi, tout est à reprendre dans une nouvelle optique, c'est-à-dire une optique nationale et à long terme, en fonction de nos priorités de développement national. Nos cours d'eau, nos côtes comme nos plaines et montagnes doivent être inventoriés.

Nos forêts restent insuffisamment connues, ce qui limite les possibilités d'exploitation de toutes les ressources qu'elles renferment.

La recherche scientifique demeure un outil efficace dans le combat révolutionnaire pour le progrès économique et social du Peuple, pour la réhabilitation et l'émancipation totales de l'homme africain à partir de son milieu propre.

Le combat culturel africain mérite d'être amplifié et constamment dynamisé, car l'impérialisme n'a nullement renoncé à sa volonté de domination et d'exploitation de notre continent. Comment gagner ce combat tant que l'Afrique restera plus connue par ses ennemis oppresseurs que par les Africains eux-mêmes ?

Nous l'avons dit, la recherche est à la portée de tous les Peuples puisque, sans les activités pratiques, il n'y a aucune possibilité de découvrir des lois à systématiser ultérieurement en une théorie cohérente. A-t-il déjà servi à quelque chose de parler d'agronomie, là où il n'y a pas de cultivateur ? Et que nul n'ait à croire au bon intellectuel, mais à considérer plutôt la volonté de faire, la conviction de réussir et le respect des exigences de la vérité scientifique. Respecter ces exigences, c'est se préparer à en obtenir des résultats positifs certains. Et, il se trouve que ce que nous exigeons, en qualité idéologique et politique des cadres, a son pendant en matière de recherche scientifique :

Premièrement, nous disons que le cadre doit cultiver sans limite l'amour de la vérité. L'équivalent de cette exigence, dans la recherche scientifique, est l'hostilité sans trêve à l'égard de la léthargie intellectuelle, le courage de renoncer à une voie révélée fausse, le courage dans les recherches, l'honnêteté de reconnaître la fausseté de l'hypothèse émise ou de la « piste » suivie.

Deuxièmement, nous disons que le cadre trempé à l'épreuve de la lutte de classe ne doit pas minimiser le détail. Le pendant de cette exigence, dans la recherche scientifique, est la rigueur intellectuelle, la cohérence robuste dans l'établissement des approches théoriques, la netteté des postulats. Là aussi, c'est une question de détermination à atteindre le vrai ; la capacité intellectuelle peut être élevée en raison de l'environnement culturel, mais elle ne peut se matérialiser et donner par la suite le maximum d'elle-même sans la volonté et la tenacité de l'homme.

Troisièmement, nous disons que la loyauté du cadre envers lui-même consiste à faire violence sur lui-même. Le pendant de cette exigence dans le domaine de la recherche scientifique, est la densité intellectuelle, la disponibilité à ne pas épater, à être minutieux dans les investigations, ce qui revient à éviter les attitudes cavalières, la légèreté dans l'énoncé des hypothèses.

Dans toutes les directions de la connaissance scientifique, la recherche doit nous permettre de repenser les conclusions existantes qui relèvent des démarches intellectuelles fondées sur l'idiéologie de classe de l'impérialisme, sur une volonté d'oppression et d'exploitation et qui comportent toujours des contre-vérités, des lacunes et des contradictions notamment dans les sciences sociales. C'est dire que tout ce qui a été fait dans le domaine de l'histoire par le régime colonial sur la Guinée ou sur l'Afrique, doit fondamentalement être repensé, critiqué et refait dans le cadre de notre option patriotique et révolutionnaire.

Quatrièmement, nous disons que le cadre éprouvé ou qui veut s'éprouver doit prendre à cœur et très au sérieux, son travail pour ne jamais se contenter, comme disent nos camarades paysans, « d'**effleurer la terre de la lame de la daba au lieu de labourer correctement** ». L'équivalent de cette exigence, dans la recherche scientifique, est l'amour de ce qu'on fait sans opportunisme ; la probité idéologique se confond ici parfaitement avec le scrupule de celui qui veut parvenir à la vérité scientifique.

C'est dire que, s'il y a une telle correspondance entre les exigences de l'esprit scientifique et les qualités idéologiques et politiques requises des cadres, il n'y a pas de raison pour que la recherche ne soit pas le souci de tous les cadres authentiques de notre Parti. La recherche scientifique, qu'elle soit fondamentale ou appliquée, doit devenir l'activité normale, l'activité vitale, la manifestation authentique de tout cadre du PDG en tant que personne politico-sociale comprenant profondément l'idéologie du Parti dont elle est un cadre assurant pleinement, honnêtement, dignement cette situation de cadre. Dans les connaissances, dans la maîtrise des lois régissant les phénomènes naturels et rendant compte du développement de la société, dans la maîtrise de cette nature elle-même et aussi des points d'appui, des leviers décisifs permettent de faire de la société une société de type de plus en plus supérieur ; chaque stade atteint n'est qu'un moment provisoire nous permettant d'aborder immédiatement le point suivant. Et c'est la recherche, seule la recherche devenant l'activité banale de tout cadre du Parti (pour autant qu'il est cadre) qui permettra d'assurer ainsi à la grande marche du Peuple une continuité transcroissante. Nous répétons qu'il ne s'agit pas seulement du doctorat d'Etat, mais de tous les autres diplômes, car la culture ne peut et ne doit pas s'arrêter à un diplôme, quel qu'il soit et si haut placé que puisse se trouver le parchemin visé. Et à ceux qui sont déjà docteurs d'Etat, nous recommandons qu'ils ne s'arrêtent pas à ce niveau, mais qu'ils préparent d'autres diplômes de surformation toujours plus élevée. Ceux qui ont un doctorat doivent chercher un deuxième, un troisième, un quatrième, un cinquième s'il le faut, parce que les exigences de la Révolution Démocratique Africaine de Guinée et de la civilisation universelle sont inépuisables. Chacun peut un peu, mais encore faut-il que chacun ait la volonté consciente d'utiliter son temps à des œuvres utiles.

Ils peuvent aussi, par des efforts constants que requiert leur haute qualification intellectuelle, technique et technologique, accéder au diplôme de l'agrégation, dans les matières ou les disciplines particulièrement maîtrisées par eux. Si la préparation du doctorat nous permet d'approfondir un sujet de notre choix, la préparation de l'agrégation, par l'obligation qu'elle nous fait d'approfondir toutes les facettes et toutes les composantes entrant dans l'organisation d'un domaine déterminé, nous permet d'élargir et d'approfondir notre base dans ce domaine en même temps qu'elle nous confère cette autorité scientifique gage d'une meilleure efficacité. Quoiqu'il en soit le problème est de se donner à l'étude, à la recherche, à l'application de la science et de la technique pour assurer au Peuple un progrès rapide et profond, et ce sans aucune tricherie. Des cadres déjà idéologiquement et politiquement décidés, ne peuvent obtenir que de bons résultats,

La bibliothèque inépuisable qui offre à l'homme conscient, au chercheur perspicace et tenace des possiblités infinies de surformation intellectuelle, demeure la nature physique et la vie sociale qui constituent le cadre perpétuel dans lequel l'homme agit et baigne dans les flots du savoir et accède aux cimes de la connaissance.

« **Le monde est connaissable** », tel est le postulat idéologique qui doit sous-tendre, dans toutes les directions, les multiples activités humaines axées sur la recherche, pour la découverte, en vue de la connaissance de ce qui n'est pas encore un acquis de la conscience humaine. « **Le monde est connaissable** ». « **La société est compréhensible** ». « **La nature est compréhensible** ». Et le fait que nous ne puissions comprendre, à chaque moment, que partiellement la nature et la société n'impliquent rien d'autre que la nécessité pour le Peuple de réculer constamment les limites de son ignorance pour élargir, dans la même mesure, le champ de ses connaissances et de sa puissance ; ce qui ne peut se faire que si constamment et avec acharnement, l'on cherche à connaître davantage la société et la nature. Et ce « on », c'est celui qui s'estime cadre, c'est celui à qui on a confié un poste de cadre.

Il faut surtout se convaincre que toute nouvelle situation créée, quand c'est vraiment le progrès, a été conçue et projetée dans une situation antérieure inférieure. C'est cela le sens du progrès.

Les premiers plans des maisons d'habitations ont été établis dans des grottes et les premiers plans de buildings l'ont été dans de modestes maisons, sans étage.

S'il est vrai qu'aujourd'hui, grâce à l'électronique, des appareils modernes donnent aux sens naturels de l'homme des capacités de plus en plus grandes, il ne reste pas moins vrai que les facultés naturelles de l'homme, exercées par lui avec attention et constance, lui ont permis de percevoir, de concevoir et de réaliser ces nouvelles conquêtes scientifiques qui renforceront sans cesse sa domination sur la nature, et accroître sa puissance de compréhension et d'action dans l'histoire qu'il se propose de maîtriser.

Si des lois universelles régissent, dans toutes les parties du monde, l'espèce humaine, l'espèce animale ou l'espèce végétale, il y a également des propriétés particulières qui servent à l'identification des éléments d'une même espèce, les uns par rapport aux autres.

Les lois particulières sont une synthèse des lois générales et des conditions singulières auxquelles obéissent toutes les espèces, compte tenu de leur propre histoire et de leur rapport avec la nature.

Il y a des différences de forme entre les arbres de même espèce, des animaux de même espèce, existant sur différents continents.

Il y a aussi des espèces animales ou végétales que l'on ne trouve que dans certains pays seulement.

La flore, la faune de notre pays ont, avec celles des autres pays européens, des éléments communs mais disposent en même temps d'éléments qui leur restent particuliers. Les sciences botaniques, et même d'une façon plus générale les sciences biologiques, connaissent donc un domaine général et des domaines particuliers ; ces derniers reflètent des spécificités géologiques et géographiques données.

Le fonio qui est la céréale la plus cultivée en Moyenne Guinée n'est produit ni dans beaucoup de pays africains, ni en Europe. Et la pharmacopée guinéenne qui base ses ressources thérapeutiques sur les propriétés de la flore guinéenne peut connaître des richesses particulières dans la mesure où des plantes, dont elle utilise les principes contenus dans les racines, les feuilles, les écorces ou les fruits, ne se trouvent qu'en Guinée.

Les propriétés du **néré** qui nous sert d'aliment, celle du **mana** utilisé par le Peuple comme cure-dents, ne sauraient préoccuper, s'ils n'ont pas eu de contact avec l'Afrique, les scientifiques européens ou américains, mais bien ceux d'Afrique qui connaissent le **néré** et le **mana.**

En Guinée, la Médecine traditionnelle a établi que la cervelle du chimpanzé sert à guérir le « mana », à savoir l'onchocercose et que la chair de la vipère est utilisée dans le traitement de l'ictère, alors que celle du perdreau soigne la jaunisse, etc...

En résumé, chaque Peuple a le devoir de mieux se connaître en maîtrisant son histoire, les règles de sa sociologie, de son éthique et de son esthétique, de dominer et de valoriser son espace, car en fin de compte, le bonheur socio-humain résulte d'une harmonie dynamique entre l'homme et sa société, entre un Peuple et son espace.

Des démarches de la recherche scientifique

La Recherche Scientifique utilise deux démarches plus ou moins profondes.

Premièrement, la Recherche Appliquée ;

Deuxièmement, la Recherche Fondamentale.

Mais, l'une et l'autre ont un contenu utile, car l'une et l'autre se donnent comme but l'enrichissement des valeurs et des biens de consommation intellectuelle, morale et physique. Pour mieux comprendre cet aspect, nous rappellerons la formule que nous avons toujours utilisée à savoir que le progrès s'obtient par deux démarches complémentaires : d'abord, tirer le maximun de profit des moyens existants, ensùite créer les moyens qui manquent.

Les moyens existants sont les moyens de création et de consommation déjà à la portée de l'homme et du Peuple. Enrichir ces moyens, c'est les valoriser dans le présent. Ils peuvent ne pas suffire et d'ailleurs au niveau de tout le Peuple en tout cas, ils ne sauraient suffire eu égard à la conception vraie du progrès. En effet, ce qui peut paraître surabondant à un moment a tôt fait de devenir insuffisant car les besoins humains et sociaux s'accroissant sans cesse, il devient en fait insuffisant à un moment donné.

Accroître les moyens actuels en quantité et en qualité devient la première démarche de la science, **la démarche de la Recherche Appliquée** qui veut valoriser les moyens présents en vue de permettre au Peuple de tirer de ces moyens le maximun de taux d'éfficacité.

La deuxième démarche, c'est **la Recherche Fondamentale :** celle-ci tend à inventorier les nouvelles possibilités pouvant susciter l'entreprise créatrice des hommes et à réaliser ces possibilités en vue de donner à ceux-ci de nouveaux moyens pour combler le vide qui existerait dans leur mode de vie. Ainsi la recherche, obligatoirement, s'appuie sur le présent en vue d'améliorer les conditions de vie du Peuple.

Les centres d'intérêt de la Recherche sont très nombreux, très variés, très divers. C'est pourquoi, la définition exacte du mot recherche devient difficile. On définit toujours mais à tort la recherche par l'une de ses propriétés considérées à un moment, en un lieu et en des circonstances données comme la plus dominante.

La recherche, est un acte conscient, une démarche visant à la qualification des rapports de l'homme et avec la nature physique et avec la société humaine. La recherche a pour propriété fondamentale de pouvoir élargir, approfondir, renforcer la maîtrise de l'homme et du Peuple sur l'histoire par l'accroissement de leur pouvoir de compréhension et d'action.

A cet égard et compte tenu de la nature d'une telle activité, tout est utile à l'homme et tout peut être utile à la recherche en tant qu'activité. Dans la recherche, la connaissance des données aussi bien négatives que positives est toujours utile à l'homme et du Peuple. Comme nous l'avons préconisé en partant de la définition d'une chose, on doit aboutir nécessairement au rapport qu'elle entretient dans sa nature et dans ses propriétés avec toutes les autres choses. Ce qui revient à dire que l'un est dans le tout et que le tout est dans l'un.

Ce principe de la connexion appliquée à un sujet donné nous amène à dire que tout doit être analysé et connu puisque tout change, tout évolue.

Mais le changement n'a de sens que lorsqu'il est assimilé par la conscience, par l'acte de connaissance de l'homme et du Peuple.

A partir de ces généralités, de la méthode que nous appliquons, de la ligne politique définie dans sa nature , dans ses propriétés et dans ses implications, l'on doit aboutir à une organisation rationnelle de la recherche scientifique. Mais, pour que l'organisation ne soit pas en retard sur le but à atteindre, sa structure doit nécessairement s'adapter à la nature de l'action. Ainsi , l'organisation s'impose des règles de fonctionnement, des moyens nouveaux à acquérir et un choix des méthodes d'action. Dans le domaine de l'organisation, l'adaptation aux impératifs nouveaux de l'ancienne institution appelée Institut Français d'Afrique Noire (IFAN) n'a pas été faite, il en est de même des méthodes de travail.

Il y a eu un changement de nom, mais la nature du travail n'a guère changé. Cela n'a pas dépendu du Département de la Recherche Scientifique qui vient d'être créé et qui n'a commencé à fonctionner qu'à partir de fin 1969. Cela a dépend des priorités que le Gouvernement a cru devoir accorder au: autres secteurs de ses activités. Il suffit de revoir les principes et les thèses défendus au niveau du Parti chaque fois qu'il s'est agi de développement économique ou d'établissement de plan, pour se convaincre qu'on n'en voyait pas les conséquences sur le plan de la Recherche. Pour une question de priorité, ce secteur a été donc quelque peu négligé. Il est aujourd'hui nécessaire de l'activer, de l'adapter aux nouvelles nécessités qui apparaissent de façon évidente.

Nous devons approfondir le débat pour donner toute l'impulsion souhaitable au secteur de la Recherche Scientifique. Les objectifs sont nombreux : ils sont à la fois de caractère général et de caractère particulier.

On ne peut valablement planifier que ce que l'on connaît et on ne peut valablement tendre à être sans savoir ce qu'on est ; on ne peut non plus savoir ce qu'on est sans connaître ce qu'on a été car la connaissance d'un élément n'est possible que par rapport à un autre élément. C'est dire que venant du néant, nous devons par la recherche scientifique, situer le passé le présent, définir et réaliser les objectifs d'avenir.

On nous dira que notre souci fera de la recherche un secteur central coiffant les autres. Non c'est une question de qualité dans la conception de l'histoire que nous sommes en train de chercher.

Ce secteur doit pouvoir enregistrer tous les acquis des différents secteurs, les inventorier afin que par la qualification et la transformation de ce qu'on peut considérer comme matières premières, il puisse dégager les moyens et les biens nécessaires à l'existence et aux exigences de progrès illimité du Peuple. C'est cela qui fait l'enrichissement continu et qui donne au progrès son véritable sens, sa véritable transcroissance.

Les secteurs sont certes divisés en vue d'une organisation rationnelle de chacun d'eux. Chaque unité opère en un domaine particulier, mais tout doit déboucher sur le domaine de la Recherche qui prend en charge, qualifie puis retransmet à chaque secteur a reprise ainsi, à partir de sa nature, de ses tâches et des objectifs généraux que vise son programme de travail, la Recherche Scientifique doit pouvoir être en liaison organique, permanente avec tous les autres secteurs.

Quelle que soit notre volonté de lui donner une rentabilité totale, si nous ne la soumettons pas et ne nous soumettons pas à une discipline lui permettant d'atteindre ce niveau de rentabilité et d'utilité, eh bien elle ne pourra pas opérer de manière à avoir cette rentabilité.

Partout où existe un organisme du Parti, la Recherche sicentifique doit être présente.

L'un est dans le tout et le tout est dans l'un. Cela doit être compris comme une obligation à assurer à tous les niveaux de l'organisation du Parti et de l'Etat. La Recherche Scientifique est présente et elle doit être opérante au niveau du Pouvoir Révolutionnaire Local, de l'Arrondissement, de la Région, au niveau de chaque CER, de chaque entreprise industrielle, commerciale ou agricole, au niveau de chaque dispensaire, maternité, hôpital, au niveau évidemment de chaque laboratoire, etc...

Les échanges doivent être continuels. Nous disons bien échanges, car qu'il s'agisse de documentation, des résultats, de recherche particulière, d'information ou de statistique, tout ce qui est d'un intérêt évident doit parvenir immédiatement à la Recherche Scientifique qui en poursuivra l'investigation jusqu'à terme. Ensuite, la matière première est renvoyée, une fois transformée, à tous les autres secteurs, ce qui les enrichit à tout moment.

La Recherche Scientifique peut être utile à l'industrie comme elle peut l'être à l'éducation, aux finances, etc. Mais, il faut que la courroie de transmission soit parfaitement organisée. Sans trop insister, nous devons tout de même reconnaître que les différents secteurs ne donnent rien au secteur de la Recherche, qu'aucune statistique n'est connue et qu'au niveau de la Recherche, même si quelques-uns font un travail positif, d'autres ne savent même pas ce que les premiers font. Cela donne à leur travail un taux de satisfaction morale mais pas un taux d'utilité immédiate.

La diffusion même de la Recherche n'est pas correctement assurée. Les simplifications de la Recherche ne sont pas traduites dans le mouvement, c'est-à-dire dans le nouveau comportement à faire admettre au différents échelons qui doivent en tirer profit. A l'heure actuelle le travail se fait de façon désordonnée ; il faut sortir du caractère artisanal de la Recherche pour lui donner un véritable caractère scientifique. Ainsi, les méthodes doivent être définies avec clarté.

Partout où existent des hommes, et à tous les niveaux où les hommes agissent, la Recherche appliquée est possible, elle est nécessaire telle qu'elle est définie pour les différents secteurs et domaines de l'Etat..

Aussi, doit-on pouvoir définir pour chacun des secteurs et domaines un programme de travail en liaison avec les exigences du secteur de la Recherche Scientifique.

Le département de la Recherche Scientifique connaissant la possibilité intellectuelle ou les méthodes de comportement de tel cadre peut lui confier des tâches précises partout où il se trouve. Au niveau des Fédérations, Sections, Comités, d'autres tâches de caractère historique peuvent être confiées avec un délai d'exécution.

Dans les pays à civilisation d'élite, la Recherche est confiée à quelques-uns. On crée même un Centre National de la Recherche Scientifique et il y a un corps de chercheurs qui ne font que cela et qui, en dehors de toutes occupations, sont coupés de la vie. La civilisation de masse, tout en prenant en considération les exigences générales de la Recherche Scientifique, procède autrement. Elle associe d'une façon méthodique et dynamique tous les domaines de l'histoire, de la géographie, de la connaissance de nos langues, de la sociologie avec une répartition des tâches, une définition des méthodes de travail et une périodicité dans la publication.

Un deuxième sous-secteur concerne l'économie en génaral : c'est la sous-section production. Tous les facteurs touchant à l'économie nationale devront être suivis et définis secteur par secteur. Pour permettre de faire ce travail, nous demanderons à tel camarade de nous fournir tel élément à partir duquel nous ferons un travail sérieux.

Si les étudiants présentent des mémoires et des thèses, les cadres de la Recherche doivent en tirer quelque chose. Tout ce que les étudiants présentent les intéresse, à tout étudiant qui rentre de l'extérieur on doit lui demander la copie de son mémoire ou de sa thèse qu'il a eu à soutenir. Tout doit être valorisé.

Aussi, au niveau de la Recherche Scientifique, il faut un effort d'organisation.

Un autre secteur s'occupera des sciences de la nature dont les applications ont un impact immédiat sur notre développement ; c'est-à-dire les sciences dont la matière constitue nos ressources naturelles : matières premières minérales, végétales, animales, ressources hydrauliques et océanographiques. Dans le domaine des sciences de la nature, l'organisation actuelle qui permet d'utiliser quelques professeurs de nos instituts polytechniques cumulativement avec leur charge, doit être systématisée et s'étendre aux étudiants avancés et aux autres cadres de la Nation.

En effet, bien d'autres cadres peuvent être mobilisés, où qu'ils se trouvent, non seulement par la nature de leur travail, de leur fonction, mais aussi par leur compétence. On doit pouvoir faire appel à tous ceux qui peuvent contribuer au développement et au perfectionnement de la Recherche Scientifique.

Un sous-secteur s'occupera de culture et de civilisation. Il faut développer les sciences humaines. En effet, la philosophie qui oriente tous les actes dans la tradition africaine doit être dégagée. Les arts plastiques, la musique, l'archéologie, l'ethnographie, tout ce qui est du sous-secteur culture et civilisatior doit être inventorié et confié à des camarades. Aussi à tou moment en posant la question de savoir comment est organisée telle section, les camarades pourront nous répondre : « Nous avons huit cadres supérieurs, tant de cadres secondaires qui ont telle tâche. Nous avons demandé l'intervention de 150 hauts fonctionnaires cadres, etc.. ; voici la liste avec les adresses et le délai imparti ».

En effet, nous ne pourrons pas rassembler tous les cadres dans un seul secteur. Il y a un problème de cadres qui se pose à la Nation, mais nous pouvons confier à nos cadres des tâches complémentaires.

Dans ce travail, la statistique est indispensable avec deux objectifs : la connaissance des aspects quantitatifs de l'évolution, et la connaissance de ces aspects qualitatifs. Quand les camarades des finances ou de l'économie donnent des chiffres sur la quantité des biens de telle ou telle activité, ils doivent pouvoir faire ressortir les aspects qualitatifs de ces données quantitatives et déterminer l'implication dans la nouvelle orientation à donner à tel secteur ou activité.

Ainsi donc, l'aspect spécifique de leur mission est la discussion de ces données en permettant de dégager l'orientation à donner au même secteur. Nous pouvons dire que la nécessaire rénovation de la Recherche Scientifique implique des moyens financiers et techniques, des moyens de travail, une répartition rationnelle des tâches, un système de contrôle permettant la sauvegarde de ces moyens et une discipline stricte. A un moment donné, le département de la Recherche Scientifique se proposait de créer un musée dans chaque Région Administrative. Nous avons indiqué qu'une telle tâche devait être réalisée par les autorités régionales. Tout comme la défense qui groupe un secteur techniquement constitué mais doit reposer sur tout le Peuple, la Recherche est l'affaire du Peuple. Il faut savoir mobiliser tous les secteurs et tous les hommes pouvant concourir à l'action de Recherche. Ainsi, nous avons ordonné la construction des musées dans chaque Région Administrative. **Mais si les Gouverneurs de Région ont bien répondu à l'appel, ils ont manqué de continuité dans les efforts d'entretien et de développement des musées régionaux.** C'est ainsi que tout est tombé dans l'oubli. Ce qui est fait méthodiquement ne s'abîme pas, il se conserve au contraire et se perfectionne régulièrement.

Le secteur de la Recherche a une deuxième mission, celle de conserver les archives nationales et cela d'une manière scientifique.

Pour la Recherche appliquée, nous lui avions donné la priorité ; en effet, c'est au cours d'une session du Conseil d'Administration de l'Institut de Foulaya en juin 1967, que nous avons intégré l'Ecole d'Agriculture de Foulaya à l'Institut des Fruits et Agrumes. Nous avions précisé que les frais destinés à la Recherche fondamentale seraient à la charge du budget national alors que ceux de la Recherche appliquée seraient supportés par le budget autonome de l'Institut. A toute unité de production, la Recherche appliquée est nécessaire : les usines, les coopératives, les services, tous les secteurs d'activités peuvent et doivent faire la Recherche appliquée pour obtenir le perfectionnement côntinu des travailleurs et atteindre à un haut niveau de productivité et de rentabilité. La Recherche appliquée ne s'intéresse pas seulement à l'homme, mais aussi aux méthodes de travail qu'utilise l'homme. Un cultivateur qui a, par exemple, plusieurs qualités de semence de riz, doit savoir laquelle convient mieux à son sol ; donc, non seulement la recherche appliquée vise à l'amélioration du comportement de l'homme, mais également à l'objet de travail que poursuit l'homme ou un groupe d'hommes. Les groupes de travailleurs d'une même usine, des paysans d'un même village associant leurs expériences, peuvent bien, dans ce domaine de la Recherche appliquée, apporter à la machine deux méthodes d'utilisation du matériel ou deux pratiques culturales, des innovations améliorant notablement le rendement et la productivité.

On doit pouvoir vulgariser les méthodes de Recherche appliquée pour qu'à tous les niveaux—service, entreprise, société—l'on puisse avoir des données qui permettent la qualification du monde du travail et la meilleure connaissance de l'objet du travail. Une Recherche appliquée qui aboutit à un résultat positif contribue à l'amélioration du comportement du groupe d'hommes intéressés, lesquels ne doivent pas seulement tirer profit du résultat, mais doivent aussi lui donner une destination scientifique, en informant le département de la Recherche, car c'est bien le Département qui doit procéder à la vulgarisation du résultat obtenu çà et là. L'Institut de Foulaya a procédé à beaucoup de recherches et a abouti à des résultats. Mais l'économie rurale guinéenne n'en a pas tiré profit. En effet, jusqu'à présent pour avoir, par exemple, un manguier greffé, il faut toujours s'adresser à Foulaya.

Nous devons, à partir d'une expérimentation, satisfaire un souci scientifique à savoir la diffusion, la généralisation en vue de permettre à tout homme d'en tirer profit. La recherche appliquée dans un régime révolutionnaire est tout à fait différente de ce qu'elle est dans un régime capitaliste, car la frontière et le heurt des intérêts antagonistes entraînent dans les pays capitalistes la monopolisation des résultats de la Recherche par le seul secteur qui a trouvé telle loi, telle technique de production, tel processus de transformation, alors que dans un régime révolutionnaire, le résultat de la Recherche en tant que fruit de ses efforts est porté à la connaissance du public, du Peuple tout entier pour se traduire en surcroît du bien-être commun.

Ainsi, nous devons organiser la Recherche appliquée dans tous nos secteurs, recueillir régulièrement tous les résultats obtenus, donner une base d'exploitation scientifique à ces résultats en vue de leur vulgarisation : nous y insistons.

Le département de la Recherche Scientifique reçoit les matières premières de toutes les unités économiques, sociales et culturelles, et il les valorise pour les retourner au Peuple et notamment aux différents secteurs : Industrie, Santé, Education, Information, Economie Rurale etc...

Quant à la Recherche fondamentale, elle exige des décisions nouvelles aux nouveaux objectifs que l'on veut réaliser. Mais, sans attendre que la contrainte s'exerce avec plus de rigueur, nous devons par anticipation, compte tenu du caractère peu développé de l'économie guinéenne, entreprendre et amplifier sans cesse la Recherche fondamentale dans tous les les secteurs de l'économie nationale. Ici également, nous devons nous armer de discipline et de compétence devant nous permettre de réaliser notre entreprise révolutionnaire. Il doit être obligatoirement communiqué au département de la Recherche Scientique, tout résultat positif obtenu par un secteur de la Recherche appliquée ou de la Recherche fondamentale. Nous avons dit que la Recherche appliquée tend à valoriser le présent. La Recherche fondamentale vise à la découverte de possibilités nouvelles dont l'exploitation aboutira à l'amélioration des conditions de vie du Peuple ; pour l'une et pour l'autre, une discipline s'impose si l'on veut progresser. La Recherche appliquée est sous la contrainte de la nécessité, nécessité de franchir un passage dans le processus de production comportant çà et là des goulots d'étranglement, nécessité de régler un problème de transport, de ravitaillement devenu un élément de paralysie, enfin nécessité de qualifier les hommes et leurs méthodes d'action en vue d'en tirer le maximum de rendement. La Recherche fondamentale est aussi sous la contrainte de la conscience révolutionnaire qui exige le progrès transcroissant. Il ne faut plus laisser au seul choix des secteurs la nature de la Recherche. Celle-ci doit être liée aux objectifs généraux du développement national.

Nous devons procéder à une répartition des tâches, ce qui crée l'obligation pour chacun des secteurs de procéder tout à la fois à la Recherche appliquée et à la Recherche fondamentale.

Par exemple, dans le secteur de la santé, la médecine populaire est bien riche en recettes de pharmacopée.

On doit définir un programme pour le personnel médical afin de l'engager utilement dans la Recherche scientifique appliquée et fondamentale. Ainsi doivent être organiquement liées, la Recherche scientifique appliquée et la Recherche fondamentale. Pour favoriser le développement dans tous les domaines économique, politique, socio-culturel et d'enseignement proprement dit, dès à présent et parallèlement à toutes les structures fonctionnelles du Parti et de l'Etat, nous devons donner le coup d'envoi à des actions immédiates et multiformes dans le domaine de la Recherche Scientifique.

Premièrement, il est prescrit à chaque unité de production de se livrer immédiatement à une étude de son fonctionnement en dégageant tous les problèmes d'ordre technologique qui se posent à elle et concernant, soit le matériel, soit le processus de production, soit les matières ou tous autres produits auxiliaires et communiquer la liste de ces problèmes ainsi que les solutions éventuelles relevant de la Recherche Scientifique au Département de la Recherche Scientifique.

Deuxièmement, à chaque chercheur ou professeur d'enseignement supérieur étranger, il doit être associé un ou plusieurs scientifiques nationaux. La liste des scientifiques guinéens associés aux chercheurs étrangers comme celle des étudiants homologues ainsi que les domaines sur lesquels portent les recherches seront communiquées pour avis au Secrétaire d'Etat à la Recherche Scientifique avant la fin du 1er semestre.

Troisièmement, d'une façon particulière, nos laboratoires de géologie et singulièrement ceux des services et des entreprises d'Etat doivent être immédiatement élargis et pourvus de chercheurs guinéens et fonctionner en ayant recours éventuellement à la coopération scientifique largement multiple avec des pays étrangers réellement résolus à mettre leurs connaissances au service de notre développement.

Ici comme ailleurs, la stratégie de la Recherche, les thèmes, les responsabilités dans l'action incombent exclusivement aux nationaux. Du reste, il est désormais interdit qu'un échantillon géologique quelconque quitte le territoire pour quelque analyse en laboratoire à l'Etranger sans qu'un morceau témoin ne soit prélevé de cet échantillon pour être analysé sur place ici, ou gardé dans les meilleures conditions scientifiques de conservabilité.

Quatrièmement, pour associer toute la Nation à la Recherche Scientifique, un titre de chercheurs agréés a été créé pour permettre à chaque militant quel que soit son niveau scolaire initial de présenter, de défendre devant l'université les résultats éventuels de ses recherches. Les services de l'Information, HOROYA, Voix de la Révolution, Commissions de l'Information des Comités Nationaux et des Bureaux Fédéraux, etc, doivent immédiatement reprendre le texte du décret portant création de ce titre et le commenter en français et dans nos langues nationales, en engageant les militants à se livrer partout à la Recherche Appliquée. Nous parlons de la mentalité de la recherche dans tous les secteurs en vue de rendre dynamique le développement de la Révolution, mentalité qui est à développer à tous les niveaux de la société. En effet, le décret 583 nous fait l'obligation de poursuivre des activités de recherche à l'échelon national dans tous les secteurs de l'Etat, du Pouvoir Révolutionnaire Local aux entreprises industrielles.

Le secteur de la Recherche Scientifique doit rester au centre de nos préoccupations comme un secteur dont la réussite conditionne notre développement heureux et notre victoire sur l'impérialisme culturel et technologique.

Aussi, devons-nous désormais organiser la liaison intime entre tous les centres de recherche : les Instituts, les laboratoires avec le département de la recherche Scientifique. Il faut que l'autorité de ce département soit prépondérante sur tous les centres de recherche. Ainsi les résultats de cette recherche doivent être communiqués au Secrétaire d'Etat à la Recherche Scientifique. La désignation des fonctionnaires chargés de la recherche doit dépendre désormais de ce département avec l'avis bien sûr des secteurs intéressés. Mais si chaque département pense que son personnel est à la lui, ses laboratoires à lui, il sacrifie alors le tout à la partie, ce qui est condamnable. La rénovation souhaitée par tous veut qu'on donne une autorité suffisante au secteur de la Recherche pour qu'il puisse tirer de toutes nos potentialités le maximum de profit. Nous devons établir un programme général avec les priorités hiérarchisées comportant même ce qui, faute de cadres confirmés ou de moyens, ne peut être réalisé immédiatement.

Nous devons organiser la Recherche dans tous les secteurs, mais il faut donner la priorité à la Recherche appliquée car ici, nous disposons de plus de moyens humains et techniques. Nous pouvons donc demander aux camarades de nous préparer d'autres directives en s'inspirant de toutes les interventions dont certaines complètent et enrichissent les conclusions de la Conférence Scientifique de Foulaya. La publication, au niveau de nos sociétés, services, entreprises et organismes du Parti, d'un programme complet peut nous amener à créer une nouvelle mentalité rendant disponible vis-à-vis de la Recherche et insérant l'action de tous les secteurs organiques de la Nation dans l'action globale et permanente du département de la Recherche Scientifique.

La recherche scientifique, base du progrès économique et social

Le développement économique et social reste une utopie tant que les connaissances scientifiques et techniques ne sont pas maîtrisées par le Peuple à travers chaque homme de la société. La science ne devrait pas être le monopole des savants ou des cadres dirigeants ; elle doit permettre à tout le Peuple d'avoir à l'esprit, un comportement de maîtrise de la nature qui est précisément le contant des ressources !

Et c'est pour cela qu'un régime populaire révolutionnaire, un régime ayant effectivement choisi la ligne de masse et la Révolution, doit nécessairement mettre la Recherche Scientifique au cœur de sa stratégie de développement, et ce, conformément à la ligne de masse.

Il est maintenant établi, après de nombreuses tribulations sur la liaison entre recherche scientifique et Développement, que le développement, non pas seulement économique, mais aussi socio-culturel et humain, que recherchent activement les masses populaires, dépend essentiellement des connaissances scientifiques et techniques des citoyens.

La recherche scientifique est l'ensemble des travaux qui tendent à la découverte des connaissances nouvelles. Ces connaissances engendrent des techniques ou moyens par lesquels l'homme s'efforce de modifier son environnement. Il y a, de ce fait la recherche fondamentale et la recherche appliquée. Mais, la recherche scientifique, pour être valable, doit fixer à ses résultats un objectif concret, de nature à transformer positivement dans le sens du progrès social, les conditions d'existence des masses populaires.

En Guinée, la Science, la Technique et la Technologie ne sont pas considérées comme un pouvoir exclusivement détenu par une élite qui conserve jalousement ou égoïstement, le privilège. C'est la ligne de masse, c'est-à-dire la science placée au carrefour du Peuple qui prévaut et s'impose.

Si en effet le développement concerne tout le Peuple et dans toutes ses dimensions, la recherche scientifique, conséquemment, est élaborée dans chacune des entités structurées du Peuple organisé. Ainsi, les centres de recherche scientifique coïncident avec les maillons essentiels d'action de notre Peuple, aux points d'appui solides de notre développement global et multiforme. C'est ainsi que les Pouvoirs Révolutionnaires Locaux, (PRL), les Centres d'Education Révolutionnaires (CER), Brigades de production, unités industrielles, unités diverses de production constituent tous des centres de recherche.

Il faut, à la fois, porter à l'Université, dans les centres spécialisés, dans les grandes entreprises de production, dans les grands hôpitaux, la Recherche Scientifique Fondamentale et Appliquée à un point très élevé tout en l'axant sur les secteurs utiles au développement du Peuple, et, en même temps, promouvoir des activités de recherche scientifique appliquée partout où vit le Peuple : dans chaque village, dans chaque entreprise, dans chaque service, de manière à améliorer sans cesse, à qualifier en permanence, à l'avantage du Peuple, le rapport « PEUPLE/NATURE ». Il ne faut pas exclure de la recherche, les Sciences de la Société, bien au contraire, car il faut également que le Peuple, par sa créativité, empreigne toujours davantage d'humanité et de progrès démocratique, les rapports sociaux en son sein, non par un jeu automatique de l'évolution, mais par une conscience fortement assise sur la Recherche Scientifique.

Nous avons déjà indiqué, en d'autres circonstances, que la Science et la Technique sont des biens, des moyens de production. De par leur essence même, la science et la technique sont synonymes de progrès, et, partant, elles constituent les armes priviligiées du développement.

Aucun développement cohérent ne saurait être conçu et réalisé sans la science et la technique mues par une recherche profonde, systématique et permanente qui analyse les acquis, décèle les erreurs, corrige les mauvaises tendances, découvre de nouvelles connaissances et suggère de nouvelles applications plus efficaces pour le progrès général ambitionné.

Toute activité humaine qui se donne une dimension sociale et historique doit, pour être efficace, se baser sur la recherche scientifique. **Sans la recherche scientifique, aucun progrès n'est possible ; et pour qu'il y ait progrès véritable, il faut encore la recherche scientifique.** La recherche scientifique, dans un régime populaire et démocratique commande au développement de tous les autres secteurs. C'est elle qui constitue le cerveau régulateur et l'agent promoteur du développement.

Que se soit la Recherche touchant la Science de la Nature ou la Science de la Société, nous devons savoir que nous disposons déjà d'un patrimoine scientifique populaire mais, qui, hélas, reste figé donc inefficace : nous disons que dans chacun de nos villages, il y a quelques découvertes qui dorment, faute d'avoir été reprises par des camarades mieux armés, pour être portées au niveau où elles deviendraient opérationnelles. Il faut créer un mouvement de circulation-activation-qualification de toutes ces découvertes afin, d'une part, d'en faire des facteurs immédiats de développement, et d'autre part, d'encourager, par cela même, tout le Peuple à intensifier ses efforts de recherche pour le développement. Et c'est pourquoi le Pouvoir Central a prescrit à tous les secteurs actifs de notre Etat des activités de recherche scientifique.

S'agissant de Recherche Fondamentale et Appliquée à l'Université, dans les centres spécialisés, dans les grandes entreprises de production, dans les grands hôpitaux, etc..., nous ne devons pas hésiter à nous reconnaître, nous aussi, comme les propriétaires du capital d'inventions scientifiques et technologiques accumulé par l'humanité, quand bien même ce patrimoine serait jalousement détenu par quelques uns. C'est pourquoi, les Instituts et centres concernés et tout Département de l'Information, doivent être actifs dans la collecte systématique des informations en matière de science et de technologies, et dans leur diffusion méthodique vers tous les centres utilisateurs au sein de la Nation.

Mais, nous précisons encore, il ne s'agit pas seulement de la recherche entre quatre murs, à l'insu du Peuple qui en est le sujet et l'objet privilégié ; il s'agit de mettre la recherche scientifique au cœur des activités quotidiennes du Peuple ; car l'acte quotidien de production, de création de biens matériels et immatériels auquel se livre le Peuple est la véritable source fécondante de la recherche scientifique et son meilleur garant de succès. Les masses populaires doivent donc acquérir l'esprit scientifique, le maîtriser progressivement et hisser leurs connaissances aux âmes les plus élevées de la science. Du reste, ne dit-on pas généralement « **qu'un pays sous-développé est un pays sous-instruit, et, réciproquement, qu'un pays sous-instruit est nécessairement sous-développé** » ?

Nous disposons des ressources naturelles les plus décisives quant au développement économique et nous restons matériellement démunis !

La stratégie de développement veut que cela change. Mais prenons garde. Il ne s'agit pas, si l'on veut que ce soit réellement un développement social, que l'on se borne à appliquer à ses réalités que l'on veut transformer, des technologies **Allogènes**. Si, dans un premier temps, pour parer au plus pressé, on peut admettre une telle pratique, il faut cependant que très rapidement, ces technologies allogènes soient assimilées, complètement digérées, pour donner naissance, par nos activités propres, à des technologies ENDOGENES. Nous devons préserver et sauvegarder certaines de nos valeurs morales, sociales et humaines qu'un certain développement veut étouffer. Si l'on n'y prend garde en effet, on risque de tendre vers une déshumanisation de la société et un assèchement moral de l'homme. Et c'est là que les pays en développement et singulièrement l'Afrique, doivent et peuvent être d'une grande utilité à l'humanité, eux qui ne sont pas encore happés et détruits par les aspects négatifs du progrès scientifique. Et il ne s'agit pas ici d'un sectarisme borné. Nous savons pertinemment que la science est universelle. Mais nous savons aussi pertinemment que toute technologie, pour être réellement efficace, doit être intimement adaptée à l'objet qu'elle veut modifier, transformer ou qualifier.

C'est pour cette raison que le PDG a indiqué de façon très claire et précise le genre de développement qu'il ambitionne. Pour nous, le développement procède d'une vision globale des activités du Peuple. Pour nous, le développement n'est pas la recherche effrénée de recettes de bonheur élaborées par les autres, mais bien la recherche patiente et persévérante, à partir de nos propres capacités créatrices, de notre foi en nos valeurs, de ce que nous pouvons apporter de neuf à un monde à la recherche d'un nouvel équilibre.

Mais ce qui est impératif, c'est qu'à un moment où nous disposons déjà de plus de 10 000 diplômés de l'Enseignement Supérieur et de plus de 20 000 cadres de maîtrise en même temps que nous sortirons chaque année, à partir de maintenant, plus de 3 000 diplômés de l'Enseignement Supérieur et plus de 4 000 cadres de maîtrise, nous devons donner à la Recherche Scientifique un gigantesque mouvement de masse et une exigence aiguë de qualité. C'est ce qu'exige la stratégie de développement. Dans cette perspective, chaque FAPA est un laboratoire d'invention, un centre d'utilisation, un pôle de diffusion. Elle doit donc bénéficier de toutes informations d'ordre scientifique ou technologique utile à ses activités.

La Recherche Scientifique comme condition nécessaire et facteur dynamique de développement, implique, nous l'avons dit, la participation consciente du Peuple organisé et exige une planification rigoureuse des activités au niveau du Peuple.

Ainsi, en Guinée, nous avons démystifié la notion de planification. En effet, tous les plans de développement sont élaborés par le Peuple lui-même, à travers les organismes du Parti National, de la base au sommet. Pour nous, en effet, la notion de développement que nous voulons endogène est inséparable de la notion de planification. Et c'est pourquoi notre développement planifié sur la responsabilité du Peuple, fonde son succès sur la responsabilité du Peuple libre qui conçoit, discute, arrête et exécute à chaque niveau son plan de développement.

Ainsi, chaque collectivité devient sujet et objet de l'établissement du programme d'action dont elle exécute les différentes tranches à travers le temps, grâce à une planification opérée par elle. Le Pouvoir Révolutionnaire Local, par exemple, établit son plan de développement en partant de l'appréciation de ses moyens humains, matériels et financiers, de ses objectifs appréciés dans le temps, des priorités déterminées et hiérarchisées, en ayant en vue de toujours procéder à un développement auto-centré, harmonieux et équilibré de tous les secteurs.

Aujourd'hui, nous pays en développement, nous devons réellement nous engager dans la voie du progrès scientifique, technique et matériel sans lequel nous retomberions dans l'asservissement et sans lequel les qualités et richesses dont nous nous glorifions par ailleurs ne seraient qu'inopérantes.

Nous voulons dire que l'exploitation à laquelle les pays industrialisés les soumettent, se poursuivra aussi longtemps que leur niveau technologique restera bas et qu'ils n'auront pas la capacité de valoriser eux-mêmes ce qu'ils produisent.

Il faut que les pays dits sous-dévellopés acquièrent ce qu'il leur faut de science, de technique et de technologie pour devenir des interlocuteurs valables.

Si la Révolution Populaire Guinéenne, prenant comme base fondamentale du développement de la Guinée la production et la transformation des ressources naturelles, a priviligié le profil agro-pastoral au plan de l'éducation de la jeunesse scolaire, il reste cependant à donner au secteur de l'Enseignement Technique et de la formation professionnelle les moyens matériels, techniques et scientifiques ainsi que les formateurs qualifiés pour conférer effectivement aux jeunes élèves et étudiants les aptitudes intellectuelles et les capacités techniques et technologiques requises. C'est bien là la vocation reconnue à nos Instituts Polytechniques Secondaires (IPS) déjà implantés dans presque toutes nos Régions Administratives.

Aujourd'hui, le Parti-Etat nous commande de lancer un vaste mouvement de masse basé sur la détermination, la technique et le génie inventif de nos ingénieurs et techniciens des Travaux Publics, un gigantesque mouvement de masse et de technique de reprise de toutes nos routes non goudronnées pour en faire des routes en terre stabilisée.

La bataille, c'est celle de la maîtrise de la technique, et du développement des techniques. Mais lorsque nous parlons de technologie, il ne s'agit guère de la technologie genre déplacement d'usines démontées et dépassées par nos pays ; il ne s'agit guère d'une technologie ayant recours chaque fois à l'armade de profiteurs. En effet, il ne s'agira pas d'achat de machines ultra-modernes, trop sophistiquées à transplanter dans notre pays et dont le fonctionnement ne peut être assuré que par les seuls étrangers ; il s'agira plutôt, parlant de technologie, de la maîtrise par les nationaux de toutes les sciences et technologies modernes. Mais, nous devons jalousement veiller à ce que toute technologie à laquelle nous ferons appel, respecte nos cultures, nos traditions, notre civilisation et nos valeurs morales, surtout qu'elle ne bouleverse pas nos structures sociales qui constituent, avec les premières, le fondement de notre personnalité. Il s'agit d'une technologie qui, une fois maîtrisée, trouvera dans notre pays les cerveaux et les bras capables de nous tirer d'affaire chaque fois que cela s'avèrera nécessaire.

Il nous faut en dégager la stratégie. Elle existe, cette stratégie. Plusieurs pays y ont réussi. Mais il n'y a pas de stratégie standard. Chaque Nation ou chaque Peuple peut et doit accéder à la science et à la technique.

La stratégie de conquête, de création et de développement de la technologie pour le développement socio-économique du Peuple, c'est tout simplement l'abandon du discours sur la technologie pour la maîtrise avisée de la technologie par tout le Peuple, par la consommation raisonnée et active de la technologie par tout le Peuple.

Nous le répétons, dans nos campagnes vivent 80 % de la population nationale. Si l'on veut que tout le Peuple s'empare de la technique et de la technologie, c'est à l'intérieur du tissu social de la paysannerie qu'il faut introduire ceux qui représentent le nouveau, le devenir scientifique et technique et qui, armés de technologie et d'outillages matériels appropriés, créent d'autres sur place et agissent sur l'ancien par les faits, afin que l'ancien soit mû en nouveau. C'est d'une véritable guerre de libération de l'impuissance technologique qu'il s'agit, une guerre dont les combattants ne doivent pas être les seuls universitaires de profil agro-pastoral mais tous les universitaires, les techniciens représentant tous les corps de métiers. Les ingénieurs et aide-ingénieurs agronomes, zootechniciens aménagistes, forestiers, agro-biologistes, agro-biochimistes, grâce à qui, aujourd'hui il y a au moins une Ferme Agro-Pastorale dans chacun de nos Arrondissements ruraux et suburbains, qui sont les pionniers, les premiers soldats d'une armée patriotique dont les effectifs sont aptes à combattre victorieusement sur tous les fronts du développement socio-économique de notre pays.

Cependant, pour ne pas être consommatrice passive de technologies étrangères dans la nécessaire valorisation de ses ressources, l'Afrique doit faire accéder ses Peuples à la maîtrise de la science et de la technique.

La science, la technique et la technologie constituent les moyens de production de tous les autres moyens de qualification.

Pour résister victorieusement à toute agression technologique, nous devons ouvrir toute la science et toute la technique au Peuple, car ces deux facteurs du développement économique changent d'orientation suivant qu'elles se trouvent dans les mains du Peuple ou dans celles, exclusives et égoïstes, d'une minorité réactionnaire.

Dans les conditions de l'Afrique d'aujourd'hui, la Révolution scientifique et technique réside dans l'utilisation rationnelle et massive de la science et de la technique directement par le Peuple laborieux.

Le développement économique indépendant en Afrique postule aussi que le Peuple, sujet et objet du développement, maîtrise la science et la technique, comme attributs essentiels de son rôle d'agent fondamental du projet économique.

CULTURE ET DEVELOPPEMENT

A. — LANGUE DE CULTURE LANGUE DE COMMUNICATION

Le problème de la culture est, à notre avis, à la fois simple et complexe selon l'idée que l'on se fait du contenant et du contenu de la langue et du langage.

L'homme n'est pas homme sans cette éducation dont on dit, avec raison, **qu'elle est l'industrie lourde de toute industrie.** Nous pensons que c'est cette éducation dispensée au sein de la société toute entière et, d'une façon systématique, à l'école, c'est cette éducation, disons-nous, qui fait de cet homme-là ce qu'il est, quelle que soit sa nationalité.

Comme nous le disions dans le rapport de la Délégation guinéenne au premier Festival Culturel Panafricain qui eut lieu à Alger du 21 Juillet au 1er Août 1969, nous entendons par culture **la totalité de l'outillage matériel, immatériel œuvre et ouvrage d'art, science, technique, savoir, savoir-faire, faire-savoir, mode de pensée, mode de comportement, attitude accumulés par le Peuple, d'une part, à travers et pour sa lutte de libération de l'emprise de la Nature et de domination de cette nature et, d'autre part, à travers et pour sa lutte de destruction des systèmes politico-sociaux de domination et d'exploitation de l'homme par l'homme.**

Et, c'est encore dans notre message au Festival Culturel Panafricain d'Alger que nous disions : « **La culture historique, la culture politique, la culture économique, la culture sociale, la culture scientifique et technique, la culture humaine, la culture spirituelle, tout cet ensemble constitue une seule et même force, celle par laquelle l'Afrique, de façon vigoureuse, arrivera à briser définitivement les chaînes de l'impérialisme, le carcan du colonialisme et du néo-colonialisme perfide, les survivances féodales et irrationnelles, pour pouvoir, et sous sa seule responsabilité, réussir à vivre libre, unie et prospère. Ce faisant, elle apporte une contribution de qualité à l'équilibre et au développement harmonieux d'une humanité dont la reconstruction sur les bases de la justice, de la coopération et de la solidarité postule l'effort et la**

contribution de tous les Peuples consciemment engagés dans la lutte du vrai contre le faux, du juste contre l'injustice, de l'égalité, de la paix contre la guerre ».

La langue est un moyen de communication et appartient à la culture d'un Peuple. Elle traduit une idéologie, une philosophie exprimant les principes socio-culturels qui sous-tendent, caractérisent le comportement de l'homme à l'égard de l'homme et de la société, la pensée de l'homme à l'égard de l'histoire et de la nature. En fait, la culture embrasse la vie elle-même dans toutes ses composantes et à travers toutes ses expressions. La langue sert, en tant que véhicule des idées de système particulier de communication entre les hommes et entre les Peuples, de moyen de fixation de la pensée philosophique, idéologique et scientifique du Peuple sur les processus d'évolution de la société et sur les phénomènes de la nature. La langue joue un rôle essentiel, mais elle-même n'est pas toute la culture, elle n'est qu'une composante de la culture. A preuve elle a une incidence sur la vie sociale alors qu'elle est engendrée et développée par et à travers la vie sociale.

Nous sommes tous conscients du fait qu'il y a des milliers et de milliers d'années les Africains ont élaboré des cultures originales.

Aussi, les cultures des Peuples africains, composantes fécondantes de la civilisation africaine, ne sauraient-elles être des projections de la culture des autres continents ! La longue période marquée par l'ignorance de l'existence des autres Peuples n'est pas restée vide ; les Peuples africains l'ont bien remplie de produits culturels à partir de leur propre génie. Et cette vérité nous fait découvrir cette essence générale de l'humanité, où qu'elle se trouve représentée, qu'est le génie créateur de l'homme à travers sa faculté de penser, de réfléchir, de déduire, de décider, de vouloir et de réaliser. Ces traits généraux, plutôt ces diverses facultés, définissent l'homme comme appartenant à une espèce radicalement singulière au sein du règne animal. Telle est l'essence générale de l'humanité. Les tenants de la poly-genèse ne sont même pas à critiquer dès lors que leur thèse n'est pas étayée par des arguments scientifiques.

La réalité culturelle de l'Afrique aurait été autre, si, entre temps, et pendant tant de siècles, nous n'avions pas subi la domination extérieure, la domination coloniale.

Quel a été donc l'impact de cette domination ?

Où qu'elle ait été perpétrée, cette domination a freiné le développement culturel propre à nos collectivités. Elle a réussi à nous insérer dans les canaux culturels des colonisateurs ; elle a même essayé de nous altérer au point, parfois de nous faire admettre la supériorité culturelle de l'étranger et l'infériorité des valeurs culturelles propres à notre société. **Elle a tendu ainsi à nous convaincre de la nécessité de nous dépersonnaliser et de devenir indirectement le prolongement des occupants.**

Le problème clé pour toutes les sociétés, c'est « être » et « devenir ». **Or sans être, on ne saurait devenir.** Ainsi, partout et en tout temps, s'est posé le problème de la liberté, c'est-à-dire pour la conquête et l'épanouissement de leur être dans sa plénitude.

Etant, ils cherchent à devenir, et tous, quels que soient les moyens plus ou moins rudimentaires dont ils disposent, aspirent à une promotion constante dans tous les domaines de leur existence, donc œuvrent à leur propre développement ; le rythme et le caractère de ce développement sont, pour chaque société,en rapport direct avec la qualité et l'importance des moyens qu'elle utilise. Chaque civilisation appréhende le monde selon des systèmes qui lui sont spécifiques. Ces systèmes apparaissent avec les activités pratiques à partir des expériences particulières des hommes et de l'héritage des hommes de leur passé. **Aussi, le rythme et les traits de l'évolution sociale diffèrent-ils d'un pays à un autre. Aussi, quand un Peuple veut être, il doit réhabiliter ses valeurs culturelles propres, s'il veut devenir ce qu'il veut devenir, selon ses propres canons historiques, il doit développer encore ses valeurs culturelles.**

Au plan de l'idéologie, la philosophie, le problème central qui s'est posé était et demeure politique. Nous avons subi la domination coloniale qui n'a pas été, loin de là, l'expression de notre volonté, le fait de notre décision libre. Nous avons, malgré nous, subi la domination étrangère qui nous a imposé l'irresponsabilité et l'indignité.

Nos ancêtres, nos pères et nous-mêmes, avons œuvré avec détermination et un courage croissant à la reconquête de notre liberté, de notre souveraineté en vue de diriger notre destin de manière toute responsable et digne.

Désormais indépendants, les Peuples veulent être et non plus paraître. Ils veulent être sujets de l'histoire, et non à la merci d'une tempête les dirigeant sur des rivages où ils ne se reconnaîtront plus comme Peuples à part entière. Le degré de maîtrise de l'histoire est et sera fonction du niveau de responsabilité dont ils sauront faire montre dans la conduite consciente de l'évolution de la société et ce, dans tous les domaines, et en particulier dans le domaine culturel. Nous ne saurions nier le caractère à la fois spécifique et universel de la culture.

Ce qui est universel dans la culture, c'est la quête du beau, du vrai et du juste. Ce qui est propre à chaque Peuple, c'est la volonté d'actualiser ces valeurs, volonté exprimée dans une langue, création singulière d'un Peuple. C'est que chaque Peuple, confronté à un environnement donné a été amené à identifier par des signifiants, tout ce qui existait ou tout ce qui était perçu par lui, d'où l'élaboration par lui de sa langue de culture. Une langue, ce n'est pas seulement l'ensemble des mots qui la constituent. C'est bien plus, sa structure, les architectures qui y sont permises et qui rendent le discours possible, c'est sa grammaire structurale, ce sont les constructions conceptuelles portant nécessairement le sceau du vécu.

Or, ce vécu est bien un processus d'historisation de la personnalité du Peuple. Aussi, toute langue fait-elle partie intégrante de la personnalité du Peuple qui l'a créée. Elle évolue avec ce Peuple qui, la consommant, la recrée sans cesse.

Une langue n'est jamais parfaite ; elle n'est jamais achevée ; elle est la traduction d'une réalité constamment en mouvement ; elle exprime la conscience humaine également en mouvement. Elle exprime la marche pratique ininterrompue des Peuples vers leur devenir. Ce mouvement s'exprime effectivement dans la langue puisque les concepts se multiplient, s'approfondissent. On ne les arrête jamais dans leur propre mouvement, qui est le mouvement continu de la connaissance de l'homme par l'homme et des choses par l'homme. La façon dont un Peuple enregistre les conditions et les exigences de sa vie se reflète bien dans sa langue et dans ses attitudes.

La partie universelle de la culture constitue bien le trait d'union entre toutes les cultures en tant que quête d'un contenu qui rend l'homme de plus en plus homme, et le Peuple de plus en plus Peuple. C'est pourquoi il n'est pas étonnant que les concepts de liberté, de justice, de progrès existent dans toutes les langues ; les mots : « dignité, démocratie » ont leurs correspondances dans toutes les langues.

Notre évolution serait plus dynamique si nous arrivions à faire l'inventaire de nos valeurs culturelles propres. Et, puisque heureusement, nous avons pu inventorier plus ou moins parfaitement les traits culturels des Peuples dits développés, nous pouvons savoir ce qui nous identifie à eux, ce qui nous différencie d'eux, donc, ce qui nous manque par rapport à eux. Ainsi, nous aurons dégagé le champ d'action à emprunter en vue d'enrichir notre patrimoine culturel, car nous n'hésiterons pas à emprunter à toutes les cultures, tout ce qui peut contribuer à la satisfaction de nos besoins pour dynamiser notre conduite dans l'histoire. Mais cette démarche, toute légitime, ne doit pas nous amener à nous enfermer avec ou dans les autres cultures. Si nous faisons cela, nous cesserons d'être, et, de surcroît, nous provoquerons une mutilation de l'Afrique. Nous donnerions nous-mêmes, une base culturelle au Traité de Berlin de 1885 par lequel l'Afrique fut physiquement morcelée.

Aujourd'hui le français, l'anglais, le russe sont de grandes langues ; mais, il y a 500 ans, il a mille ans, le français, l'anglais ou le russe existait-il tel qu'il est aujourd'hui ? Sous l'empire Romain, le latin avait été imposé par la force à toutes les Nations dominées par Rome. Il y a eu quand même la volonté d'être chez les Anglais, chez les Allemands, chez les Français qui ont lutté, donc, pour imposer l'usage de leur langues et qui, de longues années durant, ont eu à subir la répression. Mais puisqu'ils tenaient à leur personnalité et que la personnalité d'un Peuple se conquiert et s'assume, son maintien et son développement exigent une attitude responsable. Les colonies raomaines ont créé les conditions objectives permettant de valoriser progressivement leurs cultures originelles afin de les substituer à la culture qui leur était imposée. Cette délivrance fut, à juste titre, considérée comme une libération de la personnalité anglaise, allemande, française, etc... Bien sûr, le latin avait encorc atteint un niveau élevé de perfection, alors que les langues vernaculaires qu'étaient le français, l'anglais, ou l'allemand, parce que non écrites restaient moins riches que le latin. Mais être soi-même, devenir soi-même, avait prévalu sur cette supériorité formelle des moyens d'expression. Et c'est ainsi que progressivement, le français a été élaboré avec une méthode plus scientifique, tout comme l'anglais ou l'allemand. A travers les années, ces langues se sont perfectionnées sans être parfaites pour autant, puisque chaque année, les vocabulaires français, allemand et anglais, russe ou arabe, s'enrichissent et que leur syntaxe s'affine.

Le progrès scientifique et technique apporte chaque année des élements nouveaux qui enrichissent d'autant le vocabulaire.

c'est dire qu'aucune langue n'est parfaite au départ, aucune langue n'est statique en soi. Chaque Peuple, par son travail et l'utilisation efficace de sa langue, l'enrichit, la développe.

C'est la pratique qui façonne une langue, autrement dit, c'est l'usage qu'en fait une société qui enrichit et développe une langue.

Le Vietnamien a été colonisé et les principaux cadres s'exprimaient en langue étrangère française. Ceux-ci auraient pu être fiers et satisfaits puisqu'ils étaient agrégés, docteurs, licenciés, etc... Ils auraient pu demeurer dans ce cadre où ils s'étaient assuré une place de choix dans la hiérarchie sociale et économique. Mais la volonté d'être soi-même a prévalu dans leur attitude. Ils se sont remis à l'école, celle du Vietnam, pour la maîtrise de leur langue. Si le manœuvre analphabète avait de la facilité à apprendre le vietnamien, à l'écrire, eh bien ! l'agrégé, le docteur, lui, avait d'énormes difficultés. Mais tous ces intellectuels, tous ces cadres percevant la nécessité historique d'aider le Peuple en l'intégrant et de mettre leur génie créateur au service du Peuple pour en perfectionner le mode de vie, le mode d'existence, n'ont pas hésité à revenir à la culture nationale, à en faire l'inventaire des richesses, à évaluer ses lacunes et imperfections et à combler les vides ; aujourd'hui, la langue vietnamienne qui exprimait déjà toutes les nuances de la pensée du Vietnam s'est enrichie de la conquête des termes scientifiques et cette langue continue et continuera de s'enrichir avec l'apport extérieur.

Les insurgés Irlandais n'avaient-ils pas raison de dire : « le gaélique chassera mieux les Anglais que nos armes à feu » ?

Si le Yiddish n'était pas parlé dans le Ghetto de Varsovie, on n'aurait pas vu des enfants et des vieillards affronter les chars nazis, les mains nues ! C'est que la langue est une véritable citadelle pour le Peuple. Quand un Peuple est vaincu, plus qu'un refuge, sa langue devient une arme en tant que moyen de maintien et de développement de rapports tissés entre ses membres au fil de l'histoire. Il ne faut donc pas pérenniser les chaînes par lesquelles la colonisation nous rivait à ses idées et à ses programmes.

Savoir pratiquer une langue étrangère élargit notre champ culturel quand c'est pour nous exprimer nous-mêmes, c'est-à-dire traduire notre être. Quand, de surcroît, cette langue étrangère est une langue internationale, nous ajoutons à cet acquis culturel un instrument de large communication sociale qui élargit notre champ de rayonnement dans tous les domaines.

Mais, si au lieu d'être une richesse qui s'ajoute à toutes nos richesses originelles, si, au lieu d'être libératrice et émancipatrice elle devient étouffante et conquérante, la langue étrangère que nous utilisons comme langue véhiculaire, aura servi à forger les nouvelles bases de notre asservissement.

L'homme n'est pas fait que de matière ; l'homme, c'est la synthèse de la matière et de l'esprit. C'est dire que si l'homme éprouve des besoins naturels, provenant qu'il est de la nature, son esprit aussi a ses besoins propres ; mais les besoins acceptés par l'esprit doivent être imposés au corps de l'homme. La supériorité de l'esprit fonde la qualification de l'homme. L'esprit doit nécessairement dominer la matière, la conscience doit guider toutes les activités de l'homme et du Peuple. Pour nous permettre de dominer la nature et de la transformer en vue du bien-être social, pour nous permettre de maîtriser l'histoire, il nous faut mener une lutte qui commence en nous-mêmes. Si nous arrivons à maîtriser notre propre nature, à juguler nos élans négatifs, à imposer à notre corps une vie conforme à notre choix spirituel, idéologique, alors nous serons à même de dominer toute la nature physique et d'en faire l'instrument du bonheur humain. La culture est, là encore, un facteur décisif.

Nos Peuples ont leur culture, et quand nous parlons français, des cadres de notre génération nous comprennent bien ; par contre, sur les 6 millions de Guinéens, l'écrasante majorité ne saurait nous suivre. Si nous parlons aujourd'hui pular en Guinée, nous aurons plus de Guinéens qui nous comprennent que si nous parlions français. En parlant également maninka ou soussou, nous avons plus de Guinéens qui comprennent ce dont il s'agit que si nous parlions français, même un français du niveau du cours élémentaire. La langue est un moyen de communication entre des êtres humains, entre le locuteur et l'auditeur. Ce n'est pas seulement celui qui veut signifier quelque chose qui compte, mais aussi et surtout celui à qui est destiné le message.

Le français, l'arabe, l'anglais, le russe et le swahili sont enseignés dans les écoles guinéens. Tout cela permet au Peuple guinéen de mieux comprendre ce qui se passe ailleurs et de mieux signifier ce qu'il pense. Mais,s'agissant de la culture, nous répondons que nous avons notre culture et il ne faut pas confondre langue et culture. Autant nous sommes pour le développement de toutes les langues en tant que moyens de communication dans ce monde qui est en train de se rétrécir grâce au progrès technique et scientifique, et qui, dès lors, a besoin de favoriser la communication rapide entre ses diverses parties, autant nous reconnaissions que l'assimilation des différentes langues ou des grandes langues couvrant notre globe devient un impératif d'efficacité dans la communication, autant nous tenons au développement de la culture de chaque société.

Aucune société ne saurait abdiquer ses responsabilités quant au maintien et au développement de cette culture sans se dépersonnaliser elle-même. Supposons que plusieurs personnes soient réunies, produisant du riz, du mil, du maïs, du fonio, du manioc, du café, des palmistes. Elles ont des productions différentes, mais aucune d'elles n'a un camion pour le transport. Un propriétaire de camion vient et met son automobile à leur disposition. Chacune d'elles charge dans le camion son sac de denrées parce que leurs familles se trouvant à un autre lieu. Ce camion, c'est le véhicule de transport des biens que ces personnes possèdent et qu'elles veulent envoyer à leurs familles. La nature du camion est différente de celle des denrées contenues dans les sacs et ne peut les altérer, tout comme la langue véhiculaire que chaque homme ou chaque société utilise pour transmettre à l'autre sa pensée n'altère pas cette pensée.

C'est dire donc que nous ne considérons la langue qu'en tant que véhicule des idées.

Les visions du monde dans toute société ou zone culturelle traduisent le rythme et la particularité de l'évolution sociale. Encore une fois, la langue est un véhicule. A cet effet, nous sommes d'accord pour nous saisir de ce véhicule. Le véhicule, nous n'avons pas besoin d'en connaître la marque. Nous en connaissons l'utilité. Il va nous permettre de transporter d'un lieu à un autre les produits destinés à nos familles.

L'image que nous avons utilisée visait à mieux signifier le fondement et les motivations de notre accord pour l'enseignement du français en tant que langue étrangère. On appelait par mépris, nos langues des langues vernaculaires ! Nous disons « non », car nos langues nationales officielles sont les langues africaines que nos pays parlent. Quand nous utilisons le français ou une autre langue, c'est par commodité pour nous. Cette pratique correspond à une efficacité dans la communication avec l'extérieur. Aujourd'hui en Guinée, nous développons, parallèlement et de façon plus dynamique, nos propres langues pour leur donner la dimension leur permettant de traduire toute notre pensée.

Nous estimons que l'utilisation des langues étrangères est une forme d'organisation d'une solidarité entre un certain nombre de pays, mais il ne faut pas lier cela à un choix culturel.

Pour organiser une forme de solidarité, pour organiser un front de lutte pratique autour d'un certain nombre d'aspirations communes, nous sommes d'accord pour coopérer sur le plan culturel avec tous les pays . Nous croyons, par exemple, que la communauté anglophone ou la communauté francophone n'aura de sens que si on réhabilite les cultures africaines. Le problème essentiel, c'est la réhabilitation culturelle de l'Afrique. Nous sommes sortis d'une situation de domination effective et nous pas voulons pas y revenir. Nous pensons que l'élément essentiel de cette communauté sera effectivement une fondation pour le développement culturel de différents pays.

Une telle communauté pose des problèmes complexes par leur nature qui peut être politique, économique, sociale ou culturelle, et de par leurs zones de rayonnement qui peuvent être d'ordre régional, national, continental ou international. Nous voulons dire par là que leur importance et leurs solutions sont fonction du contexte, des cadres spatiaux dans lesquels ils se posent. Mais, c'est pour engager une certaine démarche intellectuelle que nous séparons les aspects et distinguons les cadres de production d'un phénomène. En fait, il faut toujours garder à l'esprit la loi de l'interaction et de la connexion intime de tous les aspects d'un phénomène pour l'analyser, le comprendre et le maîtriser.

En appliquant cette loi dialectique à la construction d'une communauté, nous retenons que toutes les questions concernant cette construction sont étroitement liées et qu'elle ne peut être envisagée correctement sans tenir compte à la fois de la spécificité historique et sociale des Nations et de l'environnement. Une construction qui se veut pérenne doit avoir des bases suffisamment solides pour résister aux rudes épreuves de l'histoire. Pour cela, il faut d'abord dresser le plan de l'édifice et se représenter la structure définitive de cette construction dans le temps. Correctement, il y a lieu de définir l'image nouvelle que l'on veut conférer soit aux pays, soit aux sociétés humaines que l'on veut transformer. Seule, en effet, la définition, c'est-à-dire la formulation préalable de l'objet, permet de cheminer toujours dans la clarté et d'éviter la confusion.

La première démarche porte sur l'objet de l'action que l'on veut entreprendre. A court terme, à moyen terme, à long terme, qu'est-ce que nous nous voulons devenir ? Quels sont nos objectifs ? Aucune action ne peut être conduite avec succès si les sujets de l'action visent des objectifs différents. Nous ne pensons pas exagérer en disant que même si les objectifs sont communs au départ, il faut quand même qu'une philosophie ou une morale exige le respect rigoureux et constant du choix collectif et sous-tende l'action. En posant donc ces questions, on aborde la conception du devenir qui doit toucher le cadre général de l'action et les qualités ou les capacités à conférer, dans le futur, aux sociétés ou aux choses que l'on veut améliorer.

Prenons d'abord le monde, car il faut que l'on se mette d'accord sur la conception que l'on doit avoir du devenir de ce monde, ce qui ne signifie pas, dans notre esprit, que les opinions doivent être uniformes ; au contraire le pluralisme dans les avis permet de dagager une ligne générale. Qu'est-ce que nous voulons que ce monde soit demain ? Un monde où une partie obéït à l'ordre d'une autre partie ? Un monde de puissance matérielle ? Un monde à l'image d'une pyramide avec au sommet, les riches, et à la base les pauvres ? Un monde où les Peuples entretiennent des relations réellement pacifiques, quelles que soient leurs différences d'aujourd'hui, différence de couleur, de religion, différence dans le développement économique, différence de capacité ? Un monde qui connaît les activités de chaque Nation pour le bien-être de toute l'humanité, malgré la diversité des conditions dans lesquelles se trouvent ces mêmes Nations aujourd'hui ? Un monde caractérisé par des frictions perpétuelles, par la tension permanente ? En somme un monde divisé en deux : d'une part, celui des millions d'êtres ne disposant ni de technique de maîtrise de la nature, ni de pouvoirs financiers pour valoriser rationnellement leurs richesses naturelles et développer leurs forces humaines, d'autre part, celui d'une minorité de nantis au point de gaspiller leur surplus ? Chacun de nous a certainement une idée de ce qui pourrait résulter de la perpétuation d'une telle division !

Donc, le monde de demain que l'on veut, doit être connu au moins dans l'imagination de ceux qui veulent se livrer à sa réalisation. Et une fois que l'avenir est conçu, une fois fixées les qualités que l'on veut conférer à la vie des Peuples et la nature des rapports entre eux, on compare ce qui est ainsi conçu et ce qui existe, on fait un inventaire exact de la situation présente. On décèle tout ce qui, dans le présent, peut être en harmonie avec ce que l'on veut réaliser, tout ce qui, dans le présent peut aussi être en contradiction avec ce que l'on veut réaliser. C'est qu'il y a deux démarches dans toute construction : pour construire une chose, quelle qu'elle soit, on est obligé de détruire une autre chose ; donc, on détruit pour construire ; en détruisant on construit, en contruisant on détruit. Les deux démarches sont dialectiquement liées. Si nous voulons des sociétés harmonieuses, il faut détruire les clivages qui existent, relever les conditions de vie des Peuples en retard, et cela ne peut se faire que dans un cadre de solidarité à l'échelle mondiale. Si les clivages actuels sont maintenus, ils iront en s'aggravant. Si les Peuples entiers doivent continuer à constater qu'on les prend pour des multitudes insignifiantes, alors les risques de rupture des amarres deviennent de plus en plus grands, ce qui nous éloigne de ce monde de paix, de justice et de solidarité que nous voulons instaurer. Donc, il est temps de faire l'inventaire de tout ce qui doit être progressivement annulé et celui de tout ce qui doit être progressivement réalisé.

Comme un architecte qui, à partir de la configuration du sol, fait son plan de l'édifice, on aura conçu à l'échelle universelle, macroscopique, le monde de demain et défini les caractéristiques, les propriétés de ce monde de demain, pour passer à sa réalisation concrète à partir de ce que l'on connaît du monde d'aujourd'hui.

On détruit ici, pour l'harmonie de demain ; on construit là pour l'harmonie de demain. Il s'agit donc d'un acte de destruction-construction, la portée étant rigoureusement la même. Evidemment, on ne se sépare pas toujours du passé avec gaieté, mais il faut accepter ces « déchirements » douloureux pour construire le bonheur pour tous ; il faut en avoir le courage et « enfanter ce monde dans la douleur ». Si toutes les différentes entités acceptent une convergence dans leurs activités, celles-ci devant déboucher sur le monde de fraternité et de paix permettant de réaliser les véritables aspirations de toute l'humanité, alors les démarches, mêmes si elles sont diverses, ne sont plus contradictoires, car il y a un référentiel qui est le monde qui est le monde conçu sous cet angle. On se réfèrera au même monde pour un partage des tâches de sa construction et on se référera à ce référentiel pour savoir, à chaque moment, si on est sur la bonne trajectoire.

Chaque Nation se développe verticalement, mais les Nations doivent se rendre compte qu'elles augmenteraient leurs dimensions propres en créant des Communautés, en mettant en commun leurs moyens, en organisant dans un cadre plus harmonieux leurs activités. Elles doivent remarquer qu'une telle démarche leur confèrerait une puissance plus grande. Donc, une Communauté ne diminue en rien ni la souveraineté, ni la liberté, ni les intérêts particuliers de chaque Nation membre ; au contraire, elle donne une dimension nouvelle aux attributs de toutes les Nations qui doivent la composer. Il y a de nombreux problèmes qui ne peuvent pas trouver leurs solutions au niveau d'un Etat : les activités des multinationales, l'approvisionnement en matières premières, le mécanisme de la monnaie, l'inflation, l'énergie etc... Si aucun Etat ne peut abandonner une partie de ce qu'il a été historiquement jusqu'ici, alors il perdra jusqu'à ce dont il était capable dans le système politique et social : règler, non sans secousses déjà, le processus de l'économie nationale. Ce serait comme la différence entre le travail individuel et le travail en groupe. Pour fabriquer une machine, un tracteur, une bicyclette, une voiture, un avion, chaque section de travail a une tâche bien précise. Toutes les sections accomplissent chacune sa tâche, la productivité est plus élevée et le travail se fait avec rapidité. Mais, si une seule section devait faire le travail de toutes les sections ou si un seul travailleur devait faire le travail de toute une section, on mettrait bien plus de temps pour terminer la machine en construction ! Le travail collectif donne une nouvelle dimension aux capacités individuelles en tant que facteur de multiplication de la dimension technique et intellectuelle de l'homme dans le processus de travail. Lorsque des Nations vivant individuellement associent leurs apports, travaillent ensemble, aucune ne perd. Chacune gagne, tout comme le regroupement des hommes agrandit la capacité de chacun des travailleurs pris individuellement.

Donc, notre monde a tout à gagner en arrêtant un cadre rationnel de coopération entre ses Nations. Demain, en faisant une répartition des tâches, compte tenu des réalités prévalant dans telle ou telle Nation, en coordonnant les activités, les Etats engageraient leurs intérêts matériels et immatériels dans une forme de développement auto-centré, sans jamais perdre de vue la nécessaire coopération internationale.

La force de l'humanité résidera dans les intérêts solidaires de toutes les Nations et dans le choix des démarches à entreprendre collectivement pour développer toutes les Nations. Il faut souligner qu'ici, la réussite de l'entreprise pour être totale et durable, requiert une volonté politique, une philosophie conséquente, volonté de reconstruire un monde débarrassé des facteurs d'une conflagration mettant en cause la survie de l'humanité. Et pour suivre une telle ligne, il faut des parapets comme la conception du développement.

On connaît très bien l'importance que tient l'économie dans la vie des hommes et des Peuples. Mais, qu'on le veuille ou non, c'est lorsque l'économie obéit à une philosophie juste, à une idée politiquement juste, que l'économie garde son importance ; mais dès que cette économie a une importance en soi, dès qu'elle se substitue à une finalité politico-humaine, elle aura sa finalité propre, celle qui oublie l'homme sujet et objet du développement. Elle devient une fin en soi et sa portée humaine sera plus réduite et elle ne fera plus le bonheur du Peuple. Quelle que soit l'importance de l'économie, elle n'est qu'un facteur de réalisation de l'homme, d'affermissement de la vie sociale. L'économie ne doit jamais perdre sa fonction de moyen. Dès qu'elle est conçue ou dès qu'elle apparaît comme une fin en soi, tôt ou tard elle fera le malheur de la société. On ne planifie pas seulement le développement économique d'une entreprise, car toute entreprise économique a une portée obligatoirement sociale et humaine. On planifie en même temps l'évolution socio-humaine. C'est dire qu'une planification correcte doit être globale.

Donc, une construction humaniste ne doit pas être centrée sur la recherche des seules solutions économiques, les solutions économiques devant être conçues comme facteurs de réalisation des objectifs que l'on s'est déjà choisi dans toutes leurs dimensions sociales, humaines, philosophiques, politiques et culturelles. Dès lors, l'économie vient au service de l'homme. La culture, la morale, la philosophie, bref les idées traduisent un système économique ; si ce système ne tient pas suffisamment compte de l'homme qui doit être, après tout, la fin, il en résultera une conception philosophique et une culture dont le matérialisme abrupt desservira finalement le projet social. C'est qu'une communauté qui se veut durable doit avoir une philosophie politique ou un ressort culturel adapté au contenu de demain et toutes les activités des Peuples, des nations et des hommes resteraient ainsi sous-tendues par le même idéal. Et c'est cette philosophie centrale qui pourrait alors se traduire en une discipline librement acceptée par les Nations.

Dans une opération déterminée, même si telle Nation devrait y perdre un peu, dès qu'elle voit en projet l'image de la Communauté construite demain, agrandissant ses capacités, cette Nation peut accepter de coopérer avec les autres, assurée qu'elle est que son avenir sera plus brillant demain. Si on isole cet objectif global de l'acte quotidien, il y aura toujours divergence. Telle Nation dira : « Je vais perdre dans le prix des matières premières et telle autre en tirera profit ». Pour mettre fin à une telle divergence, il faut un objectif central. C'est comme les fractions ; nous avons tous appris en mathématiques qu'avant d'additionner les fractions, on les réduit au même dénominateur.

Le même dénominateur représente le choix central, la philosophie, l'objectif accepté. C'est ce choix qui devient le référentiel. En se référant à la philosophie qui le sous-tend, on s'adapte aux exigences de la marche commune. L'un peut aller à gauche et l'autre à droite, qu'importe ! Ce qui compte, c'est qu'ils vont vers le même objectif. Les pays se trouvent, objectivement, à des stades différents de développement économique et social. Mais ce n'est pas parce que le point de départ est différent ou que le moment d'arrivée n'est pas le même, que l'action sera différente. L'essentiel, c'est l'aboutissement unique des activités menées.

L'Europe, par exemple, réalise le drame qui l'attend dans l'avenir si elle reste disloquée, et sa première réaction instinctive a été de chercher à asscocier ses Peuples pour se donner une plus grande capacité de résistance. Mais ce n'est pas tout ; qui cherche une capacité de résistance est déjà sur la défensive, car il y a une puissance que l'on subit avant de recourir à la recherche d'une force de résistance. Et demeurer sur la défensive, c'est finalement se préparer à recevoir le coup fatal, c'est-à-dire à perdre toutes les chances de ne plus être réunifié. L'offensive est donc la démarche indiquée. L'offensive sera le choix délibéré de l'objectif qui doit se traduire dans l'attitude d'aujourd'hui.

L'Europe, pour nous en tenir à cet exemple, peut faire ce choix délibéré. Elle a joué un très grand rôle dans le monde. Elle a eu à régir l'évolution dans tous les continents. Ce n'est pas que l'Européen soit supérieur aux autres hommes ; non, c'est parce qu'il était placé dans des conditions qui ont accéléré son évolution technique. Il y a des périodes de l'évolution où l'histoire offre des chances à un Peuple. Nous évoquerons seulement deux cas dans l'histoire de l'Europe. Pour fuir les massacres de la Saint-Barthélémy, les protestants passèrent le Rhin. Il se trouve que précisément beaucoup de ces protestants étaient les pionniers de la science moderne dans le domaine de la chimie et de la physique. Ils furent donc les pères de la science européenne.

La bourgeoisie française, après avoir vaincu la monarchie, comprit qu'elle avait intérêt à ne pas garder la pratique des jouissances quotidiennes de la vie de l'ancienne classe pour développer la morale du travail, l'esprit d'initiative et l'esprit scientifique, esprit qui l'avait précisément aidé à vaincre l'obscurantisme entretenu par l'ancien ordre. Cette atmosphère culturelle a permis à des larges couches de la « roture », d'accéder aux sciences et aux techniques.

Donc l'Africain, l'Américain ou l'Asiatique placé dans les mêmes conditions, aurait accédé aussi rapidement à la maîtrise de la technique et de la technologie. L'Europe a donc bénéficié d'une avance éducationnelle. C'est l'éducation qui fait l'homme, l'éducation scientifique, technique, professionnelle et sociale.

L'Europe a eu cette avance et c'est un atout important. Elle doit maintenant comprendre que ce qu'elle a d'acquis particulier, si elle le met volontairement à la disposition des autres parties du monde qui en ont besoin, elle ne perd pas son privilège. Bien au contraire, elle aura aidé à la création de nouvelles réalités dynamiques caractérisées par l'humanisme dans des rapports nouveaux, ceux d'égalité, de fraternité et de solidarité véritables. Car, entre le pauvre et le riche, il n'y a pas de solidarité. Même un geste généreux à l'endroit du pauvre, ce n'est pas de la solidarité. Je rencontre par exemple des malheureux dans la rue ; je leur donne de l'argent, parfois je le fais avec paternalisme, avec condescendance, avec pitié. Or, le pauvre n'a pas demandé à Dieu d'être pauvre, ni moi, d'être riche. Toute ma vie a résulté de l'apport des autres hommes qui ont fait de moi ce que je suis. Et comme nous le disons sur le plan philosophique, Dieu a donné des chances à l'animal qu'il n'a pas voulu donner à l'homme ; une vache met bas ; quelques instants après, le veau se met sur ses pattes et court têter le pis de la vache mère. Il voit de l'eau, il a soif, il va en boire. Il n'entre pour cela dans aucune école. Quant à l'homme, même s'il doit être plus tard Prophète ou Président d'un pays, dès qu'il naît, si on l'abandonne il ne peut pas se mettre debout, parler, se soigner, se nourrir ! L'homm naît dans l'incapacité et la dépendance totales. Un animal qui vient de naître commence à résoudre les problèmes de son existence, instantanément ! Ce n'est jamais le cas de l'homme ! Celui-ci est un être essentiellement social. Toute capacité dont il fera montre sera transmise par les autres. Voici par exemple une lampe qui contient du pétrole ; mais il faut bien du feu pour l'allumer, sinon, elle ne s'allumera pas d'elle-même !

Toute Nation obéit aux mêmes règles que l'homme qui s'intègre dans une chaîne : l'homme dans sa famille, la famille dans le village, le village dans la Nation, la Nation dans le Continent, le continent dans le monde. C'est pourquoi la solidarité réelle exige que l'on permette à toutes les sociétés de tirer le maximum de profit des potentialités qui existent et alors, plus les sociétés produiront, plus les échanges seront grands entre elles et pourront combler toutes les insuffisance où qu'elles se manifestent. Mais il y a facteur qui est cause de ralentissement d'une telle prise de conscience chez les hommes, c'est l'égoïsme ; en chaque homme, il y a une part d'égoïsme ; en chaque société aussi, parce que l'identité est nécessaire à l'homme ; en s'identifiant par rapport aux autres hommes, cela lui confère sa personnalité, cela indique ce qu'il a de commun ou de particulier avec les autres.

Si l'homme n'a pas la conscience requise pour transcender le particularisme et tenir davantage compte de ce qui le lie ou l'identifie aux autres, alors l'égoïsme s'installe dans certains de ses actes. Il en est ainsi à l'échelle des rapports entre les Peuples et entre les Nations et c'est pourquoi, même la volonté humaniste laisse à désirer. On dit qu'il faut aider tel pays. Mais, c'est toujours avec un petit relent de paternalisme ou de pitié, alors que l'homme n'a pas besoin de cela. Il a besoin plutôt d'être considéré. Evidemment, c'est là toute une philosophie. Expliquons-nous : quand je sors et que je vois un frère nu-pieds, mal habillé, je me dis qu'il subit un sort qui n'est pas le sien et que j'aurais pu être à sa place. A sa naissance, il n'était pas dit que lui resterait manœuvre et moi Président de la République. C'est que j'ai bénéficié de facteurs particulièrement favorables.

C'est aux membres de la famille d'avoir une idée globale de l'harmonie de la famille et alors à chacun d'avoir un comportement conséquent.

Si les hommes, en Afrique, en Asie, en Europe, en Amérique, arrivent à avoir une conception de l'harmonie universelle, si chacun a conscience que demain le travail concerté donnera des résultats de dimension plus grande que ceux d'aujourd'hui, cela imposera à chacun un comportement conséquent, un sens vrai de la solidarité ; et alors, celle-ci cessera d'être une question de charité pour devenir une obligation que l'on traduit en actes. Il faut concevoir la solidarité comme une obligation, car chacun peut un peu et ne peut pas tout. C'est ensemble que le travail est viable, chacun représentant un moyen donné. S'il y a convergence, chacun est utile au groupe. C'est là aussi toute une philosophie, nous le soulignons à nouveau. Il est possible que, même en parlant des faits économiques qui préoccupent les uns et les autres, on débouche demain sur une conception globale avec des idées précises qui dépassent le cadre économique pour toucher le fait politique, économique, social et culturel. En tout cas, il faut avoir une conception globale du devenir. Mais hélas, on privilégie toujours le facteur économique. Or, ce qu'il faut encourager, c'est un type de développement global, c'est-à-dire économique et socio-culturel. Autrement on aboutit à la croissance qui n'est qu'un semblant de développement ou un véritable déséquilibre entretenu. De toutes façons, on voit déjà qu'il faut une conception du développement touchant à tous les secteurs de la vie.

Les rapports entre hommes, entre Peuples, ne doivent pas être des rapports figés. C'est là une dynamique de la vie sociale qu'il faut comprendre.

Ainsi, il faut avoir une conception globale de l'évolution historique des Peuples et des Nations, transcender les divergences d'aujourd'hui et se mobiliser pour conquérir les vertus qui feront le bonheur de demain pour toutes les sociétés. C'est cette conception globale qui garantira l'avenir des Peuples.

Pour cela, adoptons des principes justes et témoignons de souplesse dans l'appréciation des situations particulières. Soyons surtout attentifs à la nécessité de la vraie solidarité. Il ne faut pas avoir une conception mécanique de la solidarité au point de tourner le dos à ce que doit être la vraie solidarité. On peut bien appartenir à une alliance sans pour autant obéir aveuglément aux décisions, en ruinant l'intérêt national et en négligeant les obligations que nous impose l'universel. Ceux qui ne le comprennent pas aujourd'hui, le comprendront demain à leurs dépens, puisque les rapports entre deux hommes ne sont jamais figés. Il ne faut pas qu'une Nation fige ses rapports avec d'autres parties du monde. Il faut que sa pensée soit libératrice, universalisante, unificatrice. Si elle joue ce rôle d'avant-garde, elle se sera réhabilitée. Elle aura mis la science, la technique et la technologie à la disposition de l'humanité.

B. — DE LA PROMOTION DES LANGUES AFRICAINES

Pour une véritable politique linguistique en Afrique

La Promotion des Langues africaines est un problème qui, en même temps qu'il constitue un sujet de réflexion pour tout Africain conscient, préoccupe toute l'élite africaine et intéresse le devenir indépendant des Peuples d'Afrique.

En effet, il s'agit là des problèmes majeurs que l'Afrique doit aborder et résoudre avec une conception politique très engagée, celle qui requiert, dans le présent, un dépassement de soi, un dépassement de l'homme et du Peuple, pour s'harmoniser avec les impératifs d'un devenir à construire, d'un bonheur à conquérir.

Il serait faux de croire que dans la plupart des pays africains, il n'existe pas de véritable politique linguistique ; il ne s'agit pas de faire un jugement de valeur, mais de constater que dans tel pays, on a conscience que la réhabilitation de l'Afrique se conquiert par l'indépendance politique d'abord bien sûr, mais aussi et pour la consolider, par la valorisation de ses propres richesses culturelles ; et alors conséquemment et activement, on doit s'engager dans la voie difficile, mais qui est celle de l'honneur et de la dignité et qui débouche sur cette réhabilitation.

Dans tel pays, on tourne le dos à cette voie et on ne s'y engage pas, on se laisse vivre. Mais cela ne veut pas dire qu'il n'y pas de politique linguistique. En effet, c'est aussi une politique que de considérer les langues africaines comme des dialectes incapables de prendre en charge les termes scientifiques et d'évoluer, alors qu'elles ne demandent qu'à être d'abord respectées, puis à être mieux développées, mieux perfectionnées pour être à même, en tant que moyen d'expression des Peuples, de mieux jouer leur rôle de véhicule des idées, pour répondre à toutes les nécessités de la communication de l'homme avec l'homme, des Peuples avec les Peuples. Il y a donc toujours une politique engagée : ou bien c'est une politique qui découle d'une prise de conscience de la nécessité de valoriser nos langues, ou bien c'est une politique d'indifférence, voire d'irresponsabilité, face aux langues africaines ; nous nous permettons d'affirmer cela, car il n'y a pas de vide dans la vie. Aussi pouvons-nous dire donc qu'il y a deux catégories de pays africains :

Première catégorie : celle de ceux qui considèrent que l'accession à l'indépendance est la porte ouverte sur la responsabilité que l'homme et le Peuple doivent assumer, et qui se considèrent comme sujets de la vie. Comme tels, ils font l'inventaire de l'héritage colonial pour savoir ce qui est prolongement direct, authentique de la culture africaine et des valeurs de civilisations africaines, et ce qui, introduit sous le couvert de la colonisation, mérite d'être extirpé des réalités africaines en vue de repersonnaliser les Peuples et de conférer authenticité à toutes les formes d'expression, sans lesquelles la dignité dont on parle, expression de la liberté, ne saurait exister.

Deuxième catégorie : celle de pays africains dans lesquels prévalent encore une politique de « banalisation » des richesses culturelles et un engouement coupable pour les valeurs étrangères.

Nous ne disons pas qu'il faille tourner le dos systématiquement à ces dernières, mais au moins faut-il s'engager à réhabilier l'Afrique en sachant discerner le caractère progressiste ou réactionnaire de ces valeurs. Les Peuples sont, quant à eux, engagés. Ils veulent faire l'histoire et non plus la subir, en s'emparant de tous les problèmes conditionnant leur devenir pour les étudier, les analyser, et en fonction de leurs moyens, planifier leurs démarches en vue d'une transformation qualitative de leurs sociétés.

Le monde existe depuis des millions d'années alors que la colonisation est un phénomène relativement récent. Les Peuples, tous les Peuples ont vécu avant l'ère impérialiste, et ont donc eu à assumer leurs responsabilités propres. Tous les Peuples ont évolué de façon verticale à partir de leur propre génie créateur. Tous les Peuples ont lutté contre la nature qu'ils ont plus ou moins heureusement maîtrisée. Tous les Peuples ont élaboré leur propre civilisation. Ils obéissent donc à une éthique et ont leurs conceptions du beau, du vrai et du juste.

La langue, dans chaque pays, constitue le condensé de cette lutte du Peuple dans l'histoire, un reflet des rapports du Peuple avec la nature, du Peuple avec tous les phénomènes de la vie, un reflet aussi des rapports entre homme et homme. Dans le domaine culturel, nous le répétons, il n'y a pas de vide, il ne peut exister de vide. Tout homme est porteur de culture ; tout Peuple est créateur et consommateur de culture. Supposer qu'un Peuple puisse vivre sans culture, c'est supposer qu'un homme peut vivre des siècles sans oxygène, sans eau ! Ce serait une aberration. Donc, la culture, en tant que condensé des acquis du Peuple dans son histoire, est tout à la fois un contenant et un contenu.

Un contenu dans ce que la culture, pour tous les Peuples du monde, au-delà de la couleur, de la nationalité, de la religion, a un caractère universel tendant à rendre l'homme maître de sa vie, maître de la nature, à promouvoir le progrès de cet homme, à permettre la réalisation continue de cet homme à travers l'épanouissement constant de l'ensemble des ses facultés ; c'est la voie par laquelle nous pouvons cultiver l'amour de la justice, de la démocratie, de la liberté, le respect de la dignité, la volonté de progrès. Tout cela constitue l'aspect universel de toute culture.

Mais la langue est aussi un contenant. Dans la mesure où, nécessairement, elle exprime le niveau de qualification atteint par la société, le degré de maîtrise de la nature par l'homme et le Peuple. La langue de culture exprimera aussi en même temps les conquêtes et les aspirations à venir, liant tout à la fois et le passé vécu et le futur à réaliser. La langue est ainsi une forme privilégiée de communication ; c'est tout un langage de la vie à travers tout ce que l'homme signifie pour se faire comprendre de l'homme. La langue est donc un moyen, en tant que véhicule qui transmet les idées. Les idées constituent alors le contenu et la langue le contenant. Ce contenu peut être progressiste ou réactionnaire : les idées d'un exploiteur, d'un homme qui méprise le Peuple, d'un féodal qui se considère supérieur au Peuple, et les idées d'un homme ouvert à la démocratie, se considérant absolument l'égal de tout autre homme, ne sont pas identiques. Mais toutes ces idées, bonnes ou mauvaises, en tant que contenu, peuvent être transmises par la même langue, dans le même pays. Ainsi donc, en tant que moyen, en tant que véhicule, la langue doit être comprise comme un mécanisme à perfectionner afin qu'elle soit à même de traduire toutes les nuances de la pensée, de répondre à toutes les nécessités de communication, donc d'assimiler toutes les nouvelles conquêtes du Peuple. Evidemment, cette politique de développement de la langue est à double tranchant ; elle peut véhiculer les idées aliénant le Peuple comme elle peut mobiliser le Peuple autour des idéaux qui ont toujours retenu son attention. De toutes façons, l'évolution de la pensée étant sans limite, chaque fois que l'homme agit, chaque fois qu'il pense, qu'il approfondit même ce qu'il connaît déjà, il aboutit à une nouvelle conquête. Ici apparaît le rôle culturel majeur de la langue : elle enregistre, communique et pérennise soit les conquêtes de l'homme, aspirant au progrès, soit les valeurs des exploiteurs afin de maintenir l'homme dans le carcan de l'indignité.

Si des pays ont compris la nécessité que représente la promotion de la langue nationale, c'est parce qu'ils ont fait option pour traduire la volonté de progrès de leurs Peuples. Un régime populaire est condamné à privilégier la langue nationale et à la développer, car c'est celle du Peuple. C'est la voie la plus courte pour la communication au sein du Peuple, surtout s'il s'agit de diffuser les idées devant mettre en mouvement le Peuple pour qu'il se réalise davantage. Ce n'est donc pas un choix fait au hasard. En tout cas, un régime qui se veut progressiste est condamné à faire ce choix en toute connaissance de cause. Ou le régime est populaire, donc l'expression authentique du Peuple, et la langue a sa place privilégiée, ou le régime est un régime d'élite qui accepte une évolution pyramidale créant des contradictions entre le sommet et la base, et surtout des contradictions d'intérêts opposant les classes dirigeantes aux classes déshéritées, alors la langue du Peuple ne peut pas être privilégiée. Un tel régime maintiendra, développera même les moyens de mystification dont se servait le colonialisme.

Et pour qu'il y ait une véritable politique linguistique il

faut qu'il y ait **une politique nationale véritable,** une politique populaire, c'est-à-dire que la superstructure qu'est le gouvernement se préoccupe de la vie de l'ensemble du corps social du pays, demeurant ainsi l'expression fidèle de la volonté de ce corps et obéissant à tous les impératifs de l'évolution harmonieuse et dynamique de la société nationale. **Il est impensable que l'on puisse imposer à un gouvernement ce qu'il peut considérer comme contraire à ses intérêts, dans la mesure où ces intérêts ne coïncident pas avec ceux du Peuple.** Ainsi la promotion des Langues africaines n'est pas seulement un problème technique propre aux linguistiques, mais aussi un problème politique, ou en tout cas, une question dont la solution relève de la volonté politique ; elle engage la nature des options des gouvernements africains.

Evidemment dans la recherches des justes solutions à ce problème qui nous préoccupe tous, les techniciens sont le plus souvent en avance sur les gouvernements ; rien de plus exact et de plus naturel ; c'est la fonction qui tend, ici, à créer l'organe.

Les techniciens étant directement en contact avec les problèmes culturels, rien de plus normal qu'ils soient plus rapidement aptes à comprendre la contradiction qui existe entre l'Afrique profonde et réelle qui est celle des Peuples, et l'Afrique irréelle qui est celle des gouvernements.

En dernier ressort, ce ne sont pas les gouvernements qui font la vie, qui créent les langues et les consomment ; ce sont les Peuples. C'est le Peuple qui est partout le référentiel suprême. C'est lui seul qui ne meurt pas ; les gouvernements ont une vie allant de zéro à un terme, alors que la vie du Peuple va de zéro à l'infini.

C'est pourquoi, tous ceux qui comprennent, experts comme hommes politiques avertis, se doivent de s'emparer du problème et de le populariser, d'armer en un mot les masses populaires pour qu'elles soient à même d'exiger leur propre réhabilitation par la valorisation de leurs propres cultures. Cette revendication ne tarderait pas à être assumée par toutes les masses, si nous acceptions de mener le combat politique, car il s'agit bien d'un combat politique. Si donc dans certains pays, les budgets alloués à la promotion des langues sont insuffisants, il manque du matériel, le nombre de cadres est insuffisant, c'est qu'il y a manque de conscience ou de volonté politique. Dans les mêmes pays, on accorde à certains programmes de loisirs, à des choses sans importance et quelquefois nuisibles pour le Peuple, des sommes très élevées. Mais l'Afrique, prenant conscience de cala à travers tous les hommes conscients, à travers certains de ses Etats, pourra de plus en plus mobiliser ses instances, telle que l'OUA, pour qu'elles repensent le problème linguistique et lui trouvent une solution heureuse, celle qui engage l'Afrique dans une voie de développement indépendant. D'ailleurs, un Peuple ne renonce jamais de lui-même à sa propre culture. S'il ne pratique pas sa propre langue, ce n'est pas lui qui renoncerait là de lui-même à l'usage d'un moyen — la langue — qui assure sa survie dans l'histoire ; ce sont les Institutions qui sont responsables d'une telle situation. Conscient de ce qui le rendra esclave ou le maintiendra dans l'irresponsabilité, le Peuple ne peut l'accepter. Ce ne sont pas les drapeaux, les hymnes, les fauteuils laissés vacants par les anciens colonisateurs qui font l'indépendance d'un pays. L'indépendance signifie la responsabilité face à la vie en vue de la construction du devenir heureux de l'homme et du Peuple. Et penser au développement de l'Afrique en dehors de ses propres valeurs culturelles, c'est accepter délibérément de maintenir l'Afrique dans le carcan colonial ou néo-colonial ; en tout cas, dans une situation de dépendance perpétuelele.

Pour une plus active participation du Peuple à l'administration

Il est vrai que tous les textes légaux empruntent les langues des anciennes puissances colonisatrices. Mais ce n'est pas là que réside le véritable problème ; il faut se trourner vers les créateurs et les consommateurs de la langue. En effet, si dans les chantiers, les ateliers, les bureaux, etc, les travailleurs communiquent entre eux dans leurs langues nationales africaines et non dans des langues étrangères, le changement viendra plus rapidement.

C'est que la vie est régie par ces communications incessantes. Ce n'est pas seulement la partie de la communication que l'on codifie sur le papier ; certes, tous les documents sont rédigés en français, en anglais, en portugais, mais la vie se déroule autrement. Nous devons prendre conscience de cette réalité pour écrire nos langues, pour tenir tous nos registres, confectionner nos documents nous-mêmes dans nos langues. Mais pour cela, faut-il abandonner la civilisation d'élite, et s'engager résolument dans une civilisation de masse, parce que, en réalité, la difficulté ne se trouve pas du côté des masses, mais du côté, de tous ceux qui ont été à l'école coloniale. Et l'on sait que le critère de la bonne éducation coloniale était le degré de mépris que l'on affichait à l'égard du Peuple, à l'égard de sa propre famille. Plus on s'élevait dans la structure intellectuelle coloniale, plus on s'éloignait de son propre Peuple. Non seulement on ne parlait pas la même langue avec les parents, mais aussi on ne tenait plus le même langage.

Ainsi, si l'on renonce à une civilisation d'élite pour que l'administration soit vraiment un secteur technique pour la concrétisation, la parfaite réalisation des décisions prises pour et par le Peuple, alors l'administration cessera d'être un appareil de mystification et d'oppression. Elle deviendra un instrument pour une évolution harmonieuse du Peuple, un instrument opératoire, de réhabilitation, la moralité de tous les actes ayant été au préalable définie en fonction de l'intérêt exclusif des masses populaires.

Nos grands-pères et nos pères ont su exprimer toutes les nuances de leurs pensées dans nos langues. Mais nous, nous n'avons pas appris nos langues, nous ne les avons pas pratiquées, nous avons appris et souvent préféré des langues étrangères ; nous avons maîtrisé ces dernières, et nous avons même une certaine fierté à nous exprimer brillamment dans ces langues. Nous devrions faire un retour à nos propres sources ; si nous avons ce courage, le problème sera vite résolu. Ce n'est pas aux masses de faire un pas vers nous, c'est à nous de faire un pas en direction des masses. Et en allant vers les masses, nous ne nous abaissons pas, nous nous élevons au contraire, parce que nous allons vers elles pour acquérir une capacité de grande dimension. En Afrique, un discours qu'on fait actuellement en français, en anglais ou en portugais ne serait compris que par 10 %, 20 %, au plus 30 % des populations, alors que dans chaque pays, en utilisant la langue du Peuple, on se fait plus largement comprendre et même au-delà des frontières de la Nation concernée compte tenu du brassage linguistique en Afrique. Donc, c'est nous qui atteindrions une plus grande dimension dans la communication que nous ferions à l'intention des Peuples d'Afrique dans une langue africaine.

Alors que les enseignants se mettent à l'école du Peuple pour apprendre leurs propres langues nationales ! **Ensuite, qu'ils utilisent l'outillage moderne qu'ils ont pu maîtriser pour, non pas remodeler les langues nationales, mais les compléter avec un apport fécond, et sans complexe.**

Aucune langue n'est parfaite, car il ne se passe pas de jour dans le monde sans que l'humanité ne crée un concept autour d'une nouvelle réalité. C'est le Peuple qui crée, et plus il consomme sa langue, plus il est à même de la perfectionner. Toute langue qui ne se pratique pas, régresse. Donc, si nous-mêmes nous apprenons mieux nos langues, si nous commençons à écrire dans nos langues, à parler nos langues pour pouvoir enseigner dans nos langues, nous ne pourrons qu'accélérer la Révolution indispensable à la repersonnalisation linguistique de l'Afrique.

Une question fondamentale mérite d'être analysée, celle de savoir comment on pourrait faire participer plus activement les populations africaines à la vie de leur administration.

Il faut pour cela que l'administration ait un caractère qui intéresse les masses. Prenons un exemple, celui de la Justice. Ce n'est pas seulement le français, mais des mots latins que l'on trouvait dans le vocabulaire judiciaire ; le Peuple guinéen n'y comprenait rien ! Mais comme nous avons un Parti politique organisé, une ligne politique démocratique et populaire, nous avons interdit à tous les magistrats d'utiliser les codes hérités du système colonial.

Ainsi le Peuple a lui-même discuté et amendé les codes qui régissent sa Justice. Il en est ainsi dans tous les domaines en Guinée. Le Peuple étant souverain, il n'accepte que les projets qui sont conformes à la volonté, sinon il les modifie pour en faire l'expression de la volonté nationale. C'est ainsi que dans toutes les sphères de la vie, nous avons fait une reconversion fondamentale de tous les héritages coloniaux pour les adapter impérativement aux nécessités d'une évolution harmonieuse de notre société qui se veut une société socialiste, qui a fait donc une option très claire. Dans certains cas, il ne s'est pas agi d'une simple reconversion, mais d'un anéantissement de valeurs réputées dangereuses pour le progrès démocratique et social du Peuple.

Alors, pour que les masses populaires, en Afrique, participent, à travers leurs langues à la vie des Services publics, faut-il que l'administration se donne un caractère d'intérêt populaire ! Cela, pour ne pas dire que c'est un problème politique, relevant des démarches qui, nécessairement, passent par une volonté politique. Ici, en Guinée, le Pouvoir révolutionnaire est instauré. Chaque village ou chaque quartier de ville est considéré comme une collectivité responsable. La terre, par exemple, n'appartient à personne, elle appartient au Peuple. Personne ne peut la vendre. Si un citoyen a besoin de milliers d'hectares, il ne paie pas un franc pour l'obtenir. Ils appartiennent au Peuple. Quand il veut valoriser une parcelle non occupée, l'autorisation lui en est donnée gratuitement. Et ce sont les populations, les citoyens du village qui gèrent la terre de leur ressort. Chaque village a son gouvernement. Il n'y a pas de séparation ici entre Etat, Parti et Nation. Il n'y a que précision de l'importance des responsabilités structurelles. Le Parti commande à l'Etat, l'Etat est un instrument technique du Parti. Le Parti, c'est le creuset de la Nation guinéenne où tout le Peuple, sur la base de la légalité, se réunit, se trouve mobilisé et discute de tous les problèmes, sans distinction de sexe, de couleur, ni de religion. Ce qui commande au Parti, ce n'est pas l'Etat, c'est le Peuple qui est, lui, l'incarnation suprême du pouvoir.

Donc, partout, dans chaque village, dans chaque quartier de ville, le Peuple exerce les pouvoirs politique, administratif, législatif, militaire et économique. Dans chaque village, dans chaque quartier urbain, il y a ce gouvernement qui a ses membres.

Il existe un Service local administratif, un Service local des Travaux publics, un Service local des Postes et Télécommunications, un Service local économique, un autre Service local chargé de l'Education et des loisirs, bref toutes les Institutions du Pouvoir Révolutionnaire Central (PRC).

L'organisation de l'Etat est faite, de telle manière que le Peuple s'empare de l'administration de tous les services. Ici, l'Etat commence dans le village. Toutes les structures étatiques existent au village, sur la base d'une parfaite distribution des attributs du pouvoir, dans le village, dans l'Arrondissement, dans la Région ; les organes du pouvoir fonctionnent chacun dans son secteur, et le tout de façon complémentaire et unitaire.

C'est pourquoi, nous disons que c'est selon l'organisation de l'Etat dans le pays, selon l'organisation du Peuple dans un pays, que les rapports entre le Peuple et l'administration sont définis. Ici, en Guinée c'est le Peuple qui commande. Aucune loi ne peut être votée par le Parlement tant que les Comités populaires ne se sont pas prononcés sur le projet de loi.

Cette participation du Peuple aurait été encore plus efficace, plus dynamique et plus significative, si l'instrument de communication dans l'administration était, non pas les langues des colonisateurs, mais celles pratiquées par l'écrasante majorité des Peuples concernés. La Guinée, pour sa part, a voulu résoudre ce problème, ce divorce, en le prenant à la racine. Nous enseignons entièrement toutes les disciplines dans nos langues nationales aux enfants depuis la première année de l'Ecole primaire, jusqu'aux deux premières années du Collège inclusivement. Et, parallèlement, nous alphabétisons les adultes dans nos langues nationales.

Diversité linguistique et cohésion nationale

Nous avons dit et répété que les langues, toutes les langues quelles qu'elles soient, relèvent du génie créateur du Peuple. Un individu ne crée pas une langue ; c'est la nécessité absolue de transmettre un message d'un homme à un autre qui exige l'existence de ce moyen qu'est la langue. Donc, plus il y a de langues, plus il y a de nuances dans la créativité de la Nation concernée. **La langue n'a jamais opposé les hommes, ce sont les intérêts qui opposent les hommes.** Et quand bien même certains utilisent le fait que des hommes parlent des langues différentes pour mener leur lutte d'intérêt matériel, nous devons savoir que ce n'est là qu'un subterfuge. Prenons, par exemple, un véhicule qui est un moyen de communication tout comme la langue. Nous pouvons y mettre un voleur et un honnête homme ; ce n'est pas le véhicule qui va les mettre en désaccord, c'est la nature de leurs caractères qui, se réflètant dans leurs conversations et leurs comportements, engendrera tout de suite l'antagonisme, mais le véhicule, lui, roule tranquillement ! On peut mentir en parlant français, on peut dire aussi la vérité en parlant français. On peut mentir en parlant ouolof, on peut dire aussi la vérité en parlant ouolof ; en parlant haoussa, on peut mentir comme on peut dire la vérité. Ce n'est pas la langue qui crée l'antagonisme entre les hommes ; c'est plutôt leur attitude concrète autour des problèmes qui les concernent. C'est sur la base de l'intérêt que les hommes se trouvent divisés en couches, en classes ; ce n'est pas sur la base de la langue, nous le répétons.

Prenons un autre exemple : la France comptait beaucoup de langues ; chaque province française avait son propre moyen d'expression. Le latin était alors imposé comme langue écrite, langue officielle à l'époque où Rome exerçait son pouvoir politique sur toute l'Europe. Et même quand les hommes de lettres œuvraient au perfectionnement du français, langue nationale, les autres langues des provinces françaises continuaient à se pratiquer et jusqu'aujourd'hui dans certaines provinces telles que la Bretagne, l'Alsace, la Provence, certaines de ces langues se pratiquent encore. Ce n'est pas ce qui divise les Français en Parti Communiste, en Parti Socialiste, en Parti Radical ou en Parti de droite. Les Anglais ainsi que les Allemands se sont battus et sont arrivés, par la conquête du pouvoir politique, à s'affranchir et à valoriser leurs propres cultures nationales. Donc ce sont les intérêts, les conceptions de la vie, le choix du devenir qui déterminent un comportement bien précis de l'homme ou d'un groupe d'hommes face aux problèmes nationaux. La lutte des classes ne concerne pas le contenu de la langue. C'est le langage qui est de classe.

Prenons aussi l'Union Soviétique où il y a plusieurs langues, ce n'est pas le russe seul qui y est parlé. Certes, le russe est enseigné sur toute l'étendue du territoire de l'URSS parce qu'on y a besoin d'une langue qui puisse permettre une communication rapide entre les Etats constituant l'Union Soviétique ; mais dans chaque République, la langue nationale est enseignée ; cela n'a pas été un facteur de division. Prenons également le cas de la Chine. Des dizaines de langues existent en Chine ; cependant ce colosse de près d'un milliard d'habitants, trois fois plus peuplé que toute l'Afrique réunie, constitue un seul Etat avec des dizaines et des dizaines de langues. Prenons d'autres Nations plus petites géographiquement : la Belgique, par exemple, a deux langues, la Suisse en a trois et la Yougoslavie en a aussi plusieurs. Donc la diversité de langues n'a jamais été un facteur de division. L'antagonisme qui existe au sein d'une société, se situe toujours autour du pouvoir, autour des moyens de la vie.

Nous le répétons, **la langue n'a jamais été un facteur de division** : au contraire, chaque langue, en tant que porteuse d'un message qui fait partie du patrimoine d'un pays, est un élément d'enrichissement. La langue participe, en tant que moyen singulier, à l'effort général qui fait la personnalité, l'identité d'un Peuple. Ce qui compte donc le plus, ce n'est pas la langue, c'est le langage ; c'est une question de contenu.

Ainsi, ce qui exacerbe les oppositions tribales, ou ethniques, ce n'est pas la diversité des langues, mais l'opposition d'intérêts entre les hommes. Le manœuvre, qu'il soit de n'importe quelle tribu ou ethnie, quand il participe à une grève, c'est pour obtenir l'amélioration de ses conditions de vie. Que des milliers de manœuvres parlent des langues différentes, qu'importe, leur volonté commune est connue : lutter pour avoir une situation meilleure. Les patrons qui les exploitent peuvent parler aussi des langues différentes, peu importe également l'essentiel est qu'ils sont la force de résistance au progrès normal des travailleurs. Donc les oppositions ont toujours un fondement concret qui relève de la lutte pour le pouvoir, la lutte pour le conquérir et le conserver.

Et comment la République Populaire Révolutionnaire de Guinée a-t-elle résolu ce problème ? La philosophie de notre Parti en matière de langue part du principe **qu'une langue correspond toujours et nécessairement à une vision du monde et à une forme de vie sociale qui finissent par imposer une certaine structure mentale à ceux qui la pratiquent.** C'est pour cela que dans notre pays, la démarche permanente, essentielle dans le processus de réhabilitation culturelle réside dans la restauration et la promotion complète des langues africaines dans leur fonction irremplaçable de langues de culture. Car, il n'y a pas de langue universelle et commune à tous les Peuples. Chaque Peuple est tenu de perfectionner sa ou ses langues.

Fidèle à cette conception et consciente du fait que la langue maternelle est la forme la plus active et le moyen le plus efficace de circulation de l'information dans nos sociétés, la République Populaire Révolutionnaire de Guinée a choisi le plurilinguisme comme trame de fond de sa politique linguistique. Elle a choisi de valoriser toutes ses langues.

C'est en application de ce principe que six langues nationales dominantes sont utilisées à l'école comme moyen de transmission des connaissances scientifiques et techniques aux enfants et comme matière d'enseignement. Le Parti a pris des dispositions pour que toutes les langues soient pratiquées dans toutes les manifestations culturelles.

Le théâtre national se fait, par exemple, dans toutes les langues du pays. Selon les sources d'inspiration d'une pièce de théâtre ou d'une chanson, une langue dominante, démographiquement, est aussi bien utilisée qu'une langue minoritaire ; le plus souvent les deux se complètent dans la même troupe artistique. En Guinée, nul ne peut être engagé dans la fonction publique s'il ne subit pas avec succès une épreuve en langue nationale. Nul ne peut être élu à quelque échelon que ce soit du Parti, s'il n'a pas réussi à son examen en langues du pays.

Cette complémentarité des différentes langues du pays a été rendue possible grâce à un fait social important de la vie de nos populations : le plurilinguisme.

En effet la quasi-totalité des Guinéens sont bilingues ou multilingues. Apprendre et parler une deuxième ou une nième langue ne signifie pas pour le Guinéen rabaissement de soi, abandon total ou partiel de son identité culturelle. Les autres langues sont perçues comme un moyen d'enrichissement de soi, d'enrichissement du patrimoine national. Nous devons faire remarquer que la politique linguistique progressiste en Guinée date de l'ère de la lutte anti-colonialiste. Pour pénétrer les masses, les amener à comprendre la nécessité de se battre pour reconquérir leur dignité, l'on était tenu de s'exprimer dans nos langues quel que soit le sujet, dans les conférences, les meetings ou toute autre séance de travail des organisations syndicales. Cette politique a été si bien suivie que le particularisme en la matière est, depuis très longtemps, dépassé en Guinée. Les idées, les objectifs, mis en relief, en exergue, partout dans les langues des masses, sont toujours approuvés par celles-ci dès lors qu'ils ont trait à leur programme réel d'émancipation économique et sociale.

Cette vision complémentaire des cultures a été rendue possible aussi et surtout grâce à l'éducation du Parti qui, très tôt,a montré la voie juste aux populations en leur indiquant que ce qui était important dans la conquête de l'indépendance et la construction du pays, ce n'était pas le contenant que sont les différentes langues parlées, mais le contenu, c'est à dire le langage se traduisant par une commune volonté de libération du Peuple et d'édification d'une société nouvelle. En effet, certains parlent de la Moyenne-Guinée ou de la Guinée forestière en termes de zones géographiques particulières. Cependant en Moyenne-Guinée où le pular est la langue historique, l'écrasante majorité des populations parle le maninka. En Guinée forestière où l'on parle le kissié, le guerzé, le kpèlè, etc, on peut s'exprimer en maninka et être compris de tous ! Ne parlons pas de la capitale, Conakry, où l'on peut utiliser toutes les langues du pays pour transmettre un message. On ne peut pas dire que la politique du PDG n'a pas atteint ses objectifs dans le domaine de la réhabilitation et de la valorisation des langues du pays.

C'est ce qui explique que toutes les formations politiques existant avant l'indépendance et qui étaient fondées sur des bases tribales, confessionnelles ou autres, aient été refondues dans le même creuset, celui du Parti Démocratique de Guinée qui symbolise et matérialise les aspirations profondes du Peuple. Dès lors, rien d'étonnant à ce que tel cadre du Parti ait été élu député dans une zone différente de sa région d'origine. La Guinée a donc réalisé son unité nationale sur la base des différentes identités culturelles perçues non pas comme des facteurs de division mais plutôt comme des facteurs d'enrichissement et d'épanouissement du patrimoine national. Chez nous, toutes les langues sont enseignées, mais à partir d'un même contenu ; et ici le Peuple est plus riche que nous en nos langues. Tout ce qui se transmet dans nos langues est instantanément mieux compris que ce qui serait transmis en langues étrangères. D'abord on y gagne en efficacité dans la communication ; ensuite, le Peuple pratiquant cette langue, l'enrichissant quotidiennement, continue à améliorer ses formes d'expression : là, ce n'est plus seulement le travail d'une académie de langues enfermée entre quatre murs. C'est tout le Peuple qui, avec un cerveau collectif, un laboratoire collectif, tous les jours, apporte des éléments de perfectionnement de ses langues pour qu'elles expriment encore mieux telle ou telle nuance de sa pensée.

En tous cas, si nous ne développons pas nos langues, ce serait un suicide culturel. En dévoluant à une langue étrangère, le rôle de contenant des messages surtout écrits, les langues de nos Etats sont condamnées à l'extinction, car elles seront en marge de nos réalités. Et comme les langues constituent le principe actif des cultures, notre civilisation est réellement menacée. Chaque fois qu'une langue véhicule des messages d'inégalité, elle relègue les autres au rang de contenant marginal.

On a osé et on ose encore nous parler de langue vernaculaire ; une langue, étiquetée comme telle, est vouée à la mort. Souvent on n'ignore le mécanisme de la fin d'une langue parlée par un Peuple dominé. Au départ, la langue est bien celle de tout le Peuple ; ne sont pas alors nombreux ceux qui parlent la langue de domination ; ensuite, celle-ci se répand à travers l'enseignement et la littérature ; certes, la majorité du Peuple continue à pratiquer ses langues mais celles-ci ne sont pas écrites, codifiées ; alors elles se dégradent. Que Dieu nous aide à faire comme les Tchèques ou les Lithuaniens pour impulser un mouvement contraire à ce processus. Sinon, nous allons perdre notre ou nos identités culturelles en donnant la primauté aux langues étrangères pour des raisons purement économiques, des considérations matérialistes qui tuent l'essence de l'homme.

Intégration linguistique et unité africaine

En mettant ensemble les moyens, moyens humains, moyens financiers et moyens matériels, l'évolution économique et sociale sera davantage dynamisée et c'est l'une des vocations des groupes d'Etats actuellement constitués au sein de l'OUA, tels que la CEDEAO

Comment l'intégration linguistique de nos Etats pourrait-elle favoriser l'unité africaine ou les ensembles régionaux, la CEDEAO par exemple, sur la base des langues communes ?

Il faut d'abord franchir le cap de la volonté politique. L'Europe est en train de se refaire sur des bases de coopération en vue d'une intégration de ses réalités. Cela ne veut pas dire que la France va abandonner sa langue, que la Grande Bretagne va abandonner sa langue, que l'Allemagne également va abandonner la sienne. La diversité linguistique en Europe ne fait qu'enrichir l'Europe. Malgré le caractère très complexe des activités, chacune des langues participe à l'enrichissement des autres langues. On trouvera dans le français beaucoup de concepts d'origine allemande, britannique, espagnole, italienne et même arabe, comme on trouve dans ces autres langues l'apport du français. C'est la vie qui amène ce brassage, et non quelques individus qui le décident entre quatre murs. Les académies ont leur tâche qui consiste à postériori à codifier ce qui est déjà en usage.

Donc, ce qu'il faut d'abord c'est la volonté politique. Si l'Afrique est décidée à faire, au niveau de la CEDEAO par exemple, au niveau de l'Afrique Australe, de l'Afrique Septentrionale, l'unité, sur les plans économique, social, culturel, militaire, financier, monétaire et pourquoi pas, linguistique, elle empruntera les démarches appropriées passant du parallélisme ou du particularisme à l'intégration, et c'est ce qui est une des conditions majeures d'une éclosion de nouvelles réalités, expression commune de la volonté des différents Etats.

Ici, la volonté, c'est de faire les Etats-Unis d'Afrique appelés de tous ses vœux par notre ami et frère, l'Immortel Dr Kwamé N'Krumah, qui avait vu juste. On l'a critiqué ; ceux-là qui nous mettent toujours en retard l'on vivement attaqué. Mais aujourd'hui, de plus en plus, nous nous rendons compte que les Etats-Unis d'Afrique s'imposent, que sur le plan de l'économie, sur le plan de la culture, sur le plan militaire, bref sur tous les plans, les données de nos Nations sont complémentaires. C'est leur association qui confèrerait une plus grande dimension à nos activités pour nous libérer plus rapidement de nos insuffisances et qui nous réhabiliterait plus efficacement à l'échelle mondiale.

Prenons le Sénégal comme exemple. Dans certaines parties du Sénégal, un Bambara parlant bambara est compris tout de suite mieux que s'il parlait français, anglais, ou portugais. Un Malinké parlant maninka est mieux compris, un Peulh parlant pular est mieux compris que s'il parlait portugais, français ou anglais. Il en est de même de la Guinée, du Mali, de la Côte d'Ivoire, bref de chacun de nos pays. La revalorisation, l'utilisation et le développement de nos langues ne nous empêcheront pas de continuer à apprendre les langues européennes, car les besoins de communication ne se limitent pas qu'aux rapports intra-sociaux propres à nos pays. Nous éprouverons toujours le besoin de communication au-delà de la Nation, au-delà du continent. Des Soviétiques, des Français, des Américains, des Britanniques apprennent aujourd'hui le haoussa, le soso, le ouolof, le maninka, le bambara, etc, pour les mêmes nécessités de communication. Mais si nous voulons être nous-mêmes, si nous ne voulons plus être attelés au char d'autrui, si nous voulons jouer un rôle responsable, si nous voulons penser, réfléchir, décider, agir, de nous-mêmes, si nous voulons que, demain, nos enfants, nos petits enfants soient fiers, alors il faut dès aujourd'hui réunir tous les instruments de travail sur le chemin de la nouvelle Afrique pour nous attacher à résoudre un à un les grands problèmes posés à notre continent et dont celui de l'enrichissement de nos langues.

LE DESARMEMENT, UNE EXIGENCE DU DEVELOPPEMENT

Le problème du désarmement est au centre des préoccupations de tous les Peuples du monde et plus particulièrement ceux du Tiers monde. C'est en raison de son importance et du sérieux qu'il requiert, que chacun se doit d'apporter une contribution franche et sincère dans la solution de ce grave danger.

Nous nous bornerons simplement, comme d'autres l'ont déjà fait, à attirer l'attention sur la grave menace que constitue pour toute l'humanité, la course débridée aux armements. Menace ? Il nous semble d'ailleurs que ce n'est même pas le concept exact ! Car nous craignions fort que le mécanisme de l'extermination progressive de l'homme ne soit déjà une réalité tangible et regrettable.

En effet, quel est l'honnête homme qui n'enregistre pas avec une sérieuse inquiétude les conséquences négatives et déjà désastreuses sur plusieurs plans, de cette course effrénée aux dépens de la vie de tous les Peuples du monde ? Il est redoutable qu'il en existe car, si tel est le cas, la lueur interne que Dieu nous a donnée se sera déjà éteinte. Il ne s'agit pas ici d'un problème concernant les seules puissances nucléaires, mais d'un ensemble de préoccupations qui ne doit laisser indifférent aucun homme d'Etat de notre époque.

Comme on le sait, la course aux armements dilapide plus de 6 % du produit interne brut de tous les Etats de notre planète.

Nous affirmons, mais avec une profonde tristesse, que cette dilapidation préjudiciable absorbe, en moyens de destruction de notre planète, au moins le tiers du produit national brut des pays dont je suis un des Représentants, c'est-à-dire celui des pays affligés de graves calamités économiques et sociales. Pourtant, ces pays vivent la famine chronique, l'ignorance, l'insécurité dans le domaine de l'hygiène, de la santé.

Nous parlons ici au nom de 600 millions d'êtres humains crevant de malnutrition. Nous parlerons de 1 milliard 500 millions d'hommes sans abri ou exposés à une pollution de leur cadre de vie, de leur environnement ; nous parlerons du plus du quart des enfants du monde auxquels sont bouchés les chemins de la connaissance et la voie de l'épanouissement.

La conjoncture internationale, à plusieurs égards, est des plus préoccupantes. En effet, qu'il s'agisse de l'Afrique, de l'Amérique Latine, de l'Asie ou du Moyen-Orient, des foyers de tension ont atteint des niveaux qui constituent de véritables menaces pour l'humanité toute entière. Ces foyers de tension se situant généralement tous dans les pays dits du Tiers-Monde, sont alimentés par les industries d'armement pour lesquelles ils constituent de grands marchés pour faire fructifier le commerce des armes.

Le désarmement, s'il intéresse au premier chef les pays industrialisés, ne saurait à aucun moment être leur affaire exclusive. Dans les pays en développement, le grotesque contraste se situe entre les dépenses militaires et les ressources consacrées au développement, à l'éducation, à la santé, à la culture. Pour les raisons dites de sécurité, ces pays dépensent chaque année des millions, voire des milliards de dollars américains pour s'armer.

Ces sommes qui sont versées dans les caisses des industries d'armement servent à acheter des armes qui sont utilisées malheureusement pour nous entre-tuer. Les appétits de domination, d'exploitation et d'oppression des puissances militaristes ont fait que la méfiance est devenue la règle dans les relations internationales.

Nous savons tous que si les stocks d'armes nucléaires que détiennent certains pays peuvent détruire plusieurs fois notre planète, les stocks alimentaires mondiaux sont déficitaires, et des populations affamées sont victimes des maladies de toutes sortes.

Dans un document intitulé la « **Famine en Afrique** », préparé conjointement par l'OUA et l'Organisation pour l'Alimentation et l'Agriculture (FAO), il est fait état de statistiques plus que troublantes. Selon ce document, le taux annuel de la production alimentaire par tête d'habitant baisse constamment. L'on estime qu'environ 50 % de la superficie du continent africain sont couverts par le désert ou par des zones ayant subi la désertification. Chaque année, le Sahara s'étend vers le Sud à un rythme alarmant.

Alors que des centaines de milliers de scientifiques du monde consacrent leurs connaissances à la recherche d'armes toujours plus sophistiquées et plus meurtrières, chaque jour dans les pays en développement, 30 à 40 000 enfants meurent de faim et de maladie.

De nombreuses voix autorisées ont déjà exprimé leur opinion sur ce qu'il faut pour protéger les Etats non nucléaires contre l'utilisation ou la menace d'utilisation d'armes nucléaires ; sur la non prolifération des armes nucléaires ; et l'interdiction des essais d'armes nucléaires, sur des mesures efficaces pour l'interdiction, la mise au point, la fabrication et le stockage de toutes les armes chimiques, et pour leur destruction ; sur l'application de la Déclaration sur la dénucléarisation de l'Afrique ; sur le rapport nécessaire entre Désarmement et Développement, etc...

Il n'est pas exagéré de dire que les quatre années qui se sont écoulées, depuis la première Session extraordinaire de l'ONU consacrée au désarmement, la situation s'est gravement détériorée. En effet, on a pu révéler que les dépenses consacrées aux armements dépassent maintenant le chiffre effarant de 500 milliards de dollars par an.

Le rapport des Experts établit clairement que les dépenses militaires sont parmi les moins rentables des charges supportées par les Etats. Elles accaparent des fonds qui auraient pu servir à soulager la misère, alors que la nature même des dépenses militaires accroit les tensions et l'insécurité. **Ainsi, il devient de plus en plus évident que l'accumulation et la croissance des forces militaires ne constituent pas une solution pour la sécurité des Nations.**

Nous savons tous que, la paix et la sécurité internationale ne peuvent être obtenues que dans une coopération confiante entre les Etâts, dans une atmosphère de liberté pour tous les Peuples et de détente générale dans les relations internationales.

Les négociations globales Nord-Sud restent bloquées et à l'Assemblée Générale des Nations Unies, le débat s'enlise dans la procédure.

Peut-on impunément dilapider des milliards de dollars par an en dépenses d'armement, alors qu'un milliard d'hommes, de femmes et d'enfants ne savent ni lire, ni écrire, et vivent en-dessous du seuil de la pauvreté ?

Peut-on laisser se perpétuer l'incohérence d'un monde où un milliard et demi d'habitants des pays à faible revenu ne mangent pas à leur faim ?

Les Nations du Tiers-Monde souffrent durement de maladies qui ont disparu des pays industrialisés. Le paludisme continue de décimer un grand nombre de personnes et d'affaiblir d'autres, si bien que leur production est réduite. Le trachome est très simple à guérir, mais non traité, il rend la victime aveugle, sa vie devient un fardeau pour elle-même, et elle-même devient un fardeau pour la société. La lèpre fait de ses victimes des rejetés de la société. Le pian, maladie due à une alimentation déficiente, provoque sur le corps de sa victime des plaies qui suppurent, rend le malade incapable de travailler ou de jouer et ne lui laisse quasiment aucun repos. Ces quatre maladies sont de grandes endémies qui imposent au Tiers-Monde un fardeau annuel très lourd en pertes économiques et en souffrances humaines.

Au lieu de faire disparaître ces grandes endémies, c'est plutôt vers la recherche de moyens de destruction massive que les efforts de certaines puissances sont déployés pour faire planer l'incertitude sur l'avenir de la race humaine.

Plus d'un milliard de personnes, vivant avec un revenu inférieur à 150 dollars par an, ont faim, du berceau au tombeau. Elles ne connaissent jamais de leur vie ce qu'est le bonheur !

Dans son rapport « **Nord-Sud, un programme pour la survie** », Monsieur Willy Brandt disait : « un demi pour cent des dépenses militaires mondiales annuelles permettrait de payer tout l'équipement agricole nécessaire pour augmenter la production alimentaire et approcher l'autosuffisance, d'ici 1990 dans les pays à faible revenu et où existe une pénurie alimentaire »

Ce tableau, si sombre, n'est pas, hélas ! une simple vue de l'esprit, mais bien une douloureuse réalité que l'on n'ose pas ou ne veut pas regarder en face.

Qui ! et nous l'avons dit plus haut, ce problème qui fait l'objet de nos préoccupations, ne concerne pas seulement les grandes puissances dites nucléaires ou les candidats au Club des utilisateurs de la technologie de la fission de l'atome à des fins militaires ! Nos pays, en voie de développement, récoltent de façon injuste les retombées de cette perte d'âme qu'est la course débridée aux armements.

Nous affirmons que le développement socio-économique de maints pays en développement est entravé par l'embrigadement qu'ils subissent dans les zones partisanes, alors que les seuls problèmes qui portent sur notre destin apparaissent aux yeux de certains, à notre époque, comme des problèmes de foules affamées ne méritant qu'une faible attention. Or, la terre appartient à toute l'humanité. En effet, qui d'entre nous l'a créée pour être un abri commun à tous les êtres sans distinction d'espèces, de races, de couleurs, ou de toute autre discrimination née du cerveau de cette poussière qu'est chaque homme dans le cosmos ?

Nous affirmons que l'une des causes majeures de la crise économique mondiale, réalité se traduisant dans le caractère inique du commerce international basé sur l'exploitation des pays producteurs de matières premières par les pays industrialisés, est objectivement la véritable industrie de la guerre, celle qui maintient dans le dénuement tragique, dans la faim, la maladie, l'ignorance, bref, dans la misère, des milliards d'êtres humains, tous arbitrairement frustrés du fruit légitime de leur travail.

En effet, il existe encore aujourd'hui de nombreux pays incapables de franchir même l'étape de technologie du simple assemblage et dont le potentiel industriel est grippé à cause du déséquilibre économique qui compromet leur existence quotidienne ; des pays qui, même pas en mesure d'assurer la réalisation de leur modeste programme national, resteront tributaires des technologies militaires étrangères. Et, ici, il ne s'agit guère d'une simple dépendance en sources d'approvisionnement, d'équipement ou de maintenance, car cette dépendance obéit à la règle de la subordination à la politique des pays fournisseurs, si incompatible soit-elle avec les positions ou les valeurs humaines des pays importateurs.

Il est démontré que l'impact de cette course vers le génocide massif organisé ou conduit par cheytane se traduit dans la réalité par la tension dans les rapports entre des Etats voisins, par la création de systèmes belliqueux d'alliance qui perturbent la vie des Nations et par la préparation de terrains de conflits entre les systèmes politiques existants.

Misère et destabilisation, voilà ce que nous coûte l'industrie de la mort, industrie aux produits devenant chaque jour de plus en plus sophistiqués et meurtriers.

Nous n'avons plus besoin de l'avis de quelque spécialiste de polémologie que ce soit pour savoir que le but de la guerre est l'occupation par les puissances industrielles de pays disposant de potentialités économiques. Une fois ces pays occupés, les masses s'insurgent contre les intrusionnistes et, alors, c'est le cycle infernal de la destruction des vies humaines et des biens matériels qui recommence.

Faut-il être frappé de cécité intellectuelle, d'indigence morale pour ignorer les retombées écologiques d'une guerre nucléaire ?

Destabilisation des constantes physiologiques de certains organismes, disparition d'espèces biologiques, anéantissement de la couche gazeuse protectrice de la surface de notre terre, voilà ce que nous coûte la non conscience de l'absolue nécessité de renoncer à la course aux armements.

Qu'est-ce qui menace la paix en réalité ? C'est la pratique du colonialisme, du racisme et de l'apartheid, l'hégémonisme, la banalisation du sort des Peuples dits matériellement démunis, le mépris total de ces Peuples, la désobéissance aux lois internationales garantissant le droit de chaque Peuple à la paix, à la sécurité et au progrès.

Malheureusement, et c'est là une réalité, les ressources que des pays amis destinent à l'Afrique pour l'aider à sortir du sous-développement sont le plus souvent affectées par ses dirigeants à l'augmentation de leur potentiel militaire. Pour se défendre contre qui ?

L'instabilité provoquée, soit par les marchands d'armes, soit par la contradiction entre lès Gouvernements et leurs Peuples, caractérise en permanence la vie de maints Etats.

Les pays africains et asiatiques ne sont pas atteints, comme on le prétend, d'une paresse congénitale ! Nos pays connaissent, en réalité dans leur production, une effective augmentation de revenus par tête d'habitant, mais cette augmentation est inconsidérément engloutie dans la recherche criminelle des moyens militaires. Il faut se dire la vérité ! Nous ne voulons plus être considérés comme des Peuples marginaux commis au travail d'enrichissement des autres, alors que nous constatons et subissons la baisse constante de notre niveau de vie. **Nous, pays en voie de développement, nous parlons de l'institution d'un nouvel ordre économique international que nous réclamons à toute occasion.**

Mais, comment instaurer ce nouvel ordre économique international si les retombées et implications des investissements des pays développés ne nous permettent pas de régler notre cadence de développement, surtout agricole ; si nos programmes nationaux sont faussés par des trous alimentaires, par un endettement commercial qui défie le bon sens, par la contagion du désordre monétaire et ses conséquences comme l'aggravation du chômage, parce que les revenus additionnels sont consacrés, paradoxalement, à l'acquisition de moyens militaires dont la technologie connaît, il faut le souligner, des changements rapides.

Oui, nos économies nationales sont fragiles pour des raisons historiques évidentes qui n'échappent à personne ! Mais elles le deviennent davantage à cause du souci qu'ont les grandes puissances de stabiliser des régimes qui consacrent à des dépenses militaires, des sommes qui devraient servir à élever le niveau de vie des populations.

— Des pays cherchent, légitimement, à sauvegarder et consolider leur indépendance. La riposte à une agression est bien légitime, mais est-il démontré entièrement que la capacité de riposte est plus liée à la possession des armes qu'à la nature ou à la qualité des systèmes politiques et sociaux instaurés ?

— Des dirigeants estiment que l'harmonie entre eux et leur Peuple ne peut être obtenue qu'en se bardant d'armes sophistiquées. Mais, qui les empêche d'instaurer des régimes démocratiques ? Qui les empêche d'incarner les nobles aspirations de leur Peuple et d'œuvrer à l'harmonie sociale par la justice ?

— Il naît aussi des appétits de digestion de portions de territoire conduisant à des hostilités très graves.

— Enfin, il faut reconnaître que les inféodations aux différents blocs autorisent le recours à des puissances par des Etats qui, cependant, sont membres du Mouvement des pays Non-Alignés, au point de faire de ce Mouvement un bloc sans initiative, obéissant à la volonté de forces étrangères à son objectif, à savoir, sauver coûte que coûte l'humanité des affrontements qui pourraient aboutir à son anéantissement, garantir la paix et œuvrer au progrès de toutes les Nations du monde.

Que faire alors ? Considérer notre terre comme une portion de l'univers nous appartenant à tous sans exception, une portion à édifier, à développer et à embellir. Ils ne sont pas présents aujourd'hui, **Einstein et Fermi.** Mais, ils auraient, sans aucun doute, tenu le même langage. Des spécialistes s'évertuent à nous convaincre que les transformations de guerres locales en conflagration thermonucléaire peuvent être conjurées.

Ce sont les puissances qui possèdent la technologie militaire, qui filent aux pays non instruits du danger que court notre planète les hameçons de sa perdition. Résultats : les guerres locales, prétendues contrôlables, conduisent objectivement nos Peuples à des affrontements généralisés. Oui, des affrontements généralisés, car certains ont intérêt à ce que nos pays s'alignent sur eux et selon leur volonté. Et qu'est-ce que nos pays pauvres tirent de cette situation ? Une tension dangereuse des relations internationales qui les détourne de leur objectif de lutte contre le sous-développement, instaure le doute sur la sincérité des rapports entre les Etats.

Faut-il que l'homme soit ennemi de l'homme au point de ne pas comprendre que les arsenaux créés par lui soient les moyens de sa propre disparition sinon de sa disqualification morale ?

Nous sommes allés jusqu'à créer des concepts qui jurent avec la faculté exceptionnelle que Dieu nous a donnée : la capacité d'analyse, la capacité d'appréhender l'univers. On parle aujourd'hui de l'équilibre de la terreur, de force de dissuassion ! On parle d'égalité dans la riposte contre tel ou tel pays ! On parle même d'armes « intelligentes » ! L'homme serait-il en train de perdre confiance en lui-même, de se rebeller contre Dieu en œuvrant à l'anéantissement de ses créatures humaines, en s'engageant dans la voie du mal, celle qui aboutit à « l'animalisation » de l'homme ?

Une guerre, bien que localisée dans une zone géographique du monde, a toujours une portée universelle. Elle est un phénomène de rupture de la paix et de la sécurité qui demeurent, par essence, des valeurs indivisibles. Elle perturbe les relations internationales des pays belligérants. Elle est toujours un fait dominant dans l'actualité qui divise, par les commentaires contradictoires qui l'entourent, l'opinion mondiale.

La guerre fait ravage au Moyen-Orient, en Afrique, en Amérique Latine, en Asie.

Le Liban est agressé par Israël, l'Angola par la République Sud-Africaine.

En Namibie, au Sahara Occidental, au Tchad, en Afghanistan, aux Malouines, au Salvador, etc., le feu n'est pas éteint. Des vies humaines et des biens matériels sont détruits. La violence se perpétue et compromet la vie de l'homme et le bonheur de la société.

Les Instances internationales demeurent indifférentes ou impuissantes. Elles n'arrivent pas à imposer la paix et l'ordre international.

Le malheur des uns fait-il le bonheur des autres ?

La sensibilité humaine, cette faculté essentielle de l'homme décroît-elle précisément au moment où la science permet à l'homme de conquérir la lune et de dominer les océans ?

L'Assemblée Générale des Nations-Unies et le Conseil de Sécurité se doivent d'agir résolument au nom des Peuples et des Etats, en vue d'arrêter le génocide qui se pratique actuellement, de bannir définitivement le langage de la force arbitraire et d'œuvrer au progrès de la liberté, de la paix, de la fraternité et de la coopération, seules capables de favoriser la solidarité et l'interdépendance des Peuples du monde.

En tant que 1er Vice-Président de l'organisation de la Conférence Islamique et Président du Comité Islamique de Paix, nous saluons le cessez-le-feu observé sur le front du conflit fratricide Irako-Iranien et espérons que la paix et la coopération amicale assureront l'harmonie dans les rapports entre les deux pays, l'Irak et l'Iran.

Nous souhaitons que les Instances internationales œuvrent dynamiquement à l'arrêt de la guerre au Liban et au règlement global des situations conflictuelles opposant l'Etat d'Israël aux autres Etats du Moyen-Orient.

Nous espérons que l'OUA, qui vit présentement une crise interne bloquant son fonctionnement, fera preuve de majorité politique pour consolider ses bases, affermir la confiance mutuelle entre les Etats membres et résoudre pacifiquement les conflits au Sahara Occidental et au Tchad.

Nul doute que le Peuple namibien accèdera bientôt à son indépendance nationale et à la pleine souveraineté sur le sol de sa Patrie.

Nous sommes convaincu que la République Sud-Africaine, en bannissant radicalement sa politique raciste, en réhabilitant l'homme, quelle que soit la couleur de sa peau, pourra se réconcilier avec l'Afrique et le monde démocratique et jouer, de ce fait, un jour, un rôle positif dans l'évolution économique du Continent africain.

Le désarmement est en rapport avec tous ces problèmes de liberté, d'indépendance, de bon voisinage, de coopération et de développement solidaire des Nations.

Nous nous en voudrions de passer pour un métaphysicien, mais qu'on veuille bien nous permettre d'affirmer que notre époque, quand on songe, un tant soit peu, aux stocks d'armes de destruction de notre civilisation, de notre planète, devient de plus en plus celle d'une inversion majeure de finalités : l'homme devenant incapable de maîtriser sa propre création, c'est-à-dire les moyens avec lesquels il a réussi à vaincre les éléments de la nature ; l'homme devenant ennemi de l'homme ; la trompeuse recherche du mieux-être aboutissant au pis-être, à la destruction de la raison.

Le règne de la force matérielle déshumanise et disqualifie l'homme ! Seul le règne de l'esprit de vérité, de justice et de solidarité sociales permet l'épanouissement de l'homme qui est essentiellement un être social, un être de conscience, un être de raison !

Il est temps que la différence ne soit plus la négation de l'identité ou de la communauté ! La communauté humaine, au-delà de l'infinie diversité de couleurs, de races, de régimes sociaux, doit être une entité unie, libre, solidaire et prospère grâce à la contribution positive de tous les Peuples, unis dans la co-responsabilité de la défense de la paix.

Les Etats dits nantis n'ont pas seulement réussi à entraîner de nombreux pays en développement dans la frénétique course aux armements à laquelle ils se livrent. Ils ont aussi réussi une prouesse idéologique et politique en faisant admettre cette course comme une des composantes de « l'équilibre du monde », créant ainsi une véritable fièvre des armes sophistiquées, chaque pays tenant à enrichir son arsenal de guerre d'armes de plus en plus « dissuasives », entendons, de plus en plus meurtrières.

Dans ce cercle vicieux où chaque Etat ne semble s'intéresser qu'à sa survie, on aboutit curieusement à une accumulation des conditions les plus favorables au déclenchement et à la prolifération des guerres locales dont les conséquences sur nos pays sont, à tous points de vue, catastrophiques.

Quel est, cet équilibre du monde où la sécurité des Etats est des plus précaires ? Quel est cet équilibre qui repose sur un amoncellement inquiétant d'armes de plus en plus meurtrières, d'armes qui visent à transformer les Peuples de notre planète en un gigantesque holocauste ? Paradoxalement, plus nous sommes sûrs de nous anéantir, plus nous sommes en sécurité ! C'est à croire que l'humanité est en train de perdre la raison.

Voici que les rapports internationaux sont dangereusement pollués par l'esprit du mal, par la course aux armements.

Nous sommes tellement mutilés par ce phénomène, que des dirigeants ne peuvent même plus recourir au moyen suprême, et qui est à notre portée pourtant, de résoudre efficacement les problèmes les plus graves qui puissent se poser aux Peuples : le recours au dialogue, la recherche de solutions pacifiques dans la sérénité, l'amour de l'homme par la sauvegarde de la vie et le choix conscient du juste, de l'utile et du beau.

Ne sont-ce pas d'ailleurs ces nobles buts qui ont présidé à la création de l'Organisation des Nations-Unies après la deuxième guerre mondiale ?

Des spécialistes de l'économie, se donnant bonne conscience, cherchent à nous sécuriser en appelant nos pays : « pays en voie de développement ». Mais, nous sommes en réalité des pays qui s'appauvrissent de jour en jour, car l'une des causes majeures de l'écart croissant entre nos pays et les pays développés réside dans le fait de consacrer des ressources énormes à la création d'arsenaux nucléaires, aux essais de nouvelles armes, même à leur expérimentation en des guerres locales de destruction de vies humaines et de biens matériels.

Nous ne croyons pas excéder les limites du raisonnable en disant que le matérialisme nu, inhumain, a tellement rongé l'homme que ce dernier en arrive à parler d'armes conventionnelles. Peut-on prouver qu'il est logique que les Peuples se réunissent pour se mettre d'accord sur la manière de s'exterminer un jour, et avant de se faire la guerre ! Il s'agit là d'un langage étrange ! Pour nous, c'est une aberration, une supercherie, voire de la criminalité.

Malheureusement, la mentalité de guerre ou la philosophie de guerre qui justifie la primauté de la force sur le droit domine dans le comportement des Etats et des hommes. La presse, le cinéma, font circuler les éléments qui intoxiquent quotidiennement les esprits, les poussent, voire les encouragent à la violence, à l'agression, au mépris des faibles, bref à l'injustice sociale.

Pour les partisans et défenseurs de la course aux armements, la grandeur d'un Etat est fonction de sa puissance meurtrière, du degré de nocivité de ses moyens et non de la justesse de son attitude face aux problèmes internationaux et à la noblesse de ses idées !

Quel dommage pour l'humanité qui souffre inutilement des méfaits d'une telle réalité en rupture avec la morale internationale !

Nous assistons à la recherche de la sécurité grâce aux armements plutôt que dans une coopération internationale, en vue de satisfaire les besoins essentiels de nos sociétés.

Les grandes puissances doivent mettre un terme à cette course, s'engager résolument sur la vraie voie du désarmement, sur la voie de l'utilisation efficace des technologies à des fins pacifiques et pour le développement socio-économique des Peuples, de tous les Peuples et ce, sans hésitation ni égoïsme.

Tous les Peuples, et notamment les Peuples d'Afrique et du Tiers-Monde, ont besoin plus que quiconque de paix et de désarmement, et fondent leurs espoirs sur la communauté internationale. Déjà, lors de la XIVe Session ordinaire de l'Assemblée Générale des Nations Unies, nous disions solennellement : « **Le Désarmement intéresse au premier plan le continent africain. Nos Etats jeunes et non développés ont un besoin vital de paix pour faire face aux nombreux problèmes qui les assaillent. Nous avons le lourd héritage de plusieurs siècles de colonisation à liquider. Nous sommes obligés de mobiliser, à cette fin, toutes nos ressources car, de façon impérieuse, nos populations ont plus que jamais soif de liberté et aspirent légitimement à une vie meilleure** ».

Les Peuples ne sont pas tous nantis des mêmes richesses. Les hommes n'ont pas les mêmes acquis, les mêmes capacités. Même deux jumeaux dits parfaits, sont différents l'un de l'autre, s'ils grandissent dans des conditions économiques et socio-culturelles différentes. Nous respectons chez chaque homme ce qui promouvoit le libre arbitre. Pour nous, chaque Peuple doit se sentir responsable. Nous ne voulons être clients de personne, en dehors du domaine commercial où il y a fournisseurs et clients ! Sur le plan de la coopération, nous voulons être des partenaires égaux. Et c'est pourquoi, nous sommes non-alignés et nous le resterons, car notre objectif, c'est d'abord consolider l'indépendance de notre pays, sortir notre Peuple du sous-développement, aider l'Afrique à se libérer, à s'unifier sur la base de la dignité et à venir au rendez-vous international sur une base d'utilité et non comme charge pour les autres. Nous ne parlons pas de Non-Alignement en terme de propagande. C'est une réalité que nous vivons. Et c'est pourquoi, la coopération, nous la mènerons et la pratiquerons avec tous ceux qui veulent coopérer avec nous sur la base du respect mutuel, sur la base de la co-responsabilité et en conformité avec la loi internationale, l'éthique universelle, à savoir : le triomphe du bien sur le mal.

Il est temps que l'homme tente de ne plus oublier l'homme sur le chemin du progrès.

L'Union Soviétique propose une suspension du déploiement de nouvelles générations de missiles atomiques. Les Etats-Unis d'Amérique, de leur côté, sont disposés à accepter des discussions sur la diminution des armes nucléaires.

Nous les encourageons sincèrement dans cette voie. Nous les encourageons à ne pas mettre leur technologie nucléaire au service du mal, de ne l'utiliser qu'à des fins pacifiques dûment contrôlées, pour éviter les possibilités de reconversion à des fins de guerre.

Il y a aussi une vérité que nous devons retenir : la menace du danger du recours aux armes nucléaires ne peut en aucune façon concerner les seuls pays qui en disposent. Cette terre appartient à nous tous. Les pays dont nous sommes un des Représentants sont, certes, pauvres, mais rien ne prouve que nous ne possédons pas d'arguments moraux, de ressources éthiques pour indiquer les voies de sauvegarde de notre humanité.

Les Peuples matériellement sous-développés ou plutôt non développés sont bien développés au plan moral. Ils possèdent de grandes valeurs spirituelles et une grande puissance morale qu'ils mettent au service du progrès de l'humanité entière.

Le concept de civilisation, celui du développement impliquent un état de conscience socio-humaine et non une conquête de biens matériels n'importe comment !

Le bonheur de l'homme, le développement du Peuple doivent refléter un équilibre interne et externe permanent et croissant.

La vie de l'homme est de courte durée, agissons tous ensemble pour qu'elle se déroule dans la liberté de l'être, dans la paix sociale et dans la dignité.

Agissons pour supprimer les causes de l'angoisse et affermir en chaque homme et en chaque Peuple la confiance et l'espérance devant l'avenir du monde !

Nous disons en prenant au mot cette réflexion d'un philosophe allemand du XIXe siècle : « **Chacun de nous est, le tout des êtres raisonnables.** »

L'armement de certains pays est une triste réalité de notre monde ; l'humanité se doit donc de « faire peau neuve » en œuvrant à la transformation positive et radicale de cette réalité par l'arrêt de la course aux armements, d'une part, et d'autre part, par la reconversion des stocks existants en biens matériels utilisables pour le progrès transcroissant et le bien-être des Peuples, de tous les Peuples, qu'ils soient blancs, jaunes ou noirs.

ANNEXE

DONNEES ECONOMIQUES DE LA REPUBLIQUE POPULAIRE REVOLUTIONNAIRE DE GUINEE

DEVELOPPEMENT AGRICOLE ET APERÇU SUR L'ELEVAGE

En République Populaire Révolutionnaire de Guinée, on distingue une diversité de conditions et de ressources naturelles.

En plus, 74 % de la population tirent leur revenu des activités rurales.

Ce qui explique la priorité accordée au développement rural dans la politique du développement général élaboré par le Parti-Etat.

A cet effet, une stratégie de développement agro-pastorale a été adoptée en choisissant ce secteur comme point d'appui du développement économique national.

Donc, la stratégie que s'est fixée le Parti-Etat pour atteindre cet objectif est la suivante :

— Utilisation maximum des moyens de production

— Intensification et diversification de l'agriculture, l'élevage, la pêche, la sylviculture.

— Création des Fermes Agro-Pastorales d'Arrondissement (FAPA).

La FAPA est une Coopérative Agricole autonome qui doit utiliser toutes les ressources des technologies culturales modernes pour promouvoir une production végétale et animale performante et entraîner toute la paysannerie dans la modernisation de l'agriculture et d'une façon plus générale, de la vie matérielle à la campagne.

Cette entreprise consistant à envoyer les jeunes diplômés à la campagne pour s'installer à leur propre compte, est unique en Afrique. Nous sommes convaincus que si nous la rationalisons de plus en plus et persévérons dans cette voie, d'ici quelque cinq ans, c'est un véritable bond qualitatif que nous ferons dans le domaine de l'agriculture, de l'élevage, de la pêche et de la pisciculture induisant un profond développement socio-économique dans le monde rural.

L'on comprend dès lors notre insistance à demander à tous ceux qui veulent nous aider dans le domaine de la production végétale et animale, et dans celui, plus vaste, de la promotion paysanne, de nous soutenir dans cette entreprise de développement et de qualification de ces Coopératives Agricoles : les FAPA.

Les moyens choisis pour réaliser la stratégie ainsi définie passent par les programmes suivants :

— programmes à court terme qui englobent des projets et actions agricoles visant à développer les cultures vivrières pour assurer l'autosuffisance alimentaire du pays.

La priorité sera donnée dans cette première phase à la riziculture qui sera suivie d'une augmentation qualitative et quantitative des autres cultures vivrières au niveau des producteurs.

Pour une exécution correcte de ce programme, deux types d'organisation sont mis en place :

— Création des coopératives agricoles (FAPA)

— Des actions ponctuelles sous forme de développement rural intégré représenté par

1. ONADER, Opération Nationale pour le Développement de la Riziculture

2. ORS, Opération Riz Siguiri

3. Développement Agricole de Kankan
5. SOAGRI, Société Agricole de Guinée

— **Programmes à moyen et long termes.**

Ce sont des actions qui visent la production et la transformation des produits agricoles en vue d'une consommation intérieure et d'une exportation, source de revenus en devises.

S'inscrivent dans ce cadre, les projets ci-après :

1. AGROGUINEE
2. Unité de Production et de Transformation des Fruits de Guinée.

L'analyse de la structure organisationnelle ci-dessus indique que l'agriculture guinéenne est axée sur la création et le développement de deux types de projets.

A. — PROJETS VISANT L'AUTOSUFFISANCE ALIMENTAIRE

Ces projets visent à atteindre au plus tôt l'autosuffisance alimentaire par l'introduction d'une riziculture rentable. Ils portent essentiellement sur ce qui suit :

1. Améliorer les rizières existantes au point de vue infrastructure pour obtenir deux ou trois récoltes par an

2. Accroître les rendements des cultures en utilisant des techniques d'irrigation de drainage avec une bonne application de fumure et en introduisant des variétés à haut rendement en exploitation agricole mécanisée.

3. Installer un centre de vulgarisation dont les activités seraient :

a) formuler une méthode de riziculture mécanisée appropriée
b) exécuter des essais de cultures
c) exécuter la multiplication des semences pour l'obtention de lignées pures
d) formation intense du personnel chargé de l'exécution, et des producteurs de la zone du projet

I. — Projet ONADER (Opération Nationale pour le Développement de la Riziculture)

Ce projet a pour objectif la mise au point de recherche des variétés et des méthodes culturales pour le riz irrigué, le riz pluvial et la production du riz.

Il comprend deux volets :

1. **Opération riz Gueckédou** qui consiste à l'aménagement en régie de 700 hectares de bas-fonds et de 360 ha de plateaux en vue d'une production annuelle de 9 387 tonnes par an. Ce projet aura pour conséquence le relèvement du niveau de vie de 2 700 familles rurales et la qualification de 15 institutions nationales qui sont 3 Fermes Agro-Pastorales d'Arrondissement (FAPA) et 12 Fermes agricoles autonomes.

2. **Création de 4 Stations de Recherche** pour couvrir toutes les zones rizicoles du pays.

Le coût total du projet s'élève à 392 000 000 de sylis se répartissant comme suit :

a) Investissement	272 000 000 sylis
b) Fonctionnement	120 000 00 "

Le coût extérieur en devises étant estimé à 302 700 000 sylis et le coût local à 89 300 000 sylis.

II. Projet ORS (Opération Riz Siguiri)

Ce projet d'une superficie de 6 820 ha vise essentiellement la production du riz pour une autosuffisance alimentaire et le développement économique et social d'une région encore enclavée malgré son énorme potentiel économique et humain.

Il s'agit en fait de l'aménagement de 7 terrasses et de 8 cuvettes alluviales ainsi qu'en des actions d'accompagnement (encadrement et santé).

Le coût total du projet étant estimé à 633 000 000 de sylis réparti comme suit :

— coût extérieur	409 400 000 sylis
— coût local	223 600 000 sylis

III. Développement Agricole de Kankan

Le projet vise à l'instauration d'une riziculture rentable sur 5 600 ha devant produire 44 800 tonnes par an. Le site du projet est localisé dans la région de Kankan. Les 5 600 ha sont répartis en 8 périmètres représentant tantôt des rizières à réaménager tantôt des terres à équiper.

le projet comporte les études détaillées, l'approvisionnement et la construction des insfrastructures ainsi que l'exploitation des terres et la gestion de la production rizicole.

Le coût total s'élève à	171 000 000 dollars
Financement extérieur	85 100 000 dollars
Financement national	1 705 480 000 sylis

IV. — Projet SAPAL (Société Agro-Pastorale de Légumes)

Le projet consiste à la mise en place et à l'exploitation d'une ferme agro-pastorale de 6 000 ha dans la cadre d'un programme de développement économique harmonisé.

L'exploitation des 6 000 ha se répartit en cultures vivrières, légumières et fouragères. A cela s'ajoute l'élevage de 500 têtes de bovins.

Le coût global des investissements s'élève à 10 000 000 de dollars.

V. — SOAGRI (Société Agricole de Guinée)

Cette société a pour objectif la production de 50 000 tonnes de riz par an et 300 000 tonnes de soja par an. La production de soja sera destinée à la transformation en huile et en tourteaux.

Cette action a une double vocation :

— combler d'une part le déficit alimentaire et d'autre part permettre au pays l'acquisition de devises.

Le coût du projet est de 56 millions de dollars dans sa première phase.

VI. — Ferme semencière

Ce projet vise non seulement à étayer les projets cités plus haut dans le cadre de la fourniture des semences sélectionnées, mais corrélativement contribuer à l'accroissement de la production vivrière. Elle a pour objectif la production de 2 380 tonnes de semences diverses et de 650 000 boutures de manioc par an.

Le coût du projet s'élève à 10 900 000 dollars et 40 000 000 millions de sylis.

B. — LES PROJETS VISANT L'AUTOSUFFISANCE ALIMENTAIRE ET L'EXPORTATION

Ces projets sont surtout axés sur les cultures pérennes, sources de matières premières pour les industries de transformation. Ils portent essentiellement sur :

1. AGROGUINEE

Le projet a pour but la création de grandes plantations de cultures industrielles et de cultures d'exportation et leur valorisation industrielle par des unités intégrées. De manière concomittante il procédera à la vulgarisation de nouvelles techniques agricoles au niveau des paysans.

Production escomptée :

Palmier à huile : huile de palme	49 500 t
Huile de palmiste	4 500 t
Tourteau de palmiste	5 200 t
Hévéa =	15 750 t
Café =	7 200 t
Cacao =	24 000 t

Le coût du projet s'élève à =

Palmier à huile =	100 000 000 de dollars et 600 000 000 de sylis
Cacao =	44 000 000 de dollars et 320 000 000 de sylis
Café =	38 000 000 de dollars
Hévéa =	55 000 000 de dollars et 600 000 000 de sylis
soit un total de	237 000 000 de dollars

2. — **Projet de production et de conservation des fruits et légumes.**

Le projet a pour but de résorber le surplus de production de fruits d'une part, et d'autre part assurer la production d'un supplément de légumes destiné à l'exprotation.

La production annuelle attendue est :

Ananas =	2 961 tonnes
Tomates =	2 380 tonnes
Arachides =	90,9 tonnes
Haricot =	45,4 tonnes
Niébé =	45,4 tonnes

Volet industriel

Quatre chaînes de production

Agrumes capacité 1,2 t — 1,5 t/h en jus

Mangues capacité 0,5 t — 0,6 t/h en nectar

Tomate capacité 1,2 t — 1,5t/h en concentré

Ananas capacité 1,5 t en débit et jus.

Le coût total du projet s'élève à 174 238 100 sylis dont 126 704 600 sylis en devises étrangères et 47 533 500 sylis en monnaie locale.

Ressources forestières

La République Populaire Révolutionnaire de Guinée dispose d'un potentiel considérable de bois à tout usage. Ce potentiel est constitué par 130 000 Km2 de forêts naturelles et par 40 Km2 de forêts artificielles avec possibilité d'extension considérable et de production ligneuse à haut rendement.

Les essences les plus importantes sont :

iroko, samba, fraké, framiré, acajou, lingué, caïcédrat, sau rouge, etc.

Ces essences sont réparties pour l'essentiel dans les régions ci-après :

Kissidougou

— Bambaya = 300 ha

— Sellykoré = 2 300 ha
— Ouladin = 1 500 ha
— Ilots divers = 900 ha

Gueckédou

— Sangalabedou = 150 ha
— Kolumbia = 1 250 ha
— Ilots divers = 1 650 ha

Macenta

— Colline de Macenta = 112 300 ha
— Ziama = 16 850 ha

N'Zérékoré

— Diéké = 68 000 ha
— Béro, Gama, Lainé = 112 000 ha
— Ilots divers = 22 000 ha

En conséquence, la forêt guinéenne nécessite d'être reconsidérée sous l'optique de sa réelle valeur économique protectrice du milieu et régularisatrice du régime des eaux.

Aperçu sur l'élevage en Guinée

La Guinée compte 1 500 000 bovins, uniquement de race n'dama trypano- tolérante, très adaptée aux conditions climatiques des zones humides de l'Afrique de l'Ouest et Centrale, d'où une demande accrue de géniteurs par différents pays de la zone.

Elle compte également 1 300 000 ovins et caprins. Toutes les Régions de la Guinée se prêtent plus ou moins à l'élevage.

REGIONS NAT.	BOVINS	OVINS-CAPRINS	PORCINS
Basse Guinée	20 %	11 %	10 %
Moyenne Guinée	47 %	51 %	1 %
Haute Guinée	25 %	21 %	3 %
Guinée Forestière	10 %	17 %	80 %

Le mode d'élevage est extensif et les animaux dont l'alimentation est essentiellement basée sur les pâturages ont une productivité faible, d'autant plus que les maladies (parasitoses surtout) contribuent à réduire les productions.

Production estimée :

• Viande et œufs : 26 500 tonnes environ, soit 5,5 kg/hbt/an.

• Lait : 28 000 tonnes environ, soit 6l/hbt/an.

Orientation politique du gouvernement en matière d'élevage :

Objectifs de base :

— Amélioration du revenu et du niveau de vie des éleveurs.

— Meilleur approvisionnement des centres urbains en viande, lait, œufs

— Fourniture à l'agriculture des bœufs de labour et du fumier

— Création d'une source de devises à travers les exportations de géniteurs.

Pour atteindre ces objectifs, le Gouvernement a conçu des projets qui portent sur l'exploitation de toutes les espèces animales, notamment sur celles qui permettent en un temps relativement court d'améliorer l'alimentation protéique des populations.

Aviculture

Désignation et localisation du projet

Création de Centres Nationaux d'Aviculture à Mamou, Coyah et Kankan.

Justification du projet

L'aviculture est le moyen le plus rapide d'accroître la production de protéines. Les lieux d'implantation des centres présentent l'avantage d'être des marchés sûrs pour l'écoulement des produits.

Objectifs du projet

Production de poulets de chair et d'œufs de consommation pour le ravitaillement des centres urbains : 3 000 000 d'œufs et 150 000 poulets par an.

Situation actuelle du projet

Etude de préfactibilité par la société DANAGRO de Danemark.

Description du projet

Il s'agira d'un élevage au sol. Les poulets de chair seront vendus à l'âge de 8 à 10 semaines. Une chambre froide permettrait la conservation des œufs.

Environnement socio-écologique

Si les aliments sont produits ailleurs que sur place, il faudrait craindre des ruptures de stocks lorsque les moyens de transport manqueraient. Pour y remédier, il faudrait produire les céréales sur place (60 % des aliments) et autant que possible créer une unité de fabrique d'aliments composés (ou alors établir un programme et s'assurer de l'approvisionnement régulier, à partir de l'usine d'aliments la plus proche).

Impact du projet : Le projet permettrait à court terme :
— l'accroissement de la production d'œufs et de viande
— la vulgarisation de l'élevage avicole intensif
— la qualification du personnel.

Financement du projet : Emprunts

Devises :	420 000 000 sylis
Monnaie nationale :	180 000 000 sylis
Coût total :	600 000 000 sylis

Cadre institutionnel et Statut

Tutelle : Ministère de l'Elevage et de la Pêche

Statut : Non encore défini (mais la Société d'Economie Mixte est préférable).

Nature et coût estimé de l'aide attendue (Prêt)

L'assistance technique est nécessaire pour la gestion (Société d'Economie Mixte), la formation et le perfectionnement.

Concours financier à la réalisation : Prêt

Les sites choisis ne sont pas enclavés.

Ranch de Boké

Titre : Ranch d'embouchage et d'élevage

Objectifs :

— Production de viande pour les besoins locaux et du marché extérieur

— Production de géniteurs pour l'amélioration de la race bovine locale et pour l'exportation vers les pays de la zone humide de l'Afrique Occidentale et Centrale.

Justification : Ce projet est l'une des actions prioritaires de notre Plan quinquennal de Développement Economique et Social pour réduire et plus tard éliminer la carence en protéines animales. Le système actuel de commercialisation du bétail et de la viande (ENCOBE) agit négativement sur l'évolution de notre cheptel. C'est pour remédier aux conséquences néfastes de ce système et d'autre part satisfaire les multiples demandes de géniteurs N'Dama trypano-tolérants des pays en zone humide de l'Afrique que la création d'un ranch d'embouche en société mixte s'avère nécessaire.

Lieu d'implantation : Nord-Est des plaines côtières de la Région de Boké.

Description : Le Ranch aura une superficie de 100 000 ha et produira 65 000 têtes de bovins par an et 10 000 ovins et caprins par an.

Exécution : Le projet sera réalisé en deux phases.

Première phase : de la **1ère à la 6ème année**

— Production de viande pour le marché local avec un taux d'exploitation de 20 % du cheptel.

— Production et exportation de géniteurs mâles et femelles pour l'amélioration de la race N'Dama et la satisfaction des demandes extérieures.

Coût estimé à 6 500 000 dollars US et 300 000 000 sylis. Demande introduite auprès de la Société Financière internationale, filiale de la BIRD, pour la partie devises.

Deuxième phase : Après 6 ans et études de faisabilité séparée tenant compte des expériences de la 1ère phase.

— Production de viande congelée pour le marché local et extérieur
— Production éventuelle de géniteurs.

Cette phase sera indépendante de la première.
Coût à déterminer après étude.

Financement : La partie B financera une partie du coût du projet.

Notre Gouvernement a signé un protocole d'accord avec la Société Agrotech International pour une étude de faisabilité. Celle-ci placerait cette proposition dans un contexte plus proche de nos réalités.

Après, une convention de création de société mixte sera passée entre les partenaires A et B.

Ranch d'Elevage de la vallée de La Gouan (Beyla)

Objectif : production de géniteurs N'Dama de l'ordre de 500 à 1 000 têtes par an, pour les besoins intérieurs et extérieurs ; et production de 500 tonnes de viande carcasse.

Description : Le Ranch aura une superficie de 45 000 ha, pour une capacité de 25 000 têtes de bovins.

Coût : 9 000 000 dollars US environ, pour les investissements en devises, et 150 000 000 sylis pour les investissements en monnaie locale.

Ces coûts sont évalués pour les dix premières années du projet.

Etat d'avancement : Etude de faisabilité faite par la compagnie J. VAN LANKER Bruxelles en avril 1980.

La recherche du financement est en cours.

LA PÊCHE

Les ressources halieutiques disponibles dans les eaux guinéennes justifient un accroissement substantiel de l'industrie de la pêche.

En effet :

Le plateau continental, un des plus vastes de l'Afrique Occidentale s'étend sur 56 000 km^2 (jusqu'à 100 miles nautiques dans sa partie Nord). Son gradient est faible jusqu'à 80 m de profondeur, puis tombe en abrupt jusqu'à 600 m.

Les fonds sont sablonneux avec des poches de boue aux embouchures des rivières, et en majeure partie chalutables.

Ils sont entrecoupés de profondes vallées fluviales submergées, et cinq fleuves principaux aux larges estuaires apportent leurs éléments nutritifs et les sels minéraux.

Le convergence, à hauteur de Conakry du courant froid des Canaries et du contre-courant équatorial, provoque des upwellings saisonniers générateurs d'une grande production biologique.

Le courant des Canaries qui coule vers le Sud de janvier à mai porte la température de l'eau à moins de 25° C et la salinité à plus de 35 pour mille ; tandis que le contre-courant équatorial qui coule vers l'Ouest d'avril à août entre les latitudes de 5° et 10° N porte la température de l'eau à plus de 25° C et la salinité à moins de 35 pour mille.

La ligne de front de ces deux courants passe au large de la Guinée en février-mars.

— **Potentiel halieutique**

La densité des espèces pélagiques et demersales, des céphalopodes et des crustacés qui peuplent les eaux guinéennes, est très importante, même si elle est peut-être inférieure à celle de la Mauritanie et du Sénégal.

La synthèse des études, des enquêtes et des campagnes de pêche réalisées depuis vingt ans porte à évaluer le potentiel de prises sur la totalité du plateau continental à :

Stock de demersaux	= 150 000 tonnes
Stock de pélagiques et semi-pélagiques	= 360 000 tonnes
Céphalopodes	= 46 000 tonnes
Crustacés	= 4 000 tonnes
Total	= 560 000 tonnes

ce qui représente une densité de 100 kg/hectare.

A titre d'exemple, on peut relever les statistiques de poissons débarqués ces dernières années et qui donnent pour les espèces principales, les résultats suivants :

Dentex	Sp jusqu'à 30 %
Pagollus	Sp jusqu'à 20 %
Otolithus	Sp jusqu'à 25 %
Sphynaena	Sp jusqu'à 20 %
Equinephalus	Sp jusqu'à 20 %
Trachus/caranx	Sp jusqu'à 15 %
Losthrinus	environ 5 %

En dépit de cette situation particulièrement favorable, la consommation de poisson *per capita* reste encore faible en Guinée malgré les grands efforts déployés par le Gouvernement.

En effet, sur les 60 000 T de poissons nécessaires par an, le niveau des mises à terre n'excède pas 20 000 T.

Cette situation a incité le Gouvernement guinéen dans le cadre du Plan Quinquennal 1981 — 1985 à adopter un programme de développement du secteur de la pêche articulé autour des points suivants :

1. — Programme à court terme

Ce programme s'intéresse particulièrement au développement de la pêche artisanale et vise à apporter aux pêcheurs artisanaux, tous les moyens et services intégrés répondant aux différents aspects de leurs activités.

Cette mesure doit également et surtout, partant des équipements et techniques traditionnels actuellement en usage, tendre vers une modernisation du secteur.

En effet, malgré parfois son analphabétisme, le pêcheur guinéen a maintes fois fait preuve d'ouverture aux techniques modernes de pêche.

Ses seules difficultés résident dans son approvisionnement en équipement et matériel de pêche.

C'est pour acquérir ces moyens de production que le Plan Quinquennal a mis un accent tout particulier sur les centres communautaires de pêche destinés à appuyer toute la flotte de pêche artisanale.

Pour une exploitation rationnelle de toutes les zones de pêche de la côte, il est également prévu la diversification des types d'embarcations.

Ces embarcations pour être efficaces devront être d'un maniement et d'un entretien faciles.

Les types les plus courants auront des dimensions comprises entre 6 et 12 mètres.

2. — Programme à moyen terme

Il est principalement axé sur l'étoffement de la flotte industrielle. Des efforts louables ont déjà été déployés depuis le lancement du Plan Quinquennal 1981 — 1985. Quelques unités et équipements d'appui sont d'ores et déjà en exploitation.

Le programme prévoit le renforcement de cette action par l'acquisition de 20 à 30 unités de pêche de dimensions moyennes (20 à 35 mètres) et le renforcement des infrastructures au sol (chaîne de froid, transport réfrigéré, unités de transformation, etc). Cette action sera assortie d'une intense formation professionnelle des cadres techniques.

3. — **Programme à long terme**

La réalisation des programmes à court et moyen termes aura pour objectif essentiel de mettre à la disposition de la population les produits carnés d'origine marine qui lui sont nécessaires.

Le programme à long terme dont la mise en œuvre exige beaucoup de moyens, vise à promouvoir une pêche essentiellement orientée vers l'exportation.

C'est dans ce cadre qu'il est prévu d'équiper les pêcheries guinéennes de 10 à 15 unités plus grandes (35-40 mètres) équipées de systèmes de congelation.

La coopération dans ce domaine pourrait comprendre :

— La constitution de Sociétés d'Economie Mixte de Pêche

— La formation de cadres techniques et scientifiques.

RESSOURCES HYDRO-ELECTRIQUES

La République Populaire Révolutionnaire de Guinée renferme le plus important massif montagneux de l'Afrique de l'Ouest, le Fouta-Djallon. De ce massif partent la plupart des cours d'eau de l'Afrique de l'Ouest :

— le Niger
— le Sénégal
— le Mano River
— la Gambie
— le Konkouré.

La République Populaire Révolutionnaire de Guinée, arrosée par 15 bassins fluviaux, possède, sur le plan national, un potentiel hydro-électrique estimé à 63 200 GWH dont 13 600 GWH exploitables.

Ressources hydro-électriques de la Guinée

Bassin	Potentiel (GWH)	Production possible (GWH)
Konkouré	12 000	6 000
Fatala	2 000	700
Kogon	2 000	200
Kolenté	2 500	200
Tominé	6 500	2 000
Gambie	4 500	500
Bafing	10 000	3 000
Niger	23 700	1 000
Total	**63 200**	**13 600**

Parmi ces bassins, il y a des sites étudiés qui sont :

Rivières	Site	Puissance Inst. (MW)	Energie Prod. (GWH)
Niandan	Fomi	85,0	200
Konkouré	Souapiti	400	3 600
Konkouré	Amaria	500	2 400
Baoulé	Kamarato	17,5	
Bafing	Koukoutamba	300	860
Bafing	Bouréya		
Bébélé		50	

RESSOURCES ET GRANDS PROJETS MINIERS

Sur le plan des ressources minières, la Guinée est considérée à juste titre comme un véritable « **Scandale géologique** ».

Les principaux produits miniers qu'on y rencontre sont :

— La bauxite, le fer, le diamant, l'or, l'uranium, le calcaire,

— Le chrome, le cobalt, le cuivre, le graphite, la manganèse,

— Le nitrate, le nickel, le pegmatite, le plomb, le sable lourd,

— Le zinc, le granit de toutes les couleurs.

Ceux en cours effectif d'exploitation sont :

— La bauxite
(Teneur 65 %)
(18 milliards de tonnes de réserves)

— Le minerai de fer
(teneur 70 %)
(18 milliards de tonnes de réserves)

— Le diamant

— L'or

Sociétés minières

Trois fonctionnent depuis l'accession du pays à l'indépendance nationale :

1 — CBG produisant 9 millions de tonnes de bauxite par an

2 — FRIGUIA produisant 700 000 tonnes d'alumine par an

Le Gouvernement détient 49 % des Actions dans ces deux Sociétés mixtes sur la base d'une Convention de type original associant harmonieusement le Gouvernement guinéen aux partenaires étrangers.

3 — OBK produisant 2,5 millions de tonnes de bauxite par an.

Il s'agit d'une Entreprise d'Etat organisée avec l'assistance de l'Union Soviétique.

I — Bauxite

L'évaluation ci-dessous du potentiel bauxitique de la Guinée est essentiellement basée sur le levé géologique à l'échelle 1/200 000e de l'Ouest de la Guinée fait par la Direction Générale des Mines et de la Géologie (1967-1980). La teneur minimum de bord pour AL_2O_3 est 40 %. C'est le lieu de rappeler que dans certains pays, des bauxites avec des teneurs en alumine de l'ordre de 30 % sont exploitées.

a — Bauxite du Nord-Ouest de la Guinée — Boké-Gaoual

Les réserves s'élèvent à 12 milliards 71 millions de tonnes, de 40 à 64 % de AL_2O_3 avec une teneur en SiO_2 inférieur à 4 %. Cet ensemble de gisements s'étend sur environ 100 Km. La majorité fut prospectée par la Société « BAUXITE DU MIDI » de 1948-1962.

A la suite du levé géologique au 1/200 000e effectué par la Direction Générale des Mines et de la Géologie, le potentiel géologique de cette région s'est accrue de nouveaux gisements : Batafong, Sandyani, Gagaou 2, Diguiti, Kavélin. Dans cette zone, on a mis en évidence deux sortes de gisements : sédimentaires et latéritiques. Seul le gisement de Sangarédi est sédimentaire.

Il y a quatre groupes de gisements : Boké, Koumbia, Paraou-Yamia, Termessè, Horè-Herinko.

1 — Groupe de Boké

L'ensemble de ce groupe de gisements couvre une superficie de 146 Km^2 avec des réserves totales estimées à 4,7 milliards de tonnes dont 1 milliard de tonnes de bauxite avec une teneur en alumine supérieure à 50 %. La teneur moyenne est de 40 % de Al_2O_3 avec Si_2 = 1,5 %. Tous ces gisements localisés dans la feuille Gaoual se situent respectivement à : Sinthiourou 1 et 2, Diadian, Jung, Médina 1, Pont-Etaye 1 et 2, Sangarédi, Ayé-Koyé, Ourobé, Dakalari, Kouloy-Majèssan, Kaoula 1-2.

La puissance moyenne de ce groupe de gisements est de 7,1 m avec une couverture stérile presque inexistante ou ne dépassant guère 1,5m.

C'est à ce groupe qu'appartient la plus grande mine du monde, du point de vue teneur en alumine et en cours d'exploitation.

En effet, le plateau bauxitique de Sangarédi, compte 300 millions de tonnes de réserves dont 53 millions titrent 60 % de teneur en AL_2O_3 avec moins de 1 % de SiO_2. Ce gisement exploité par la Compagnie des bauxites de Guinée est d'une épaisseur moyenne comprise entre 30 et 36 m.

2— Groupe de Koumbia

Ce groupe appartient à la feuille Gaoual. L'épaisseur moyenne des gisements est de 8,5 m. La superficie totale est de 75 Km^2. Les réserves sont estimées à 1,3 milliard de tonnes dont 450 millions avec une teneur en silice inférieure à 4 %. Ce groupe est constitué des gisements de Diouboula-Taguiraté, Lagué, Kaliouma, Touldé, Goundoupi, Boundou Téli, Kansagui.

3 — Groupe Paraou-Yamia

Les gisements de Toumbé, Paraou, Téliel-Téliorè, Yamia, Donghol-Boundi, Koulé, Namadoura, Kavelin, Kivi, Lélingué 1 et 21 autres petits gisements totalisent une superficie de 291 Km^2 et 3,612 milliards de tonnes de réserves.

Tous localisés dans la feuille de Gaoual, ces gisements sont d'une teneur en AL_2O_3 supérieure à 40 % et d'environ 4 % de SiO_2.

4 — Groupe de Termessè-Horé Hérinko

L'ensemble des gisements de ce groupe se caractérise par une épaisseur moyenne de 7,1 m. Leur superficie totale est de 106 Km^2, et les réserves sont estimées à 1,609 milliard de tonnes d'une bauxite contenant plus de 40 % de AL_20_3 et moins de 4 % de silice. Dans ce groupe localisé entièrement dans la feuille de Gaoual, le gisement de Horè-Hérinko se distingue par ses réserves de 459 millions de tonnes dont 114 millions avec une teneur en AL_2O_3 de 50 % et moins de 4 % de SiO_2 Ces données particulières en font le plus grand dépôt d'un seul tenant du monde. Outre ce gisement on apporte au même groupe les gisements de Termessè, Déliré 1, Lékounouadwal, Yensé 1 et 9 autres gisements moyens et petits.

Dans cette même zone Boké-Gaoual, on a mis en évidence 18 autres gisements totalisant 850 millions de tonnes. Ces gisements sont : Tamidouké, Tamba Sotu, Oudouniaki, Gagaou 1, Bendi, Koonoma, Toumbo, Horè Boulho, Dongol Gouba, Donghol Boviré, Sanouma, Kounsi Bamba, Biané, Batafong, Sandyani, Kavelin, Gagaou 2 et Diguiti. Les réserves totales de cette partie Nord-Ouest de la Guinée sont : 12 milliards 71 millions de tonnes pour des teneurs en AL_2O_3 supérieures à 40 % et en SiO_2 inférieures à 4 %.

***b)* Partie Sud-Ouest de la Guinée**
Fria — Télimélé — Kindia

1. **Groupe Fria**

Ce groupe occupe une superficie totale de 12,4 Km^2 sur la rive droite du Konkouré à 100 Km au Nord du Port de Conakry.

L'évaluation a été faite par les géologues français vers les années 1950.

Les gisements de Sagalè, Tambakhui, Kimbo, Fria, Kondokhouré Nord et Ouest totalisent 364 millions de tonnes avec une teneur en Al_2O_3 de 47,5 % et 1,8 % de silice. L'épaisseur moyenne du groupe varie de 2 à 10 m.

2. Groupe Sodioré

Ce groupe est situé sur la rive gauche de la Fatala à 30 Km de la ville de Fria et occupe une superficie de 30Km².

Les caractéristiques générales sont :

— épaisseur variant de 3-15 m

— teneur en Al_2O_3	50 %
SiO_2	1 à 4 %
Fe_2O_3	30 %

Cette bauxite renferme une teneur intéressante en fer récupérable. En effet, la méthode de récupération du fer mise au point récemment permet d'obtenir de l'alumine de bonne qualité et du fer à haute teneur. Ce groupe compte 268 millions de tonnes.

Le gisement situé au Nord-Est du village Bessili a une superficie de 10 km² avec une épaisseur de 3-12 m. La teneur en Al_2O_3 est de 48 %; 2,7 % de SiO_2 et 26,8 % de Fe_2O_3. Les réserves y sont estimées à 77 millions de tonnes.

Gisement de Guemessoron :

Situé à 15 km de l'Usine d'Alumine de Kimbo entre les rivières Guemessoron et Kamissar, ce gisement occupe une superficie de 715 km². Ses caractéristiques principales sont les suivantes :

— épaisseur : 12 m

— teneur en Al_2O_3	43,9 % en moyenne
SiO_2	2,4 %
Fe_2O_3	25,9 %
TiO_2	3,0 %

Les réserves sont approximativement de 145 millions de tonnes.

Gisement de Wonkoma :

Situé sur la rive gauche du Konkouré sur une superficie de 5,5 km².

Caractéristiques :

— épaisseur moyenne : 6 m

Al_2O_3	48,4 à 59,9 %
SiO_2	1,6 à 5 %
Fe_2O_3	7,7 %
TiO_2	1,7 %

— Perte au feu : 30,8 % environ

Les réserves totales s'élèvent à 44 millions de tonnes. A 20 km au Nord-Est du gisement en exploitation s'étend le gisement de Bogoro d'une superficie de 2,2 km².

— L'épaisseur moyenne de ce gisement : 8 m

— Teneur

Al_2O_3	de 41,8 à 48,5 %
SiO_2	4,8 %
Fe_2O_3	19,8 %
RiO_2	1,7 %

Les réserves de ce gisement sont de 29 millions de tonnes.

Les gisements de ce Groupe ont été découverts et préalablement évalués par la mission Télimélé de 1969-1970.

A titre récapitulatif, les gisements du Groupe de Sodioré (Gelitiwoé, Madina , Sodioré, Tourdou, Boulé, Yaloya, Gueguakaly, Doukaloura, Guemessoron, Bogoro, Gouba et Wonkoma) totalisent 563,9 millions de tonnes avec une teneur moyenne de 45 % en Al_2O_3 et une teneur moyenne en SiO_2 inférieure à 4 %.

3. Groupe Sampîri

Découvert et prospecté par les Géologues de Pechiney et de Sarepa, ce groupe de gisements est situé au Nord-Ouest de la feuille NC-28-XVII où il occupe une superficie de 10 km².

Les caractéristiques générales sont :

— épaisseur moyenne : 10,4 m

— teneur en moyenne Al_2O_3 46 %

SiO_2 4 %

Fe_2O_3 25 %

TiO_2 1,8 %

Réserves totales : 88 millions de tonnes.

4. **Groupe Manga**

Ce groupe de gisements a été également découvert et prospecté par Pechiney. Vérifié par la Mission Télimélé avec 20 sondages. Ce groupe est localisé sur la ligne de partage des eaux des rivières Manga, Bamboulou, Bikiti occupant une superficie totale de 40km².

Les caractéristiques principales sont :

— épaisseur moyenne : 8,8 m

— réserves totales : 507 millions

— la teneur moyenne en Al_2O_3 : 46 %

— la teneur moyenne en SiO_2 est inférieure à 4 %.

Les principaux gisements de ce groupe sont : Bambou, Silati Ouest, Santigui, Bambou Silati, Balki, Bambanum, Kologny, Kansangui, Dianol, Manga, Horè-Sèrè, Bantignel.

Si l'on considère tous les autres petits gisements, les réserves totales des groupes FRIA, SODIORE, SAMPIRI et MANGA s'élèvent à 1 523,1 millions de tonnes.

Zone Bauxitique de Kindia

Les gisements de la zone ont été prospectés par l'Office de Recherches Géologiques (ORG). Les principaux gisements de cette zone sont les suivants : Débélé, Balandougou, Balaya, Kobeleta, Dankota, Ferifou, Mehengui, Fossèka, Friguiagbé, Maleah, Nord.

Les réserves totales suivant toutes les catégories B + C 1 sont de 200 millions de tonnes environ occupant un territoire de 600 km².

En dehors des gisements précités, la Mission Kindia a entrepris les recherches sur de nombreux bowés dont notamment : Touni 2, Diletoumi 3, Bilima 4, Sangoya Gueya, Karimouya, Hourourou 7, Fotoukhouré, Saleguéré.

Ce sont en général des groupements et indices s'évaluant à des centaines de millions de tonnes. Saleguéré, Diletoumi, Sangoya-Gueya qui sont les plus importants sont situés à 25 km de Linsan.

Les réserves totales approximatives de la partie Sud-Ouest seraient :

— Zone Fria-Télimélé : 1 523,1 millions de tonnes

— Zone de Kindia : 200 millions de tonnes.

Les réserves totales approximatives sont de 1 723,1 millions de tonnes pour la partie Sud-Ouest.

c) **Bauxite de la Partie Centrale de la Guinée**

Dans cette partie centrale, on distingue 4 zones bauxitiques principales :

1. Zone Donguel-Sigon
2. Zone Bantignel
3. Zone Bougoumè
4. Zone Bokira
5. Autres petits gisements.

Les réserves totales de cette partie centrale de la Guinée se chiffrent à 1 milliard 500 millions de tonnes. Les teneurs moyennes sont de 47,45 % en Al_2O_3 et 2 % en SiO_2.

1. **Zone de Donguel-Sigon**

Située dans la partie Sud-Est de la région administrative de Mali, elle groupe les gisements de Oré-Liti, Kossa, Dianna, Kalagué et de Donguel-Sigon. La superficie totale du groupe est de 111 km², l'épaisseur moyenne de 8,32 m.

— teneur moyenne en Al_2O_3 :47,1 %

— teneur moyenne en SiO_2 : 2,1 %

Les réserves totales de cette zone sont de 703 millions de tonnes. Avec les travaux de prospection, ces réserves dépasseront largement le milliard de tonnes.

2. **Zone de Bantignel**

Cette zone est à cheval sur les régions administratives de Pita — Labé — Dalaba.

Les gisements de cette zone sont : Kassagui, Sètè-Diallo, Donghol Bantagui, Fello Dioli, Fello Babi, Horè Guétéa, Mobi, Boboye, Fello Legué, Golo.

La superficie totale occupée par ce groupe est de 60,7 km^2.

L'épaisseur moyenne des gisements est de 4,8 m. Les réserves totales sont de 471,6 millions de tonnes.

— teneur moyenne en Al_2O_3 : 45,54 %

— teneur moyenne en SiO_2 : 1,38 %

3. **Zone de Bougoumè**

Située dans la partie Est de la région de Boké-Gaoual, cette zone couvre une superficie de 100 km^2 pour l'ensemble des gisements de Bougoumè, Ourdé, Diaguitarè, Illimè. Les réserves totales sont de 200 millions de tonnes.

— l'épaisseur moyenne est de 7,2 m

— teneur moyenne en Al_2O_3 : 47,45 %

— teneur moyenne en SiO_2 : 2,49 %.

4. **Zone de Bokira**

Cette zone est située au Nord-Ouest de la ville de Labé.

Elle comprend les gisements de Kassa, Dimma, Diountou et une série d'autres petits gisements localisés respectivement à Tinkèta, Fètorè, Saran, Timbi-Madina, Moullo. Couvrant une superficie totale de 168 km^2, cette zone compte 98 millions de tonnes de réserves.

La teneur moyenne en Al_2O_3 est de 46 %, et celle de la SiO_2 égale à 3 %.

En conclusion, les réserves de ces 4 zones atteignent un milliard 500 millions de tonnes de teneur moyenne en Al_2O_3 de 46 %, en SiO_2 de 2,5 %, et d'épaisseur moyenne de la couche minéralisée de 4,8 à 8,32 m. Ces réserves augmenteront à la suite de travaux plus détaillés dans le futur.

Zone Bauxitique de Dabola

La plupart des gisements de cette zone ont été découverts par la société Pechiney (1943-1944) et évalués par la même société 1956-1958. Sur les territoires des travaux, 13 gisements principaux ont été découverts :

1. Tékoulou Deyal
2. Tékoulou Goral
3. Oursa
4. Sincéri
5. Matia
6. Léreia
7. Gounkou
8. Koumansan
9. Bantankellé
10. Koumani
11. Salia
12. Kondepilli
13. Léguétéra

A la suite de la mise en évidence de nouveaux secteurs-Nobé, Labiko et les indices de Kenko, Vendokadio, Kalla, etc-la superficie de la zone bauxitique de Dabola s'est élargie au Sud et à l'Ouest.

L'ensemble des gisements de cette zone occupe 43,82 km² avec 425,8 millions de réserves totales.

La teneur moyenne en Al_2O_3 est de 42,80 %, celle de la SiO_2 inférieure à 2 %.

L'épaisseur moyenne des gisements est de 6,5 m.

Groupe du Secteur de Labiko

Les gisements principaux de ce secteur : Labiko, Orekolen, Boulidane, Boundou Ali, Pandia, Dantarè, s'étendent sur une superficie de 39,3 km². Les réserves totales de ce secteur se chiffrent à 205 millions de tonnes avec une épaisseur de 4,9 m en moyenne des gisements.

La teneur en $Al_2 O_3$ est 47,5 % et celle de la silice inférieure à 2 %.

Les gisements de ce secteur ont été découverts et explorés par l'ORG de 1972 à 1973. Les sondages qui y ont été effectués ont été réalisés à la Vis d'Archimède suivant la maille 1 Km x 1 Km.

Groupe du Secteur Nobe

Découverts et étudiés par l'ORG de 1971 à 1972, les gisements de ce secteur occupent une superficie de 7 Km2 avec 44,8 millions de tonnes. La teneur moyenne en Al_2O_3 est de 44,3 % et celle de la silice inférieure à 1 %.

Outre les gisements de Nobé Nord 1, Nobé Nord 2, Oriental Nobé 1 et Oriental Nobé 2, il existe dans ce secteur des indices qui ont fait l'objet de l'échantillonnage au marteau. Ce sont principalement les indices de Kouta.

En résumé, les réserves globales SOMIGA-SAREPA s'élèvent à 2 milliards 386 millions de tonnes de bauxite à 44, 41 % en $Al_2 O_3$ et une teneur en silice inférieure à 3 %.

Les réserves totales certaines et supposées suivant l'exigence de 40 % en $Al_2 O_3$ comme teneür minimum de bord de la partie Est de la Guinée sont :

— Zone Dabola : 1 100 millions de tonnes

— Zone Tougué : 2 386 millions de tonnes

Partie Nord-Est au total 3 486 millions de tonnes.

Les réserves totales de cette partie Est de la Guinée sont de 3 500 millions de tonnes avec une teneur moyenne en $AL_2 O_3$ de 44,1 % ; SiO_2 : 2,8 %. Les réserves augmenteront à la fin des travaux de levé géologique à l'échelle 1 200 000e de la feuille Tougué.

A titre de récapitulation, le potentiel bauxitique du pays se structure de la façon suivante :

1 — Partie Nord-Ouest 12 071 millions de tonnes

2 — Partie Sud-Ouest 1 723 millions de tonnes

3 — Partie Centrale 1 500 millions de tonnes
4 — Partie Nord-Est 3 500 millions de tonnes.

Le potentiel bauxitique de la Guinée s'élève à 18 794 millions de tonnes de bauxite avec plus de 40 % d'alumine.

Ainsi la bauxite est le minerai le plus abondant de la Guinée et les réserves situent le pays au premier rang mondial avec plus de 18 milliards de tonnes contre 5 milliards de tonnes pour l'Australie qui vient au deuxième rang en ce qui concerne les réserves. La Guinée produit annuellement 13 millions de tonnes de bauxite et occupe le second rang après l'Australie dont la production est de 27 millions de tonnes. Si l'on considère la consommation mondiale actuelle d'aluminium qui est de 15 millions de tonnes environ nécessitant 60 millions de tonnes de bauxite qualité guinéenne, les réserves de la Guinée permettraient d'approvisionner l'industrie mondiale d'aluminium pendant 3 siècles environ.

Ces réserves, estimées à la lumière de nos connaissances actuelles, sont quand même provisoires. Elles augmenteront certainement au fur et à mesure que se développeront les travaux de recherches, de prospection et de levé géologique systématique au 1/200 000e.

II. — Minerai de fer

Les recherches menées jusqu'à ce jour indiquent un potentiel de plus de 18 milliards de tonnes titrant 50, 70 % Fe, constitué principalement par les gisements du Nimba, du Simandou et du Kaloum.

Gisements du Nimba

Les gisements de minerai de fer de cette région sont situés dans la partie guinéenne de la chaîne du Nimba, à l'extrême Sud-Est de la Guinée.

Les différentes études menées sur le terrain ont permis de mettre en évidence quatre (4) grands gisements : Pierre Richaud, Sempere, Grands Rochers et le Château totalisant plus de 1.500 millions de tonnes titrant plus de 65 % Fe, 0,02 — 0,09 % S ; 1,1 % AL_2O_3 ; 2,5 % SiO_2 et des traces de chrome.

Compte tenu de l'importance des réserves et de la qualité exceptionnelle du minerai (principalement de l'hématite, puissance atteignant 406 m et faible recouvrement stérile), une société d'économie mixte MIFERGUI — NIMBA a été constituée depuis 1973.

Gisements de fer du Simandou

Situés au Sud-Est de la Guinée, à environ 1.000 km du Port de Conakry, les gisements de cette région qui s'étendent sur 120 km ont fait l'objet de plusieurs recherches minières, notamment par l'ex-Bureau Minier de Dakar, la Compagnie Minière de Conakry, le Bureau de Recherches Géologiques et Minières B.R.G.M. (France) et Tractionnel (Belgique).

Les réserves sont estimées à plus de 5 milliards de tonnes de minerai présentant des analogies avec celui du Nimba.

Le Gouvernement guinéen envisage la constitution d'une société d'économie mixte MIFERGUI Simandou avec un objectif de production de 25 millions de tonnes de minerai de fer par an à évacuer par le TRANSGUINEEN (1.000 km) y compris les embranchements le long desquels existent 16 Projets miniers.

Gisements de fer du Kaloum

Avec 6 milliards de tonnes, les réserves de cette région sont parmi les plus importantes du monde.

Sans recouvrement stérile et de puissance atteignant 80 mètres, le minerai constitué par une énorme accumulation de masses minérales est situé dans la partie Nord de la ville de Conakry et se présente de haut en bas sous deux formes : minerai dur (1/3 des réserves) et minerai tendre (2/3 des réserves).

En dépit de la découverte du gisement depuis 1904, de l'importance des réserves et des facilités d'accès, le minerai du Kaloum n'a été exploité que durant 14 ans (1953-1966) par la Compagnie Minière de Conakry et ce, à la cadence moyenne de 639.000 T/an alors que la capacité des installations était de 1.200.000 T/an, les caractéristiques chimiques du minerai notamment les teneurs en Fer (52,6 %), en chrome (1,5 %), l'eau combinée (10 %) et l'Alumine (10 %) ayant constitué les obstacles majeurs à la conquête du marché.

Actuellement, il est envisagé par la société DANIELI (Italie) des essais semi-industriels par le Procédé KINGLOR-METOR, à partir du minerai de Fer du Kaloum. Parallèlement, le Ministère des Mines et de la Géologie prend des contacts pour l'utilisation complexe du minerai du Kaloum par la récupération des différents éléments constitutifs (fer, alumine, manganèse, chrome, nickel).

En plus des 3 zones précitées, il faut mentionner l'existence de beaucoup d'autres zones perspectives notamment celles de Forécariah, de Tominé (Gaoual), de Borokoro (Kissidougou) dont l'ensemble des réserves dépasse 700 millions de tonnes titrant 50-60 % Fe.

TABLEAU RECAPITULATIF DES RESERVES EN FER

Gisement	Caractérist. moyennes		Réserves totales
Kaloum (Conakry)	Fe	52 %	6.000.000.000 T
	Cr	4 %	
Mont Nimba	Fe	66,7 %	1.500.000.000 T
	S	traces	
	P	traces	
Mont Simandou	Fe	66,7 %	5.000.000.000 T
	S	traces	
	P	traces	
Borokoro (Kissidougou)	Fe	66 %	400.000.000 T
Tominé	Fe	55 %	250.000.000 T
Forécariah	Fe	55 %	100.000.000 T
		Total	13.250.000.000 T

Comme pour la bauxite, cet inventaire n'a pris en compte que les teneurs minimales considérées en vue d'une exploitation rentable compte tenu des autres facteurs :

60 % minimum pour les gisements du Nimba et du Simandou,

52 à 55 % Fe minimum pour les autres gisements.

Si l'on tenait compte des teneurs plus faibles exploitées dans d'autres pays, les réserves dépasseraient les 20 Milliards de tonnes.

III — L'Uranium

La recherche de ce minéral utile stratégique qui va constituer dans un avenir très proche la source prépondérante de production d'énergie électrique dans le monde, a commencé en Guinée dès après l'indépendance.

En effet, à partir de 1968, à la demande du Gouvernement Guinéen des travaux de reconnaissance pratique sur le terrain ont été engagés à travers des Sociétés étrangères, des Organismes d'Etats et à travers nos Institutions propres de recherches et de prospection minière.

D'étape en étape, les résultats obtenus ont été si concluants que le Gouvernement a fait appel à un groupe spécialisé dans l'exploration aérienne (GEOSURVEY INTERNATIONAL) équipé d'appareils ultra-modernes (magnétisme, spédrométrie, électromagnétisme) en vue de systématiser la recherche d'uranium à l'échelle du territoire national.

Le programme de cette société a débuté sur le terrain en 1979-1980 et les résultats positifs furent immédiats. D'importantes régions anomales ont été identifiées au Sud-Est du pays. Pour le reste du territoire, les travaux d'interprétation continuent dans les laboratoires de cette société à Londres.

Sur l'initiative du Ministre des Mines et de la Géologie, des missions de confirmation au sol furent organisées et conduites par le Ministre en personne sur des objectifs ponctuels signalés par la société.

Ainsi de nombreux secteurs présentant des perspectives réelles de minéralisation en uranium furent sélectionnés sur la base d'intenses travaux de radiométrie répétée sur des itinéraires des travaux miniers de contrôle en profondeur dans la couche altérée et par des analyses d'échantillons en laboratoires dans différents pays. Ces secteurs seront soumis à court terme à une prospection systématique d'évaluation des réserves.

Parmi ces secteurs, nous pouvons retenir entre autres :

1. Zone de Firawa (400 Km²)

Région administrative de Kissidougou Sud-Est

La zone se caractérise par une structure annulaire renfermant cinq pics d'anomalie à très forte réponse en uranium face au thorium représenté seulement par des traces.

La structure annulaire de la zone de Firawa rappelle un ancien cratère et les roches magmatiques de la place semblent être en majorité des formations alcalines, vu les fortes réponses en potassium. Ces types de formations sont généralement porteuses d'uranium et de nombreux minéraux rares.

Les travaux de confirmation au sol à Firawa sont très avancés et la zone n'attend que la campagne de forage quand on sait que la teneur en plusieurs endroits varie entre 200 et 600 PPM dans les échantillons de tranchées.

2. La zone anomale de Damaro (1 700 Km²)

Région administrative de Kérouané Sud-Est

Cette zone d'environ 90 Km de long se caractérise par une anomalie régionale portant de nombreux pics à fortes réponses simultanées d'uranium et de thorium. Des travaux récents au sol ont permis le prélèvement d'un échantillon type de minerai d'uranium : la pechblende. Cette découverte autorise le classement de la zone dans le groupe à potentialités sérieuses en uranium. Elle relève de la même province cristalline.

3. Zone anomale située à l'Est de l'anomalie de Damaro (3 000 Km²)

Elle se caractérise par une haute réponse en uranium et thorium et de faibles réponses en potassium. Les dernières investigations ont recommandé des travaux de réduction de périmètre, car sur la photo d'ensemble, cette zone semble en corrélation avec une structure circulaire. Ce fait pourrait être un indice très sérieux de minéralisation en uranium. Cet aspect également pourrait signifier la mise en place, dans cette province granitique de l'archéen, des roches alcalines minéralisantes.

4. Zone anomale située près de la frontière de la Côte d'Ivoire (1 000 Km²)

Les anomalies sont caractérisées dans la direction d'Odienné en Côte d'Ivoire par la présence principale d'uranium contenant très peu de thorium et de potassium. La zone attend sa première campagne de confirmation au sol.

5. Zone anomale de N'Zérékoré (300 Km²) Sud-Est

Elle se caractérise par une anomalie régionale s'étendant vers la frontière avec le Libéria. Le pic le plus important se situe pour le moment en plein centre de la ville de N'Zérékoré avec de fortes réponses en thorium. Mais quand on sait l'affinité très poussée entre le thorium et l'uranium, nous ne pouvons rejeter la possibilité de rencontrer en profondeur dans les zones de différenciation magmatique de fortes accumulations d'uranium. C'est dans cette optique que le Ministre des Mines et de la Géologie recommande avec insistance un ou deux sondages sur les points forts de la zone anomale.

Dans les mêmes perspectives sérieuses d'uranium en milieu cristallin, nous retenons les zones du centre du pays : Kouroussa, Dabola, Mamou et les Iles de Loos situées au large de Conakry dans l'Océan Atlantique.

Dans la zone cristalline des Iles de Loos les formations porteuses sont représentées par des syénites néphéliniques. Les analyses comparatives de ces syénites avec des syénites provenant du Brésil ont donné des teneurs similaires. Quand on se rappelle qu'une grande unité de production de concentré d'uranium est construite au Brésil en vue de tirer de ces syénites l'uranium, nous sommes en droit d'attendre des nôtres en Guinée aux mêmes conditions de rentabilité quand on sait également qu'en dehors de l'uranium et des minéraux rares qu'elle contient, la syénite est une roche industrielle dont la demande ne fait que s'accroître.

Quant aux zones de Kindia, Forécariah, Boké et Tougué-Sud caractérisées par une structure sédimentaire, les perspectives sont également très fortes. Les formations gréseuses du paléozoïque (ordovicien-silurien-dévonien) et les conglomérats de base sont réputés comme roches-réservoir d'uranium dans le monde. Devant le grand développement de ces formations dans l'Ouest de notre pays, nous sommes en droit d'attendre des accumulations économiques dans ces repères.

Pour toutes ces 14 (quatorze) zones dont nous venons d'effectuer le survol rapide, le Gouvernement a pris des contacts avec des sociétés et organismes d'Etat en vue de créer avec eux des sociétés mixtes ayant pour objectif : la prospection, l'exploitation,et la commercialisation de l'uranium.

Deux sociétés mixtes furent ainsi créées. L'une se chargeant du sud-est appelée Projet Uranium Zone I et l'autre du centre-ouest appelée Projet Uranium Zone 2. Dans chacune d'elles la Guinée détient 50 % des actions. La répartition des actions entre les partenaires est la suivante :

Pour la Zone 1 :

1. —	Guinée	50 %
2. —	Nigéria	25 %
3. —	Royaume du Maroc	1,5 %
4. —	Davy Mc'kee	1,5 %
5. —	Rudis (Yougoslavie)	7 %
	Disponible	15 %

Pour la Zone 2 :

1. —	Guinée	50 %
2. —	Geomin Roumanie	12,5 %
3. —	Phibro	3 %
4. —	Davy Mc'kee	1 %
	Disponible	33,5 %

Avec cette organisation d'une part et avec la présence en Guinée des principales provinces géologiques pouvant recéler d'importantes accumulations uranifères (cristallines, sédimentaires, zones intermédiaires, zones de remaniements géotectoniques etc) d'autre part, notre pays pourra prendre place, dans un avenir très rapproché, parmi les plus grands producteurs d'uranium.

IV — Le diamant de Guinée

L'exploitation du diamant en Guinée remonte à près de 50 ans à la suite de la découverte de diamants de joaillerie dans le Sud-Est du pays.

Les nombreuses Sociétés étrangères qui se sont succédées ont produit en moyenne 100 000 carats par an de diamant essentiellement de joaillerie à partir des gisements alluvionnaires.

Depuis l'accession du pays à l'indépendance, le Gouvernement a entrepris une campagne systématique de recherche du diamant. Ainsi en plus des nombreux gisements alluvionnaires, plusieurs pipes kimberlitiques ont été découverts.

Les deux principales provinces diamantifères se situent au Sud, Sud-Est et à l'Ouest du pays.

Province Sud/Sud-Est

C'est une vaste zone d'environ 50 000 Km² comprenant les égions de Kissidougou, Macenta, Kérouané, Beyla et N'Zérékoré, avec comme principaux gisements Banankoro, Ourokoro, Fenariah, Kamarato, Bonodou et Dulapaya.

Dans cette province, on distingue deux types de gîtes :

— les corps kimberlitiques généralement d'âge crétacé, se sont constitués dans le craton granitique sous forme de pipes et de dykes de dimensions et de consignations variées. A ce jour,plus d'une dizaine de pipes de 0,5 à 3 ha ont été étudiés.

Les gisements alluvionnaires sont liés aux terrasses plus ou moins larges avec des hauteurs moyennes de 4 m.

Ils sont soit éluvio-alluvionnaires proches des roches-mères, riches et très riches en diamants, occupant les flancs des petites rivières sous un recouvrement sableux de 2 à 6 mètres ; soit alluvionnaires remaniés avec un gravier calibré et une meilleure répartition du diamant.

Province de l'Ouest

Elle concerne une bande qui monte depuis le bassin de la Kolenté à Forécariah jusqu'à Mali le long des hauts plateaux gréseux du Fouta-Djallon.

Cette province encore peu connue fait actuellement l'objet d'études géologiques approfondies. On estime à l'heure actuelle que les réserves en diamants de Guinée sont de l'ordre de 400 millions de carats, dont 70 % en joaillerie.

C'est la raison pour laquelle le Gouvernement a récemment décidé de mettre cet énorme potentiel en valeur dans le cadre de la coopération internationale.

Les zones diamantifères ont été divisées en quatre grandes concessions minières à négocier chacune en vue de créer une Société mixte dans laquelle le Gouvernement détient 50 % des actions.

Chaque Société, telle que la Société mixte AREDOR qui est au stade de la mise en place du financement, doit, après prospection et étude de faisabilité, exploiter une superficie maximum de 1 500 Km^2 et produire annuellement un minimum de 500 000 carats de diamant correspondant à un investissement de l'ordre de 60 millions de dollars US. Parallèlement à cette exploitation industrielle, il existe une zone réservée aux exploitants nationaux privés qui sont assistés par un Service spécial du Gouvernement. Ces exploitants ont produit, au cours de l'année 1981, 38 000 carats dont des pierres de grandes valeurs (816 carats, 300 carats).

Pour la campagne en cours, les exploitants privés ayant bénéficié de moyens modernes : bulldozers, laveries, motopompes ; du fait aussi que la campagne se déroulera désormais 12 mois sur 12 au lieu de 6, atteindront une production de l'ordre de 100 000 carats dont les 50 % des devises provenant de la vente leur seront versés, par le Gouvernement, les autres 50 % leur étant versés en Sylis. A noter que chaque exploitant privé, moyennant une redevance annuelle de 300 000 Sylis pour la 1ère année et de 112 500 Sylis pour les années suivantes emploie un effectif de mineurs limité à 50. C'est dire que cette activité privée d'exploitation du diamant a permis de créer quelque 40 000 emplois permanents. L'effort d'organisation et de commercialisation entrepris par le Gouvernement se poursuivra jusqu'à ce que toutes les pierres extraites soient officiellement commercialisées en attendant la possibilité d'installer sur place les ateliers de taille.

V — L'or

L'exploitation de l'or a commencé en Guinée depuis le moyen-âge où il a fait la puissance des grands Empires de l'Ouest Africain tels que l'Empire du Ghana et l'Empire du Mali.

A cette époque, le commerce de l'Or se faisait à travers les routes transahariennes à destination de l'Arabie et des pays méditerranéens.

Du point de vue géologique, les importants gisements d'Or de la Guinée sont liés aux roches du socle précambrien où ils se présentent sous forme de filons ou de placers. On les rencontre dans la région du géosynclinal birrimien et en bordure du bouclier guinéo-libérien où la minéralisation est liée à la tectonique disjonctive.

Les réserves actuellement prouvées sont de plusieurs milliers de tonnes de métal. Les gisements prospectés indiquent une teneur moyenne de 20 à 40 g/t de minerai. Le gisement axé sur Siguiri couvre une superficie de 15 000Km^2 avec des teneurs atteignant 60 g/t, et des pointes de l'ordre de 300 g/t de gravier.

Les services régionaux des Mines au cours des années 1981-1982 ont signalé des gisements d'or dans quinze (15) de nos régions administratives sur 38. La Société mixte la plus avancée opère dans la région de Siguiri-Mandiana. C'est la SOMIQ (Société minière du Québec) qui envisage une production initiale de 10 t par an ainsi que la commercialisation pour le compte du Gouvernement de la production d'or des exploitants privés nationaux.

VI — Roches carbonatées

La République Populaire Révolutionnaire de Guinée possède un grand nombre de gisements de roches carbonatées notamment dans les régions de Siguiri, Kouroussa, Kindia, Mamou, Mali et Tougué.

Le gisement de Tougué est le plus intéressant tant au point de vue de l'importance des réserves qu'à celui de la gamme des possibilités d'utilisation. C'est aussi le mieux situé géographiquement du point de vue des centres de consommation.

C'est lors du levé géologique au 1/200 000 de la feuille « Labé » et du Sud-Ouest de la feuille Tougué qu'on a pu mettre en évidence cet important gisement de roches carbonatées : calcaires, marnes et dolomie.

Un échantillon pris à Idia (Tougué) a donné la composition et paramètres suivants :

CaO	46,55 %
MgO	2,05 %
$MgCO_3$	4,31 %
SO_3	0,03 %
TiO_2	moins de 5 %
P_2O_3	moins de 2,5 — 3,0 %
Oxydes de Manganèse	moins de 2,5 — 1 %
Alcalis	moins de 0,5 — 1 %
Coefficient de saturation	2,3
Module silicaté	2,21
Module alumineux	0,93
Module hydraulique	4,96

Ce calcaire convient à la fabrication du ciment PORTLAND, l'amendement des sols, les antiseptiques, la poudre de calcium pour nourrir la volaille et le bétail.

Il peut aussi être utilisé dans le raffinage du pétrole, la céramique, les textiles, l'électronique, la parfumerie, la cordonnerie, la peinture, l'industrie chimique, la pharmacie, la décoration dans les constructions civiles.

Il peut aussi, après traitement spécial, être employé pour le raffinage du sucre, l'industrie du papier, la fabrication de la chaux, du ciment roman, du ciment alumineux et pour la verrerie.

Sur la rive droite de la rivière Kioma, à 3,5 Km à l'Est du village de Idiâ, on observe un affleurement sous forme d'un mur de 30,55 m avec 25, 15 m de roches carbonatées.

Les réserves estimées dépassent 200 millions de tonnes.

VII — Exploration pétrolière en Guinée

Généralités

Après quelques timides débuts initiés par les sociétés de distribution de la place (Shell, Mobil) des années soixante, l'exploration pétrolière a repris avec la signature de l'Accord avec la Société américaine BUTTES GAS ET OIL COMPANY en décembre 1973.

BUTTES a entrepris une campagne de sismique régionale de 3 000 Km environ, fin 1973 début 1974, dont les résultats jugés très encourageants ont abouti à la sélection de deux blocs de 5 000 Km² chacun et dans lesquels des travaux détaillés ont été effectués vers la fin de 1974.

L'interprétation de toutes les données recueillies en 1973-1974 a permis d'envisager les travaux de forage du premier puits off-shore.

Les préparatifs ont été plus longs que d'habitude et c'est le 7 janvier 1977 que le PELICAN s'est ancré au site de forage situé à près de 140 Km au N. E. de Conakry.

Le premier puits n'a pas donné les résultats escomptés mais il a permis de démontrer l'existence d'un bassin sédimentaire très important. Après le retrait de BUTTES en 1979, UNION TEXAS PETROLUM a également effectué trois campagnes sismiques de 1980 à 1982 et un programme de travail détaillé a été présenté pour les années à venir.

SOGUIP (Société guinéenne des Pétroles)

BUTTES a signé un Protocole d'accord avec le Gouvernement guinéen en décembre 1973. Ce Protocole définissait la zone d'exploration exclusive pour trois mois, le programme de sismique régionale et les termes généraux de la Convention à négocier entre les deux parties. Cette Convention a été effectivement négociée et signée le 16 février 1974. Elle régissait les activités de la Société mixte SOGUIP (50 % Guinée, 50 % BUTTES). BUTTES était l'opérateur pendant la durée de la Convention.

Avant le début du forage, la SOGUIP a vu l'entrée en son sein de la Société yougoslave NAFTA GAS et de la Société japonaise JGPDC.

La sismique régionale terminée, BUTTES a effectué en 1974 dans les deux blocs retenus pour SOGUIP une sismique de détail qui a confirmé les premiers résultats.

La préparation du forage a débuté dès 1975 et le 7 janvier 1977 le PELICAN a commencé à forer le premier puits dans l'off-shore guinéen. La profondeur de ce puits a dépassé les 3 000 m et a permis de confirmer l'existence d'un bassin sédimentaire dans l'off-shore de la République Populaire Révolutionnaire de Guinée.

Le potentiel pétrolier de l'off-shore guinéen n'a pas pu être étudié à fond à la suite des travaux de la SOGUIP.

Celle-ci, dans le but de mieux comprendre la géologie de l'off-shore a entrepris en mars une campagne géologique on-shore sur le bassin sédimentaire de Bowé. Les dépôts paléozoïques de ce bassin se sont révélés formés en milieu marin, les schistes ayant de très grandes possibilités de produire le pétrole dans certaines conditions. Le paléozoïque pourrait alors être un objectif.

Cependant malgré ses résultats très encourageants tant dans l'off-shore que sur l'on-shore, la SOGUIP a cessé ses activités le 31 mai 1979 par le retrait de BUTTES et de NAFTA GAS.

Société Guinéenne des Hydrocarbures

Grâce à l'intervention de Mr David Rockfeller, ami du Président Ahmed Sékou Touré et au cours de la visite de ce dernier aux USA en août 1979, le Gouvernement guinéen a négocié une Convention avec Union Texas Petroleum créant la Société Guinéenne des Hydrocarbures (SGH) à partir du 26 janvier

1980. Le programme de travail de la SGH comportait la sismique et le forage.

Deux campagnes sismiques ont été effectuées en 1980 et en 1981 couvrant au total 3 500 Km.

L'interprétation des données a permis à ce jour de comprendre la structure géologique de notre off-shore et de situer plusieurs zones jugées favorables à l'accumulation d'hydrocarbures.

L'entrée de SUPERIOR OIL dans la SGH permettra d'accélérer le programme de travail futur qui comporte des forages pour tester les structures découvertes par les récentes campagnes sismiques.

Bridge Oil

Bridge Oil est une Société australienne qui va bientôt entreprendre l'exploration pétrolière en Guinée dans le cadre d'une société mixte avec le Gouvernement.

La zone concernée couvre à la fois l'off-shore et l'on-shore. Le programme de travail sera basé sur les méthodes sismiques et aéromagnétiques les plus récentes.

Eaux profondes

Ces zones ne sont pas attribuées à l'heure actuelle. Les travaux effectués par BUTTES montrent l'existence de structure dont la nature sédimentaire a déjà été prouvée.

L'exploration pétrolière a pris à ce jour une nouvelle allure dynamique en République Populaire Révolutionnaire de Guinée.

La coopération qui s'est instaurée entre les partenaires et le Gouvernement est saine et viable pour les deux parties. La Guinée, dans le but de promouvoir une coopération saine, s'est attelée à la formation de cadres spécialisés et tous les travaux s'effectuent avec la participation des deux groupes : partenaires et nationaux.

La géologie de l'off-shore et de l'on-shore guinéen telle qu'elle est connue à l'heure actuelle paraît très propice à la découverte d'autres zones potentielles en hydrocarbures telles que les zones N.E. Kankan-Siguiri et Sud-Est de N'Zérékoré-Yomou.

VIII — Métaux de base et autres substances minérales utiles

Au lendemain de l'Indépendance, le Parti-Etat de Guinée, dans le souci de l'élévation et de l'amélioration constantes du niveau de vie des masses laborieuses, a mis sur pied la Direction Générale des Mines et de la Géologie dont la vocation principale est le recensement et la valorisation des substances minérales utiles. C'est ainsi que dans le cadre de ses activités et à travers des programmes de coopération, la DGMG a couvert 100.000 km², à l'échelle 1/200.000e avec l'établissement de cartes géologiques, minérales, tectoniques et géomorphologiques entre 1967 et 1980.

En 1979, par un important contrat signé le 5 septembre, le Gouvernement de la RPRG engageait la Société GEOSURVEY INTERNATIONAL pour une vaste campagne d'exploitation minérale.

L'ensemble des travaux de recherche portait sur un relevé régional par géophysique aéroportée, suivi d'une reconnaissance au sol, et d'un programme de formation de cadres.

Les méthodes d'investigation utilisées comportaient la magnétométrie aérienne et au sol, la spectrométrie et l'électromagnétométrie à basse fréquence.

Le suivi au sol était basé sur la géologie, la géochimie et la géophysique. Les travaux de GEOSURVEY, qui ont couvert l'ensemble du territoire national, ont permis de définir des provinces minières potentielles en divers minéraux utiles. Les zones principalement liées aux fractures et aux extensions des failles océaniques sont les sites favorables aux dépôts de gisements massifs sulfurés et de pipes kimberlitiques diamantifères.

L'interprétation des données de recherches de GEOSURVEY a été facilitée par une subdivision du territoire en 33 blocs de degrés carrés.

1 — **Le Cuivre**

Le cuivre se manifeste sous forme de sulfures dans les Régions de Forécariah (Friguiadi, Kolakhouré, Fossikouré, Grandes Chutes) ainsi que dans les feuilles de Siéroumba (4 Km à l'Ouest de Santia), Télimélé (Membouri, bassins de Loré et Taminé, lits de Dolouka et de Nofomou), de Kindia (bassin de Konkouré Nord Linsan), Sud de Dalaba, Porédaka. La teneur moyenne varie de 0,01 à 0,3%.

2 — **Le Cobalt**

La Péninsule du Kaloum possède un des plus importants champs de minéraux en Guinée. Ainsi, dans la Région de Coyah, les roches ultrabasiques sous-jacentes, supportent une couverture latéritique enrichie en minéraux cobaltifères. En outre, des indices importants de cobalt ont été révélés dans les Régions de : Télimélé, Dabola, Boffa et Kindia avec des teneurs variant de 0,002 à 0,1/%.

3 — **Chrome et Platine**

Les gisements de chrome et de nickel liés au complexe ultrabasique du Kakoulima s'étendent sur plusieurs Km^2 dans le Nord-Est de la Région de Coyah. D'autres minéralisations en chrome sont connues sur les feuilles de Siéroumba, Télimélé, Kindia, Dabola et Youkounkoun ; les teneurs varient de 0,02 % à 1%. La plupart de ces minéralisations sont associées au platine et au nickel.

4 — **Nickel**

Ce minéral a été trouvé sur les feuilles Siéroumba, Kindia, Télimélé, Dabola et Labé. La teneur varie de 0,01% à 0,05%.

5 — **Manganèse**

La Péninsule du Kaloum recèle, entre autres, d'importants gisements de manganèse. Cette minéralisation a été également mise en évidence sous forme d'un gisement affleurant sur près de quatre kilomètres dans la Région administrative de Beyla. Entre Télimélé et Kindia, dans la zone Centre-Ouest du pays, les calcaires et le manganèse se retrouvent sous forme de gisement dans les roches cambro-ordoviciennes. D'autres minéralisations ont été mises en évidence sur les feuilles Siéroumba,

Forécariah, Kindia (entrée de Dalaba) et Labé avec des teneurs en moyenne de 0,1% à 1%.

6 — **Titane**

Dans la zone du promontoire du Cap Verga, la géologie au sol a indiqué, outre la présence de gisements de platine et de chrome, celle d'un important gisement de minéraux titanifères.

Le long de la côte Ouest du pays, une zone linéaire où abondent les roches intrusives, on rencontre de vastes plages dont les sables contiennent de très grandes réserves d'ilménite et de la pyrite associées. Des manifestations de ce minéral se retrouvent dans Siéroumba, Télimélé, Labé et Kindia.

Les teneurs varient de 3 à 5 kg/m^3.

7 — **Etain**

Une auréole d'étain a été découverte sur les feuilles Télimélé et Labé. Ces indices dont les teneurs très importantes (1,2 à 6,6 g/m^3) sont localisés à Tangala, à Bassira, sur la rive gauche de la Bantala, ainsi que dans la Suite Panampou sur une surface de 4,6 km^2 et à Yimbéring avec une extension de 16 km^2.

8 — **Plomb et Zinc**

La limite au Nord de la Chaîne montagneuse du Niandan-Banié composée des roches du Birrimien supérieur est d'une grande importance par la présence des gisements de plomb et de zinc. La zone de contact entre les roches birrimiennes et les granites éburnéens s'est avérée être le site d'intenses minéralisations en métaux de base associés à un gisement de type de remplacement hydrothermal. Par ailleurs, le plomb se rencontre sous forme de galénite ou de plomb natif avec une teneur de 3,2 g/ m^3 sur la feuille Dabola, et dans la feuille Labé avec un indice de 50 km^2 de galénite et de cérusite.

Des indices également importants se rencontrent associés à l'or dans la Région de Coyah.

9 — **Molybdénite**

A 8 km au Sud-Ouest de Yimbéring se situe un important indice de molybdène.

Dans les bassins des Rivières Mongo, Samadourou, Poodiwoi, sur la feuille Dabola, existent des auréoles de dispersion de molybdénite, ainsi que dans Boffa à 4 km Nord-Ouest de la ville. Le massif granitique éburnéen au Sud-Ouest de la chaîne des collines Niandan-Banié est aussi une grande source de molybdénite.

10 — **Mercure**

Des manifestations évidentes de cinabre en grains de 0,03 à 0,2 mm sont signalées dans des concentrés isolés sur toute l'étendue du Territoire au voisinage des zones de grandes fractures (à l'exception des aires d'extension des terrains ordoviciens) dans les Régions de Gaoual (Kakoni) et sur la feuille Kindia.

11 — **Bismuth**

Sous forme de bismuthite dans l'affluent droit du fleuve Mongo (feuille Dabola) ainsi que dans les filons de quartzites aurifères (villages de Dara, Balé). Des manifestations de bismuthine et de basobismuthine dans les alluvions des Rivières Kalia et Sansanguikhouré (Gaoual et Kindia) ont été également enregistrées. Sur la feuille Conakry-Forécariah, des manifestations de basobismuthine se rencontrent en association avec l'or, la galène, le xénothime dans les pegmatites.

12 — **Arsenic**

Ce minéral a été mis en évidence dans le cours de la Rivière Lakata et dans le village de Doghi-Dabhi, souvent associé au zinc et au plomb.

13 — **Vanadium**

Une auréole de 21 km^2 dans la Croûte d'altération de Tiaguel Bori et de 6 km^2 dans la Suite de Koubia ; des indices de vanadium sont également localisés sur les feuilles Télimélé, Boffa (dans la Région de Boké).

14 — **Berrylium**

Rencontré sous forme de fragments prismatiques à Coyah dans les pegmatites. Des minéralisations semblables existent sur la feuille Dabola.

15 — Carbonatites

Dans le bloc 16, il a été identifié un nombre important d'intrusions alcalines recèlant des gisements de carbonatites. A ces formations, sont liés les importants gisements de niobium et de Tantale de la Région de Kindia. Des gisements similaires existent dans les blocs 3 et 10 représentant le cœur du Fouta-Djallon. Dans les mêmes formations carbonatiques du bloc 16, on rencontre d'importants dépôts de phosphore et de vermiculite.

16 — Diamant, Pierres gemmes

Dans le Sud du bloc 24, à l'Ouest de Kissidougou, s'étend une partie de la région montagneuse affectée par la zone de fracture de la Guinée. Cette région recèle des veines diamantifères et possède un potentiel de pierres gemmes tels que les grenats, les rubis, les émeraudes, les saphirs, la tourmaline. Dans le même bloc, à l'intersection d'une faille principale et d'une faille géotectonique, repose un gisement de titane à l'emplacement d'une intrusion alcaline. Dans la Zone Nord-Est du pays, à l'Est de Siguiri, des filons de pegmatites et de quartz associés avec la minéralisation aurifère assurent un potentiel pour une industrie de pierres gemmes.

17 — Gisements polymétalliques

Dans la Région de Kissidougou, au voisinage immédiat d'un gisement d'uranium, GEOSURVEY INTERNATIONAL a signalé la présence d'un gisement polymétallique riche en cuivre, argent et cobalt.

18 — Tungstène

Des manifestations de schéelite ont été découvertes dans des échantillons de concentré lavé provenant du bassin de la Rivière Kakoni.

19 — Graphite

Dans la Région de N'Zérékoré, Lola, un gisement important de graphite lié aux schistes de l'Atacoréen entrecoupe la route à quelques kilomètres de la Ville de Lola. D'autres gisements de graphite sont également signalés dans les Régions de Forécariah et de Télimélé.

20 — Terres rares

Dans la Région de Kindia ainsi que dans le bloc 11 du Nord-Est du pays, des intrusions alcalines recèlant de très importants dépôts de minéraux de terres rares apparaissent clairement sous forme de structures circulaires sur les images satellites de la Guinée. Pour le groupe du Cérium, bien de concentrés présentent de la monacite ordinairement en association avec le plomb, la galène et l'or. Dans le cours moyen de la Rivière de Kora (Kindia), on a rencontré des indices d'un minéral rare, la fluorencite-coivinite.

Dans le bassin de la Rivière Bombora, on signale une trouvaille de bastnaésite (phtore carbonate de terres rares), du xénotime et du corrindon (feuille Mamou).

21 — Pyrites, Phosphorites et Schistes bitumineux

a) **La Pyrite** se rencontre dans le Nord et le Nord-Ouest de Kanfarandé (Kamhasta, Tambayéki, Dissékéri, Tiangban, etc) sous forme de minéralisations très étendues avec une épaisseur de 5 à 6 m. Les teneurs moyennes sont de 48,15 % pour le Soufre ; 46,09 % de Fe ; Arsénic 20ppm ; Or 0,12 ppm ; Uranium inférieur à 10 ppm ; Carbone organique inférieur à 0,05 %. Cette pyrite se rencontre à la fois dans les schistes bitumineux et les phosphorites de la Région.

b) **Les Phosphorites** : L'indice le plus important est situé à Tiangban dans un horizon de 0,40m entre le Silurien et le Paléogène. La teneur en P_2O_5 est supérieure à 19,02 %. Les phosphorites se présentent sous forme de concrétions de 3 à7 cm de diamètre qui constituent 5 à 10 % de volume de l'horizon.

c) **Les Schistes bitumineux** : Récemment découverts, les gisements s'étendent sur une superficie de plus de 350 km² et affleurent à Tiangban, Tarikhouré, Boké Ville, Tomboya et à Ouassadou.

22 — Les Minéralisations des Iles de Loos

L'Archipel des Loos comprend environ 20 îles dont les plus intéressantes sont : Tamara, Kassa et Roume. Les roches principales de l'Archipel selon la composition minéralogique sont :

— Les Syénites néphéliniques à aégirine

— Syénites néphéliniques à aégirine, lœvinite et astrophyllite

— Syénite à barkévicite et haüne

— Syénite néphélinique à hastingsite

— Syénite Np à haüne.

A toutes ces variétés sont liées des pegmatites.

Les teneurs moyennes en éléments dans les lamprophyres alcalins en grammes/Tonne est la suivante :

Rubidium	184 g/T	Fer	23.900 g/T
Stronthium	830 g/T	Cobalt	4,3g/T
Titane	50192 g/T	Nickel	85 g/T
Manganèse	2430 g/T	Terres rares	644 g/T
		Ytterbium	51 g/T
Zirconium	685 g/T	Uranium	4,8 g/T
Niobium	229 g/T	Cuivre	57 g/T
Thorium	20 g/T	Plomb	28 g/T

Selon le géologuè français Lacroix, les Iles de Loos semblent être un lieu privilégié de rendez-vous de tous les minerais rares.

TABLE DES MATIERES

ANNEXE

Structures éditoriales du groupe L'Harmattan

L'Harmattan Italie
Via degli Artisti, 15
10124 Torino
harmattan.italia@gmail.com

L'Harmattan Hongrie
Kossuth l. u. 14-16.
1053 Budapest
harmattan@harmattan.hu

L'Harmattan Sénégal
10 VDN en face Mermoz
BP 45034 Dakar-Fann
senharmattan@gmail.com

L'Harmattan Cameroun
TSINGA/FECAFOOT
BP 11486 Yaoundé
inkoukam@gmail.com

L'Harmattan Burkina Faso
Achille Somé – tengnule@hotmail.fr

L'Harmattan Guinée
Almamya, rue KA 028 OKB Agency
BP 3470 Conakry
harmattanguinee@yahoo.fr

L'Harmattan RDC
185, avenue Nyangwe
Commune de Lingwala – Kinshasa
matangilamusadila@yahoo.fr

L'Harmattan Congo
67, boulevard Denis-Sassou-N'Guesso
BP 2874 Brazzaville
harmattan.congo@yahoo.fr

L'Harmattan Mali
ACI 2000 - Immeuble Mgr Jean Marie Cisse
Bureau 10
BP 145 Bamako-Mali
mali@harmattan.fr

L'Harmattan Togo
Djidjole – Lomé
Maison Amela
face EPP BATOME
ddamela@aol.com

L'Harmattan Côte d'Ivoire
Résidence Karl – Cité des Arts
Abidjan-Cocody
03 BP 1588 Abidjan
espace_harmattan.ci@hotmail.fr

Nos librairies en France

Librairie internationale
16, rue des Écoles
75005 Paris
librairie.internationale@harmattan.fr
01 40 46 79 11
www.librairieharmattan.com

Librairie des savoirs
21, rue des Écoles
75005 Paris
librairie.sh@harmattan.fr
01 46 34 13 71
www.librairieharmattansh.com

Librairie Le Lucernaire
53, rue Notre-Dame-des-Champs
75006 Paris
librairie@lucernaire.fr
01 42 22 67 13

www.ingramcontent.com/pod-product-compliance
Lightning Source LLC
LaVergne TN
LVHW011139061026
849535LV00003B/537

* 9 7 8 2 1 4 0 2 6 0 5 2 0 *